서울대학교 규장각한국학연구원 한국학 자료총서 11

풍자 우화 그리고 계몽담론

권 영 민

서울대학교출판부

Fable, Irony and Enlightenment

Youngmin Kwon

Seoul National University Press

머리말

이 연구는 개화계몽시대 서사 양식 가운데 주변적 양식으로 간주되어온 우화와 풍자를 그 대상으로 한다. 이 시기의 우화와 풍자는 흔히 신소설이라는 범주 안에서 소설 양식과 혼동하여 다루어져온 것이 사실이다. 이 연구는 소설 중심적 관점에서 벗어나 풍자와 우화의 서사적 성격을 새롭게 분석하고 그 계몽담론으로서의 특성을 규명하고자 하는 데에 목표를 둔다. 이를 위해 개화계몽시대 신문과 잡지에 산재되어 있던 풍자와 우화의 대표적인 작품 텍스트를 원전대로 정리하고 주석을 붙여 함께 수록한다. 이러한 작업은 국문 글쓰기가 일반화되면서 드러나게 된 다양한 장르 분화 현상을 사회문화사적 차원에서 새롭게 이해하고 근대문학의 성립 과정을 양식론의 영역에서 재조명할 수 있는 가능성을 열게 될 것이다.

개화계몽시대는 국문 글쓰기를 기반으로 서사 양식이 다양하게 분화된 시기이다. 서사적 글쓰기는 신문과 잡지 등의 새로운 매체 위에서 대중적 양식으로 부각되었으며, 국문체를 그 표현구조로 활용함으로써 독자적인 담론체계를 형성한다. 서사 양식은 경험적 사실에 근거하고 있는 역사의 기록, 사건의 보도, 인물의 전기 등과, 허구적 사실에 근거하고 있는 신소설, 우화, 풍자 등으로 다양한 양식적 분화를 드러내고 있다. 이 가운데 신소설은 문학적 형상성을 추구하는 서사의 대표적인 양식으로서 대중 독자들의 관심 대상이 된다. 서사의 양식적 분화 과정에서 특이한 위치를 차지하고 있는 것이 풍자와 우화이다. 풍자와 우화는 본질적으로 사회적이며 공격적이다. 인간 경험의 중심 영역을 비판적으로 다룬다는 점에서 그렇다. 그러므로 풍자와 우화는 현실의 세계를 벗어나 있는 듯이 보이는 경우에도 언제나 그 문제의식은 현실의 한복판에서 출발한다. 신소설이나 전기에서 볼 수 있는 아름다운 사랑과 거룩한 희생의 경험은 풍자나 우화가 미치지 못하는 영역이다. 풍자와 우화는 모든 것을 고상하게 드높이지 않고 비열하게 격하시키며 깎아내린다. 이러한 양식적 특성은 풍자와 우화만이 가지는 독자적 담론 공간을 형성한다. 풍자와 우화의 독자성을 강조해야 할 이유가 바로 여기에 있다.

이 책의 제2부 자료집에 실린 글들은 원문의 표기를 그대로 따랐지만, 띄어쓰기만은 현대 국어의 정서법에 맞추어 고쳤음을 밝힌다. 그리고 이 연구를 수행하기 위해 '서울대학교 한국학장기기초연구 지원금'을 받았음을 밝힌다. 자료 조사와 정리 작업을 도와준 서울대학교 현대문학교실 김성환, 김승민, 장두영에게 고마움을 표한다. 서울대학교출판부에도 감사드린다.

2008년 11월

권 영 민

차 례

제2부 개화계몽시대의 풍자 우화

제1부 풍자 우화 그리고 계몽담론

1. 우화와 풍자의 세계

개화계몽시대는 국문 글쓰기가 새로운 문화적 기표로 등장한 시대이다. 이 시기에 국어국문운동은 민족의 주체적 인식이 사회적으로 확대되는 과정에서 국문 글쓰기를 사회적으로 확대시킨다. 그리고 한문/언문으로 이원화된 전통적인 글쓰기 방식에서 벗어나 국문을 통해 언문일치의 이상을 실현할 수 있는 문체 변혁을 가능하게 한다. 국문 글쓰기는 문자생활의 새로운 변혁을 통해 지식과 정보의 생산과 보급을 대중화할 수 있는 계기를 제공한다.

개화계몽시대 국문 글쓰기를 기반으로 다양하게 분화된 서사[1]는 국문체를 그 표현구조로 활용함으로써 독자적인 담론체계를 형성한다. 서사의 문체론적 성과에 해당하는 국문체는 규범적인 형식이나 추상적인 체계로 존재하는 것이 아니다. 그것은 현실 속에 살아 있는 모든 사회적인 언술 유형을 포괄하여 서사 양식 속에 조직하고 있다. 국문체가 다양한 언어 형식의 내적 분화를 통해 서사의 새로운 질서를 구현하고 있는 현상은 국문 글쓰기를 통해 추구하고 있는 이념과 가치가 서사의 이념과 직결되고 있음을 말해준다.

개화계몽시대 서사는 민족적 자기 정체성의 새로운 정립이 요구되던 당시의 시대적 상황을 배경으로 근대적 주체의 형성에 가장 깊숙이 관여하고 있다. 서사는 화자의 존재 방식을 다양하게 드러낼 수 있기 때문에, 주체를 구현하는 데에 가장 기능적이다.[2] 묘사, 설명, 논설 등은 진술되는 사실 자체의 객관성을 유지하기 위해

1. 필자는 이와 관련하여 『서사 양식과 담론의 근대성』(서울대학교출판부, 1999)과 『국문 글쓰기의 재탄생』(서울대학교출판부, 2006)을 통해 상론한 바 있다.
2. Paul Cobley, *Narrative*(New York: Routledge, 2003), pp. 37-38.

주체로서의 화자의 입장을 드러내는 일인칭을 피한다. 그러나 서사의 경우는 화자의 입장 자체를 분명하게 드러냄으로써 그것을 받아들이는 청자(또는 독자)들에게 신뢰를 부여하기도 한다. 서사의 화자는 그와 상대하고 있는 청자와의 관계 속에서 담론을 생산하는 자로서의 권위를 인정받으며, 이야기를 말해주는 이야기꾼으로서의 역할을 수행하고 있음을 내세운다. 그러므로 서사는 모든 담론 가운데 화자의 주체적 입장을 가장 직접적으로 드러낸다.

개화계몽시대 국문 글쓰기를 통해 다양하게 분화한 서사는 민간 신문과 잡지를 매체로 하여 광범위하게 확대된다. 대중적 매체로 여론의 중심에 자리잡은 신문과 잡지는 새로운 지식과 교양, 흥미와 오락에 관련되는 많은 읽을거리를 기사로 싣고 있다. 신문 잡지의 사건 기사는 모두 짤막한 서사이며, 사건에 대한 해설 기사도 서사가 주축을 이룬다. 심지어는 논설 기사도 서사적 성격이 강하다. 『대한매일신보』의 경우 '사회등(社會燈)'이라는 고정란에 실린 개화가사조차도 그 내용에 서사적 요소가 지배적인 것을 볼 수 있다.

개화계몽시대 서사는 경험적 사실에 근거하고 있는 역사의 기록, 사건의 보도, 인물의 전기 등과, 허구적 사실에 근거하고 있는 신소설, 우화, 풍자 등으로 다양한 양식적 분화를 드러내고 있다. 이 가운데 신소설은 문학적 형상성을 추구하는 서사의 대표적인 양식으로서 대중 독자들의 관심 대상이 된다. 서사의 양식적 분화 과정에서 특이한 위치를 차지하고 있는 것이 풍자와 우화이다. 풍자와 우화는 본질적으로 사회적이며 공격적이다. 인간 경험의 중심 영역을 비판적으로 다룬다는 점에서 그렇다. 그러므로 풍자와 우화는 현실의 세계를 벗어나 있는 듯이 보이는 경우에도 언제나 그 문제의식은 현실의 한복판에서 출발한다. 신소설이나 전기에서 볼 수 있는 아름다운 사랑과 거룩한 희생의 경험은 풍자나 우화가 미치지 못하는 영역이다. 풍자와 우화는 모든 것을 고상하게 드높이지 않고 비열하게 격하시키며 깎아내린다. 이러한 양식적 특성은 풍자와 우화만이 가지는 독자적 담론 공간을 형성한다.

이 연구는 개화계몽시대 서사의 다양한 양식 가운데 흔히 소설과 혼동하여 다루어진 풍자와 우화의 서사구조를 분석하여 그 계몽담론으로서의 특성을 규명하고자 하는 데에 목표를 둔다. 이를 위해 개화계몽시대 신문과 잡지에 산재되어 있던 풍자와 우화의 대표적인 작품 텍스트를 원전대로 정리하고 주석을 붙여 함께 수록한다. 이러한 작업은 국문 글쓰기가 일반화되면서 드러나게 된 다양한 장르 분화 현상을 사회문화사적 차원에서 새롭게 이해하고 근대문학의 성립 과정을 양식론의 영역에서 재조명할 수 있는 가능성을 열게 될 것이다. 특히 소설 양식의 주변적인 형태로 인식되어온 풍자와 우화의 본질과 그 서사적 성격을 계몽담론의 구조 안에서 이해할 수 있을 것으로 기대한다.

2. 소설과 풍자의 경계

「쇼경과 안즘방이 문답」의 서사적 성격

『대한매일신보』 '잡보(雜報)' 난에 1905년 11월 17일부터 12월 13일까지 「쇼경과 안즘방이 문답」이라는 글이 연재된 바 있다. 11월 17일(실제로는 18일 새벽)은 한국과 일본이 을사조약을 체결한 날이며, 이로부터 한국은 실질적으로 그 주권을 상실한다. 이 정치적 파탄을 놓고 장지연은 『황성신문』을 통해 '시일야방성대곡(是日也放聲大哭)'이라며 절규하였고, 수많은 지식인들이 조약의 부당성을 들어 그 폐기를 주장하기도 한다. 그렇지만 한국 사회는 이 국가적 위기를 감당할 수 있는 힘을 제대로 발휘하지 못한 채, 1910년 일본의 식민지로 전락한다.

「쇼경과 안즘방이 문답」은 집필자를 밝히지 않고 있지만, 한국의 부패한 정치 현실과 위기에 처한 국가의 운명을 바라보는 민중의 시선을 풍자의 형태로 담론화하고 있다. 이 작품에는 앞을 보지 못하는 장님과 걷지 못하는 앉은뱅이가 작중 인물로 등장한다. 복술(卜術)로 생애를 삼고 있는 장님과 망건을 만들어 파는 일이 생업인 앉은뱅이는 모두 새로운 사회 개혁의 물결 속에서 소외된 인물들이다. 장님은 미신을 타파하자는 계몽운동으로 인해 점을 치는 손님이 적어져서 수입을 올리지 못하며, 망건장이인 앉은뱅이는 단발령(斷髮令)으로 남자들이 머리를 짧게 깎는 바람에 망건의 수요가 점차 줄어들어 제대로 돈을 벌지 못하고 있는 형편이다. 이들은 사회적 근대화 과정에서 아무런 자기 변혁을 도모하지 못한 채 구습에 얽매여 생업을 이어가고 있을 뿐이다. 더구나 이 두 인물은 모두 장님과 앉은뱅이라는 육체적 장애를 안고 있다는 점이 주목된다. 장님은 눈이 없으니 앞을 볼 수가 없으며,

앉은뱅이는 다리가 성하지 못하여 걸을 수가 없다. 이들은 자신의 육체적인 장애로 인하여 정상적 육체를 지니고 있는 인간들과 구별되면서 사회적으로 차별받고 소외되어 소수의 약자로 생존할 수밖에 없게 된다. 이와 같은 인물 설정은 단순한 성격화의 문제라기보다는 의도적인 전략에 따른 것이라고 할 수 있다. 이러한 인물 형상은 급격한 사회 변화에 제대로 적응하지 못하고 있는 민중의 모습에 그대로 대비된다.

「쇼경과 안즘방이 문답」은 인물의 구체적인 행동을 통한 사건의 전개 과정을 보여주지 않는다. 또한 어떤 하나의 사건을 중심으로 이루어지는 이야기의 흐름도 존재하지 않는다. 서사의 공간은 '앉은뱅이'가 망건을 만들어 파는 곳으로 한정되어 있으며, 서사의 시간도 장님과 앉은뱅이가 서로 만나서 대화하는 시간으로 국한되어 있다. 결국 이 작품에는 공간과 시간의 변화를 따라 이루어지는 구체적인 행동과 사건이 결여되어 있는 셈이다. 이 작품은 두 인물이 주고받는 대화의 내용이 자연스럽게 화제를 이끌어간다. 구체적인 행동에 의해 이야기가 전개되는 것이 아니라 주고받는 말의 화제를 통해 다양한 현실 문제가 거론된다. 앉은뱅이와 장님이라는 사회적 약자가 '보고 들은' 개화 현실의 왜곡된 풍경이 화젯거리를 이루고 있는 것이다.

「쇼경과 안즘방이 문답」에서 두 인물이 첫번째로 화제에 올린 것은 을사조약 직전에 이루어진 화폐개혁과 그 부작용으로 나타난 경제적인 궁핍이다.

> 일젼에 엇더ᄒᆞᆫ 소경 한아이 막ᄃᆡ를 뚜덕거리고 모쳐 망건 가게 압흐로 지나가ᄂᆞᆫᄃᆡ 그곳에셔 망건 일 ᄒᆞᄂᆞᆫ 안즘방이가 그 소경을 불너 갈오ᄃᆡ 여보게 그동안 엇지허여 오ᄅᆡ 맛나지 못허엿나 소경이 ᄃᆡ답허되 ᄌᆞ연 그럿케 되엇네마ᄂᆞᆫ 그동안 슐이나 잘 먹엇나 여보게 아모 말 말게 말허면 긔가 막히네 슐을 먹기컨니와 슐 먹ᄂᆞᆫ 사ᄅᆞᆷ의 입도 구경치 못허네 젼일에ᄂᆞᆫ 가로상에 슐 먹고 쥬정허는 쟈도 만터니 근일에는 별노 업어 볼 슈 없데 아마 후쥬 죄인으로 잡혀 갈가 두려ᄒᆞᆷ인지 아니 돈이 극귀허여 그럿치 신화 한푼 엇어 보기ᄂᆞᆫ 하눌에 별 싸기오 구화죠차 구경ᄒᆞᆯ 슈 업스니 어는 결을에 슐 먹을 슈 잇스며 먹은들 취ᄒᆞᆯ 슈 잇겟나 그젼에ᄂᆞᆫ ᄂᆡ가 문슈 소ᄅᆡ를 질으고 도라다니면 이 집 져 집에셔 불너들려 하로 못 버러도 ᄉᆞᆷᄉᆞ십 량이더니 근일에ᄂᆞᆫ 다리에 가ᄅᆡ토시가 셔도록 다여도 ᄉᆞᆷᄉᆞ 푼을 구경치 못허니 ᄎᆞᆷ 살 슈 업셔 자네는 그러치 나도 이왕에ᄂᆞᆫ 망건 이ᄉᆞᆷ ᄀᆡ만 맛허도 ᄆᆡ일 ᄉᆞ오십 량 오륙십 량을 버러 고기도 ᄉᆞ먹고 슐도 먹엇더니 근일 당허여는 돈도 귀ᄒᆞᆯ 뿐 아니라 머리 싹ᄂᆞᆫ ᄉᆞᄅᆞᆷ 만어셔 졔각금 망건을 파라먹으려 드ᄂᆞᆫ 까닭에 ᄉᆞᆼᄋᆡ 업셔 죽겟네 그 말 말게 ᄌᆞ네나 나는 고만두고 우리보담 십십 ᄇᆡ 잘 벌고 잘 쓰던 ᄃᆡ상고들도 젼문을 닷친다 도망을 ᄒᆞᆫ다 허니 돈은 ᄎᆞᆷ 귀ᄒᆞᆫ가 보데

여기서 화제가 되고 있는 것은 1905년 제정 공포된 '화폐조례(貨幣條例)'에 따라 이루어진 화폐개혁과 그 결과로 야기된 경제적 공황 상태이다. 일본은 러일전쟁의 승리 후 한국 정부의 내정에 간섭하면서 일본인 메가타(目賀田種太郎)를 한국 정부의 재정고문으로 취임시켜 한국의 재정과 화폐제도를 개혁한다. 일본인 재정고문 메가타는 한국 정부의 전환국(典圜局)을 폐쇄하게 하고 새로운 화폐의 주조를 일본 정부의 조폐국에 위촉하게 하였으며, 일본 통화의 한국 내 유통을 승인한다. 그런데 신 화폐의 유통과 구 화폐의 환수 과정에서 이루어진 구 화폐의 가치 하락으로 인하여 일반 백성들은 경제적 손실이 커져 경제적 공황 상태에 빠져들게 된다.

소경과 앉은뱅이는 이러한 위기의 국면을 놓고 부패 관료의 매관매직과 악정을 먼저 지적한다. 개명 천지가 되었다고 하지만, 관료들은 모두 부패의 사슬에 얽혀 있다. 정부의 대신이라는 자들이 돈으로 관직을 팔고, 돈으로 벼슬을 산 지방관들은 그 돈을 찾으려고 몇 배로 백성들을 수탈한다. 관료들의 이 같은 부패의 사슬은 결국 정부 대신들의 부패에서 기인한 것이다. 정부 관료의 부패를 제대로 바로잡지 못하여 지방관들까지 모두가 백성을 수탈하는 악정을 되풀이한다는 것이 이들의 주장이다. 그리고 말로만 요란하게 떠들고 내실을 기하지 못하는 형식적인 변화를 '헛개화'라고 비판한다. 사회 전체의 발전을 위해 개화의 명분과 실제를 모두 살려야만 한다는 이들의 주장은 소경과 앉은뱅이가 생업으로 삼아온 복술과 망건도 개명의 방향과 전혀 다른 구시대적인 폐습임을 비판하는 대목에 이르러 자못 비장하게 느껴지기도 한다. 이들은 실질적인 삶에 도움을 줄 수 있는 새로운 교육과 식산에 힘쓸 것을 주장하면서 진정한 개혁의 필요성을 역설하고 있는 것이다.

(1) 이 근ᄅᆡ 각부 ᄃᆡ신네들 츌입시의 보게드면 긔구도 굉장하데 슌검 병정 옹위혀고 일헌병 일슌사가 좌우로 보호허야 츄종이 벌쎄 갓ᄒᆞ니 그 영광 엇더혀며 그 위엄 엇더ᄒᆞᆫ가 ᄉᆞᄅᆞᆷ마다 못허리라 이 ᄉᆞᄅᆞᆷ 명담이로다 그네들의 부귀영총을 의론허면 슈모슈모 당셰의 뎨일이나 그 악명 그 신셰는 우리만도 못허도다 화당금옥의 검의옥식은 만민의 고혈이오 검마복즁의 영광 위엄은 나라의 란신이라 ᄌᆞ쥬 권리 반졈 업시 외국인을 의뢰ᄒᆞ야 젼국 이익 쥬어가며 황실 이권 빠이셔다 외국으로 돌여보내여 강토는 졈졈 쥴어가고 황권은 날로 미약ᄒᆞ야 만민은 도탄이오 도젹은 봉귀ᄒᆞ니 국셰의 위급함은 죠정이 란보로다 그 ᄶᅡ닥 셜명허면 지금 소위 각부대신 ᄆᆡ국허는 슈단으로 만든 거시라 무죄ᄒᆞᆫ 젼국 인민 곡졀업시 남에 로예 될 터이니 그 죄를 의론허면 한국에는 역신이오 외국에는 츙신이라 쥭기를 면ᄒᆞᆯ숀가 그런고로 졔 죄를 졔가 알고 슌검 병졍 청득ᄒᆞ야 쥬야로 보호ᄒᆞ니 그 보호는 ᄆᆡ양 인가 인군을 공동허여 나라를 파라먹

기도 사름마다 못홀 바라

(2) 여보게 참 이번에 또 한일신조약이 셩립되야 일본셔 우리나라에 통감부를 셜치혀는딕 그 위치는 경북궁 안으로 된다 허니 그 신죠약은 무엇이며 통감부는 엇지허는 것인가 즈네는 쏙쏙이 아는 것 좀 들엇으면 나도 자셔히 알지 못허나 그 신죠약은 우리나라의 외교권을 것어다가 일본 동경으로 이셜혼다 홈이오 통감부라는 것은 통감 잇슬 쳐소요 통감은 외교권이나 기타 범빅 소위를 모다 감찰허는 관원의 벼살 일홈이라네 그러면 외교권이라는 것은 우리나라 외부와 각국 공스관에 교섭허던 권리 아닌가 그 외교 권리가 일본으로 가고 보면 우리나라 외부 각 항구 감리라 허는 것은 무엇 허나 불공즈파 될 터이오 각국 공스 여긔 잇셔 무엿허나 텰환본국홀 터이니 참 그러케 되고 보면 우리나라는 정말 독립국 될 터이지 미친 스람의 말이로다 나라는 그만두고 일 기인의 일로 말허게 드면 가령 김가의 집에셔 잔치를 기셜허고 각쳐 빈긱을 모다 청허여 노코 그 쥬인이 능히 접데치 못허여 그 이웃집 스람 최가에게 부탁허면 비록 그 집과 음식은 김가의 것이나 그 데접의 잘 허고 못 허기는 최가의 마음에 달녀나니 그 빈긱들이 무엇을 청허던 치하를 허던지 허라면 필경 졉딕허는 최가의게 말홀 터이니 굿하야 리가 보고 말허잘 것 무엇인가 그와 갓치 우리나라 정부에셔 외교 권리를 일본에 쥬고 보면 열강 제국에셔는 무슴 국졔상 일에 딕허여 딕소를 불계허고 그 외교권리 잡은 일본과 교섭홀 터이니 권리 업는 우리 정부와 의론홀 묘리 잇나 그러혼즉 셰계 렬강과 딕등국이 못되고 남의 나라 속국이나 다름업셔 닉일을 내가 못혀고 남의 손 비러 허니 무엇시 즈쥬국이며 무어시 독립국이라 허리오 즈쥬 독립 헷말일세

소경과 앉은뱅이의 대화에서 가장 극적인 대목은 앞의 인용에서 볼 수 있듯이 매국적인 관료들의 행태에 대한 비판과 함께 을사조약(乙巳條約)에 따른 한국의 국가적인 위기를 지적한 부분이다. 일본은 러일전쟁의 승리 이후 한국의 제반 재정에 대한 실질적인 권한을 장악하고 이를 공고히 할 수 있는 위압적인 군사력을 과시함으로써 한국에 대한 침략적 경영의 발판을 만들게 된다. 그리고 1905년 을사조약을 통해 한국의 외교권을 박탈하고 서울에 통감부(統監府)를 설치하여 한국의 모든 정치를 감독하기에 이른다. 이 과정에서 일본에 의해 조정된 친일 관료들의 정치 행태를 놓고 대역죄로 단죄하여 비판하고 있다. 이처럼 「쇼경과 안즘방이 문답」은 앞을 보지 못하는 장님과 거동할 수 없는 앉은뱅이의 입을 통해 위기의 현실에 대한 비판을 제기하고 있다는 점에서 역설적이며 풍자적인 의미까지 드러내고 있다. 두 눈을 뜨고도 사태를 제대로 파악하지 못하는 '눈 뜬 장님'과 '사지가 멀쩡한 불구자들'에게 가장 신랄한 야유와 통렬한 비판을 던지고 있기 때문이다.

여보게 그 말 말게 나는 두 눈이 다 업셔도 오십여 년을 사라 잇네마는 신문을 허여 노은들 잘덜 보와 쥬어야 하지 보는 사름 업고 보면 휴지나 일반이오 두 눈이 발근 놈도 학문이 업고 보면 나와 갓ᄒᆞᆫ 소경이오 사지 ᄇᆡᆨ히기 멀졍허다 허나 ᄌᆞ유 활동 못하고 보면 ᄌᆞ네와 갓ᄒᆞᆫ 병신이라 젼국 인민 평론허면 등신은 아즉 살아 셰상에 잇다허니 마암은 발셔 쥭어 황쳔에 갓다 ᄒᆞᆯ지니 가위 말허는 귀신이라 ᄒᆞᆯ만 허고 소위 완고라 슈구라 허는 분네들은 문명세계의 말하게 드면 언필칭 예전의는 그런 것 져런 것 다 업셔도 국티민안 허엿다 하야 죠ᄒᆞᆫ 말 듯지도 안코 죠ᄒᆞᆫ 것 보려고도 아니 하니 귀와 눈이 잇다 ᄒᆞᆫ들 무어시 유죠ᄒᆞᆫ가 귀먹어리 소경이라 ᄒᆞᆯ 만하고 소위 학ᄌᆞ니 산림이니 허는 분네들은 공ᄌᆞ왈 ᄆᆡᆼᄌᆞ왈 허며 시문을 구지 닷고 산고곡심 유벽쳐에 초당을 지어 노코 두 무릅흘 구러안져 ᄌᆞ칭 왈 도학군ᄌᆞ라 ᄉᆞ문데ᄌᆞ라 하야 별노 ᄇᆡᆨ리 밧글 나가 보지 못허고 무졍셰월을 허숑하니 가위 써근 션비라 ᄒᆞᆯ 만하야 안즘방이나 다름이 무엇인가 허다셜패 허랴며는 입이 압파 ᄒᆞᆯ 슈 업셔 ᄃᆡ강 말일셰 여보게 그런말 허고 듯고 보면 참 화증이 졀노 나셔 못 살ᄀᆡ네 우리도 죠ᄒᆞᆫ 방칙 좀 허여보세 나는 눈이 잇스나 다리가 부실하고 ᄌᆞ네는 다리가 셩하니 눈이 업셔 피ᄎᆞ 낭패되는 일이 만은즉 우리 두리 일신된제되어 이젼에 못하던 일 허게 드면 그 아니 쾌ᄒᆞᆯ손가 말인즉 대단이 감격ᄒᆞᆫ 말이나 우리 갓ᄒᆞᆫ 병신들이 졔 아모리 단쳬된들 무엇을 ᄒᆞᆫ다 하리오 가위 지이불힝인즉 가셕ᄒᆞᆯ 쌴이로셰 안일세 ᄌᆞ네가 단쳬의 뜻을 모르는 말인가 보네 ᄌᆞ네가 나를 업고 보면 눈도 잇고 다리도 잇셔 어ᄃᆡ를 가지 못ᄒᆞᆫ다 허며 무엇을 허지 못ᄒᆞᆫ다 허리오 그러케만 허고 보면 단체가 아니되나 그러면 ᄌᆞ네는 업펴 단이게 되야 죠커니와 나는 무숨 팔ᄌᆞ로 ᄂᆡ 몸도 ᄂᆡ가 쥬체ᄒᆞᆯ 슈 업는데 남을 쏘 업고 단인단 말인가 참 기막힌 말일셰

「쇼경과 안즘방이 문답」에서 볼 수 있는 현실에 대한 비판은 관료의 악덕과 비리를 폭로하는 데에 그치지 않고, 그 대안을 모색하는 이야기로 발전한다. 소경은 스스로 앞을 보지 못하고 살아온 자신의 처지를 비관하면서도 눈을 뜬 채로 세상의 이치를 제대로 터득하지 못하고 있는 우맹한 백성을 비판한다. 그리고 앉은뱅이는 사지가 멀쩡한 사람들이 자유롭게 활동하지 못하고 있는 꼴을 탄식한다. 그리고 이 글의 마지막 장면에서는 소경과 앉은뱅이가 서로 하나가 되어 신체적 장애를 극복할 수 있는 가능성을 제시하고 있다. 소경이 앉은뱅이를 등에 업고 서로가 서로에게 의지하며 합심한다면 스스로 장애를 극복하고 현실의 난관을 이겨낼 수 있다고 말한다.

이처럼 「쇼경과 안즘방이 문답」은 소경과 앉은뱅이라는 두 인물이 주고받는 문답과 대화의 주제를 통해 그 서사적 성격이 규정된다. 이 작품에 등장하는 소경과 앉은뱅이는 앞을 보지 못하고 일어서서 걸어다닐 수 없는 육체의 장애를 겪고 있으며, 소경으로 차별되고 앉은뱅이로 조롱된다. 당시 사회에서 육체적 장애에 대한

차별과 멸시는 널리 일반화되어 있던 현상이다. 이 작품은 사회적으로 소외된 소수의 약자들을 주인공으로 등장시켜 눈을 뜨고도 세상의 이치를 모르며 사지가 멀쩡해도 자유활동을 하지 못하고 남에게 의존하는 관료와 지배층을 비판한다. 그리고 육체적 정상인/장애인을 구획하는 사회적 차별에도 불구하고, 오히려 정신적으로 올바르고 건전한 것과 정신적으로 사악하고 타락한 것을 대비하여 강조하고 있다. 육체적인 장애에도 불구하고 정신적으로 올곧은 두 인물의 비판적 태도를 통해 '헛개화'로 치닫는 현실의 문제성을 부각시키고 있는 것이다. 이러한 특성은 건강한 것, 위생적인 것을 내세우면서 병약한 것, 비위생적인 것을 모두 낡은 조선의 현실로 매도했던 개화계몽시대 계몽담론의 몰주체적인 성격을 전복시키는 비판과 조소의 효과를 극대화한다. 이 작품에서 소경과 앉은뱅이가 주고받는 대화 내용은 그들이 지닌 지극히 정상적인 정신자세를 보여주면서 그들을 소외시킨 사회적 차별과 현실의 모순을 비판하고 희화화한다. 그리고 이들의 문답은 개인적인 사소한 문제에서 국가적인 계몽적인 문제 사이를 왕복하면서 세련된 이야기 양식을 만들어낸다. 두 인물의 대화에서 볼 수 있는 기지, 조롱, 냉소, 욕설 등의 어조를 활용하여 이 특이한 양식의 표면을 장식하고 있다는 점도 주목되는 현상이다.

소설 중심적 관점과 양식론

「쇼경과 안즘방이 문답」은 소설이라고 할 수 있는가? 「쇼경과 안즘방이 문답」은 이미 앞에서 검토한 것처럼 그 서사적 요소가 단순하다. 이야기를 이끌어가는 등장인물은 앞을 못 보는 소경과 걸음을 걷지 못하는 앉은뱅이 두 사람으로 제한되어 있다. 이들은 서로 만나서 살아가는 이야기를 주고받으면서 세상물정을 논하고 현실을 비판한다. 이들이 주고받는 대화를 제외하고는 어떤 구체적인 행동을 통해 야기되는 사건이 전혀 드러나지 않는다. 사건이 없으니 어떤 줄거리를 가진 이야기가 성립되지도 않는다. 이 작품은 등장인물은 있지만 사건의 줄거리가 없고, 단지 등장인물 사이의 대화가 전체 내용을 차지한다. 이와 같이 일반적인 소설 양식과는 구별되는 독특한 서사적 특성을 어떻게 규정해야 하는가? 이러한 질문은 「쇼경과 안즘방이 문답」의 문제성을 양식적인 차원에서 주목한 다음과 같은 연구에서부터 반복적으로 제기된 바 있다.

『대한매일신보』에 연재된 무서명의 「쇼경과 안즘방이 문답」(1905. 11)과 「거부오해」(1906. 2), 그리고 이해조의 「자유종」은 한결같이 문답식 대화를 통하여 정치 · 경제 · 사회의 개혁을 풍자 또는 토론한 점에서 같은 유형으로 묶을 수 있다.

다만 이 세 작품은 소설적 플롯 전개가 불충분하여 이를 소설이라 칭할 수 있느냐가 문제될 수 있다. 그러나 스토리의 변화 전개가 꼭 소설 구성의 절대 요소가 아니라는 관점에서 볼 때, 이 작품들은 그 대화를 통한 서술성만으로써 소설의 범주에 넣을 수 있고 또 정치류소설은 줄거리의 전개보다는 서술적 요소가 성한 점으로 미루어 일단 소설로 보고자 한다.

—송민호, 『한국 개화기 소설의 사적 연구』(일지사, 1975)

송민호 교수는 앞의 인용에서처럼 「쇼경과 안즘방이 문답」을 소설의 범주 안에 포함시킨다. 그리고 줄거리의 전개보다 서술적 요소가 강하다는 점에서 정치류소설이라고 지칭한다. 송 교수는 이인직의 신소설 이전에 신문 · 잡지에 연재되었던 여러 작품들을 발굴하여 신소설 연구의 영역을 확대하여놓은 바 있다. 그는 신소설의 출현 이전 단계에 구소설의 잔영으로서의 한문소설류나 소품 등을 열거하고, 신문연재소설, 잡지소설, 단행본소설이라는 새로운 용어를 사용하여, 서사 양식이 대중적 매체와 결합되어 확대되는 과정을 설명하기도 한다. 그리고 정치류소설이라는 용어를 사용하여 「쇼경과 안즘방이 문답」, 「거부오해」, 「자유종」 등을 논의의 대상에 포함시킨다. 그의 이러한 분류 개념이 편의적인 선택에 따른 것처럼 보이기도 하지만, 개화계몽시대 서사 양식의 다양한 분화 과정과 그 특성을 양식의 외재적 요건과 내재적인 속성에 근거하여 해명하고자 시도하고 있음을 확인할 수 있다.

「쇼경과 안즘방이 문답」을 소설의 영역 안에서 검토한 것은 이재선 교수도 마찬가지다. 이재선 교수는 개화계몽시대 서사의 장르적 체계에 대하여 가장 심도 있는 연구 성과를 내놓고 있다. 이 교수는 개화기 서사를 경험적 서사체, 허구적 서사체, 희화 우의적 서사체라는 세 가지의 양식으로 나누어놓는다.[1] 이러한 분류법은 일반적인 서사의 구성 원리에서 가장 중요한 요소로 작용하는 경험적 요소와 허구적 요소의 상호작용을 양식론으로 확대 해석한 것이다. 그리고 서사적 성격과 극적 성격이 혼합된 우의적 서사 양식이라는 것을 덧붙여놓고 있다.

이 교수가 제시한 장르 체계에서 우선 주목되는 것이 경험적 서사체이다. 그는 경험적 서사체(또는 역사적 서사체)라는 분류 개념 아래에 개화계몽시대의 역사소설

1. 이재선, 「개화기 서사문학의 세 유형」, 『우촌 강복수 박사 회갑 기념 논문집』(형설출판사, 1976) 참조.

과 전기를 모두 포함시키고 이를 역사 전기문학[2]이라고 지칭한다. 그리고 이 역사 전기문학을 허구적 서사체로서의 신소설과 대등한 위치에서 검토하고 있으며, 근대적인 역사소설의 전사로서의 의미를 새롭게 부여하기도 한다. 이러한 태도는 기존의 연구자들이 부분적으로 사용해온 역사소설 또는 정치소설이라는 명칭을 모두 포괄하여 그 문학사적인 의미를 부여하고자 하는 것이라고 평가할 수 있는데, 그는 이들 역사전기문학을 효용론적 차원에서 목적의식이 강한 문학으로 규정하고 있다. 이 교수가 허구적 서사체에 포함시킨 신소설은 이미 전대의 여러 연구자들이 통용하였던 장르 개념을 그대로 수용한 것인데, 역사전기문학과는 구별되는 예술적 자율성으로의 접근을 주목하고 있다. 이 교수가 새롭게 규정한 희화 우의적 서사체에는 「쇼경과 안즘방이 문답」, 「금수회의록」과 같은 작품들이 포함된다. 그는 이들을 단형 서사체라고 명명하기도 하지만, '개화기의 시대적 특수성을 반영' 하는 것으로서, 토론, 대담, 연설, 회의 등의 형태를 구성 원리로 채용하고 있는 일종의 교훈적 문학으로 규정하고 있다.

> 「쇼경과 안즘방이 문답」은 『대한매일신보』 제3권 79호에서 제3권 101호까지에 실렸던 「거부오해」 식의 대화체 소설이다. 따라서 서술적 방식이 갖는 요약이나 장면의 구성 양식으로 이루어진 것이 아니라, 복술을 하는 장님과 망건장이 앉은뱅이의 대화만의 연속극이다. (중략)
>
> 그리고 이상으로 보아 알 수 있듯이 「거부오해」와 「쇼경과 안즘방이 문답」이 모두 소설적 구성보다는 민속극 형태의 소박한 구성이라는 점이다. 광대가 무대에 올라 익살을 부리고 퇴장하듯이 광대적 요소를 지닌 소경과 앉은뱅이가 등장하여 일장의 비판을 늘어놓고 퇴장하는 형식 원리 때문이다. 따라서 이를 소설로 보느냐 희곡으로 보느냐 하는 문제가 야기될 수도 있으나 소설의 서술성과 기술성의 양상을 보고자 일단 소설적 측면에서 보기로 할 것이다.
>
> — 이재선, 『한말의 신문소설』(한국일보사, 1975)

이재선 교수는 「쇼경과 안즘방이 문답」을 희화 우의적 서사체라는 양식적 범주 속에 포함시키면서도, 앞의 인용에서 확인할 수 있는 것처럼 '대화체 소설'이라고 규정하기도 한다. 그리고 소설적 구성보다는 민속극 형태의 소박한 구성을 보인다는 점에도 주목한다. 물론 소설의 서술성과 기술성의 양상을 인정하여 소설적 측면을 강조하고 있다.

---

2. 이 용어는 이재선 교수가 사용한 이후, 강영주의 『한국 역사소설의 재인식』(창비, 1991)에서 그대로 수용되고 있다.

「쇼경과 안즘방이 문답」의 장르적 성격에 대한 본격적인 논의는 김중하 교수에 의해서 제기된다.[3] 김 교수는 「쇼경과 안즘방이 문답」을 비롯하여 이와 유사한 성격을 드러내는 「거부 오해」 등 여러 작품들을 '토론체 소설'이라고 규정하고 있다. 김 교수는 이들 작품이 인물의 행동에 의한 사건의 구성 대신에 대화와 토론을 위주로 하고 있다는 서사적 특성에 주목한다. 이러한 접근법은 신소설과 구별하여 이들 작품의 서사적 성격을 규정하고 있다는 점에서 설득력을 발휘하기도 한다. 이와 비슷한 관점에서 조남현 교수는 장르의 혼합과 상호 간섭에 의해 이루어진 변이 형태[4]로 규정할 것을 제안하기도 한다. 김윤식 교수는 문답체[5]라는 용어를 사용한 적도 있다.

개화계몽시대의 서사는 조동일 교수에 의해 그 양식상의 장르 체계가 새롭게 논의된다. 조 교수는 조선시대 영웅소설의 서술구조의 계승과 극복이라는 차원에서 신소설의 성격을 규정하여 서사적 전통의 연속성을 확인한 바 있다.[6] 그런데 그는 문학사 연구에서 개화기 산문을 교술과 서사로 양분하고 교술을 다시 역사전기문학, 몽유록계 산문, 동물 우화 형식의 토론문, 시사 토론문 등으로 나누어놓고 있다.[7] 신소설을 교술과는 구분되는 서사로서 다루고 있음은 물론이다. 조 교수가 문학의 양식론에서 교술 양식을 독자적으로 설정하고 있는 것은 널리 알려진 사실이다. 그는 교술이라는 양식의 범주를 개화계몽시대의 상황과 조건에 맞춰 실제 문학사 서술에 적용한 셈이다. 그러나 교술 양식 자체의 설정뿐만 아니라 역사전기문학을 서사의 영역에서 제외시키는 분류 방법이 자의적이라는 점을 지적하지 않을 수 없다.

「쇼경과 안즘방이 문답」의 장르적 성격에 대한 논의는 조동일 교수의 교술 양식론을 제외하고는 대체로 소설이라는 범주를 크게 벗어난 적이 없다. 이것은 개화계몽시대의 서사 양식에 대한 관심이 소설 중심으로 이루어져왔음을 의미한다. 그리고 이러한 현상은 연구자들이 지니고 있는 소설 중심적 태도의 문제일 뿐만 아니라 개화계몽시대 서사 양식 자체의 문제성과도 관련된다고 할 수 있다. 이 시기에 근

3. 김중하, 「개화기 토론체 소설 연구」, 『전광용 박사 회갑기념 논총』(서울대학교출판부, 1979) 참조.
4. 조남현, 『한국근대소설연구』(민음사, 1987), pp. 64-91.
5. 김윤식 · 정호웅, 『한국소설사』(예하, 1993), p. 18.
6. 조동일, 『신소설의 문학적 성격』, 한국문화연구총서 14권(서울대 한국문화연구소, 1973), p. 70.
7. 조동일, 『한국문학통사 4권』(지식산업사, 1986), pp. 300-327.

대적인 제도로서의 문학이 정착하는 가운데, 전통적인 문학 장르의 붕괴가 이루어지고 새로운 장르가 성립되기 시작했다는 것은 주지의 사실이다. 특히 문학 장르의 미분화 상태에서 나타나는 장르 혼합 현상도 두드러지게 드러나고 있다. 그러므로 개화계몽시대의 서사 양식과 그 장르 분화 현상은 서사 양식의 담론적 특성에 대한 체계적인 논의를 통해 다시 정밀하게 체계화할 필요가 있다.

3. 서사로서의 풍자와 우화

서사 양식의 본질

개화계몽시대의 서사를 문학적 양식의 차원에서 논의의 대상으로 삼을 경우 먼저 주목해야 할 것은 이 시기에 널리 사용되기 시작한 소설이라는 용어의 개념이다. 이 시기에 널리 사용된 소설이라는 말은 그 개념이 포괄적이고도 모호하고, 지시하는 범위가 매우 넓다. 실제로 개화계몽시대의 신문이나 잡지에서 사용되었던 소설이라는 말을 자세히 검토해보면, 어떤 경우에는 전래해온 야담이나 전설을 소설이라고 표시했고, 어떤 경우에는 영웅 전기를 소설이라고 지칭했다. 단편적인 풍자나 우화와 같은 것들도 모두 소설이라고 표시하고 있다. 그러므로 당시에 사용되었던 소설이라는 말과 함께 신소설이니 구소설이니 하는 명칭이나, 정치소설, 과학소설, 교육소설, 실업소설, 연극소설 등의 명칭이 어떤 분류 기준에 의해서 이루어진 것인가를 검토하는 문제는 간단하지 않다. 이것은 이 시기 서사의 전반적인 장르 체계에 대한 이해를 요구하기 때문이다. 더구나 이 시대의 작가들이 어떤 명칭을 사용했다고 하더라도, 그 대상이 되는 작품의 문학적 형태를 어떻게 이해하고 있었는지 확인한다는 것은 쉬운 일이 아니다. 이 명칭들은 작가 자신이 붙인 것도 있고, 출판사에서 편의상 붙인 것도 있다. 어떤 경우에는 내용상의 구분을 생각한 것 같기도 하고 형태적인 특성을 중요시한 것 같은 경우도 있다. 소설이라는 용어는 사용하는 사람에 따라 서로 다른 가치 개념을 드러낸다. 그러므로 소설이라는 말로 지칭되고 있는 여러 가지 형태의 작품들을 놓고 보면, 소설이라는 말이 서사 양식 전반을 지칭하는 포괄적인 의미로 사용되었던 것임을 알 수 있다.

개화계몽시대 서사의 양식적 분화 현상과 그 담론 구조를 이해하기 위해서는 서사의 양식적 체계를 장르론에 근거하여 새롭게 구축하는 작업이 필요하다. 서사의 하위 개념으로서 장르 체계에 대한 규명 없이는 이 시기 서사의 분화 현상 자체에 대한 해명이 불가능하기 때문이다. 개화계몽시대에 등장한 서사의 다양한 양식 체계와 그 장르적인 속성은 당시에 이루어진 소설에 대한 여러 방향의 논의들을 그것과 관련되어 있는 실제의 작품들과 함께 검토해야만 분명하게 밝혀질 수 있다. 이것은 개화계몽시대라는 특정 시기의 서사 특성을 이해하는 데 필수적인 작업의 하나라고 할 것이다.

서사는 이야기를 기본 구조로 하고 있지만, 그 형태가 다양하다. 어떤 종족에 의해 만들어졌느냐에 따라 다르고, 그 어느 시대에 등장한 것이냐에 따라 차이가 드러난다. 어느 지역에 그것이 분포되어 있는가에 따라서도 형태가 달라진다. 서사는 그 이야기가 역사적 경험과 실재에 근거하고 있는가, 상상적 허구와 이상에 근거하고 있는가에 따라 경험적·비허구적 서사와 상상적·허구적 서사로 구분되기도 한다. 비허구적 서사는 이야기에 담는 정보의 실재성 자체를 본질로 한다. 비허구적 서사는 역사적 사건이나 경험적 사실만을 다루게 된다는 점에서 미적 형상성과는 관계가 멀다. 주로 비문학적 성격을 드러내는 서사가 여기에 해당된다. 허구적 서사는 이야기 자체가 허구성의 원리에 따라 구성되고, 미적 형상성을 목표로 한다는 점에서 비허구적 서사와 구별된다. 그러므로 허구적 서사는 곧 문학적 서사가 된다.

서사에서는 인물의 행위를 바탕으로 어떤 사건이 만들어지고 사건과 사건의 결합에 의해 하나의 의미 있는 이야기로 발전한다. 그리고 이야기는 화자(話者)의 서술에 의해 제시된다. 그러므로 모든 서사는 그 양식 자체가 이야기를 말해주는 화자와 화자에 의해 말해지는 이야기로 구조화한다. 서사에서의 화자는 이야기를 실제의 사실처럼 말해주는 서술 행위의 주체가 된다. 비허구적 서사의 경우 화자는 이야기를 생산하는 실질적인 주체로서의 발화자 또는 기록자를 의미한다. 그러나 허구적 서사의 경우, 화자는 실재적인 작가가 되기도 하고 허구적인 화자가 되기도 한다. 작가는 이야기인 텍스트를 실재적인 독자에게 제공한다. 그러나 서사 내적인 상황에서 화자는 텍스트 내적 세계의 한 영역을 담당하는 허구적인 이야기꾼이다. 여기서 화자는 서사의 내용이 되는 이야기를 텍스트의 세계에 존재하는 허구적인 청자에게 전달한다. 작가/독자, 그리고 화자/청자에 의해 이루어지는 소통 구조는 그러므로 텍스트 외적인 실재 공간과 텍스트 내적인 허구적 공간이라는 두 가지의 서로 다른 공간에 자리한다. 그렇지만 이들은 서로 관습적으로 연결되어 있다. 작가는 마치 화자인 것처럼 이야기를 말하고 독자는 마치 자신이 청자인 것처럼 그 이야기를 듣는다. 그러므로 서사에서 화자는 그들이 말하고 있는 이야기의 내용에 참여하는 방식에 따라 여러 가지로 구분된다. 예컨대 이야기의 내용 속에 등장하는 작품 내적 화자와 이야기의 외부에서 이야기를 말해주는 작품 외적 화자가 있을 수 있다. 그러나 비허구적 서사에서 화자는 어떠한 경우든지 항상 실재하는 발화자로서의 개인이며 이야기의 보고자 또는 기록자가 된다. 그리고 그가 말하는 이야기도 정보 자체의 실재성을 구현하는 것이 목표가 된다.

서사에서 이야기는 언제나 시간과 공간을 필요로 한다. 때와 장소는 이야기의 구성과 그 진행에 구체성을 부여한다. 시간과 공간의 결합 없이는 서사 자체의 성립이 불가능하다. 비허구적 서사에서 시간과 공간은 실제로 '어떤 일이 일어났던 구체적인 시기와 장소'를 의미한다. 그러므로 비허구적 서사는 이미 일어난 것에 기초하여 그 사실의 실재성을 재현하고 전달한다. 그렇지만 허구적 서사는 이와 다르다. 허구적 서사는 일어날 수 있는 것을 마치 일어났던 것처럼 꾸며내기 위해 인물을 만들어 어떤 일을 행하게 하고 그 행위에 시간과 공간의 구체성을 부여한다. 허구적 서사의 시간과 공간은 실제의 때와 장소가 아니라 가공의 시간과 공간이다. 허구적 서사에서 이야기 내용에 실재성을 부여하기 위해 가공의 시간과 공간을 만들어내고 실제의 일처럼 꾸며내는 행위, 이것이 바로 형상화 작업이다. 이 형상성의 원리에 근거하여 허구적 서사는 문학적 양식이 된다.

결국 서사가 문학적이냐 비문학적이냐 하는 구분은 이야기를 말하는 방법으로서의 담론의 속성이 미적 형상성에 근거하는지의 여부에 따라 구분된다. 서사에서 이야기가 실재하는 역사와 경험에만 근거할 경우 허구적인 요소가 개입할 여지가 없어진다. 더구나 그 가치의 지향 자체도 실재적인 것에 두게 된다면, 역사와 경험에 근거한 이야기를 사실 그대로 정확하게 전달하는 서사의 정보 기능만이 중요하게 된다. 이 경우에는 누가 어디서 어떤 일을 했다든지, 어떤 일이 어디서 어떻게 일어났다든지 하는 서사의 실재성만이 강조되기 때문에, 그 실재성을 위한 서술의 객관성과 정확성이 중시된다. 이런 경우 미적 형상성이 전혀 문제되지 않는다는 점에서 본질적으로 비문학적일 수밖에 없다. 개화계몽시대 신문·잡지의 사건 보도, 역사 기록 등이 바로 여기에 해당한다. 문학적 서사는 이와 달리 이야기의 구성 원리와 그 가치가 미적 형상성을 추구하게 된다. 인물은 이야기의 구성에 맞게 성격화되어야 하며, 이야기의 전체적인 내용도 일정한 길이의 완결성을 드러내야 한다. 그리고 이 모든 요소들이 이른바 미적 통일성을 바탕으로 구성되어야 한다. 이러한 문학적 서사를 대표하는 것이 바로 소설이다.

서사의 성격은 이야기를 말하는 방식으로서의 담론[1]에 의해 결정된다. 담론이라는 용어는 일반적으로 이야기를 말하는 방법 그 자체를 뜻하지만, 어떤 가치와 신념을 드러내는 말하기와 글쓰기의 방법을 의미하기도 한다. 여기서 가치와 신념이란 세계를 보는 관점, 경험을 구성하는 방법을 뜻한다.[2] 우리가 인식하는 세계는 단순히 거기에 존재하는 것이 아니라 어떤 하나의 담론을 통해서 그 존재 의미와 가치가 부여된다. 다시 말하면, 대상으로서의 세계는 그것을 인식 가능하게 만드는 말하기의 방법에 의해 존재성이 인정된다. 그러므로 담론이란 대상으로서의 세계가 그 안에서 인식되어지는 언술의 한 체계라고 할 수 있다. 담론이라는 것을 사회적 존재를 구성하는 기호의 복합체라고 말하는 이유가 여기에 있다.

그런데 모든 담론에는 그 담론 내에서 어떤 진술이 발화될 수 있고, 발화될 수 없는지를 조정하는 보이지 않는 규칙이 존재한다. 그리고 그 규칙이 바로 담론의 본질을 지배하는 것이다. 어떤 진술은 가능하고 어떤 진술은 불가능하다든지, 그 진술의 내용과 방향에 어떤 질서를 부여한다든지, 어떤 진술의 화자 또는 작가에 대한 구별을 가능하게 하는 것은 모두가 담론의 규칙에 의한 것이다. 이 규칙이야말로 그 담론에 의해 진술되기도 하고 제약되기도 하는 세계에 대한 지식을 배분하고 분류하고 순서를 부여한다. 그러므로 푸코가 지적한 대로 담론은 지식과 권력을 서로 결합시킨다.[3] 권력을 가진 자는 어떤 사실이 알려지는 것을 조절할 수 있으며, 그것이 알려지는 방법을 조절할 수도 있다. 그러므로 그러한 지식을 가진 자는 그것을 지니지 못한 자를 억제할 수 있는 힘을 가지게 되는 것이다.

---

1. 여기서 말하는 '담론'이란 'discourse'를 의미한다. 이 용어를 흔히 '언설'이라고 번역하여 사용하는 경우도 있지만, 기왕의 논저에서 가장 일반적으로 사용하고 있는 담론이라는 말을 쓴다. 이 용어를 인문 사회학의 여러 분야에 널리 확대시켜 사용하게 만든 미셸 푸코의 경우, 세 가지의 의미를 여기에 부여하고 있다. 첫째는 모든 언술의 보편적인 영역으로서의 담론, 둘째는 어떤 하나의 특징적인 언술의 집합체로서의 담론, 셋째는 다양한 언술에 대한 규제 방법으로서의 담론이 그것이다[Michael Foucault, *The Archeology of Knowledge & the Discourse on Language* (trans. A.M. Sheridan Smith, Tavistock, London, 1972), p. 80].
2. Sara Mills, *Discourse* (New York: Routledge, 1997), p. 6.
3. 위의 책, p. 19.

서사 양식의 장르 분화

개화계몽시대에 등장한 서사를 보면, 이야기의 구성이나 그 가치 지향성 등이 모두 담론의 속성에 의해 좌우되고 있음을 확인할 수 있다. 이미 앞에서 논의한 것처럼, 서사에서 이야기는 경험적인 요소와 허구적인 요소로 구성된다. 이야기의 내용을 구성하는 이 두 가지의 요소는 서로 뒤섞여 통합되기도 하고, 긴장 관계를 드러내며 나누어지기도 한다. 어떤 이야기에서는 경험적인 요소가 지배적이고, 어떤 이야기에서는 허구적인 요소가 중심을 이룬다. 이 두 가지 요소의 상호 관계에 긴장과 이완을 반복하면서 균형을 부여하며 이야기를 전개하는 방법이 바로 서사의 담론적 속성이다. 그러므로 서사의 본질은 그 양식적 특성을 가능하게 하는 담론의 구조에 의해 결정된다.

개화계몽시대 서사의 양식적 분화 과정에서 등장한 풍자와 우화는 인간의 현실에서 행해지고 있는 우행에 대한 폭로와 비판 그리고 사악에 대한 징벌을 일차적인 목적으로 삼는다. 이러한 사회적 효용성은 신소설이나 영웅 전기 등에서도 찾아볼 수 있지만 그 성격이 다르다. 풍자와 우화는 사회 · 도덕적 명제나 인간 행동의 원리를 예시하는 짤막한 이야기로 구성된 단형 서사에 해당한다. 풍자와 우화의 인물은 작가의 의도에 의해 만들어진 인물이며, 항상 작가의 의도에 따라 움직여야 한다. 말하자면 인물은 풍자와 비판 의도를 실증하는 기능을 수행해야 하는 것이다. 그리고 인물에 관한 흥미 역시 풍자와 비판의 주제에 따라 고정된다. 그러므로 풍자와 우화의 인물은 제한된 독자성밖에 가지지 못한다. 이러한 풍자 우화의 본질적인 특성은 서사의 양식적 분화 과정을 통해 더욱 분명하게 드러난다.

개화계몽시대 서사의 분화 과정에 대해서는 이미 필자가 『서사 양식과 담론의 근대성』(서울대학교출판부, 1999)을 통해 상론해 보인 바 있다.[4] 그 내용을 정리해보면 다음과 같다. 개화계몽시대 서사는 본질적으로 그 내적 구성요소로서 경험성과 허구성을 지닌다. 서사에서 경험성과 허구성은 서로 팽팽한 긴장 관계를 유지하며 이야기의 속성을 결정한다. 서사에서 경험성과 허구성이라는 두 가지 요소에 의해 구성되는 이야기는 대체로 실재성과 이념성이라는 서로 다른 가치의 지향성을 드러낸다. 어떤 이야기의 경우는 실재성의 구현에 더 큰 의미를 부여하고 어떤 이야기는 이념성의 구현을 중시한다. 이처럼 서사는 그 이야기의 서사적 구성요소와 가

4. 권영민, 『서사 양식과 담론의 근대성』(서울대학교출판부, 1999), pp. 100-109.

치 지향성의 상호 관계가 어떠한 방향으로 이루어지느냐에 따라 다양한 형태의 하위 장르로 분화한다. 어떤 경우에는 신소설이라는 장르적 속성을 드러내기도 하고, 영웅 전기라든지 풍자 우화와 서로 다른 서사 양식으로 분화하게 되는 것이다.

(도표 1)

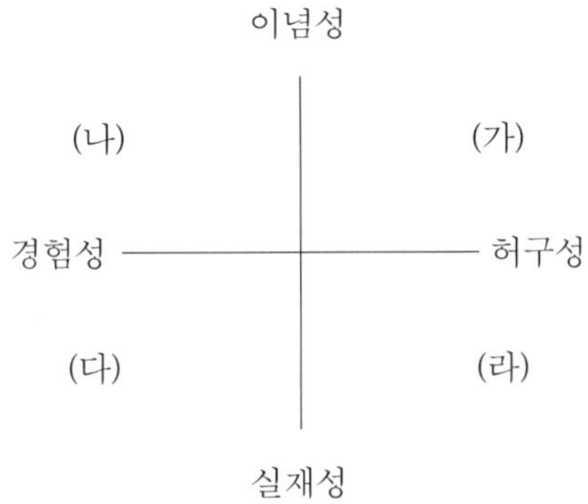

위의 도표를 보자. 먼저 (도표 1)에서 수평의 축은 서사에서 이야기의 구성요소가 되는 경험성과 허구성이 서로 작용하는 긴장 관계를 표시한 것이다. 우측의 방향은 허구성을, 좌측의 방향은 경험성을 표시한다. 이 수평의 축에서 이루어지는 허구성과 경험성의 상호 긴장 관계에 의해 서사의 본질에 해당하는 이야기의 속성이 결정된다. 경험성에만 의존하는 이야기는 실재했던 사실을 이야기하게 된다. 반면에 허구성에 의존하는 이야기는 실재의 사실과는 관계없이 꾸며낸 이야기가 된다. 이때 이야기를 구성하는 경험성과 허구성이라는 두 가지 요소의 긴장 관계의 작용을 통해 서사의 본질이 확연하게 드러난다.

(도표 1)에서 수직의 축은 서사에서 이야기를 통해 드러나는 이념성과 실재성이라는 서로 다른 가치 지향성을 표시한 것이다. 서사에서 이야기는 실재성의 가치를 강조하는 경우도 있고, 다른 어떤 의도와 이념을 드러내기 위한 경우도 있다. 이 두 가지의 가치 지향을 실재성과 이념성으로 구분한 것이다. 위쪽 방향은 이념성의 가치 지향을, 아래쪽 방향은 실재성의 가치 지향을 각각 표시한다. 이러한 이야기의 가치 지향 자체는 담론의 성격에 따라 결정된다.

이러한 방식으로 수평의 축과 수직의 축을 표시하면, (도표 1)에서 보듯이 (가) (나), (다), (라)의 네 영역으로 평면이 구획된다. 여기서 구획된 네 개의 영역은 서사에서 이야기의 구성요소와 가치 지향성이 담론의 성격과 방법에 따라 서로 결합되는 서사 공간을 보여준다. 이 도표에서 평면의 우측을 차지하고 있는 (가)와 (라)는 그 서사 구성요소가 허구적이라는 공통점을 가진다. 허구적 서사가 여기에 해당한다. 이와는 달리, 좌측을 차지하고 있는 (나)와 (다)의 영역에서는 서사 구성요소가 경험성에 근거한다. 이 영역에서 이루어지는 이야기는 모두 실재의 현실 속에서 경험했던 것이거나, 역사적으로 존재했던 것을 말한다. 이야기가 꾸며낸 것이 아니라 실재했던 사실이라는 점에서 경험적 서사 또는 역사적 서사가 이에 해당한다.

(가)의 영역에 해당하는 서사는 허구성이라는 서사 구성의 원리에 근거하여 이야기가 형성된다. 그리고 그 가치 지향이 이념적이다. 경험적 세계에 기초하는 것이 아니라 작가의 상상력에 의해 만들어진 허구적 공간과 시간에 배치된 허구적 인물이 어떤 행동이나 대화를 통해 사건을 만들어내고 이야기가 전개된다. 물론 여기서 이루어지는 이야기는 어떤 도덕적인 이상이나 이념적 가치를 추구하는 경향이 강하다. 도덕적 이상이나 이념적 가치의 구현을 위해서는 어떤 허구적인 장치도 동원할 수 있으며, 시간과 공간의 실재성이나 인물의 행위의 구체성을 모두 희생시키기도 한다. 풍자와 우화가 이러한 서사적 특성을 지닌다. 풍자는 기왕의 연구자들이 희문우화소설, 토론체소설, 문답체소설이라고 지칭했던 단형 서사이며, 우화에는 몽유담이나 동물우화 등이 있다. 이들은 이야기를 구성하는 인물, 행위, 시공간 등의 여러 가지 요소가 지니고 있는 실재성의 가치를 훼손시킴으로써 오히려 어떤 이념적 가치의 구현을 두드러지게 한다. 풍자는 대화의 주제에 의해서, 우화는 성격과 상황에 의해 이상적인 가치 지향을 분명하게 드러내고 있는 것이다.

(나)의 영역에는 영웅 전기가 자리한다. 영웅 전기에서 모든 이야기는 역사적인 경험에 따라 실제 있었던 사실을 그대로 따르지만, 실재하는 사실 그 자체를 제시하는 것보다는 그 속에서 어떤 이념적인 가치를 발현하는 것이 중요하다. 경험적 사실을 이야기로 만들면서 그 가운데에서 어떤 도덕적 이상이나 이념적 가치를 추구한다는 말이다. 그러므로 영웅 전기가 역사적인 경험이나 사실에 근거하여 서사가 구성된다고 하더라도, 그 이야기를 통해 어떤 가치와 이념을 드러내야 하고, 실재했던 인간의 모습을 그린다 하더라도 그 인물을 통해 어떤 도덕적 이상을 드러내야 한다. 개화계몽시대 서사 양식의 대표적인 부류에 해당하는 역사적 영웅 전기는 역사적인 인물의 삶을 통해 이상적인 인간의 모습을 보여주고자 하기 때문에, 경험적 사실에 근거한 서사 구성이 이루어진다 하더라도, 인물의 성품, 인격, 덕망 등을

구체적으로 형상화하는 작업이 필요하다. 이 같은 형상화의 작업을 이끌어가는 담론적 속성으로 인하여, 영웅 전기는 경험적 서사 양식 가운데 역사 기록이나 사건 기사와는 달리 문학적인 것으로 분류된다.

(다)의 영역에서 이야기는 경험성이라는 서사 구성의 요소에 근거하면서 실재성을 추구한다. 서사의 구성 원리와 그 가치 지향이 모두 있었던 사실 그대로를 따른다는 뜻이다. 역사적 경험에 따라 있었던 내용을 그대로 그려내야 하므로, 객관적으로 사실의 실재성을 제시하는 것이 중요하다. 흔히 볼 수 있는 신문의 사건 기사나 역사의 기록 등은 모두 이 서사 영역에서 이루어지는 것들이다. 이 영역에서 이루어지는 서사는 구성요소와 가치, 그 내용과 표현에서 미적 형상성을 추구하는 것이 아니기 때문에, 그 담론적 속성이 문학적인 것을 벗어난다. 사실을 그대로 기록한 기사나 역사 기록 등은 실재성과 그 실재성의 기록 자체가 중시되므로 문학적 고안을 필요로 하지 않는다. 그러므로 (다)는 개화계몽시대 서사에서 문학의 영역 밖으로 제외될 수밖에 없다.

(라)의 영역에는 이야기가 허구성이라는 서사 구성의 요소에 근거하고 있지만, 그 가치 지향이 실재성에 두어지는 신소설이 자리한다. 이 서사의 영역에서 신소설의 이야기는 허구적 상상력에 의하여 구성된다. 실재하는 현실과는 관계없이 꾸며낸 공간 위에 꾸며낸 인물과 사건이 배치된다. 그러나 여기서는 허구성 자체가 서사적 원리가 되고 있지만, 실재성을 추구하는 것이 중요하다. 비록 꾸며낸 인물을 꾸며낸 때와 장소에 배치하여 이야기를 만들어가지만, 모든 이야기의 요소들이 현실세계의 경우와 흡사해야 한다. 인물도 실재 인물과 같아야 하며, 그 인물이 행동하는 때와 장소도 실재의 시간 공간과 같아야 한다. 인물과 관련되는 주변 사회의 모든 요소도 실재 사회의 모습을 그대로 드러내야 한다. 이러한 담론화 과정으로 인하여 실재 현실과 같은 배경 속에서 실재 존재하는 사람처럼 인물의 삶의 과정이 형상화된다. 이때 인물은 사회적인 관계 속에서 그 존재를 드러내게 되므로, 실재하는 것에 대한 심미적 충동이 중요시된다. 그렇기 때문에 이 영역에서 이야기는 허구성과 실재성의 조화를 추구함으로써 그 서사적 특성을 유지한다.

신소설은 시간과 공간이 실재의 시공간처럼 구체화되고, 인물의 행위와 삶의 과정이 또한 실재의 인간처럼 형상화된다. 이야기 속의 모든 등장인물에게는 그 존재의 사회적 기반과 개인적 성격이 부여되기 때문에 그 인물의 삶의 과정 자체가 삶의 총체적인 리얼리티를 구현하게 된다. 개화계몽시대의 신소설은 근대소설이 요구하는 실재성과 허구성의 전체적인 조화에는 도달하지 못하고 있지만, 초월적인 신성의 세계를 완전히 제거하면서 경험적 현실에 착안하게 된 최초의 서사이다. 그러므로 신소설은 한국소설사에서 그 전대의 소설과 후대의 소설 사이의 소설사적인 연관성의 측면에서 특히 중요시되고 있는 것이다. 신소설은 등장인물의 경험적인 삶에 내재해 있는 개인적인 운명의 양상에 관심을 기울인다. 신소설은 역사적 영웅의 고상한 인격과 위업을 이상화하는 영웅 전기와 그 서사적 속성이 서로 다르며, 사회적 현실 문제에 직접적으로 관여하고 있는 풍자나 우화 등과도 역시 서로 다르다. 신소설은 주인공의 개인적인 운명에 관심을 집중하여 그 실재성을 구현하는 담론의 규칙을 따르고 있다.

이상에서 논의한 담론 공간의 분할을 다시 정리해본다면, (가), (나), (다), (라)의 서사 공간 속에서 개화계몽시대의 다양한 양식들이 서로 경쟁하고 있음을 알 수 있다. 이들을 각각 구분해보면, 가장 대표적인 서사의 하위 장르로서 우화, 풍자, 영웅 전기, 역사기록과 기사, 신소설 등이 이에 대응하고 있음을 확인할 수 있다. 이러한 양식의 분화 현상을 놓고 볼 때, 개화계몽시대의 풍자와 우화는 신소설과 함께 허구적 서사에 속하며, 서사 구성이 작가의 허구적 상상력에서 비롯된다. 그러나 신소설의 경우와는 달리 실재성의 가치를 중시하기보다는 도덕적 이상과 이념적 가치를 중시한다는 점에서 영웅 전기와 함께 사회 계몽적 성격이 강조된다고 할 수 있다.

개화계몽시대의 서사 양식 가운데 풍자와 우화는 그 장르적 경계 때문에 논란의 대상이 되어왔다. 풍자와 우화는 대개 신소설의 범주 안에서 그 속성이 규정되고 있지만, 그 장르적 성격이나 서사의 담론 구조 자체가 신소설과는 전혀 다르다. 풍자와 우화는 서사 구성의 핵심이 되는 인물의 설정이라든지 시간과 공간의 구성 등이 소설의 경우와는 달리 아주 느슨하다. 서사적 구성 자체도 개방적인 것이 특징이다. 이 같은 속성 때문에 풍자 우화는 오히려 자유롭게 여러 가지 사회적 주제에 접근한다.

개화계몽시대 풍자 우화에서 가장 주목해야 할 것은 그 담론 구조가 다분히 사회 정치적 성격을 드러낸다는 점이다. 이 시기의 풍자 우화는 침략적 외세에 대한 경계, 집권 세력의 무능과 부패에 대한 비판 등을 핵심적인 주제로 내세운다. 그리고 침략적 의도를 위장하기 위해 내세워진 일본적 식민주의 담론의 언어적 기표들을 해체 비판하거나 그 논리의 허구성을 풍자하는 공격성을 드러낸다. 이것은 영웅 전기가 보여주었던 반식민주의 담론으로서의 민족주의적 지향과도 일맥상통하는 바가 있다.

풍자와 우화는 인물이라든지 서사구조라든지 하는 어떤 기법에 의해서가 아니라 말하기 방식 자체를 활용한다는 점에서 다른 어떤 종류의 서사 양식보다도 독특한 담론 구조를 드러낸다. 풍자와 우화는 그 기법과 정신을 서로 공유함으로써 더욱 분명한 담론적인 속성을 가지게 된다. 풍자의 중요한 기술 방법인 대화, 토론, 연설 등이 우화와 결합되기도 하고, 우화의 빗대어 비판하기 방법이 풍자의 기술 방법 속에 숨겨지기도 한다. 그러므로 풍자와 우화는 주인공의 설정 방식에서 볼 수 있는 우의성과 각각의 주인공이 진술하는 주제와 가치와 관념의 대립에 의한 지적인 갈등과 그 해소 과정이 흥미의 초점을 이루게 되는 것이다.

4. 풍자 양식과 비판적 계몽담론

풍자 양식과 식민주의 담론 비판

개화계몽시대 풍자[1]는 국문 글쓰기에 의해 다양하게 분화된 서사 양식의 하위 장르이다. 일반적으로 '풍자'라는 말은 어떤 주제를 우스꽝스럽게 만들거나 거기에 대한 멸시, 분노, 냉소 등의 태도를 환기시킴으로써 그것을 격하시키는 하나의 문학적 기법을 의미한다. 그러므로 그 주제 내용과 기법에 따라 풍자시, 풍자소설, 풍자극 등을 구분하기도 한다. 그러나 풍자는 문학적 기법이나 정신에만 국한되는 말이 아니다. '풍자적'이라는 관형적인 의미나 '풍자하다'와 같은 서술적인 뜻을 넘어서는 경우, 풍자는 하나의 문학 양식에 해당한다. 풍자는 등장인물이 존재한다는 점에서 소설과 유사하지만 이야기를 이끌어가는 방식에 있어서 소설과는 거리가 있다. 등장인물의 대화를 중심으로 한다는 점에서 극적인 성격도 지니지만 갈등을 수반한 행동이 결여되어 있다. 어떤 주제를 중심으로 주장과 견해를 강조한다는 점에서는 비문학적 양식으로서의 논설과도 유사하다. 그러나 그 서술 방식 자체가 서사성에 기대어 있기 때문에 논설과는 그 성격이 전혀 다르다. 그러므로 풍자의 장르적 성격뿐만이 아니라 그 담론 구조를 면밀하게 분석해볼 필요가 있다.

서사의 하위 장르로서 풍자는 행위와 사건이 약화된 대신에 등장인물의 대화 그 자체가 이야기의 중심을 이룬다. 일반적으로 서사에서 등장인물의 행위는 사건의

1. 이 책에서 사용하는 '풍자'라는 명칭은 문학적 기법이나 속성을 지시하는 개념이 아니라 독립적인 양식 개념으로서의 '풍자'를 의미한다. 이러한 관점은 N. Frye, *Anatomy of Criticism* (임철규 역, 『비평의 해부』, 한길사, 1982)의 양식 분류 체계를 수용한 것이다. 이 책에서 '풍자'는 전통적인 이야기 방식으로 그 독자적 성격을 인정(같은 책, pp. 312-337)받고 있다.

지속과 발전과 변화를 가능하게 하며, 이야기의 전체적인 흐름을 가능하게 한다. 그런데 풍자에서는 인물의 구체적인 행위와 그 행위를 통해 구현되는 실재성이 훼손된다. 등장인물이 주어진 공간 안에서 어떤 구체적인 행동도 보여주지 않고 오직 자기가 생각하고 있는 문제를 말로만 전달한다. 등장인물의 구체적인 행위가 제거되어 있기 때문에 주어진 공간 속에서 등장인물이 하는 말 자체가 화제를 이끌어간다. 등장인물이 어떤 주제를 놓고 연설을 하거나 여럿이 대화와 토론을 벌이는 경우, 아무런 행동의 변화도 없고 거기서 비롯되는 서사의 진행도 없지만, 그 연설이나 대화와 토론의 과정에서 어떤 이념적 가치와 주제가 구현된다.

풍자는 인간의 삶의 가치와 정신적 태도에 관련되는 관념적인 주제나 쟁점을 다루면서도 그 주제에 관련되는 현실 문제에 대해 강하게 비판을 가하기도 한다. 풍자에 등장하는 인물은 어떤 구체적인 행동의 주체로서 이야기를 이끌어가는 것이 아니라 하나의 이념의 대변자일 뿐이다. 그리고 구체적인 행동 대신에 말과 토론을 통해 논점을 이어간다. 그러므로 풍자는 일정한 이야기의 줄거리가 없는 이념과 도덕의 결합체이다. 풍자의 가장 중요한 담론적 특징은 대화, 토론, 연설 등에 의해 그 내용이 기술된다는 점이다. 풍자에서는 등장인물의 갈등이 성격과 행동을 통해 구체화되는 것이 아니라, 진술되고 있는 주제와 가치와 관념의 대립에 의해 이루어지는 지적인 갈등이 흥미의 초점을 이룬다.

개화계몽시대의 풍자는 「쇼경과 안즘방이 문답」을 비롯하여 『대한매일신보』의 「향긱담화(鄕客談話)」(1905. 10. 29-11. 1), 「향鄕로老방訪문問의醫싱生이라」(1905. 12. 21-1906. 1. 6), 「거부오히(車夫誤解)」(1906. 2. 20-3. 7), 「시사문답(時事問答)」(1906. 3. 8-4. 12), 『대한민보』의 「병인간친회록(病人懇親會錄)」(1909. 8. 19-10. 12), 「절영신화(絶纓新話)」(1909. 10. 14-11. 23) 등이 대표적인 것들이며, 이장자(耳長子)라는 필명의 작가에 의해 발표된 「사제(師弟)의 언론」(『태극학보』, 08. 3), 「노이불사(老而不死)」(『태극학보』, 08. 7), 「가담(街談)」(『서북학회월보』, 09. 3), 「뒤장이 수작」(『서북학회월보』, 10. 1), 「갑을문답(甲乙問答)」(『서북학회월보』, 10. 1) 등이 있다. 이해조의 『자유종(自由鐘)』(1910)은 단행본으로 간행되어 널리 읽힌 바 있다. 이 밖에도 풍자의 양식적 특성을 차용한 논설이 많이 등장한다.

개화계몽시대 풍자는 행동과 사건의 전개를 따지기 어려운 느슨한 서사구조에서 그 양식적 특징을 찾아볼 수 있다. 풍자 양식의 경우에는 인물의 행동이나 사건에 의해 이야기의 줄거리를 구분하기가 어렵다. 그러므로 풍자는 행위와 성격, 사건과 배경에 의해 의미를 구성하는 일반적인 서사와는 구별된다. 물론 풍자의 경우에도 서사 양식의 기본적인 요건이 되는 인물이 등장하며, 그 인물에 실재성을 부여하기 위한 시간과 공간도 제시된다. 그러나 이것은 모두 일종의 서사적 장치에 불과하다. 풍자는 이야기의 중심축을 이루는 어떤 행동이나 사건보다는 인간의 여러 가지 정신적 태도 자체를 다루는 데에 목표를 둔다.

풍자에서 중요한 것은 담론을 구성하는 말 자체이다. 풍자에 등장하는 인물은 자신의 입장을 내세우고 주장하는 대화, 토론, 연설 등의 말하기에 주력한다. 다시 말하자면, 등장인물이 행동의 주체로서 이야기를 이끌어가는 것이 아니라 어떤 이념의 대변자로서 말하는 것이다. 물론 등장인물의 말하기는 말하기의 주제와 관련하여 거기에 적절하게 대응할 수 있는 '말하기의 공간'이 설정되어야 한다. 이 '말하기의 공간'은 등장하는 인물의 숫자에 따라서 대화, 토론, 연설 등의 방식으로 구분된다. 두 사람의 인물이 등장하는 경우는 둘이서 주고받는 대화가 이야기의 중심을 이루며, 여러 사람이 등장하는 경우는 어떤 주제를 놓고 이루어지는 토론이나 연설이 이야기의 중심을 이룬다.

풍자 양식에서 볼 수 있는 이러한 다양한 말하기의 방식은 그 목표의식이 분명하다. 등장인물은 어떤 현실적인 주제나 이념을 놓고, 그 찬반이나 가부를 논하기도 하고 비판을 가하기도 하며, 타당하다고 생각하는 방향을 제시하기도 한다. 그리고 행동 대신에 말과 토론이 중심을 이루기 때문에, 그 담론의 공간에서 어떤 공적인 이념이나 가치와 결합하게 된다. 특히 개화계몽시대의 풍자 양식은 당대 현실에서 가장 중요하게 문제시되고 있는 지배세력의 무능과 부패, 일본의 정치·군사적 영향과 경제적 침탈, 봉건사회의 붕괴 과정에서 드러난 훼손된 삶의 가치 등을 핵심적 쟁점으로 다루고 있다. 그러므로 풍자에서 볼 수 있는 비판과 야유의 어조에서 그 담론의 정치성을 확인할 수 있게 된다.

문명 개화의 허구성과 비판 여론의 동원

「향객담화」는 우시생이라는 인물이 길을 가다가 사람들의 일장 담화를 듣고 이를 옮겨놓은 것이다. 그러므로 서술의 초점이 우시생에게 놓여 있는 것이 아니라 담화를 늘어놓는 사람들에게 놓여 있으며, 여러 사람이 늘어놓는 대화의 내용이 서로 결합되면서 담론의 주제에 도달하고 있다. 이 같은 서사의 전개 방식은 대화 중심의 풍자가 지니는 일반적인 특징이다. 이 작품에서 담론 구조의 서사적인 특징은 정부 관리들에 대한 익명의 대중들이 지니고 있는 비판적 여론의 형성 과정을 그대로 장면화하고 있는 점이다. 이것은 대부분의 개화계몽담론이 논설이라는 기술 방식을 가장 널리 택하고 있는 점과 대조를 이룬다. 「향객담화」가 논설이라는 비문학적 담론의 기술 방식을 벗어나 풍자라는 서사 양식이 될 수 있었던 것은 바로 대화의 전개 과정을 그대로 장면화하고 있는 기술 방식과 그 풍자성에 기인하고 있다.

(1) 대한 정부 관리 학문이 무엇인지 신의가 무엇인지 ᄋᆡ국이 무엇인지 도모지 불계ᄒᆞ고 복즁에 가득ᄒᆞᆫ 경륜 리욕 일관샌이로다. 박탈 민ᄌᆡ 독한 정ᄉᆞ ᄉᆡᆼ령이 어육이오 긔군 망상 슝ᄒᆞᆫ 죄명 쥭은들 써글손가

(2) 관찰 군슈 셔임ᄒᆞᆯ 제 정치 학문 뭇지 안코 문벌이니 셰교이니 돌녀가며 차츌ᄒᆞ고 불학무식 하등 인물 돈을 밧고 ᄆᆡᄆᆡᄒᆞ야 부임ᄒᆞᆫ 후 ᄒᆡᆼ정ᄒᆞ면 무죄 평민 착슈ᄒᆞ고 횡셜슈셜 가진 죄명 ᄇᆡᆨ 가지로 얼거ᄂᆡ여 ᄉᆞ갈의 독한 ᄒᆡ와 시랑의 모진 소ᄅᆡ 호령이 츄상 갓고 악형이 무쌍ᄒᆞᆫ즉 어리셕은 어둔 ᄇᆡᆨ셩 일루 잔명 보존ᄎᆞ로 상평뎐 하평뎐과 가장 즙물 방ᄆᆡᄒᆞ야 긔 쳔량 긔 만량에 간신히 탈신ᄒᆞ니 부모 쳐ᄌᆞ 류리 ᄀᆡ걸 일죠에 되고 부니 원입골슈 깁흔 한은 욕식기육 ᄉᆡᆼ각ᄒᆞ니 압제로 ᄆᆡᆫ든 정치 어ᄃᆡ가 호소ᄒᆞ며 호소ᄒᆞᆫ들 쓸 ᄃᆡ 잇나

(3) 간휼ᄒᆞᆫ 모모 ᄃᆡ관 져 ᄒᆞᆫ 몸의 영욕으로 외국인을 부동ᄒᆞ야 토지ᄅᆞᆯ 허급ᄒᆞ며 인민을 구축ᄒᆞ니 강토ᄂᆞᆫ 쥴어가고 인민은 도ᄐᆞᆫ이라 인민를 모라다가 화적당에 너허쥬고 국권을 ᄲᆡ아셔다 외국인을 맛겨가며 부귀ᄅᆞᆯ 도모ᄒᆞ니 인민이 업게 되면 나라이 엇지되며 나라이 업게 되면 부귀를 엇지ᄒᆞᆯ가 그런 ᄉᆡᆼ각 못ᄒᆞᄂᆞᆫ지 망국ᄃᆡ죄 ᄌᆞ취ᄒᆞᆫ니 가셕코 가통이라.

(4) 정부ᄅᆞᆯ 조직ᄒᆞ야 시정ᄀᆡ션 못ᄒᆞ기ᄂᆞᆫ 쥬무 ᄃᆡ신 ᄎᆡᆨ임이오 샤회ᄅᆞᆯ 창립ᄒᆞ야 일심 단체 못ᄒᆞ기ᄂᆞᆫ 인민의 ᄎᆡᆨ임인즉 왈시왈비 말을 말고 곤히 든 좀 씨여가며 ᄉᆡ정신을 가다듬어 시왈부왈 강산풍월 그만 더져 발여뇨코 ᄀᆡ명국 신학문을 렬심으로 연구ᄒᆞ여 ᄂᆡ정을 발쎄ᄒᆞ면 외모ᄅᆞᆯ 면ᄒᆞ리니 정부 대관 밋지 말고 사름마다 힘을 써셔 ᄃᆡ한데국 쳔만년에 반셕 것치 굿게 홈은 인민의 ᄎᆡᆨ임이라 아모 타슬 말지어다

(5) 구미각국 널은 셰계 립헌정치 공화정치 슝상ᄒᆞᄂᆞᆫ 문명국은 ᄇᆡᆨ셩이 크다 ᄒᆞ되 우리나라 압졔 정치 ᄃᆡ소ᄉᆞᄅᆞᆯ 물론ᄒᆞ고 소위 정부 ᄃᆡ관씨리 잘 되던지 못 되던지 마음ᄃᆡ로 시ᄒᆡᆼᄒᆞ야 ᄇᆡᆨ셩은 커니와 한 조정에 별살ᄒᆞ고 한 마을에 녹을 먹ᄂᆞᆫ 관리라도 작위가 낫게 되면 흉즁에 비록 장ᄌᆞ방 졔갈량의 도략이 잇서도 쓸ᄃᆡ 업서 한 마ᄃᆡ 뭇지 안고 한 마ᄃᆡ ᄒᆞ지 안아 무엇이 무

엇인지 젼연이 모로거든 함을며 졍권이 업ᄂᆞᆫ ᄇᆡᆨ셩이야 일너 무엇ᄒᆞ리 우리나라 미약홈은 ᄃᆡ신이라 협판이라 하ᄂᆞᆫ 사ᄅᆞᆷ 슈단으로 만든 것시지 그 지ᄎᆞ 국장이니 과쟝이니 하ᄂᆞᆫ ᄉᆞᄅᆞᆷ ᄃᆡ신 협판 입만 ᄯᆞ라 하ᄂᆞᆫ ᄃᆡ로 ᄒᆞᆯ ᄲᅮᆫ인즉 ᄌᆞ유 언권 죠금 업고 ᄉᆞ환니나 다름업셔 가련하기 측량 업네

(6) 남의 나라 사ᄅᆞᆷ들은 ᄌᆞ긔 돈을 들여가며 문명 졍치 발달코자 각국을 유람하야 지식을 ᄀᆡ도하고 우리나라 관인들른 려비를 쥬어가며 외국 졔도 시출하라 파송하면 아모 ᄉᆡᆼ각 도시 업고 갓다 왓다 하ᄂᆞᆫ 것이 직책으로 아ᄂᆞᆫ 모양 가소하고 통탄토다 그런 것들른 일즉 쥭지도 아니하뎨.

이 작품에서 사람들이 나누는 대화는 정부 대신들의 무능과 부정에 대한 비판이 중심을 이룬다. 그러나 일반 인민이 단결을 이루지 못함에 대해서도 함께 비판한다. 정부의 관리들이 사리사욕에만 혈안이 되어 있는 점, 부정한 방법으로 관직을 얻어 백성을 착취하고 있는 점, 정부를 조직하여 제대로 시정을 개선하지 못한 점, 국가의 비용으로 해외 시찰을 해도 문명국의 발전을 제대로 배우지 못하는 무능한 점 등이 모두 비판의 대상이다. 이 같은 여론 비판은 풍자 양식이 지니는 개화계몽담론의 정치성을 잘 보여주는 것이라고 할 수 있다.

「향鄕로老방訪문問의醫싱生이라」는 을사조약 직후의 정치 변화와 사회 현실의 문제를 집중적으로 거론한다. 이 이야기에는 풍자적 기획에 의해 성격화된 두 사람이 등장한다. 하나는 시골의 노인이며 또 하나는 서울에서 약국을 운영하는 의생(醫生)이다. 의생은 병든 자에게 약을 조제하여주는 사람인데, 여기서는 병든 사회를 고칠 수 있는 올바른 처방을 내기 위해 설정된 인물이다. 시골 노인은 원래 대지주로서 많은 전답과 재산을 남의 손에 맡겨두고 호화스럽게 살다가 재산을 탕진한다. 뒤늦게 정신을 차린 그는 남은 땅을 스스로 관리하며 생활을 안정시킨 후에 세상물정에 관심을 갖게 된다. 이러한 상황으로 미루어본다면 시골 노인은 민족적 각성과 자주 독립의 중요성을 강조하기 위해 설정된 인물임을 알 수 있다.

시골 노인은 서울에 올라와 여기저기 구경하다가 약국에 들러 의생과 대면한다. 이 두 사람의 대화는 자연스럽게 세상물정으로 옮겨진다. 두 사람의 대화에서 화제에 오른 것은 을사조약 이후의 정치·사회적 혼란과 현실 문제이다. 그리고 자연스럽게 당시 여론의 관심사였던 '일진회(一進會)'와 무능한 정부 대신에 대한 비판이 중심을 이루게 된다.

로인왈 근ᄅᆡ 우리나라에도 샤회 명ᄉᆡᆨ이 여러 가지로 잇ᄂᆞᆫᄃᆡ 그즁 일진회라ᄂᆞᆫ 것슨 엇더케 된 것인지 그 츄지와 목뎍을 드러도 이져발이기를 잘하니 ᄐᆞᆨ으면 정신죠ᄎᆞ ᄐᆞᆨ는 줄을 알깃도다 의ᄉᆡᆼ왈 일진회의 목뎍을 ᄃᆡ강 들은즉 쳣ᄌᆡᄂᆞᆫ 독립 긔초를 공고케 하고 둘ᄌᆡᄂᆞᆫ 황실 존즁이 하고 인민의 ᄉᆡᆼ명 ᄌᆡ산을 보호ᄒᆞᆫ다 하나 큰 일로 보면 그 목뎍이 변하엿ᄂᆞᆫ지 알 슈 업셔오 로인 왈 이졔 그ᄃᆡ 말을 드르니 거의 알겟노라 ᄂᆡ 나라 외교 권리를 남의게 보ᄂᆡ노라 신조약을 셩리ᄒᆞᆫ다 한편으로ᄂᆞᆫ 원로 ᄃᆡ신이 솔ᄇᆡᆨ관정쳥을 ᄒᆞᆫ다 한편으로ᄂᆞᆫ 원로 ᄃᆡ신이 잡혀간다 한편으로ᄂᆞᆫ ᄃᆡ관이 ᄌᆞ결을 ᄒᆞᆫ다 ᄒᆞᄂᆞᆫ 판에됴 슈슈방관ᄒᆞ야 말 한 마ᄃᆡ들 아니ᄒᆞᆯ 샌 아니라 도로혀 션언셔인지 무엇인지 하여 노코 신죠약을 창도ᄒᆞᆫ 모양이니 그거시 다 독립 긔초를 공고케 ᄒᆞᆫ다ᄂᆞᆫ 목뎍이며 외교 권리가 업셔지고 보호 감독 밧고 보면 국권이 감삭하고 황위가 미약하니 무엇으로 황실을 존즁이 ᄒᆞᆫ다 하며 텰도ᄃᆡ 군용ᄃᆡ로 인민의 가옥과 분묘를 훼파하며 젼답을 ᄲᆡ아스되 텽이불문 안져 잇고 텰도목 뎐션쥴에 우쥰ᄒᆞᆫ 쟈 실슈하면 군ᄉᆞ상 방ᄒᆡ라고 군률로 포살하되 시이불견 누어 잇셔 한 소ᄅᆡ 반 마ᄃᆡ도 질문 한번 업셧스니 그거시 다 인민의 ᄉᆡᆼ명 ᄌᆡᄉᆞᆫ 보호ᄒᆞᆫ다ᄂᆞᆫ 목뎍인가 그 목뎍도 알 만ᄒᆞᆫ 목뎍이지마ᄂᆞᆫ 깁히깁히 ᄉᆡᆼ각하면 그 정치도 가련일셰

앞의 담화에서 문제 삼고 있는 일진회는 1904년 8월에 조직된 친일 사회단체이다. 이 단체의 조직을 주도한 송병준은 명성황후 시해사건 이후 10년 가까이 일본에 머물러 있다가 러일전쟁 때 이인직 등과 함께 일본군 통역관으로 귀국한 인물이다. 일진회는 황실의 존중, 인민의 성명과 재산 보호, 시정 개선, 조정 재정의 정리 등 4대 강령을 내걸고 국정 개혁을 요구하면서 회원 모두가 자발적으로 단발하고 양복 차림으로 복식을 바꾸는 등 개화 운동에 앞장서는 것처럼 활동한다. 그러나 같은 해 12월 동학당 내 친일 세력인 이용구의 진보회를 흡수하면서 그 조직을 지방으로 확대하고 총회장에 이용구, 평의원장에 송병준이 취임하면서 본격적인 친일 활동을 전개한다. 일진회는 1905년 '일진회 선언문'을 통해 조선의 외교권을 일본에게 위임해야 한다는 주장을 내세움으로써 일본이 을사조약을 강요하게 만드는 명분을 제공하였고, 을사조약이 강제 체결되자 기관지 『국민신보』를 통해 조약의 필요성을 강조하는 친일적 논설을 수차례 발표하게 된다. 이런 활동 방향을 지지하기 위해 일본 정부는 일진회에 운영 자금을 상당부분 제공한 것으로 알려져 있다. 노인과 의생은 그 목적과 취지와는 아무 상관없이 이루어지고 있는 일진회의 망국적 행태를 비판한다. 이들은 황실을 존중하겠다면서 국가 이익을 저버리고 외교권을 일본에게 넘기는 일에 앞장서온 일진회의 편향된 활동이 자국 인민의 재산을 지키고 독립을 보존하는 일과는 전혀 거리가 먼 것임을 지적한다. 이러한 비판은 일진

회의 조직이 전국적으로 확대되면서 점차 친일적인 정치세력으로 변질되고 있음을 경계하는 것으로 볼 수 있다.

노인과 의생은 현실사회의 문제를 극복하기 위해 보다 근본적인 개혁 방안을 모색하게 된다. 그리고 두 사람의 의견은 자연스럽게 신학문과 신교육의 중요성을 강조하는 방향으로 모아진다. 이들은 현실사회의 문제가 모두 교육의 부족에서 오는 무지와 몽매의 소치임을 지적하면서 자손에게 재산을 물려줄 것이 아니라 실질적인 교육을 제대로 시킬 것을 권고한다.

(1) 자손을 귀ᄒᆞ다고 금의옥식 그만 두고 그 돈을 옴겨다가 셔칙을 ᄉᆞ셔 쥬며 ᄌᆞ손을 먹인다고 고량진미 ᄉᆡᆼ각 말고 그 마음 옴겨다가 공부를 시켜쥬며 ᄌᆞ손의게 씨친다고 뎐답을 ᄉᆞ쥬지 말고 그 ᄌᆡ물 옴겨다가 학교를 창셜ᄒᆞ며 ᄌᆞ손을 위ᄒᆞᆫ다고 긔도 불공ᄒᆞ여 가며 명과 복을 빌지 말고 그 정셩 옴겨다가 교ᄉᆞ 고빙ᄒᆞ야 학문을 가라치며 지식을 ᄀᆡ유ᄒᆞ면 그 안이 죠흘손가 알앗도다 알앗도다 지금이야 알앗도다 교육의 즁ᄒᆞᆫ 듯을 황연이 알앗도다 학문이 업게 드면 무엇으로 사람이며 교육을 아니ᄒᆞ면 무엇으로 부모 되나 교육 사상 업는 부모 ᄌᆞ손의계 도젹이오 학문 슬타 ᄒᆞ는 ᄌᆞ손 부모의계 불효로다 어이 그려ᄒᆞᆫ고 하면 학문 업셔 무식ᄒᆞᆫ즉 학문 잇는 사람의게 로예밧게 못되리라 로예가 되고 보면 압제를 면ᄒᆞᆯ손가 압제를 밧게 드면 릉욕이 일을지라 릉욕을 당케드면 욕급죠죵하올지니 욕급죠종ᄒᆞ게드면 불효패자 아이되며 교육을 아닛켜 그 지경되게 드면 부모를 원망ᄒᆞ야 구슈갓치 아올지니 구슈 갓ᄒᆞᆫ 그 부모 도젹보다 나을손가

(2) 이천만 동포들은 하나님의 뜻을 밧아 구습을 쎄발이고 신학문 신교육에 어셔 밧비 나갑셰다 나라를 ᄉᆞ랑ᄒᆞ고 동포를 사랑ᄒᆞ는 ᄋᆡ국 ᄋᆡ민 열심으로 ᄀᆡ명 목뎍 나갑셰다 (중략) 청년을 권면ᄒᆞ야 교육에 열심ᄒᆞ면 한아 둘이 느르가셔 긔쳔 긔만 될 터이오 일년 이년 ᄉᆞᆷᄉᆞ 년에 일취월장 발달되야 농상공학 정치 법률 각기 학문 ᄌᆞ격ᄃᆡ로 농민은 농ᄉᆞᄒᆞ고 상민은 장ᄉᆞ하고 쟝식은 졔죠하며 벼살ᄒᆞᆯ 쟈 벼살하야 직업을 직히이면 ᄉᆡᆼ계가 넉넉하야 가급인족 못될손가 가급인족하게 드면 국ᄐᆡ민안 못될손가 국ᄐᆡ민안 하계 드면 국부민강 못될손가 국부민강하게 드면 독립국이 못될손가 독립국이 되게 드면 ᄌᆞ유 권리 업슬손가 ᄌᆞ유 권리 잇게 드면 압제를 밧을손가 압제를 면케 드면 학ᄃᆡ가 잇슬손가 학ᄃᆡ가 업게 드면 평등 권리 그 아닌ᄀᆞ 평등 권리 잇게 드면 ᄌᆞ유 활동 못 ᄒᆞᆯ손가 ᄌᆞ유 활동 ᄒᆞ게 드면 누구를 고긔ᄒᆞ며 무엇을 부러ᄒᆞ리

여기서 말하는 학문이란 어떤 이념이나 가치를 중심으로 하는 추상적인 것이 아니라 실질적인 의미에서의 전문 영역에 대한 교육을 의미한다. 개화계몽담론의 핵심이 교육 문제에 있었음을 생각한다면 이러한 결론은 당연한 것이라고 할 수 있

다. 그렇기 때문에 노인과 의생은 교육을 통해 모든 사람이 각자 자신에게 맞는 직업을 제대로 가질 수 있다면, 각자의 생계를 유지하면서 국가의 부강을 이룰 수 있으며, 여기에 기초하여 국가의 독립을 지켜나가게 된다고 주장한다. 그리고 여기서 더 나아가 자유 권리와 평등 권리를 강조한다. 이들이 말하고 있는 자유와 평등의 개념이 어느 정도 구체적이며 사회성을 띠고 있는 것인지 확인하기 어렵지만, 이러한 근대적인 가치에 대한 인식이 당대의 현실적 요구로 자리하고 있다는 사실은 매우 중요한 일이라고 할 것이다.

「시사문답」에는 두 사람의 선비가 등장한다. 하나는 시골 선비 호문생이며 다른 하나는 서울 선비 선해생이다. 이러한 대조적인 인물 설정은 당대 사회를 지배하던 문명 개화 담론의 문제성을 공간적 지형도에 따라 새롭게 구획하고자 하는 의도에 따른 것이라고 할 수 있다. 시골 선비의 좁은 견문과 서울 선비의 지식을 바탕으로 두 사람은 새로운 문물제도와 인심세태의 변화를 놓고 서로 다른 의견을 내놓는다. 이들의 첫번째 화젯거리는 새로 개통한 기차 철도와 그 운영에 대한 소회이다. 신골 선비 호문생은 요란스럽게 지나가는 기차 소리를 듣고 영문을 모르다가 선해생의 설명으로 기차임을 깨닫는다.

> 한아ᄂᆞᆫ 시골 션비의 호문ᄉᆡᆼ이오 한아ᄂᆞᆫ 셔울 션비의 션희ᄉᆡᆼ이라 셔로 장황이 담화ᄒᆞᆯ 즈음에 마참 무숨 령악ᄒᆞᆫ 소ᄅᆡ 들니ᄂᆞᆫ지라 호문ᄉᆡᆼ이 놀라 무러갈오ᄃᆡ 그 무숨 소ᄅᆡ가 그다지 령악ᄒᆞᆫ뇨 쳐음에ᄂᆞᆫ 깁흔 산골에 폭포슈 흘으ᄂᆞᆫ 소ᄅᆡ 갓치 나더니 나죵에ᄂᆞᆫ 널븐 들에 황소 경각ᄒᆞᄂᆞᆫ 소ᄅᆡ 것흐나 극히 굉장ᄒᆞ야 그 무엇의 소ᄅᆡ라 지뎍ᄒᆞᆯ 슈 업거니와 그 소ᄅᆡ를 감안이 지음한즉 금목슈화토 오행이 구비ᄒᆞ게 된 물건의 소ᄅᆡ인 듯 ᄒᆞ도다 션희ᄉᆡᆼ이 미미이 우스며 왈 그ᄃᆡ가 쳐음 들은 듯 ᄒᆞ거니와 가위 어린 아ᄒᆡ가 텬동 소ᄅᆡ를 분변치 못ᄒᆞᆷ과 갓도다 그 소ᄅᆡᄂᆞᆫ 달은 것 아니라 인쳔 동ᄅᆡ 의쥬 등디로 ᄅᆡ왕ᄒᆞᄂᆞᆫ 텰마의 소ᄅᆡ라 ᄒᆞᆫᄃᆡ 호문ᄉᆡᆼ이 더욱 의심ᄒᆞ야 갈오ᄃᆡ 텰마라 ᄒᆞᄂᆞᆫ 것은 무엇이완ᄃᆡ 그 소ᄅᆡ가 그다지 령악ᄒᆞᆫ고 션희ᄉᆡᆼ 왈 그 텰마라 ᄒᆞᆷ은 그ᄃᆡ의 일은 바 금목슈화토 오ᄒᆡᆼ이 구비ᄒᆞ게 된 물건이니 그 물건된 체격을 의론ᄒᆞ면 금긔로 젼체가 되얏스되 간혹 목긔가 셧겻고 토긔를 잇그러 슈긔와 화긔의 힘으로 활동ᄒᆞᄂᆞᆫ 것이니 그 각력은 능히 일일에 쳔리를 행ᄒᆞ고 그 힘은 능히 한번에 쳔만근의 즁슈를 슈운ᄒᆞ나니라

두 사람의 대화는 우리나라의 철도 운영의 문제점을 지적하는 것으로 발전한다. 이들이 먼저 지적한 것은 철도 건설에 소용되는 막대한 자금(여기서는 백동 청동이라고 말함)과 철도 부지로 수용되는 토지 문제이다. 서구 제국의 경우 철도의 건설로

물산이 더욱 풍부해지고 생활에 편리가 더해졌지만, 우리나라의 경우 국가와 국민에게 아무런 이익도 없이 외국에 모든 사업권을 넘겨주어 결국 민생이 파탄의 길로 빠지게 되었다고 꼬집는다.

호문ᄉᆡᆼ이 이윽히 ᄉᆡᆼ각하다가 갈오ᄃᆡ ᄂᆡ 이제 알앗도다 소위 텰마라 ᄒᆞᆷ은 텰로 륜거를 일음이 안닌가 그러ᄒᆞ나 그것이 엇지 금목슈화토 오힝이 구비ᄒᆞ게 되얏다 ᄒᆞ리오 선ᄒᆡᄉᆡᆼ 왈 ᄂᆡ ᄌᆞ셔히 일으리라 그 물건됨이 젼혀 쇠와 남무로 만들엇슨 즉 금목이 분명ᄒᆞ고 셕탄은 ᄒᆞᆨ에셔 나고 화륜통에 물을 붓고 셕탄에 불을 핀 연후에 운동이 되니 슈화토가 구비치 아니ᄒᆞᆫ가 그러ᄒᆞ나 그것은 젼혀 금톄로 되엿슬 ᄲᅮᆫ더러 우리나라의 여간 ᄇᆡᆨ동이라 청동이라 ᄒᆞᄂᆞᆫ 쇠ᄶᅩ각은 모다 그놈의 복즁으로 몰녀 들어가ᄂᆞᆫ 고로 그놈이 쇠를 만히 먹어셔 그러ᄒᆞᆫ지 간간이 질으ᄂᆞᆫ 소ᄅᆡ가 일단 쳘셩이라 만일 우리나라 인민이 그ᄃᆡ로 어리셕고 그 놈은 그ᄃᆡ로 왕셩ᄒᆞ면 쟝ᄎᆞᆺ 젼국의 쇠ᄶᅩ각이라고ᄂᆞᆫ 구경ᄒᆞᆯ 슈 업슬 디이오 ᄯᅩᄒᆞᆫ 힘흥 원신까지도 왕ᄅᆡᄒᆞ며 ᄒᆞᆷ부로 집어ᄆᆡᆨ을 터인ᄃᆡ 그ᄲᅮᆫ아니라 그 놈 왕ᄅᆡᄒᆞᄂᆞᆫ 곳마다 인민이 견딜 슈가 업셔 뎐토와 가옥을 부지치 못ᄒᆞ며 청산에 뭇친 ᄇᆡᆨ골까지도 보젼치 못ᄒᆞ나니 엇지 두렵지 아니ᄒᆞ리오 호문ᄉᆡᆼ 왈 그 화륜거가 구미 각국에셔 먼져 지은 것이로되 그 나라에 쇠ᄶᅩ각이 귀ᄒᆞ얏젓다ᄂᆞᆫ 말을 듯지 못ᄒᆞ고 졈졈 식리가 되야 부국강민이 되얏스니 그것으로 ᄒᆞ야 돈이 업셔질 바 잇스리오 선ᄒᆡᄉᆡᆼ이 탄식ᄒᆞ야 왈 그런 ᄉᆞ업을 우리 국민이 ᄒᆞᄂᆞᆫ 것 갓흐면 쇠ᄶᅩ각 업셔질 염려ᄂᆞᆫ ᄉᆡ로여 ᄌᆡ물을 모흘 근본이 될 터이지만은 그것이 우리나라에 반 푼 일리도 리익은 업고 다만 민국간 크고 막인 것시 텰도 긔지로 몃 쳔리 몃 ᄇᆡᆨ리 되ᄂᆞᆫ 연로 각 디방에 관유지 민유지를 불계ᄒᆞ고 텰로 긔지라 뎡거쟝 긔자라 ᄒᆞ야 갑도 업시 졈탈ᄒᆞ니 나라에ᄂᆞᆫ 강토가 졈졈 쥴어지고 ᄇᆡᆨ셩은 뎐토가 업셔 농업을 폐지ᄒᆞ니 그 관계가 엇더ᄒᆞ며 텰로 잇ᄂᆞᆫ 각 지방 인민들은 륜거 삭시 빗ᄉᆞ니 ᄡᅳ니 ᄒᆞ면셔도 보힝으로 왕ᄅᆡ치ᄂᆞᆫ 안으려 ᄒᆞ야 연로 졈막에 ᄒᆡᆼᄀᆡᆨ이 죠졀하야 로변에셔 거ᄉᆡᆼᄒᆞᄂᆞᆫ 인민들이 ᄉᆡᆼᄋᆡ가 ᄭᅳᆫ어지고 젼젼 푼푼이 몰여 륜거 삭젼으로 외국인의 낭탁에 들어가니 한 번 들어간 후에야 무슴 ᄌᆡ간으로 다시 구경이나 하야 볼 슈 잇나 비록 긔쳔 리 긔ᄇᆡᆨ 리를 삽시간에 왕ᄅᆡᄒᆞᆫ 즉 그 ᄂᆡ왕의 신속ᄒᆞᆷ과 로비의 감ᄉᆡᆼ됨이 당쟝에ᄂᆞᆫ 편리타 ᄒᆞᆯ연니와 감안이 혜알이면 그 폐단이 엇덧타 일으리오 져 구미 각국으로 말ᄒᆞ게 드면 무론 무슨 ᄉᆞ업이던지 나라에 유익하고 인민의게 편리ᄒᆞ도록 어ᄃᆡᄭᆞ지 연구ᄒᆞ야 가며 경영ᄒᆞᄂᆞᆫ 고로 민국간에 방히됨이 업시 졈졈 부강ᄒᆞᆫ 데로 나아가 그 텰로 갓ᄒᆞᆫ 것도 ᄂᆡ 나라 토디에 ᄂᆡ 나라 인민이 부셜ᄒᆞ야 영업ᄒᆞᄂᆞᆫ 것인즉 지금 만국이 통상ᄒᆞᄂᆞᆫ 판에 한푼이라도 외국인의 돈이 ᄂᆡ 나라 지방에 ᄯᅥ러질 터이지 내 나라 돈을 남의 나라 ᄉᆞ람이 가질 묘리가 업셔 졈졈 부국강민이 된다 ᄒᆞ려니와 우리나라 형편은 그러치 못ᄒᆞ야 남의게 긔지도 빌니고 심지어 물ᄌᆡ와 역부ᄭᆞ지 빌니여 가며 리익을 만들어 쥬니 무엇이 내게 리롭다 하리오

이들이 지적하고 있는 철도 건설과 그 운용의 문제점은 철도의 건설 과정을 좀

더 자세히 살펴보면 쉽게 확인할 수 있는 일이다.

한국의 철도 건설[2]은 서울과 인천을 연결하는 경인철도에서부터 시작된다. 1900년 7월에 첫 개통된 경인철도는 청일전쟁 당시 일본이 군사상의 필요성으로 부설을 추진한 것이다. 그러나 일본의 간섭에서 벗어나기 위해 한국 정부는 미국인 모스(J. R. Morse)와 그 부설 계약을 체결하고 철도 건설 사업을 구체화한다. 하지만 미국인 모스도 공사 기공 후에 예산 조달에 어려움을 겪으면서 결국 이를 일본인들에게 다시 넘기게 된다. 경의철도는 당초에는 프랑스가 그 부설권을 취득하였지만 공사를 진전시키지 못하고 중단하자, 한국 정부가 이를 환수하여 철도 부설을 추진하게 된다. 그러나 러일전쟁이 발발하고 1904년 일본이 철도대대를 파견하여 임의로 경의선 부설에 강제 착수하자 한국 정부는 일본의 강요를 거부하지 못하고 경의철도 노선의 50년 임대 조건으로 일본에 철도 부설권을 넘기게 된다. 일본은 임진강, 대동강, 청천강을 건너는 철교 공사를 마무리하여 1906년 3월경 철도를 준공한다. 이 과정에서 일본은 철도용 부지를 아무 대가도 없이 점거하게 된다. 한국 최장의 경부철도는 1898년 일본이 부설권을 얻어 공사가 진행된다. 일본은 철도 건설에 필요한 자본과 기술을 제공하고 한국 정부는 선로, 정거장, 창고 등에 필요한 용지를 무상으로 제공하기로 하고 철도 운영에 대한 각종 특혜를 일본에 부여한다. 1901년부터 시작된 부설 공사는 1906년에 남대문역(서울역)에서 부산 초량까지 전 노선의 개통이 이루어진다.

결국 한국의 철도 건설은 그 초창기부터 이미 일본이 철도권을 장악하여 그들의 지배 전략에 따라 철도를 부설하고 이를 이용하는 타율적인 운용을 피할 수 없게 된다. 특히 일본은 통감부의 설치와 함께 1906년 철도관리국을 신설하여 한국 내의 모든 철도에 대한 관리 감독권을 가지게 한다. 이러한 철도 정책은 일본의 조선 강점의 기반을 만들어준 것이라고 할 수 있다.

「시사문답」에서 두 선비의 철도에 대한 비판은 곧바로 전보, 전화 등의 통신 시설과 시계와 전기 등으로 옮겨진다. 이들은 서구 제국의 문물의 발달이 모두 자국의 이익과 국민의 편의를 위해 이용되고 있지만, 한국에서는 이러한 문명의 이기를 오로지 소비하는 것으로 만족하고 있음을 지적하고 삶에 이로운 것들이 오히려 이롭지 않게 사용되는 현실을 개탄한다.

---

2. 전상운, 「서구 문물의 등장」, 『한국현대사 3』(신구문화사, 1973), pp. 435-450.

지금 세계는 젼혀 학문과 ᄌᆡ물로 싸호ᄂᆞᆫ 시ᄃᆡ인즉 학문과 ᄌᆡ물이 업스면 무엇으로 나라를 보젼ᄒᆞᆫ다 ᄒᆞᆷ이오 이왕에 그것 져것 업슬 ᄯᅢ에ᄂᆞᆫ 우마와 교군으로 화륜거와 뎐거를 ᄃᆡ신ᄒᆞ고 들길음과 소길음으로 셕유와 뎐긔등을 ᄃᆡ신ᄒᆞ고 나제ᄂᆞᆫ ᄒᆡ 그림ᄌᆞ와 밤에ᄂᆞᆫ 달긔 소ᄅᆡ 등속으로 시계와 ᄌᆞ명죵을 ᄃᆡ신ᄒᆞ얏스니 이젼과 지금을 비교ᄒᆞ면 그 질둔ᄒᆞᆷ과 군ᄉᆡᆨᄒᆞᆷ은 비록 달으나 기 리치ᄂᆞᆫ 일반이라 그러ᄒᆞ나 지금 시ᄃᆡᄂᆞᆫ ᄯᅢ로 달으고 날노 변하야 졈졈 무근 것을 발이고 ᄉᆡ것으로 나아가ᄂᆞᆫ 판인 즉 우리나라 ᄉᆞ람들도 남의 나라 ᄉᆞ람들의 하지 못ᄒᆞ신 ᄉᆞ업은 ᄎᆞ치 물론하고 눈으로 보고 귀로 듯ᄂᆞᆫ 것을 슯ᄂᆡ라도 ᄂᆡ기를 ᄉᆡᆼ각하여야 될 터인ᄃᆡ 한갓 ᄌᆞ포ᄌᆞ기하ᄂᆞᆫ 마음으로 등한이 발여두고 입으로만 유용ᄒᆞᆫ 것이니 편리ᄒᆞᆫ 것이니 ᄒᆞᆫ즉 그것이 일단 병통의 근원이오 (중략) ᄃᆡ져 상고로 말ᄒᆞ면 무슴 물건이던지 우마에 실ᄂᆞᆫ 것이 비록 륜거나 륜션에 실ᄂᆞᆫ 것보담 부비가 더ᄒᆞ다 ᄒᆞ려니와 깁히 ᄉᆡᆼ각ᄒᆞ면 가량 ᄒᆞᆫ 량을 져 ᄉᆞ람 쥬고 두 량을 우리 사람 쥬면 당쟝은 리히가 관계되나 져 ᄉᆞ람을 돈 한 량은 영영 업셔지ᄂᆞᆫ 모양이오 우리나라 사람 두 량 쥰 돈은 항상 내 나라 디방에 잇슬 터이니 속담에 일은바 쥬머니애 돈을 쵸갑에 옴겨 넛는 것 같다 할지니 쵸갑 슈머니가 비록 명분과 소용이 달으나 필경에 ᄂᆡ 긔물 되기난 일반이니 그 리히를 교계ᄒᆞ면 엇디ᄒᆞ다 ᄒᆞ리오 그 밧게 여러 가지가 모다 그와 갓ᄒᆞᆫ 고로 유용ᄒᆞᆫ 것이 무용한 것만 못ᄒᆞ고 편리ᄒᆞᆫ 것이 불편ᄒᆞᆫ 것만 못ᄒᆞ다 ᄒᆞᆷ이로다

두 선비는 한국에 들어온 문명의 이기가 한국인들의 삶에 유용하게 이용되지 않고 오히려 한국인의 삶을 피폐하게 만들고 있음을 지적한다. 외국의 자본이 무분별하게 수용되어 한국 사회를 지배하게 됨으로써 생겨난 폐해임은 물론이다. 두 사람이 공통의 화제로 올려놓고 있는 자명종과 시계의 경우에도 문명의 이기가 제대로 활용되지 못하고 있음을 비판하고 있다. 자연의 시간에 따라 해가 뜨면 일터로 나가고 해가 지면 하루가 다했음을 알고 지내던 한국인들에게 시계와 자명종은 하루의 시간을 분절하여 일하는 시간과 쉬어야 할 시간을 구분할 수 있게 함으로써 생활에 새로운 질서를 부여하게 된다. 그러나 우리나라의 각 기관에서는 자명종이라는 것을 허울 좋게 걸어놓을 뿐, 아무도 그것이 부여하는 질서를 이해하지 못하고 그저 시간 보내기에 열중이며 무능하기 이를 데 없다. 자명종이 '경세종'의 역할을 하지 못하고 오히려 '해사종' 노릇을 하고 있다는 것이 이들의 비판적 견해이다.

두 선비의 화제는 자연스럽게 표훈원의 설립과 훈장의 남발을 경계하는 데로 옮겨지며, 매관매직에 매달려 있으면서 공사의 분별이 없는 관리들의 무능을 질타하는 데로 나아간다. 그리고 당시 처음으로 시행된 '청결위생법'이 한국인들의 자발적인 참여에 의해 이루어지지 못하고 일본인들의 지시에 따라 쓰레기를 치우는 모양을 개탄하기도 한다. 게다가 통감부 개청 이후 이를 기념한다는 명목으로 무분별

한 연회가 늘어나고 있는 점을 들어 백성들이 살아가기 힘들어하는 모습에도 관심을 가질 것을 요구한다.

「시사문답」에서는 전국 각지에서 화적이 일어나고 의병이 출몰하여 나라 전체가 어지러워지고 있음을 마지막 화젯거리로 내세우고 있다.

> 션히ᄉᆡᆼ 왈 실지을 의론하면 화적이 ᄃᆡ치ᄒᆞᆷ도 졍부에셔 졍부 노릇 못하ᄂᆞᆫ ᄶᅡ닥이오 의병이 창궐ᄒᆞᆷ도 졍부에셔 졍부 노릇 잘못하ᄂᆞᆫ ᄶᅡ닥이오 ᄉᆡᆼ령이 도탄에 들어 ᄉᆡᆼ명 ᄌᆡ산 보존치 못하고 ᄉᆞ방으로 유리ᄒᆞᆷ도 졍부에셔 졍부 노릇 잘못ᄒᆞᆫ ᄶᅡ닥이라 소위 화적당도 이쳔만 즁에 든 인민이오 소위 의병도 이쳔만 즁에 든 인민이라 당초 졍부에셔 디방 관리를 퇵ᄎᆞ하고 돈을 밧지 아니하야 박탈 민ᄌᆡ 아니 하얏스면 인민이 각기 제 ᄌᆡ산 졔가 보하야 각안기업ᄒᆞᆯ 것인데 졍부에셔 먼져 큰 부란당은 각도에 ᄒᆞᆫ아식 져근 부란당은 각군에 ᄒᆞᆫ앗식 나려보ᄂᆡ여 졔각기 졔 슈단ᄃᆡ로 민ᄌᆡ를 탈취하되 누가 금혈ᄌᆡ 잇스리오 그런고로 여간 잇ᄂᆞᆫ ᄌᆡ산을 큰 부란당 져근 부란당의게 몰슈히 ᄲᅢ앗긴 후 부모 쳐ᄌᆞ 류리하야 긔한이 도골ᄒᆞᆫ 농공상업간에 귀속이 업고 본즉 ᄉᆞ셰부득이 도적이 되ᄂᆞᆫ 것이니 이ᄂᆞᆫ 졍부에셔 양민을 모라다가 도적을 만드러 쥬미오 의병으로 말ᄒᆞᆯ지라도 졍부에셔 일을 잘하야 국권을 손상치 아니하고 독립을 유지하야 일본 압졔 업셔스면 의병인들 잇스리오 도시 졍부의셔 시긴 ᄇᆡ라 다시 할 말 무엇잇나

전국에 횡행하는 화적떼와 의병의 무리를 두고 두 선비는 무고한 백성들이 이에 연루되어 참혹한 지경에 빠져드는 것을 걱정하면서도 국가가 국가의 역할을 하지 못하고 관리가 관리 역할을 제대로 하지 못하여 시국 혼란을 가져왔음을 분명하게 지적하고 있다. 이처럼 「시사문답」은 당대 현실에서 문제가 되고 있는 여러 가지 사안들에 대한 지식인들의 비판적 태도와 그 대안을 분명하게 제시하고 있다.

식민주의 담론의 비판적 해체

「거부오해」는 앞서 검토한 「향객담화」나 「시사문답」과는 달리 병문에 모여 잠깐 일을 쉬고 있는 여러 명의 인력거꾼들을 대화의 공간에 등장시킨다. 그리고 인력거꾼들이 문제 삼고 있는 화제의 내용에 따라 서사의 방향이 결정된다. 「거부오해」의 이야기 속에 설정된 시간과 공간은 서사구조에 형식적으로 덧붙여진 것에 불과하다. 시간과 공간의 변화에 의해 구체화되는 서사적 행위를 찾아볼 수 없기 때문이다.

말하자면, 병문이라는 장소와 잠깐 쉬어가는 한낮의 시간은 대화의 공간을 마련해 주기 위한 최소한의 서사적 고안이라고 할 수 있다. 그 대신에 인력거꾼들의 입장에서 현실의 변화를 비판적으로 논하는 대화가 담론 구성의 핵심이 된다. 그러므로 이 작품은 보고 들은 말을 서로 논란하는 것이 중심이 된다는 점에서 풍자 양식의 특징을 잘 보여주고 있다.

「거부오해」에서 주목되는 것은 첫째 1905년 을사조약 이후 일본의 지배력이 한국 내에서 전면적으로 확대되고 일본을 추종하는 친일 관료들이 득세하는 장면을 야유 비판하는 민중의 목소리를 담고 있는 점, 일본의 강요에 의해 개혁이라는 명목으로 새로 시행되는 여러 가지 제도 등이 보여주는 불합리와 삶의 왜곡에 대해 사회 저변에 널리 깔려 있는 민중의 불만을 드러내고 있는 점이라고 할 수 있다.

이 작품에서 인력거꾼 중의 한 사람이 첫번째로 문제 삼은 것은 을사조약 이후 친일 관료를 전면에 내세우고 있는 정부의 새로운 조직 형태이다.

ᄂᆡ가 인력거로 ᄉᆡᆼᄋᆡ하ᄂᆞᆫ 고로 남북촌 ᄌᆡᆨ상가도 만이 가셔 보고, 각쳐 연회의나 연설허ᄂᆞᆫ ᄀᆞᆺ에도 더러 가셔 들은즉, 정부 죠직 정부 죠-집 허니 정부의셔 죠-집은 허여 무엇에 쓰려ᄂᆞᆫ지 정부란 말은 각 ᄃᆡ신네들 모혀 나라 일 의론허ᄂᆞᆫ 쳐소로 짐ᄌᆞᆨ허거니와, 그 죠-집은 무삼 죠-집인지 알 슈 업데. 정부가 마소 치ᄂᆞᆫ 려각집이 안인즉, 말이나 소ᄅᆞᆯ 먹이려고 죠-집을 구할 것도 아니요, 혹 시골셔ᄂᆞᆫ 죠-집으로 집웅이나 담 ᄀᆞᆺ튼 것을 이기나 허거니와 정부의셔ᄂᆞᆫ 그런 소용도 안일 터인즉, 아마 일본 간부의셔 일인을 외군에 나려보내여 각면 각동에 군중 시급 소용이라 허고 말먹이 곡초ᄅᆞᆯ 분정ᄒᆞ야 돈도 쥬지 아니허고 위협으로 륵탈ᄒᆞᆫ다 ᄒᆞ니, 정부에서 민폐ᄅᆞᆯ ᄉᆡᆼ각허여 일본 군ᄃᆡ로 보내려고 허ᄂᆞᆫ 일인지 ᄉᆞᄅᆞᆷ마다 정부 죠-집이 된다 허며, 혹 엇던 ᄉᆞᄅᆞᆷ에 말은 정부 죠-집이라ᄂᆞᆫ 거시 무어신고. 그도 져도 다 틀엿다고 ᄒᆞ니 감안이 여러 사ᄅᆞᆷ의 말을 듯고 눈치로 ᄉᆡᆼ각ᄒᆞ야 보면, 정부 죠집이 된다 ᄒᆞᆷ은 정부에셔 죠-집을 구취ᄒᆞᆫ다ᄂᆞᆫ 말이오, 정부 죠-집이 틀엿다 ᄒᆞᆷ은 여슈히 구취가 되지 못ᄒᆞ얏다ᄂᆞᆫ 말노 알거니와, 그 죠집을 어ᄃᆡ 쓸 소용인지 알 슈 업셔 갑갑히 지ᄂᆡ노라 하거늘 그 말을 듯고 일좌가 박장 ᄃᆡ소ᄒᆞ여 왈, 이 무식ᄒᆞᆫ 놈아! 정부 죠-집이란 말도 잇던가. 정부 죠직이라 ᄒᆞᄂᆞᆫ 말이지. 죠직이라 ᄒᆞᄂᆞᆫ 말은 무론 무엇이던지 ᄶᆞᆫ다ᄂᆞᆫ 말이니, 정부 죠직은 정부를 ᄶᆞᆫ다ᄂᆞᆫ 말이라. ᄒᆞᆫᄃᆡ, 인력거군이 ᄉᆞ례ᄒᆞ여 왈, 그런 말을 나ᄂᆞᆫ 밧헤 심으ᄂᆞᆫ 죠-집으로만 ᄉᆡᆼ각ᄒᆞ엿슨즉, 그ᄂᆞᆫ 무식ᄒᆞᆫ 타시어니와 지금 그ᄃᆡ의 말을 듯고야 황연이 ᄭᆡ다라도다. 한동안 일진회원이 각부 ᄃᆡ신의 집으로 도라단이며 ᄉᆞ직 상소ᄅᆞᆯ ᄒᆞ녀라 ᄉᆞ진을 말아라 ᄒᆞ며 공갈이 막심ᄒᆞ게 들입더 ᄶᆞᆫ다더니, 그것시 정부를 ᄶᆞᆫ노라고 ᄒᆞᄂᆞᆫ 일이로곤. 그만치 물이 못나게 들입다 ᄶᆞ슨즉 소위 정부 죠직은 잘된 모양인ᄃᆡ, 혹 엇던 ᄉᆞᄅᆞᆷ의 ᄆᆞᆯ은 정부 죠직이 무어신야. 아모것도 다 안된다 허니, 엇더케 하ᄂᆞᆫ 말인가. 이도 자셔히 알 슈 업ᄂᆞᆫ 일인즉, ᄯᅩᄒᆞᆫ 갑갑ᄒᆞ도다. 허거날, 여러 ᄉᆞᄅᆞᆷ들이 더욱 ᄃᆡ소허며 왈, 우리가

모다 학식이 업셔 이 병문의셔 남의 삭짐이나 져쥬고, 구루마나 인력거나 교군질을 ᄒᆞ야, 혹여 젼관 젼랑이 ᄉᆡᆼ기면 비지 안쥬와 사발 막걸리에 낙을 부처 허다 세월을 챠일 피일로 지내ᄂᆞᆫ 터인즉, 졍부이니 죠직이니 알 것도 업고 ᄋᆞᆯ 수도 업거니와, 지금 그ᄃᆡ의 말을 듯고 보면 가위 쇼상 상졔가 요절ᄒᆞᆯ 말이로다. 당쵸의 죠직을 죠-집으로 아ᄂᆞᆫ 것을 일것 설명허여 쥬엇더니, 일향 죠직이라는 두 글ᄌᆞ에 뜻을 ᄒᆡ셕지 못허고 ᄒᆞᆫ갓 여러 ᄉᆞ름이 위협으로 남을 쫄나 쓰다ᄂᆞᆫ 의미로만 아니, 실노 우슬 만ᄒᆞᆫ 일이로다. 그 죠직이라ᄂᆞᆫ 말이 엇지 ᄒᆞ엿던지 싸기ᄂᆞᆫ 쓴다ᄂᆞᆫ 말이로되, 그것을 사물상으로 비유ᄒᆞ야 말ᄒᆞ게 드면 베실이나 무명실 갓튼 것으로 베나 무명 갓튼 것을 쓴다 ᄒᆞᆯ여니와 졍부를 쓴다 ᄒᆞ게 드면 각 ᄃᆡ신을 갈희여 학문과 ᄌᆡ능이 업ᄂᆞᆫ 쟈ᄂᆞᆫ 면관ᄒᆞ고, 지식이 유여ᄒᆞ야 능히 국ᄉᆞ를 도을 만ᄒᆞᆫ 쟈로 의졍 ᄃᆡ신 이ᄒᆞ 각부 ᄃᆡ신의 직임을 맛겨 우흐로 황상 폐ᄒᆞ에 셩총을 기우며 아ᄅᆡ로 졔 관리를 통솔ᄒᆞ야 졍치와 법률을 밧게 ᄒᆞ며 디방 관리ᄅᆞᆯ ᄐᆡᆨᄎᆞᄒᆞ야 도ᄐᆞᆫ에 든 ᄉᆡᆼ령을 무휼ᄒᆞ며 구제ᄒᆞ여 나라의 근본을 굿게 ᄒᆞᆷ이니, 그 심원ᄒᆞᆫ 계교와 듕ᄃᆡᄒᆞᆫ ᄎᆡᆨ임을 엇지 입으로 다 말ᄒᆞᆯ리오. 그러ᄒᆞᆫ즉 졍부 죠직이라ᄂᆞᆫ 말을 쉽게 ᄒᆞ면 쉽다 ᄒᆞ려니와, 얼엽게 알면 극히 얼여올지니, 엇지 졍부 죠직이 된다 ᄒᆞ리오. 목금 소견으로 보게드면 오ᄇᆡᆨ년을 또 지ᄂᆡ도 될ᄂᆞᆫ지 맛치 몰을 일이니, 그ᄃᆡ 말과 갓치 그러케 ᄉᆡᆼ각ᄒᆞᄂᆞᆫ 것시 맛당ᄒᆞ니, 그ᄃᆡ가 진짓 몰으고 ᄒᆞᄂᆞᆫ 말인가 알고도 몰으ᄂᆞᆫ 체ᄒᆞ고 웃노라 ᄒᆞᄂᆞᆫ 말인지ᄂᆞᆫ 알슈 업스되, 엇지 ᄒᆞ엿던 가히 우슈을 만ᄒᆞᆫ 일이로다.

인력거꾼은 '정부조직(政府組織)'이라는 말을 의도적으로 '조짚'이라고 바꾸면서, "ᄂᆡ가 인력거로 ᄉᆡᆼᄋᆡᆨ하ᄂᆞᆫ 고로 남북촌 ᄌᆡ상가도 만이 가셔 보고, 각쳐 연회의나 연설허ᄂᆞᆫ 곳에도 더러 가셔 들은즉, 졍부 죠직 졍부 죠-집 허니 졍부의셔 죠-집은 허여 무엇에 쓰려ᄂᆞᆫ지 졍부란 말은 각 ᄃᆡ신네들 모혀 나라 일 의론허ᄂᆞᆫ 쳐소로 짐쟉허거니와, 그 죠-집은 무삼 죠-집인지 알 슈 업데."라고 조롱한다. 여기서 '조직'이라는 말을 '조집(짚)'으로 바꾸어놓음으로써 엄청난 의미의 반란을 야기한다. 일본과의 보호조약을 체결한 직후에 만들어진 친일 내각의 구성을 보고, 말 먹이에 쓰는 조짚을 구하는 것으로 바꾸어놓은 것이다. 이 의미의 반란을 통해 새로 구성되는 내각은 일본 군사가 타고 다니는 말을 먹이는 조짚으로 가치가 전도된다. 그리고 또 조직이라는 말을 '짠다'는 뜻으로 풀이하여 '일진회원이 각부 ᄃᆡ신의 집으로 도라단이며 ᄉᆞ직 상소를 ᄒᆞ녀라 ᄉᆞ진을 말아라 ᄒᆞ며 공갈이 막심ᄒᆞ게 들입더 쓴다더니, 그것시 졍부를 쓴노라고 ᄒᆞᄂᆞᆫ 일이로곤.'하며 다시 야유한다. 국가의 안녕을 도모하기 위해 알맞은 인재를 정부에 등용한 것이 아니라, 일진회와 같은 친일적인 사회단체의 협박으로 만들어진 정부임을 비판하고 있는 것이다. 결국 정부 조직이라는 것을 말을 먹이는 '조짚'으로, 그리고 다시 '쥐어짜다'라는 엉뚱한 뜻으로 전이시키면서 그 야유와 비판의 폭을 넓혀놓는다. 그리고 인재의 적절한 등용에 의한 참된 정부의 구성이라는 본래의 뜻을 강조하게 된다.

「거부오해」에서 두번째로 문제가 된 것은 '시정개선(施政改善)'이다. 일본 통감부의 등장을 전후하여 함께 이루어지는 개혁 방안은 다음과 같이 비판된다.

> 인력거군이 ᄯᅩᄒᆞᆫ 가가ᄃᆡ소 왈, 소위 정부 죠직이 그쳐럼 신즁ᄒᆞᆫ 말을 나ᄂᆞᆫ 이ᄯᆡ까지 ᄯᅳᆫ 말만 ᄒᆞ엿거니와, 시졍 ᄀᆡ션ᄒᆞᆫ다 시뎡 ᄀᆡ산 된다 ᄒᆞ더니, 참 시졍 ᄀᆡ산은 작년 가을 이후로 착실ᄒᆞᆫ 시졍 ᄀᆡ산이라 ᄒᆞ거날, 겻헤 잇던 쟈이 무러 갈오ᄃᆡ, 자ᄂᆡᄂᆞᆫ 엇더케 ᄒᆞᄂᆞᆫ 말인가. 시졍 ᄀᆡ션이 엇지 되얏다 ᄒᆞᄂᆞᆫ요. 인력군 왈, 시졍이라 하ᄂᆞᆫ 말은 죵로 각젼 시졍이오, ᄀᆡ션이라 ᄒᆞᄂᆞᆫ 말은 시졍들이 젼황ᄒᆞ야 각쳐로 ᄀᆡ산이를 ᄆᆡ여 단닌다ᄂᆞᆫ 말이 안닌가. 그로 미루혀 보게드면 소위 지식이 잇다ᄂᆞᆫ 사람도 시졍 ᄀᆡ산이 되여야 ᄒᆞᆫ다 ᄒᆞ고 일진회원이라 일본 관인이라 ᄒᆞᄂᆞᆫ ᄉᆞᄅᆞᆷ들노 시셩 ᄀᆡ샨을 식힐 복닉이라고 권고를 ᄒᆞᆫ나 츙고를 ᄒᆞᆫ나 ᄒᆞ니, 일본 ᄉᆞ람이나 일진회원 갓흔 쟈ᄂᆞᆫ 시졍 ᄀᆡ산이를 만들여고 흠이 용혹 무괴ᄒᆞ거니와, 소위 우리 나라 유지쟈라 ᄒᆞᄂᆞᆫ 분네들은 나라일을 되도록 쥬의ᄒᆞᆫ다면서도 시졍이 ᄀᆡ산이를 ᄆᆡ여 도라단이기를 바라ᄂᆞᆫ 모양이니, 무엇이 쾌ᄒᆞᆯ 것 잇스며, 돈이 업셔 상로가 죠잔ᄒᆞ면 무엇이 나라에 유릭ᄒᆞ건ᄃᆡ, 언필칭 시졍 ᄀᆡ산이 되여야 ᄒᆞᆫ다고들 ᄒᆞᄂᆞᆫ지, 급기 시졍들이 그러케 ᄀᆡ산이를 ᄆᆡ여 익를 써도 하나토 죠ᄒᆞᆫ 일 업스니 무엇이 잘 될지 몰오깃데. 신구화 교환으로 돈이 귀ᄒᆞ기가, 극항에 일으러 시졍들이 젼문을 친다 츌판을 당ᄒᆞᆫ다 도망을 ᄒᆞᆫ다 ᄇᆡᆨ셩들은 굴머 쥭깃다 얼어 쥭깃다 ᄒᆞ며, 심지어 우리들의 여간 돈푼버리도 아죠 업셔져셔 곤란이 막심ᄒᆞᄃᆡ, 소위 정부 ᄃᆡ관이나 유지쟈라ᄂᆞᆫ 분네들이 한아토 그런 것을 구폐ᄒᆞᆯ ᄉᆡᆼ각은 업고, 지금까지도 시졍 ᄀᆡ산이 되어야 ᄒᆞᆫ다 ᄒᆞᆫ즉 이에서 ᄯᅩ 엇더케 되나. 시졍들이 ᄀᆡ산이를 ᄆᆡ다 못ᄒᆞ야 지쳐 쥭어야 무슴 일이 잘 될ᄂᆞᆫ지. 어리셕은 내 쇼견으로 보면 시졍 ᄀᆡ산을 ᄆᆡᆫ드지 말고 아모죠록 시졍들을 보호ᄒᆞ야 상업이 흥왕케 ᄒᆞ고 리익이 발달되도록 쥬의ᄒᆞ면, 비단 그 시졍과 상민들의게만 리익이 잇슬 ᄲᅮᆫ 아니라 정부에도 리익이 될 터이오, 젼국 인민의게도 리익이 되야 나라 ᄌᆡ졍에 얼마큼 효력이 잇슬 터인데, 그ᄂᆞᆫ ᄉᆡᆼ각지 안코 다만 신화 일원에 구화 이원 ᄒᆞᄂᆞᆫ 것을 다행이 아ᄂᆞᆫ 모양인지, 각부 관리ᄂᆞᆫ 그 월급이 가량 ᄇᆡᆨ원이면 신화를 ᄎᆞ져 상로관에셔 시량이라 포목이라 각ᄉᆡᆨ 물건을 무역ᄒᆞ게드면 일원을 구화 이원으로 쓰ᄂᆞᆫ ᄌᆞ미에 시졍은 ᄀᆡ산이를 ᄆᆡ던, 정부 죠직이라 하고 시졍 ᄀᆡ션이 되기를 발알 말이지, 덥허노코 그네들을 거져 두고 정부를 죠직ᄒᆞᆫ다 ᄒᆞ면 무어시 죠직이라 ᄒᆞᆯ 터이며, 그네들이 정부 우혜 안져셔 시졍 ᄀᆡ션ᄒᆞ깃다 ᄒᆞ면 무어시 ᄀᆡ션될 터인가. 이 말 져 말 쓸 데 업고, 일본셔 통감이 건너온 후에야 무슴 결말이 난다 ᄒᆞ니, 한심코 답답ᄒᆞᆫ 일이라.

인력거꾼들의 대화에서 '시정(施政)'은 '시전(市廛)'으로 바뀐다. 정부가 내세우고 있는 새로운 정책의 시행을 종로 각전에서 장사하는 장사치로 바꾸어놓고 있는 것이다. 그리고 '개선'이라는 말은 '개산이(게사니)를 매어 다니다.'라는 말로 바꾼다.

'개산이'는 '거위'를 말한다. 장사치들이 경제가 어려워 장사가 제대로 되지 않으니까 점포를 거두어놓고는 거위 목을 매어 끌고 다닌다는 말이다. 결국 '시정 개선'이라는 말은 '시졍이라 하ᄂᆞᆫ 말은 죵로 각젼 시졍이오, ᄀᆡ션이라 ᄒᆞᄂᆞᆫ 말은 시졍들이 젼황ᄒᆞ야 각쳐로 ᄀᆡ산이를 ᄆᆡ여 단닌다ᄂᆞᆫ 말이 안닌가.'라는 반문에서 볼 수 있듯이 의미의 엄청난 왜곡을 겪게 된다.

여기서 인력거꾼은 무엇 때문에 '시정 개선'을 '시전이 개산이를 매어 다닌다'고 말하고 있을까? 이것은 당시의 정부 정책의 변화를 검토해보면 쉽게 이해할 수 있는 일이다. 1904년 한국 정부는 한일협약(韓日協約)에 의해 화폐제도를 개혁한 바 있다.[3] 기왕의 동전을 모두 폐지하고 일본식 신식 주화를 유통시킨 이 제도는 외형상 한국에 근대적인 화폐제도를 정착시키는 것처럼 보인다. 그러나 한국의 화폐를 일본 화폐와 연결시킴으로써 조선의 경제에 대한 일본의 자본 지배가 본격적으로 시작된다. 이로 인하여 한국의 토착 자본에 대한 일제의 착취가 합법화되고 한국의 경제 운영 자체가 점차 일본에 편입되기에 이르게 된 것이다. 인력거꾼은 시정이라는 말을 정부의 시책이라는 뜻이 아니라 종로의 장사꾼으로 뜻을 오해하고 개선이라는 말을 '개산이 매어 다닌다'고 의도적으로 왜곡함으로써, 새로운 경제제도의 시행이 시정을 바르게 고친 것이 아니라 오히려 경제를 파탄에 몰아넣고 있음을 예리하게 지적하고 있는 것이다.

「거부오해」에서 세번째로 인력거꾼이 문제 삼고 있는 것은 통감부(統監府)의 설치와 일본 통감의 부임이다. 여기서 '통감'이라는 말을 왜곡시킴으로써 통감부의 설치가 의미하는 바를 정면으로 비판하고 있다.

> 인력거군이 ᄐᆞᆫ식ᄒᆞ여 왈, 나ᄂᆞᆫ 이ᄯᅢᆨ것 이러케 그 의미를 효득지 못ᄒᆞ고 오히홈이 ᄌᆞ심ᄒᆞ얏ᄉᆞᆫ즉, 당쵸에 글을 ᄇᆡ오지 못ᄒᆞ야 무엇이 무슨 말인지 아지 못ᄒᆞ고, 다만 음상ᄉᆞ로 비스름ᄒᆞ게 듯고 억견으로만 ᄉᆡᆼ각ᄒᆞ얏거니와, 아마 정부 ᄃᆡ신네들도 나와 갓치 그러케 무식ᄒᆞ야 그 의미를 효히치 못ᄒᆞᄂᆞᆫ 모양인지, 일간에 일본셔 통감이 건너온다 ᄒᆞ니, 아지 못게라. 정부 관리들이 글을 더 ᄇᆡ오려 ᄒᆞᆷ인가. 우리나라에도 통감이 업술 것시 아니여던, ᄒᆞ필 일본셔 가져올 것 무어신가. 우리나라에 만일 통감이 업게 드면 ᄉᆞ략이라도 무방ᄒᆞ고, 소학·ᄃᆡ학·ᄆᆡᆼ자·즁용이 허다ᄒᆞᆫ데 그것 져것 불계ᄒᆞ고 일본 통감이 적당ᄒᆞ단 말인가. 우리나라 사람들의 성질이 아모리 내 것은 흉ᄒᆞ다 ᄒᆞ고 남의 것은 죠타 ᄒᆞ야 일용 범ᄇᆡᆨ이 모다 외국 것이오, 심지어 집고 단이ᄂᆞᆫ 집행이ᄭᅡ지라도 외국 것을 ᄉᆞ거니와, 그 통감이야 아모데 통감이면 관계ᄒᆞᆯ 것 잇나 진소

3. 김종현, 「금융의 새 구조」, 『한국현대사 7』(신구문화사, 1973), p. 151.

위 내 쳔ᄌᆞ와 남의 쳔ᄌᆞ가 달으다 ᄒᆞᄂᆞᆫ 말은 거긔 두고 일은 말이로다. ᄒᆞ거날, 좌즁이 ᄯᅩᄒᆞᆫ 박쟝ᄃᆡ소 왈, 이 ᄉᆞ람 되지 안은 말 작작ᄒᆞ소. 듯기를 잘못ᄒᆞ엿나, ᄉᆡᆼ각을 잘못ᄒᆞ나 엇지 그리 오ᄒᆡᄒᆞᄂᆞᆫ 말이 만은고. 금번에 일본셔 건너온다ᄂᆞᆫ 통감은 셔칙 일홈에 통감이 아니오. 벼살 일홈에 통감이니, 그 통감은 일본에 유명ᄒᆞᆫ 원로 후작 이등박문씨가 통감으로 건너왓다네. 그 통감의 직권을 말ᄒᆞᄌᆞ면 ᄃᆡ단이 훌륭ᄒᆞᆫ가 보데. 이왕에 일본 신문 상에도 통감의 운치를 론ᄂᆞᆫᄒᆞ얏다ᄂᆞᆫᄃᆡ. 한국 풍속이 쥬임관 이상은 영감이라 ᄒᆞ고, 칙임관 이상은 ᄃᆡ감이라 ᄒᆞ고, ᄃᆡ황뎨 폐ᄒᆞᄂᆞᆫ 상감이라 ᄒᆞᆫ즉, 지금 통감이라 ᄒᆞᄂᆞᆫ 칭호가 극히 운치가 잇고 ᄌᆞ미시러운 말이라고 ᄒᆞ얏다네. 그런 말 듯고 감안이 혜알여보면 통감이라ᄂᆞᆫ 통ᄌᆞᄂᆞᆫ 거나릴 통ᄌᆞ오, 통감이라ᄂᆞᆫ 감ᄌᆞᄂᆞᆫ 볼 감ᄌᆞ이니 그 통감 두 글ᄌᆞ를 합ᄒᆞ야 말ᄒᆞ게 드면 도통 거날여 본다ᄂᆞᆫ 말 아닌가. 그러케 미루혀 보게 드면 통감이라ᄂᆞᆫ 칭호와 직권이 우리 한국에ᄂᆞᆫ 굉ᄌᆞᆼ굉ᄌᆞᆼ한 칭호와 직권이 아닌가. 져 ᄉᆞ람네들은 운치가 잇게 알 만도 ᄒᆞ고 ᄌᆞ미시럽게 여길 만도 하거니와, 우리나라 일반 국민의게ᄂᆞᆫ 엇지 기막키고 한심ᄒᆞᆫ 일이 아니리오. ᄌᆞ네 말과 갓치 셔칙 일홈의 통감 갓고 보면 무어시 관계 잇나 하며, 무엇이 원통하나 하시ᄂᆞᆫ가. ᄒᆞᆫ갓 우슴을 밧은 일이로다.

인력거꾼은 통감부의 설치와 일본 통감의 부임을 야유하기 위해 '통감(統監)'을 '통감(通鑑)'으로 곡해한다. "일본셔 통감이 건너온다 ᄒᆞ니, 아지 못게라. 정부 관리들이 글을 더 ᄇᆡ오려 ᄒᆞᆷ인가. 우리나라에도 통감이 업술 것시 아니여던, ᄒᆞ필 일본셔 가져올 것 무어신가. 우리나라에 만일 통감이 업게 드면 ᄉᆞ략이라도 무방ᄒᆞ고, 소학·ᄃᆡ학·ᄆᆡᆼ자·즁용이 허다ᄒᆞᆫ데 그것 져것 불계ᄒᆞ고 일본 통감이 적당ᄒᆞ단 말인가." 하고 꼬집는 이 대목으로 보아 일본 통감부의 통감(統監)을 '통감(通鑑)'으로 오해하고 있음을 알게 된다. 중국의 역사책인 『통감』을 왜 일본에서 들여오는지, 왜 조선 땅에 일본의 통감이 있어야 하는가를 통탄하고 있는 것이다. 여기서 주목되는 것은 통감이라는 직책이 가지는 막강한 권력과 위엄에도 불구하고 이를 어휘 자체의 오해를 빙자하여 새로 만들어지는 통감부의 권위를 여지없이 전복시키는 이야기의 방법이다. 이러한 풍자의 방법이 바로 식민주의 담론의 언어적 해체를 목표로 하는 것임은 물론이다.

「거부오해」에서 볼 수 있는 시사적인 용어의 왜곡은 무식을 가장한 일종의 언어적인 유희이며, 정치적인 변화와 사회적인 전환에 대한 이유 있는 비판이라는 점에서 풍자의 중요한 특징이 되고 있다. 특히 이 작품의 결말 부분에는 "산쳡쳡 슈즁즁이라 산이 놉파 만장이니 그 산을 넘ᄶᆞ ᄒᆞ면 ᄉᆞ다리를 노을만 못ᄒᆞ도다. 만일에 ᄉᆞ다리도 놋치 안코 한 거름도 것지 안코 다만 산이 놉다 ᄌᆞ탄ᄒᆞ면 명일이 금일이오 명년이 금연이라. 하월 하일에 그 산을 넘어간다 긔필ᄒᆞᆯ가. 산쳡쳡 슈즁즁이라 물이 깁퍼 쳔쳑이니, 그 물을 건너랴면 ᄇᆡ를 쥰비ᄒᆞᆷ만 못ᄒᆞ도다. 만일에 ᄇᆡ도 쥰비치 안코 ᄉᆞ공도 부으지 안코 다만 물이 깁다 ᄌᆞ탄ᄒᆞ면 하월 ᄒᆞ일에 그 물을 건너간다 질언ᄒᆞᆯ가. 아마도 그 산 그 물을 넘고 건너ᄌᆞ ᄒᆞ면 ᄉᆞ다리와 션쳑을 준비코져 미리미리 경영ᄒᆞᆷ이 뎨일 상칙이라. 이도져도 아이하고 무정 셰월 허송ᄒᆞ면 그 산 그 물이 졀노졀노 평디되기 바랄손가."라는 자탄가를 덧붙임으로써 자기 개혁과 준비의 필요성을 강조하는 계몽적인 의도를 드러내고 있다.

사회적 소외층의 현실 발언

개화계몽시대의 풍자 양식 가운데 「자유종」과 「병인간친회록」은 대화나 문답이 아니라 토론과 연설이라는 방식을 차용하고 있다. 그렇기 때문에 그 서사구조가 좀더 복합적으로 이루어져 있다. 이 두 작품은 서사적 공간이 토론의 장면 또는 연설의 장면으로 고정되어 있다. 그리고 이 고정된 공간에 여러 가지 유형의 인물이 등장한다. 물론 이들 인물들이 어떤 행동을 통해 서로 연결되거나 그 행동이 이어져서 사건의 진전을 이루는 것은 아니다. 이 인물들의 가치는 각자의 개인적 성격에 의해 규정되는 것이 아니라, 각자가 제기하고 논의할 문제의 관점과 가치에 의해 규정된다. 그러므로 이들 작품에서 모든 인물들이 제기하고 있는 의견과 주장이 어떤 쟁론의 과정을 거쳐 결론에 이르게 되는가가 서사의 전체적인 구조를 결정한다. 이것은 바로 이들 작품이 서사 양식으로서의 풍자에 속하는 것임을 말해주는 특징이기도 하다.

「자유종」은 토론의 방법을 서사의 기술 방식으로 활용하고 있는 풍자 양식이다. 이 작품에서는 생일잔치에 초대를 받아 모여든 여러 부인들이 밤늦도록 차례로 여성들의 권익과 교육, 국가의 자주 독립과 사회 개혁 등 당면 문제에 대하여 방대한 내용의 지식들을 동원하여 설명하고 토론한다. 이들은 자신들의 지적인 태도를 최대한 강조하는데, 그들이 각자 내세운 주장에 의해 각자의 경륜이 드러난다. 그러므로 이 작품은 서사적 요건으로서의 행위의 개념을 결여하고 있다. 등장인물이 제한된 공간 안에서 각기 제시된 주제에 따라 자신의 견해를 개진하고 토론을 벌이는 장면이 전체 내용을 이루고 있으며, 바로 이 같은 대화의 장면화 과정에서 최소한의 서사적인 요건을 유지하고 있다.

「자유종」에서 이루어지는 여성 인물들의 대화와 토론은 개화계몽시대의 여성의 활동이나 사회적 역할을 생각할 경우 그 자체가 하나의 훌륭한 풍자가 된다. 이 작품의 등장인물이 남성 중심의 조선 사회에서 활동을 제약받아온 여성들이라는 점은 시사하는 바가 크다. 조선 사회에서 여성은 사회적으로 남성의 지배를 받으며, 성적으로 남성에게 예속된다. 이러한 여성의 지위와 역할은 모두 사회 인습적으로 부여된 것으로 여성에 대한 차별을 제도화하게 된다. 그러므로 「자유종」의 등장인물이 주장하고 있는 여성의 사회 진출과 신교육의 문제는 결코 일반적으로 용인되고 있는 '여성적인 것'의 범주에 들지 않는다. 이러한 주제들은 여성의 관심 영역을 벗어나는 '남성적'인 세계의 문제로서 여성들에게는 그 접근이 허용될 수 없는 것이다. 그만큼 남성 중심적 정치담론의 속성이 강하다고 할 수 있다. 그럼에도 불구하고 「자유종」에서 여성 인물들을 통해 남성이 주도해온 정치·사회적 담론의 공간에 도전하게 하는 것 자체가 그 의도의 풍자성을 강하게 드러낸다.

이 작품에서 가장 두드러지게 드러나는 토론의 주제는 여성과 신교육으로 집약된다. 신설헌은 교육을 통한 남녀평등사회의 건설, 자유권의 획득을 통한 자강력의 확보를 설파한다. 부언하자면 여성이 남성의 지배를 받는 약자, 자유를 박탈당한 피지배층이라는 전제 하에, 내부적으로 교육을 통해 남성과 대등한 위치에 설 것, 외부적으로 국민의 일원이 되어 강국의 설계에 동참할 것을 내세우고 있다.

> 우리나라 남ᄌᆞ들이 아모리 졍치가 밝다 ᄒᆞ나 녀ᄌᆞ의게ᄂᆞᆫ ᄃᆡ단히 젹악ᄒᆞ얏고 법률이 밝다 ᄒᆞ나 녀ᄌᆞ의게ᄂᆞᆫ ᄃᆡ단히 득죄ᄒᆞ얏습닌다 우리ᄂᆞᆫ ᄀᆡ왕이라 말ᄒᆞᆯ 것 업거니와 후ᄉᆡᆼ이나 불가불 교육을 잘ᄒᆞ여야 ᄒᆞᆯ 터인ᄃᆡ 권리 잇ᄂᆞᆫ 남ᄌᆞ들은 쑴도 ᄊᆡ지 못ᄒᆞ니 답답ᄒᆞ오 남ᄌᆞ들 마ᄋᆞᆷ에ᄂᆞᆫ 아달만 귀ᄒᆞ고 ᄯᆞᆯ은 귀치 안이ᄒᆞᆫ지 일분ᄌᆞ라도 귀ᄒᆞᆫ ᄉᆡᆼ각이 잇스면 ᄉᆞ지 오관이 구비ᄒᆞᆫ ᄌᆞ식을 엇지 차마 금슈와 갓치 길너 이갓흔 고ᄒᆡ에 ᄲᅡ지게 ᄒᆞᄂᆞᆫ고 그 아달 가라치ᄂᆞᆫ 법도 별슈ᄂᆞᆫ 읍습되다 사략 통감으로 졔일등 교과셔를 삼으니 ᄌᆞ국 졍신은 간듸업고 즁국혼만 길너셔 언필칭 좌젼이라 강목이라 ᄒᆞ야 남의 나라 ᄀᆡ쳔년 흥망셩쇠만 의론ᄒᆞ고 ᄂᆡ 나라 빈부강약은 쑴도 안이 쑤다가 오ᄂᆞᆯ 이 디경을 ᄒᆞ얏소

신설헌은 자국의 정신이 결핍된 교육으로 인하여 국권의 쇠퇴를 가져왔으니, 중화중심주의를 벗어나 자국의 역사와 지리를 제대로 알 수 있는 근대적인 교육을 적극 수용해야 한다고 강조한다. 무엇보다도 이를 부인들이 솔선수범하여 받아들이고, 곧 자녀들에게도 영향을 주어야 한다는 신설헌의 주장은 새로운 자녀육성법 더

나아가 새로운 국민육성법으로 이어지고 있음을 알 수 있다.

이러한 신설헌의 논의에 동조하면서 강금운은 보다 구체적으로 교육에 대한 방침을 정할 것을 촉구한다. 그것은 곧 자국의 언어에 대한 교육의 강화, 자국의 정신 양성과 무관한 한문을 철저히 버리자는 논지로 나아간다. 중국의 글을 숭상하는 자들은 자국의 정신에 해를 가하는 '공공의 적'이라는 지탄과 함께 중국의 한문에 대한 폐지론을 내세운 강금운의 견해는 상당히 급진적으로 보인다. 자국의 지리와 역사를 연구하지 않는 한 결코 빈약한 국권을 쇄신할 수 없다는 논지에 다른 부인들이 어느 정도 합의하고 있지만, 한문의 완전한 폐지는 다소 무리라는 견해가 일반을 이룬다.

> 졸디에 한문을 업시ᄒᆞ고 국문만 힘쓰면 무슨 별지식이 나릿가 나도 한문을 좃타 ᄒᆞᄂᆞᆫ 것은 안이나 형편으로 말ᄒᆞ면 요슌 이ᄅᆡ 치국평텬하 ᄒᆞᄂᆞᆫ 법과 슈신졔가 ᄒᆞᄂᆞᆫ 쳔ᄉᆞ만ᄉᆞ가 모다 한문에 잇스니 졸디에 한문을 업ᄉᆡ고 국문만 쓰면 비유컨ᄃᆡ 류리창을 쎠여바리고 흙벽 치ᄂᆞᆫ 셰음이오 국문은 우리나라 셰종대왕ᄭᅴ셔 만드실 ᄯᅢ 젹공이 대단ᄒᆞ셧소 ᄉᆞ신을 여러번 즁국에 보ᄂᆡ여 그 셩음 리치를 알아다가 ᄌᆞ모음을 만드시니 반졀이 그것이오 우리 셰종대왕 근로ᄒᆞ신 셩덕은 다 말ᄉᆞᆷᄒᆞᆯ 슈 업거니와 반졀 몃쥴에 나라 돈도 만이 드럿소 그럿컨만는 ᄇᆡᆨ셩들은 쥿드른 한문ᄌᆞ만 슝상ᄒᆞ고 국문은 바려두어셔 암글이라 지목ᄒᆞ야 부인이나 쳔인이 ᄇᆡ호되 반졀만 ᄭᆡ치면 다시 읽을 것이 업스니 보ᄂᆞᆫ것은 다만 츈향젼 심쳥젼 홍길동젼 등물 ᄲᅮᆫ이라 츈향젼을 보면 뎡치를 알겟소 심쳥젼을 보고 법률을 알겟소 홍길동젼을 보아 도덕을 알겟소 말ᄒᆞᆯ진ᄃᆡ 츈향젼은 음탕교과셔오 심쳥젼은 쳐량교과셔오 홍길동젼은 허황교과셔라 ᄒᆞᆯ 것이니 국민을 음탕교과로 가ᄅᆞ치면 엇지 풍속이 아름다오며 쳐량교과로 가ᄅᆞ치면 엇지 장진지망이 잇스며 허황교과로 가ᄅᆞ치면 엇지 졍대ᄒᆞᆫ 긔상이 잇스릿가 우리나라 란봉남ᄌᆞ와 음탕ᄒᆞᆫ 녀ᄌᆞ의 졔반악징이 다 이에셔 나니 그 영향이 엇더ᄒᆞ오 (중략)
>
> 우리나라 국문은 미상불 됴흔 글이나 닦달 아니ᄒᆞᆫ ᄌᆡ목과 갓ᄒᆞ니 만일 한문을 발이고 국문만 쓰랴면 한문에 잇ᄂᆞᆫ 쳔만ᄉᆞ와 쳔만법을 국문으로 번역ᄒᆞ야 유루ᄒᆞᆫ 것이 업슨 연후에 셔셔히 한문을 폐ᄒᆞ야 지라ᄉᆞ롬을 되쥬든지 우리가 휴지로 쓰든지 ᄒᆞ고 그졔야 국문을 가위 글이라 ᄒᆞᆯ 것이니 이일을 예산ᄒᆞᆫ즉 오십 년 량이라야 셩공ᄒᆞ겟소
>
> 만일 졸디에 한문을 업시ᄒᆞ랴면 남의집이라고 몸만 나오ᄂᆞᆫ 것과 무엇이 다르오 남의집은 쥬인이잇서 혹 ᄂᆡ여노라고 독촉도 ᄒᆞ려니와 한문이야 뉘가 ᄂᆡ여노라 ᄒᆞᄂᆞᆫ 말이 잇소 셔셔히 형편을 보아 폐지ᄒᆞᆷ이 가ᄒᆞᆯ 것이오 국문만 쓸지라도 녯날 보던 츈향젼이니 길동젼이니 심쳥젼이니 그외에 여러가지 음담ᄑᆡ셜을 다 엄금ᄒᆞ여야 국문에 영향이 졍대ᄒᆞ고 광명ᄒᆞ지 그러치 못ᄒᆞ면 슈쳔년 슝상ᄒᆞ던 한문만 일어바리리니 졍대ᄒᆞᆫ 국문만 쓸진ᄃᆡ 누가 편리치 안타 ᄒᆞ오릿가

홍국란의 주장 속에는 개화계몽시대 문체 변혁의 과정에서 드러나게 된 한문과 국문의 절충적인 사용법이 강조된다. 한문이 수행해온 문화적 역할을 국문이 대행하기 위해서는 국문의 새로운 가능성에 대한 실험이 요청된다. 여기서 홍국란은 한문에서 국문으로의 전환이 점진적으로 주도면밀하게 이루어져야 한다는 신중론을 제기한다. 그리고 실속 있는 내용을 국문으로 기록하고 한문으로 씌어진 지식과 정보를 모두 바르게 국문으로 옮기는 작업을 요구한다. 국문이 학문의 도구가 되기 위해서는 대략 50년 정도가 걸릴 것으로 추정하고 있다.

이러한 토론 과정을 거치면서 부인들의 관심은 국민의 정신을 형성하는 종교의 중요성에 모아지고, 보다 구체적인 여성 교육의 문제가 토론의 주제로 대두된다. 신설헌은 자국의 발전을 위해 자신들이 할 수 있는 범위의 사업을 찾아 추진하자면서, 하루 빨리 잡지를 발간하고 교과서를 만들어서 일천만 여자 동포를 깨우고, 여자 동포들이 합심하여 단체를 구성하고 자녀를 교육하는 일에 앞장설 것을 강조한다. 자녀를 교육하는 일은 단순히 자녀를 양육하는 일과 차원을 달리한다. 여기서 자녀는 미래의 국민이며, 국민의 구성원 즉 국민의 일분자로서 국가의 운명과 직결된 존재이다. 그러므로 자식이 부모의 봉양에 매달리는 것도 중요하지만, 부모 자신의 일신을 위하기보다는 국가의 사업을 성취하여 국민에게 큰 이익을 가져오는 일을 하는 것에 보다 큰 보람과 자부심을 가질 것을 촉구한다. 특히 서자와 적자, 양반과 상민이라는 출신 성분과 관계없이 자질을 인정하여 고루 채용하고 국가의 사업을 도모할 수 있도록 할 것을 주장한다.

「자유종」에 그려진 부인들의 토론 과정에서 가장 주목되는 것은 토론의 주제 자체가 상당부분 실천의 구체성을 통해 더욱 확고하게 제시된다는 점이다. 이 작품이 다른 풍자 양식의 경우와 구별되는 특징이 여기에 있다. 예컨대 새로운 교육을 확대 실시하기 위해 반상의 차별과 지역의 차별을 없애고 모든 청년들에게 교육의 기회를 부여해야 한다고 주장한다든지, 여성 교육을 위해 잡지와 교과서를 만들어 천만 여성에게 돌려야 한다고 주장하고 있다. 지식의 확대를 위해 한문을 폐지하고 국문을 정비하여 널리 교육시켜야 한다는 것도 모두 실천적 구체성을 지닌 주장이다.

이 작품의 결말은 등장인물들이 모두 자신들의 꿈을 실제의 꿈 이야기를 통해 진술하는 장면으로 이루어지고 있다. 그들은 대한제국의 자주독립과 문명개화와 안녕 평화를 꿈꾸었다고 말한다. 이것은 앞서 토론한 주제들이 갖는 실천적 구체성과는 상당한 거리를 가지는 그야말로 꿈이다. 그러나 이들 여성들이 가지는 이 꿈은 일체의 정치적 담론의 장에서 소외되어 있던 여성들의 입장에서 본다면 아주 소중한 의미를 지닌다. 여성들이 자신의 목소리로 여성의 교육을 이야기하고 국가의 자주 독립을 꿈꾼다는 것이 가능해졌다는 사실만으로도 「자유종」이 지니는 풍자로서의 담론의 정치성을 중시해야 한다. 실제로 「자유종」에서 제시되고 있는 여성과 교육의 문제는 그것이 지니는 실천적 구체성으로 인하여 기존의 어떤 개화계몽담론보다 정치성을 강하게 드러내며, 보다 진보적인 입장을 보여준다고 하겠다. 특히 이 작품에서 장면화의 방법을 통해 제시되고 있는 토론의 과정은 개화계몽시대 서사 양식으로서의 풍자의 기술 방법과 그 담론의 구조화 방법을 구체적으로 보여주고 있다는 점에서 주목된다.

「병인간친회록」은 허구적인 서사 공간으로서의 연설회장을 설정하고 육체적인 불구라는 특수한 조건에 얽혀 있는 신체 장애인들을 연사로 등장시키고 있는 특이한 풍자 양식이다. 이 작품은 등장인물의 성격을 중시할 경우 앞을 보지 못하는 맹인과 몸을 움직일 수 없는 앉은뱅이를 등장시키는 「쇼경과 안즘방이의 문답」과 유사하다. 그리고 여성이라는 사회적 약자를 계몽담론의 주체로 내세운 「자유종」의 경우와 함께 그 성격을 검토해볼 수 있다. 이 작품들은 모두 사회적 차별에서 벗어나지 못하는 약자의 존재를 부각시켜 담론의 풍자성을 살려낸다. 그리고 「금수회의록」이나 「경세종」에서처럼 대중적인 회의와 연설이라는 새로운 제도를 통해 현실의 문제를 쟁론화하는 서사 방식을 취하고 있다.

병인간친회 취지셔

슬푸다 우리 륙톄가 완젼치 못ᄒᆞᆫ 병신 동포 데씨여 만민이 셔로 합ᄒᆞ면 힘이 잇고 헤여지면 약ᄒᆞ며 힘이 잇스면 편안ᄒᆞᆷ을 엇고 약ᄒᆞ면 위태ᄒᆞᆷ이 생김은 뎡ᄒᆞᆫ 리치라 벌은 미물이로되 무리를 일우어져 보다 사나온 날벌레의 침로ᄒᆞᆷ을 방어ᄒᆞ고 이리ᄂᆞᆫ 즘생이로되 떼를 지어 뎌보다 날낸 사심을 잡아 먹나니 만물 즁 가장 신령ᄒᆞᆫ 사람이 되야셔 엇지 미물과 즘생만 못ᄒᆞ리오 그런고로 현금 이십셰긔에 동셔양 사람들이 각각 샤회단톄를 죠직ᄒᆞ고 여러 힘을 합ᄒᆞ야 편안ᄒᆞᆫ 근긔를 셰우나니 이ᄂᆞᆫ 병신 만인 동포의 일이어니라 우리 륙톄가 완젼치 못ᄒᆞᆫ 병신 동포ᄂᆞᆫ 일즉이 문견도 넓지 못ᄒᆞ고 학문도 엿허 단톄의 죠직을 생의치 못ᄒᆞ엿도다 볼지어다 뎌 셔양 문명ᄒᆞᆫ 나라에ᄂᆞᆫ 우리 갓흔 병인을 위ᄒᆞ야 각색 병인원을 셜립ᄒᆞ야 지식을 넓히어 쥬노라고 학교도 셜립ᄒᆞ고 생계를 붓잡아 쥬노라고 실업도 장려ᄒᆞ거날 우리나라에ᄂᆞᆫ 보통 병신들은 고사ᄒᆞ고 맹아원(盲啞院) 한 곳도 아즉 업스니 이갓치 풍죠(風潮)가 위험ᄒᆞ고 경쟁(競爭)이 극렬ᄒᆞᆫ 시대에 장차 두 손을 묵고 죽기를 기대림이 가ᄒᆞᆯ손가 남을 의뢰말고 스사로 쥬장ᄒᆞᆷ은 인생의 힘쓸 바라 우리도 한 단톄를 죠직ᄒᆞ야 환난질고에 셔로 불상히 넉이고 셔로 붓드러쥬며 쏘ᄒᆞᆫ 셔로 토론ᄒᆞ야 지식을 교환ᄒᆞ면 엇지 몸은 완젼해도 마암은 헤여진 무리를 불어ᄒᆞ리오

앞에 인용한 취지서에서도 언급하고 있는 것처럼 「병인간친회록」에 등장하는 주인공들은 신체적 장애 때문에 '병신'이라고 차별받아온 존재들이다. 이들은 사회적인 차별과 천대와 불이익에 반발하면서 병인간친회라는 집단을 조직하고 그들의 단합된 의지와 결의를 보여주고 있다. 그리고 자신들의 신체적인 장애를 인정하면서 현실 속에서의 인간의 도덕적 타락과 부정과 비리를 더 심각한 인간적 장애로 지적하고 있다. 현실에서 소외되고 있는 장애인들이 사회적 집단으로 세력화하여 자기 각성과 현실 인식의 새로운 방향을 제시하고 있다는 사실 자체만으로도 이 작품이 풍자 양식으로서 드러내는 담론의 정치성을 주목할 만하다.

「병인간친회록」은 개화계몽시대의 문명담론 가운데 하나로 주목되고 있는 이른바 '위생담론'의 서사적 변형으로 읽을 수 있다. 위생담론은 인간 육체의 병증/건강을 구별하여 논하면서 이 담론 구조를 확대시켜 사회 현상을 진단하기 위해 고안된 말하기 방법이다. 당대의 선각적인 지식인들은 위기의 조선 현실을 병증에 시달리고 있는 환자에 비유한 경우가 많다. 그리고 그 병증의 치유 방법을 통해 사회 현실의 개혁 방안을 유추해낸다. 이때 제시되는 것이 바로 선진국의 문명을 제대로 수용하는 일이다. 조선 사회가 낡은 제도와 인습으로부터 벗어나 야만의 상태에서 문명의 길로 나아가는 것은 한 개인이 병증을 회복하여 건강한 모습을 되찾는 것과 다를 바가 없다. 그런데 「병인간친회록」은 이러한 위생담론의 구조가 보여주는 외형적인 틀을 변형시켜놓고 있다. 이 작품은 병증의 회복을 위해 외국의 문명을 받아들이거나 외세의 힘을 빌리는 것도 중요하지만, 자기 내적인 혁신을 통한 자기 역량을 배양하는 일이 더 중요하다는 사실을 강조한다. 여기서 외형적인 것보다는 내재적인 것을, 도구적인 것보다는 본질적인 것을, 물질적인 것보다 정신적인 것을 내세운다. 그러므로 「병인간친회록」에 등장하는 인물들의 육체적인 장애에도 불구하고 그 정신적인 세계는 현실 속에 살고 있는 인간의 부정과 비리의 세계보다 우월한 가치를 드러내는 것이다. 실제로 이 작품에서 회의장에 등장하여 연설을 벌이는 인물들은 절름발이, 애꾸눈이, 언청이, 곱배팔이, 앉은뱅이, 난쟁이, 귀머거리, 배불뚝이, 혹부리, 장님, 대머리, 무턱이, 육손이, 육발이, 곱사등이 등이다. 이들은 모두 육체적인 결함을 지닌 인물들이지만 육체적인 결함을 정신적으로 극복하고, 오

히려 육체적인 정상인들이 벌이는 비리와 불의와 부정을 극렬하게 비판하고 있다. 그러므로 이 작품의 독특한 인물의 설정과 이들의 연설 내용 자체가 풍자성을 지니며, 육체적 정상인들이 지니고 있는 정신적 불구에 대한 비판이 풍자의 참 주제로 내세워지고 있는 것이다.

(1) 엇더ᄒᆞᆫ 회원이 한편 억개를 방아질ᄒᆞ듯 올오내리고 볼기짝을 너른 셰상에 져 호올로 잇ᄂᆞᆫ 듯이 쾌쾌 내둘으며 언단 우로 가 셔더니 회즁을 향ᄒᆞ야 경네 ᄒᆞᆫ번을 슷덱 ᄒᆞ고 나ᄂᆞᆫ 여러분이 보신대로 짐작ᄒᆞ시려니와 혹 몰으시난 회원이 계신대도 알으시도록 말삼을 ᄒᆞᆷ니다 녜글을 보오닛가 사람이 반닷이 스사로 업슈히 녁인 후에 남이 업슈히 녁인다 ᄒᆞ얏스니 나 역시 스사로 단쳐의 말삼ᄒᆞᆯ 필요가 업기에 장쳐로 말삼ᄒᆞ오 나ᄂᆞᆫ 바른편 다리가 외인편 다리보다 좀 긴 사람이오 (중략) 다만 힘쓸 바ᄂᆞᆫ 다리ᄂᆞᆫ 비록 졀지언졍 행셰ᄂᆞᆫ 졀지 말아 근래의 소위 대신이니 협판이니 ᄒᆞ시ᄂᆞᆫ 냥반들 갓치 두 다리가 갓츄 잇셔 쥬야를 불계ᄒᆞ고 갈대 못갈대 함부루 싸단이며 대신의자나 협판의자를 일임을 ᄒᆞ랴던지 도득을 ᄒᆞ랴고 애걸복걸ᄒᆞ야 행셰에 졀늠바리 되듯 ᄒᆞ지 말기를 바라오 구변 업ᄂᆞᆫ 말을 더 ᄒᆞ고 보면 여러분 드르시기에 지리ᄒᆞ실 ᄯᅳᆺᄒᆞ야 그만 긋침니다

(2) 나ᄂᆞᆫ 눈 하나 못보ᄂᆞᆫ 사람이오 내가 비록 남과 갓치 두 눈으로 보지ᄂᆞᆫ 못ᄒᆞ나 한 눈만 가지고도 크나 직으나 머나 갓가오나 일호 차착업시 남 볼 것 다 볼 샌더러 잇다금 두 눈 가진 사람보다 오히려 날 편이 잇소 이런 말삼 드르시면 아모려니 한 눈으로 보ᄂᆞᆫ 것이 두 눈으로 보ᄂᆞᆫ 것보다 나을 슈가 잇나 뎌 말은 억셜로 본인이 스사로 위로ᄒᆞᄂᆞᆫ 슈작이어니 ᄒᆞ실 ᄯᅳᆺᄒᆞ나 여러분 드르시ᄂᆞᆫ대 분명ᄒᆞᆫ 징거를 말삼ᄒᆞ오리다 (중략) 나ᄂᆞᆫ 한눈만 가지고도 정당히 볼 것만 보닛가 눈이 한가ᄒᆞᆯ ᄯᅢ가 만습듸다만는 시속쟈들은 두 눈을 가지고도 당연히 국가 사회에 리로울 것은 하나 못보고 밤낫 본다ᄂᆞᆫ 것이 기생 삼패 골패 투젼 화투 등물 보기로 엇더케 썩 밧분지 눈이 둘 갑졀 넷이 백엿디래도 오히려 부족ᄒᆞᆯ 모양입듸다 이 일로 밀어보면 셰상만사를 가히 ᄭᅢ다를 일이오 지금 진술ᄒᆞᆫ 바ᄂᆞᆫ 내가 눈 하나 못보ᄂᆞᆫ 것이 불행즁 다행ᄒᆞ야 두어 마듸ᄒᆞᆫ 말삼이오마는 가량 잇스면 사람이 살고 업스면 사람이 죽ᄂᆞᆫ 재물로 잠ᄭᅡᆫ 비유ᄒᆞ오리다. 갑(甲)은 탐관질을 ᄒᆞ얏던지 토호질을 ᄒᆞ얏던지 루거만 재산을 거 누구 모양으로 모아두고 대대로 졔 물건 된 줄 알고 피천 대푼 공익에ᄂᆞᆫ 쓰지 안이ᄒᆞ다가 란봉의 자식이 나던가 의외에 재변이 나셔 톡톡 맛치ᄂᆞᆫ 일이 의례히 잇스니 이ᄂᆞᆫ 즉 보배시러온 두 눈을 가지고 볼 것 못보ᄂᆞᆫ 것과 일반이오 을(乙)은 변변치 안이ᄒᆞᆫ 재산을 가지고 밥 먹을 것을 죽을 쑤어 먹고 두 ᄯᅢ 먹을 것을 한 ᄯᅢ를 먹어가며 민족에 리로온 일이라던가 나라에 빗날 일이라면 ᄶᅩ차단이며 보죠를 ᄒᆞ야 젹은 것 가지고 큰 사업ᄒᆞᄂᆞᆫ 것은 즉 외눈으로도 정당ᄒᆞᆫ 것만 보ᄂᆞᆫ 것과 일반이 아니겟소

(3) 나ᄂᆞᆫ 곰배팔이오 곰배라 ᄒᆞᄂᆞᆫ 별호가 언의 ᄯᅢ부터 잇던 것인지 알 슈ᄂᆞᆫ 업스나 보통 나와 갓치 한 팔을 못쓰ᄂᆞᆫ 사람을 지목ᄒᆞᄂᆞᆫ 별호올시다 사람이 셰상에 생겨나매 륙톄 즁 손 둘을

마련ᄒᆞᆷ은 생활상에 긴요ᄒᆞᆷ을 위ᄒᆞᆫ 것이라 (중략) 지금 이십셰긔 경쟁시대(二十世紀競爭時代)를 당ᄒᆞ야 국권을 확장ᄒᆞ던지 민족을 보호ᄒᆞ던지 모다 완력(腕力)으로 ᄒᆞᄂᆞᆫ대 남보다 팔이 두셔너 개 더 잇셔야 이 빈약ᄒᆞᆫ 나라를 붓들고 이 멸망ᄒᆞᄂᆞᆫ 인민을 구ᄒᆞᆯ 터인대 본래 잇ᄂᆞᆫ 두 팔도 남과 갓치 다 쓰지 못ᄒᆞ니 엇지 원통치 안이ᄒᆞ오릿가 나는 셰상 사람들이 곰배라지 말고 개나 돗이라고 ᄒᆞᆫ대도 죠곰도 로여올 것 업소마는 자나ᄭᆡ나 생각ᄒᆞ고 또 생각ᄒᆞᆯ사록 ᄶᅡᆨᄒᆞ고 불상ᄒᆞ기ᄂᆞᆫ 두 팔 두 발이 멀쩡ᄒᆞ야 웬갓 사용을 모다 ᄒᆞ며셔 졔 긔디를 남이 침탈ᄒᆞ거나 졔 가옥을 남이 웅거ᄒᆞ거나 졔 아비를 누가 능욕ᄒᆞ거나 졔 자식을 누가 학대ᄒᆞ거나 쇠게 물닌 놈 모양으로 열 손가락 ᄒᆞᆫ 번 ᄶᅡᆺ댁 못ᄒᆞ고 쳐분만 바람니다 ᄒᆞᄂᆞᆫ 그 위인들이오니 아모죠록 우리 회원 여러분은 사람마다 붓들고 권고ᄒᆞ야 하날이 마련해 쥬신 두 팔을 속졀 업시 썩여 내버리지 말고 물너 덤뷔ᄂᆞᆫ 범과 죽이려 오는 사자를 힘써 막아 생병신 노릇을 말게 하시기를 엇의ᄭᆞ지던지 바라고 또 바람니다

(4) 근일에 가만이 보닛가 배 불뚝ᄒᆞᆫ 엇던 량반은 외양인즉 불룩이 존상지게 발낫습니다만은 남 못 먹을 재물을 함부루 만히 먹어 자룡이 창 쓰듯 쓰기도 잘 ᄒᆞ고 은근히 가대도 잘 작만ᄒᆞ나 봅듸다 그러나 그ᄲᅮᆫ이오 날마다 만찬회니 다과회니 ᄒᆞ며 분쥬불가히 돌아단이면셔 먹어내ᄂᆞᆫ 것을 보면 아마 그 배가 무소대로 졔죠ᄒᆞᆫ 자루 모양으로 늘 대ᄂᆞᆫ 함부루 커지고 줄 대ᄂᆞᆫ 우리 배 시생 항렬쯤 되여지나 봅듸다 비단 먹기만 썩 잘 ᄒᆞᆯ ᄲᅮᆫ 안이라 먹는 물건이 소하도 매오 잘 ᄒᆞᄂᆞᆫ 것이 그 량반 ᄒᆞᄂᆞᆫ 생애가 밤낫 생사람 먹어 넘기기로 종사를 ᄒᆞ것만은 체징 ᄒᆞᆫ 번 안이 나고 온젼히 삭아내려가ᄂᆞᆫ 것을 보시오 (중략) 우리나라의 국셰가 오날날 이와가치 빈잔ᄒᆞ기ᄂᆞᆫ 국민의 량이 좁고 담이 크지 못ᄒᆞᆫ 연고가 안이오 내 배를 보시오 심상ᄒᆞᆫ 배보다 몃 갑절 더 큼으로 도량은 팔구운몽(八九雲夢) 갓치 넓고 담은 동의덩이 갓치 커서 록록ᄒᆞᆫ 시속 무리로ᄂᆞᆫ 언감생심 비교도 못해 볼 것이니 그만 ᄒᆞ면 국권(國權) 회복을 나 혼자기로 쥬션 못해 보겟소 나는 이 배를 삼시로 드려다보고 은근히 혼자말로 부탁ᄒᆞᄂᆞᆫ 일이 잇소 나는 배 너를 져버릴지언뎡 배 너ᄂᆞᆫ 나를 져버리지 말고 널직ᄒᆞᆫ 구셕에 아모죠록 됴흔 경륜을 배포ᄒᆞ얏다가 나라 일을 위하야 한 번 힘쓰게 하여라 하오

이 작품에서 붕괴의 위기에 처해 있는 국가와 사회는 모두 몸을 지탱하기 어려운 심각한 신체적인 불구와 대비된다. 마찬가지로 당면 현실의 위기에 제대로 대응하지 못하는 관료층의 무능과 지식층의 몰주체적인 행태 역시 사물을 제대로 헤아려 볼 수 없고 민첩하게 몸을 움직여 위험에 대응하기 어려운 심각한 육체적 불구로 규정된다. 이러한 비유와 풍자의 논리를 담론의 구조로 활용하고 있는 이 작품에서 가장 강조되고 있는 것은 불구와 장애를 극복하는 방법으로서의 자기 혁신을 통한 주체의 정립과 실질적인 힘을 가진 교육의 중요성이다. 새로운 교육에 의해 지식을 습득하고 그것으로 힘을 얻어 장애를 극복하는 길이 바로 장애인들의 연설에서 공

통적으로 강조되고 있는 주제이다.

「절영신화(絶纓新話)」는 장에 가는 양반 샌님과 서울 가는 상놈 덤벙이가 서로 길에서 만나 나누는 대화가 서사의 중심을 이루고 있다. 양반 샌님이 장에 가다가 서울 가는 상놈 덤벙이를 만난다는 상황 자체는 대화의 상대가 되는 두 사람의 등장인물을 배치하기 위한 공간일 뿐이다. 그러므로 장에 가는 시간이나 장에 가는 행위 자체는 하나의 서사적 고안에 불과하다. 오히려 이 작품의 서사구조는 대화를 통해 이루어지는 논의 전개 과정에 의해 지탱된다. 이 같은 특징은 바로 이 작품이 풍자의 양식에 속함을 말해주는 근거가 된다.

> 샌님 엇의 갑시오
> 오 너 덤벙이냐 장에 좀 간다
> 량반이 되셔셔 댁 사랑에셔 공자왈 맹자왈 글이나 읽지 장에를 가시다뇨
> 이애 별소리를 다 흔다 량반은 장에 못가니
> 장에닌 무엇ᄒᆞ러 가심닛가 썩 사 잡스러 가심닛가
> 량반이 말지 못ᄒᆞ야 장에ᄂᆞᆫ 가기로 썩이야 볼셩사오납게 사 먹으랴
> 예 그리면 슐츄념 가심니다 그려
> 응 술잔은 너의 갓흔 아해들이 사 쥬면 부득이 ᄒᆞ야 먹을 터이지
> 상덕이 잇지 ᄒᆞ덕이 잇슴닛가 샌님이 져의 갓흔 상놈을 더러 사 쥬십시오
> 어허 이놈 맹낭ᄒᆞ다 량반다려 슐 사 달나고 너 슐 사 줄 돈이 잇스면 흥셩 한 가지라도 더해 가지고 가겟다
> 흥셩은 무슨 흥셩을 ᄒᆞ시랴닛가 돈을 이리 쥬시면 제가 해다가 드리오리다
> 오냐 흥셩은 내가 ᄒᆞᆯ 것이니 댁엣가지 져다나 다고
> 제가 밧부지만 안이ᄒᆞ며 갓다드리다 쌘이오릿가마는 지금 셔욼가지 가ᄂᆞᆫ 길이닛가 황송ᄒᆞ와도 할 슈 업습니다

이 작품에서 양반 샌님은 아이를 낳을 제수씨를 위하여 산미와 산곽을 흥정하러 장에 가는 길이다. 상놈은 재취 장가를 들러 서울 간다는 것이다. 이러한 상황 설정은 변화되고 있는 개화 조선의 사회적 풍속을 야유하는 의도가 역력하다. 양반은 상놈을 어찌하지 못하고 상놈은 양반을 어찌하지 못하지만, 둘 사이에는 반상 계급의 차이가 무너진 뒤에 드러나는 미묘한 대립 의식이 개재되어 있다. 그러나 이들은 그러한 자기 계급의 입장보다는 당대 사회의 현실을 비판하고 비리를 폭로하는 데에 입을 맞춘다. 말하자면 이들은 대화와 쟁론의 대상과 주제를 일치시킴으로써

사회적으로 동일한 이념적 지위를 나누어 가지는 셈이다.

내가 장에 오기ᄂᆞᆫ 달은 일이 안이라 산곽과 산미를 흥졍ᄒᆞ러 오ᄂᆞᆫ 길이다

산곽산미 흥졍ᄒᆞ러 오시기ᄂᆞᆫ 당연ᄒᆞ신 일이 올시다만은 대신 운동이라ᄂᆞᆫ 말삼은 알 슈 업심니다

네가 그런 리치를 다 알겟나냐 네 ᄯᅩᆨᄯᅩᆨ이 드러보아라 슈씨 아씨게셔 이번 해산에 텬우신죠ᄒᆞ야 불알 달닌 놈을 낫치 안이ᄒᆞ시고 닭덩이 갓흔 ᄯᆞᆯ ᄒᆞ나만 나셨스면 쏘다 노코 발오 말이지 나의 대신이야 엇의를 가고 날이 새겟나냐

여보 샌님 망령 나셧소 집안이 되랴면 아드님이 번셩ᄒᆞ게 나야지 ᄯᆞᆯ만 나면 무엇 ᄒᆞ자고 손가락을 곱아가며 기대리십시오 아마 샌님 아씨게셔 당삭을 ᄒᆞ셧스면 ᄯᆞᆯ 날갑아 겁을 내시지오

이애 너ᄂᆞᆫ ᄂᆞᆷ의 속 몰으ᄂᆞᆫ 말 작작해라 아달을 나면 그놈이 썩 재쥬가 잇더래도 졔나 벼살낫 엇어 ᄒᆞᆯ ᄲᅮᆫ이지 졔 삼촌 대신 식여 쥬겟나냐

ᄯᆞᆯ님을 나시면 샌님에게 대신 차례가 엇더케 옴닛가

그 ᄯᆞᆯ을 길으되 잘 먹이고 잘 닙희여 범백사ᄂᆞᆫ 별로 가라칠 것 업시 다만 태도나 나무에셔 쏫단듯ᄒᆞ게 몸을 가지고 아양이나 ᄂᆞᆷ의 간을 보통이쌔 녹이게 가라쳐 요새로 말ᄒᆞ면 엇던 량반 갓흔 유세력ᄒᆞᆫ 대신의 집 며나리로 ᄉᆡ집을 보냇스면 고 태도 고 아양으로 무슨 별별 무궁무진ᄒᆞᆫ 죠화를 못부리겟늬

샌님도 독장사 혯구구ᄒᆞ듯 싹도 ᄒᆞ시오 그런 경륜을 ᄒᆞ시랴면 세력가 며나리로 쥬어셔야 무슨 죠화가 생겨요 졔가 각댁 풍속을 더러 보앗소마는 며나리 되시ᄂᆞᆫ 니가 ᄉᆡ아바지에게 죠셕 문안이나 ᄒᆞᆯ ᄲᅮᆫ이지 고개를 들고 말삼 한 마듸 바로 고ᄒᆞ야 봅더닛가 샌님이 그 생각이 잇거든 며나리로 보내지를 말고 그런 량반의 마누라로 보내십시오

네가 무엇을 알니 며나리도 며나리 나름이지 마누라만 못지 안아ᄒᆞᆫ ᄭᅡ닭슈가 다 잇나니라

양반 샌님은 제수씨가 딸 낳기를 기다린다고 한다. 어여쁜 딸만 낳는다면, 그 딸을 대가집의 며느리로 들여보내 높은 벼슬을 얻어보겠다는 야무진 계획을 하고 있다. 말하자면 조카딸 덕분에 좋은 세상 한번 만나보겠다는 것이다. 그런데 이 말을 듣고 서울 가는 상놈 덤벙이도 서울 가는 뜻을 양반 샌님에게 밝힌다. 덤벙이는 아직 장가도 가지 못한 형편이면서도 빨리 장가들어 아들을 하나 낳아야 한다고 말한다. 그리고 그 아들을 벼슬이 높은 부자 양반 댁에 양자로 넣어서 자신도 양반이 되고 팔자를 고치겠다는 것이다. 이러한 허무맹랑한 계획은 아무 근거가 없는 일은 아니다. 실제로 양반 대감 집에 양자하여 팔자를 고친 사람, 딸 하나 잘 키워서 시집보내고 벼슬 얻어 잘 사는 사람들의 이야기가 여러 가지 소문으로 당대 사람들의

입방아에 오르고 있었던 것이다.

「절영신화」에서 샌님과 덤벙이의 대화는 양반과 상놈이라는 신분적 차별을 넘어서면서 하나하나의 문제에 대등하게 접근한다. 이들이 야유하고 조소를 보내는 것은 주로 사회적 상층부에 자리잡고 있는 권력층의 비리와 부정이다. 그리고 또다른 화제를 찾아 신식 교육의 허실에 대한 비판으로 이어지기도 한다. 신식 화폐 주조를 사사로이 하여 돈을 모은 대관의 이야기며, 대궐에 드나드는 무당이 뒤를 이어주어 그 연줄로 벼슬에 오른 사람들의 뒷이야기도 이들의 야유와 비판으로부터 자유롭지 못하다. 이러한 이야기는 조선 말기 궁중을 둘러싸고 나돌던 여러 가지 소문들과 함께, 인간 사회의 보편적인 윤리와 도덕과 규범이 무너지고 있는 당대 현실의 가치 혼란을 야유하고 있는 것이라 하겠다.

「절영신화」는 부정과 비리를 일삼는 무능한 집권층을 공격의 대상으로 삼으면서 몰락한 양반층과 서민들이 신분적 차별을 극복하고 공동의 담론 공간을 형성하고 있음을 보여준다. 이러한 새로운 기획은 물론 풍자라는 양식적 속성과 무관하지 않다. 이 작품에서 논의되고 있는 화제 내용만이 아니라 그 화제를 이야기하는 방식 자체가 매우 의미있는 구도임을 주목할 필요가 있다. 집권 세력을 제외한 모든 사회 계층이 하나의 새로운 공동체를 형성하여 공동의 관심사를 논의할 수 있다는 사실은 민주주의적 시민 사회로 발전해 나아갈 수 있는 변화의 단초가 바로 이 변혁기의 현실에서 싹트고 있다는 것을 암시한다. 「절영신화」에서와 같은 풍자 양식을 통해 말하기 방식의 새로운 가능성이 열리고 있는 것이다.

5. 우화 양식과 초월적 현실 인식

꿈의 세계 혹은 우화 공간과 역사적 전망

우화는 인간의 행동 원리나 도덕적인 명제를 예시하는 짤막한 이야기이다. 일반적으로 동물우화가 주종을 이루지만 몽유담과 같은 특이한 형태의 우화도 존재한다.

동물우화는 인간이 아닌 동물을 주인공으로 내세운다. 그리고 인간의 경험적 세계와는 다른 비현실의 공간이 이야기의 배경을 이루게 된다. 인간 대신에 동물이 등장하는 이야기에서 주인공으로 등장하는 동물은 인간 존재의 실재성을 훼손시킴으로써 오히려 그 상징성이 강조된다. 그리고 인간보다 열등한 지위에 있는 동물이 오히려 인간의 존재를 비판하거나 그 가치를 비하하기 때문에 우의적인 풍자가 성립된다. 이 같은 담론의 방법에 의해 창조된 성격을 우화적 성격이라고 할 수 있다.

몽유담은 일종의 꿈 이야기로서, 서사의 공간을 비현실적인 꿈의 세계로 고정시켜 실재성을 훼손시킨다. 몽유담은 '꿈의 세계(dream vision)'라는 독특한 공간을 이용하여 서사적 시간과 공간이 요구하는 실재성의 원리를 초월한다. 서사에서 시간과 공간은 이야기에 실재성을 부여하는 중요한 요소이다. 그런데 몽유담의 경우 꿈이라든지 이상향과 같은 환상적인 공간을 꾸며내어 시간과 공간이 드러내주는 실재성을 훼손시킨 채 이야기가 이루어지는 환상적 공간의 상황을 강조한다. 이러한 이야기들은 시간과 공간을 모두 비현실의 상황으로 처리하여 경험적 시공간을 쉽게 초월해버리기 때문에, 현실적인 상황과 반대가 되는 어떤 이상적인 세계와 이념적 가치의 직접적인 구현이 용이해진다. 여기서 차용된 꿈이라는 비현실적인 시공간을 우화적 상황이라고 할 수 있다.

개화계몽시대의 우화 가운데 현실과 대립되는 환상 공간을 우의적으로 서사화하고 있는 작품으로 「디구셩미릭몽」(『대한매일신보』 1909. 7. 15-8. 10)을 주목할 필요가 있다. 전통적인 몽유담 형식을 취하고 있는 「몽견제갈량(夢見諸葛亮)」(유원표, 1908), 「몽배금태조(夢拜金太祖)」(박은식, 1911), 「꿈하늘」(신채호, 1916) 등과도 그 성격이 유사하다. 이 작품은 가상의 공간 속에서 현실의 상황을 우의적으로 비판하면서 당면한 국가의 위기를 벗어날 수 있는 방법을 추구하고 있지만, 이야기 자체가 완결되지 못한 채 연재가 중단된다. 이 작품에서 현실과 대비되어 그려지는 염라부(閻羅府)와 옥경(玉京)이라는 환상 공간은 현실의 상황에 대한 비판적 각성을 의도하여 설정한 우의적 공간이다. 작중화자인 우세자(憂世子)는 이 공간에서 세속을 초월하여 살아가는 승려들을 만나 약육강식의 동물적 논리가 지배하는 인간 세계를 비판한다. 그리고 이를 극복할 수 있는 새로운 대안을 찾아보고자 한다. 그러므로 이 작품에서는 작중화자의 행위보다는 현실과 대비되는 염라부와 옥경의 상황에 대한 인식과 함께 현실의 위기를 벗어나기 위해 제안하는 여러 가지 방법 자체가 중요한 의미를 지닌다.

「디구셩미릭몽」의 첫머리에 등장하는 우세자는 다음과 같은 인물로 소개된다.

> 교화가 볽지 못ᄒᆞ고 풍쇽이 아름답지 못ᄒᆞᆫ 것을 근심ᄒᆞ야 혹 쳥년을 교육ᄒᆞ며 혹 지ᄉᆞ를 권고ᄒᆞ고 혹 완고를 경험ᄒᆞ기 위ᄒᆞ야 셰샹에 도라ᄃᆞᆫ닌지 몃ᄒᆡ에 ᄒᆞᆫ 사ᄅᆞᆷ도 ᄊᆡ둣 쟈 업고 도로혀 지목ᄒᆞ기를 광패ᄒᆞᆫ 쟈ㅣ라 ᄒᆞ며 죠롱ᄒᆞ기를 허황ᄒᆞᆫ 쟈ㅣ라 ᄒᆞ야 인류로 ᄃᆡ졉지 아니 ᄒᆞ거ᄂᆞᆯ 우셰ᄌᆞㅣ ᄌᆞ탄ᄌᆞ가ᄒᆞ다가 창ᄌᆞ 속에 더운피가 ᄉᆞᆯ음을 금치 못ᄒᆞ야 일일은 표연히 멀니놀 ᄯᅳᆺ을 두ᄆᆡ 손에 잡고 일반 동포에게 권고ᄒᆞ랴던 일쳬 잡지와 월보를 다 집어더지고 니러서니

우세자는 사회계몽에 뜻을 두었던 지식인으로 그려진다. 그는 잡지와 월보 등을 간행하면서 사회 풍속을 개량하기 위해 청년의 교화에 앞장서던 인물이다. 그러나 그의 계몽활동이 뜻대로 전개되지 못한다. 세상 사람들은 우세자의 말을 제대로 받아들이지 않고 오히려 미치광이라고 조롱한다. 그는 자신의 뜻을 제대로 받아들이지 않는 세상에 더 이상 기대할 것이 없게 되자 세상의 일들을 걷어버리고 길을 떠난다.

우세자가 도달한 곳은 현실 세계가 아니라 불교에서 말하는 수미산(須彌山)이다. 이 환상의 세계에서 우세자가 만난 것은 인도의 승려인 원장법사이다. 원장법사는

염라부에서 나오는 길이다. 원장법사는 오랜 내전을 겪다가 1882년 영국에게 점령당하게 되면서 주권을 상실하게 된 애급(이집트), 1858년 영국의 식민지로 전락한 인도, 18세기 말엽 러시아와 오스트리아 인근 국가에 의해 국토가 분할되어 주권 국가로서의 지위를 상실한 파란(폴란드), 1883년 프랑스에 정복되어 식민지로 전락한 월남의 경우를 예로 들면서, 이들 망국의 백성들이 돌아갈 길을 잃고 염라부에서 방황하고 있음을 설명한다. 이들 가운데 죄 없는 자를 구원하여 환생할 수 있도록 인도하고자 하나 나라가 망해버린 터라 어디에도 오갈 데가 없게 되었다는 것이다. 법사에 의해 소개되고 있는 망국의 민족은 우세자가 우려하며 개탄하고 있는 조선의 모습과 직결된다. 그렇기 때문에 우세자는 대사의 말을 듣고 다음과 같이 민족의 현실을 개탄하며 민족의 각성을 촉구한다.

뎨일쟝

불샹ᄒᆞ다 민츙졍은 츙국 ᄋᆡ민 그 아닌가 셰셰ᄉᆡᆼᄉᆡᆼ 됴흔 ᄯᅡ에 부귀영화를 누리련만 아마도 환ᄉᆡᆼ은 무긔ᄒᆞ니 텬당에나

뎨이쟝

신셩ᄒᆞ신 우리 민족 단군 후예 그 아닌가 례악문물 뎌 의관으로 텰문 디옥이 웬일인가 우리 동포 어셔ᄭᆡ오 깁흔 잠을

뎨삼쟝

뎌긔 가ᄂᆞᆫ 뎌 기럭아 ᄇᆡᆨ두산이 어ᄃᆡ미뇨 원쟝법ᄉᆞ 이 말ᄉᆞᆷ을 젼히주쇼 우리 국민 텬당 디옥을 다 ᄇᆞ리고 셰셰ᄉᆡᆼ환

우세자가 노래하고 있는 내용은 세 가지로 요약된다. 첫째는 을사조약 직후 자결한 충정공 민영환이 망국의 백성으로 다시 이 세상에 환생하기를 기약할 수 없으니 천당으로 가게 해달라는 것, 둘째는 예악문물이 번성했던 우리 민족이 이제 망국의 백성으로 지옥에 떨어지게 될 지경이니 어서 빨리 몽매를 벗어나게 해달라는 것, 셋째는 백두산 아래 살고 있는 조선 백성들에게 원장법사의 이야기를 전하여 세세토록 그 땅에서 살 수 있게 해달라는 것이다.

우세자의 노래를 들은 대사는 자기네 조국 인도가 광대한 국토와 풍부한 물산을 자랑하였지만 작은 나라 영국에 지배당하고 있는 것은 2억의 민족이 서로 단합하

지 못한 때문이라고 개탄한다. 그리고 천당으로 가는 것보다 자기 나라 땅에 다시 태어나 복을 누리고 살아가는 것이 얼마나 소중한 일인가를 깨달았음을 밝힌다. 우세자는 이 말을 듣고 조선의 위기 상황을 다음과 같이 개탄한다.

> 우리나라 형편은 창졸간에 다 말ᄒᆞᆯ 수 업거니와 비긔로 말ᄒᆞᆯ지라도 도션비결이니 졍감록이니 토뎡비긔이니 ᄒᆞᄂᆞᆫ 여러가지 말이 ᄒᆞ나도 실디ᄂᆞᆫ 업고 어리셕은 사ᄅᆞᆷ 밋츨 만ᄒᆞᆫ ᄎᆡᆨ이 몃권이오 또 셜마보다 심ᄒᆞᆫ 말이 이쓰니 혹은 아니 된다 혹은 ᄒᆞᆯ 수 업다 ᄒᆞ야 세샹에 ᄒᆞᆯ 일은 ᄒᆞ나도 업시 견ᄃᆡ다가 지금 뎌러ᄒᆞᆫ 어려온 디경을 당ᄒᆞ야 진개 아니된다 진개 ᄒᆞᆯ 수 업다 ᄒᆞ야 교육을 ᄒᆞ여도 아니 된다 양병을 ᄒᆞ여도 ᄒᆞᆯ 수 업다 화륜션 압헤ᄂᆞᆫ 아니 되겟다 대포머리에ᄂᆞᆫ ᄒᆞᆯ 수 업다 내지 몃 ᄇᆡᆨ 년이라도 아니 되겟다 몃 쳔 년이라도 ᄒᆞᆯ 수 업다 ᄒᆞ니 그 ᄇᆡᆨ셩의 졍도로 엇지 된다ᄂᆞᆫ 일과 ᄒᆞᆯ 수 잇다ᄂᆞᆫ 말이 잇스리오 나ᄂᆞᆫ 드르니 인도국이 지금은 보통으로 즁등학식이 된다 ᄒᆞ니 비긔라 셜마라 ᄒᆞᄂᆞᆫ 지각이야 놈어 잇스리오 불원간에 샹등 지식이 되면 외면으로라도 문명 졍의ᄅᆞᆯ 쥬장ᄒᆞᄂᆞᆫ뎌 영국이 엇지 샹등 인민의 ᄌᆞ유ᄅᆞᆯ 허락지 아니 ᄒᆞᆯ지라도 ᄌᆞ유ᄂᆞᆫ 내게 잇ᄂᆞᆫ 것이니 북미합즁국을 보지 못ᄒᆞᄂᆞᆫ가 그와 ᄀᆞᆺ치 필경 독립이 되ᄂᆞᆫ 날에ᄂᆞᆫ 뎌 염라부에 갓치여 잇ᄂᆞᆫ 사ᄅᆞᆷ들ᄭᆞ지 쇽량ᄒᆞ여 환ᄉᆡᆼ케 ᄒᆞ려니와 우리 대한은 국민의 보통 지식이 잇ᄂᆞᆫ 쟈도 몃 사ᄅᆞᆷ이 못되니 어ᄂᆞ ᄯᆡ에 즁등이니 샹등이니 ᄒᆞᄂᆞᆫ 것을 바ᄅᆞ며 수 ᄇᆡᆨ 년 이ᄅᆡ로 소위 졍치니 법률이니 군뎨이니 교육이니 ᄒᆞᄂᆞᆫ 문구를 말ᄒᆞᆯ진ᄃᆡ ᄎᆞᆷ아 붓그러워 말을 못ᄒᆞ겟노라

우세자가 문제 삼고 있는 것은 조선 민족의 무기력과 무능력이다. 그는 아무것도 시도하지 않고, 아무것도 할 수 없다고 말만 하는 자세를 비판하면서 낡은 정치와 제도와 교육을 한탄한다. 그리고 대사를 따라 옥경으로 들어간다. 그곳은 바로 인간이 꿈꾸는 이상향이다. 우세자와 대사가 함께 옥경에 이르러 해월존자를 만나지만, 여기서 이야기는 더 이상 진전을 보이지 못한 채 중단된다.

이 작품은 현실의 공간과 초현실의 가상공간이 서로 대조를 이루면서 배치되어 있다. 하나는 우세자가 근거하고 있는 현실 공간이다. 이 현실의 공간은 망국의 위기 상황에 빠져들어 있다. 그리고 미래에 대한 전망도 불투명하다. 이곳을 벗어나서 우세자가 만나게 되는 또하나의 공간은 초현실적인 공간이다. 그곳에는 망국의 민족이 들끓는 염라부도 있고, 이상의 땅인 옥경도 있다. 작중화자인 우세자는 이 두 개의 공간을 아무 제약 없이 넘나든다. 그리고 원장법사의 입을 통해 애급과 인도, 파란과 월남의 망국의 상황을 전해 듣는다. 대사가 들려주는 염라부의 이야기는 우세자가 살고 있는 조선의 현실과 다를 바가 없다. 망국의 징조가 사방에 나타

나고 있기 때문이다. 우세자는 결국 이 초현실의 가상공간에서 위기의 조선을 보다 넓은 세계사적 시각으로 조망할 수 있는 가능성을 얻게 된다.

이 같은 서사의 구성은 경험적인 일상의 현실 공간을 그려내는 소설의 세계에서는 불가능한 일이다. 그러므로 이 작품에서는 실재성의 의미를 문제 삼을 수 없는 일이다. 오히려 작품에서 다루고자 하는 주제의 이념적 가치를 주목할 필요가 있다. 이 작품이 보여주고 있는 대립적 공간을 통해 우의적으로 제시하고 있는 참 주제는 민족의 독립과 자존이다. 외세 침략의 위협에 대응하기 위한 민족의 대동 단합이라는 하나의 주제가 여기서 제시된다. 그리고 그것은 옥경의 평화로움을 통해 암시되는 새로운 미래에 대한 기대와 연결된다.

「디구셩미릭몽」은 서사구조는 유원표의 「몽견제갈량」, 박은식의 「몽배금태조」, 신채호의 「꿈하늘」과 유사하다. 「몽견제갈량」과 「몽배금태조」는 이야기의 화자가 꿈이라는 환상 구조를 우의적으로 활용하여 역사적 영웅과 대면하고 그와 함께 현실의 문제를 토론한다. 「꿈하늘」도 꿈을 활용하여 과거의 역사적 인물들과 대면하는 것으로 되어 있지만, 여기서는 작중화자가 대면하게 되는 상대를 특정한 영웅적 인물로 한정하지 않는 점이 특징적이다. 전통적인 몽유담의 형식을 그대로 수용하고 있는 이들 작품은 꿈이라는 가상공간이 암시하는 우의성을 통해 현실에 대한 풍자와 비판의 형식으로서 우화의 서사적 속성을 잘 보여주고 있다.

「몽견제갈량」은 '밀아자(蜜啞子) 소설'이라는 부제를 붙이고 있는 한문으로 씌어진 작품이다. '밀아자'라는 말이 '꿀먹은 벙어리'를 의미하는 것을 생각한다면, 그 제목에서부터 풍자성을 나타낸다. 이 작품은 작중화자가 꿈속에 제갈량을 만나 당대의 현실 문제를 토론하는 내용으로 이루어져 있다. 작중화자가 중국 역사상 최고의 지략가로 알려져 있는 제갈공명을 꿈속에서 만나게 된다는 상황의 설정 자체가 우화적이다. 작중화자는 역사 속의 제갈량이 중요한 것이 아니라 조선의 현실이 요구하고 있는 합리적인 지도자로서의 조선적인 제갈량을 꿈꾼다. 그러므로 작중화자와 제갈량이 만나서 나누게 되는 대화는 자연스럽게 조선이 직면하고 있는 위기의 현실 문제를 중심으로 전개된다.

이 작품의 핵심은 작중화자와 제갈량의 만남과 대화 그 자체이다. 두 인물이 주고받는 대화와 토론하는 내용은 물론 현실에 대한 풍자와 비판으로 이어진다. 이들의 대화 가운데 주목되는 것은 위기의 현실 앞에서 강대국의 눈치만 보면서 분분한 의논만 늘어놓고 있는 권력층의 무능에 대한 비판이다. 특히 실천적인 대안을 제대로 내세우지 못하고 있는 권력층의 무기력이 비판의 대상이 되고 있다. 그리고 사회를 올바른 방향으로 이끌고 나아갈 수 있는 뜻있는 지식인의 계도적 역할과 함께 현실이 요구하고 있는 실질적인 학문과 교육의 필요성도 강조한다.

이 작품에서 작중화자는 제갈공명의 입을 통해 일본의 세력이 조선 내에서 확대되는 것을 경계한다. 조선은 조선 사람들을 위한 조선이어야 하며, 일본의 조선이 되어서는 안 된다는 점을 역설하고 있다. 일본이 조선에 대한 보호를 내세우면서 을사조약 이후 통감부를 설치하고 군사외교적 권한을 박탈하는 과정을 부당한 것으로 지목하고 있는 것이다. 역사적인 인물인 제갈량을 가상의 현실 속에 등장시켜 놓고 있는 이 작품은 현실에 대한 비판과 함께 새로운 정치적 경륜을 내세우고 있지만, 식민지시대에 접어들면서 1910년 발매 반포가 금지된다.

「몽배금태조」의 경우도 한문으로 이루어진 몽유담이다. 이 작품에서 서사 공간은 물론 꿈속이다. 그러므로 서사의 화자가 실제로 존재하는 현실과는 판이한 환몽의 세계가 중심을 이룬다. 몽유담의 도입 단계에 속하는 입몽의 과정은 이렇게 시작된다. 서사의 화자는 만주 벌판을 표랑하다가 만주 흥경 남쪽에 근거하여 새로운 삶을 개척한다. 그리고 지나간 조선의 역사와 지리를 생각하며, 쇠잔해진 국가와 민족의 장래를 걱정한다. 그러다가 장자의 나비가 되어 문득 백두산 천지에 올라 대금국(大金國) 태조왕이 세운 개천홍성제전(開天弘聖祭殿)이라는 전각에 이른다. 그리고 구름 속에 나타난 선관의 안내로 금태조를 알현하게 되어 조선의 역사와 현실을 중심으로 여러 가지 대화를 전개한다. 이 작품에서 서사의 담론적 특성을 가장 잘 보여주는 것은 바로 화자와 금태조가 서로 주고받는 문답의 내용이다.

이 작품에서 화자와 금태조가 나눈 대화의 내용은 주로 조선의 역사와 강토와 조선 민족의 강인한 민족성과 유구한 문화적 전통에 대한 것으로 이어진다. 금태조는 화자의 여러 가지 질문에 대해 소상하게 해답을 제시하고 있다. 조선의 유구한 역사와 넓은 강토와 빛나는 문화적 전통에 대한 모든 논의는 주로 민족의 자기 정체성의 구현을 위한 담론으로 구성되어 있다. 이것은 모두 금태조의 의견을 통해 제시되고 있지만, 실상은 작가 자신의 정론적인 견해임에 틀림없다. 이 작품의 후반부는 주로 일제의 식민지로 전락해버린 조선의 현실 문제를 중심으로 이어진다. 금태조는 아무 실속이 없는 명분론에 사로잡혀 허식에만 치우쳤던 조선시대의 사대부들의 '문약(文弱)'의 폐해를 지적하면서 식민지 현실을 극복하기 위한 방안으로 강대한 조선 민족이 되는 길을 제시한다. 그것이 바로 실질적인 삶에 근거한 새로운 교육이다. 식민지 현실을 타개하기 위해 제시한 새로운 민족 교육은 주로 역사상 빛나는 민족의 영걸의 자취를 제대로 배우고 실천하는 길이다. 실제로 이 작품에서는 금태조가 세운 민족 교육을 위한 학교를 시찰하는 것으로 결말을 장식한다. 이 작품의 전체적인 성격을 계몽적 담론으로 규정할 수 있는 것은 바로 이 같은 결론에 의해서이다.

「꿈하늘」은 국문으로 이루어진 몽유담이다. 이야기의 주인공으로 '한놈'이라는 인물을 내세운다. 이 허구적인 인물이 벌이는 행위의 시간적 배경을 1907년경으로 설정한 것은 민족의 시대적 위기를 구체적으로 제시하기 위한 서사적 고안으로 보인다. 그러나 한놈이 보여주는 행위의 공간은 전혀 가상적인 세계이다. 여기서는 '님나라'라고 지칭되어 있는데, 역사의 시공을 넘나들 수 있는 천상의 세계로 설정되어 있다. 한놈은 이 천상의 세계에서 먼저 을지문덕을 만난다. 그리고 을지문덕이 천상계에서도 여전히 수양제와 격렬하게 투쟁하며 승리하는 모습을 보고 그로부터 민족 내부의 분열과 갈등을 극복해야만 외부의 적을 물리칠 수 있다는 귀중한 교훈을 얻는다. 한놈이 만난 또 하나의 인물은 왜장 풍신수길이다. 한놈은 보검을 얻어 풍신수길과 대결하지만, 풍신수길이 갑자기 미인으로 변모하자 이에 현혹되어 지옥으로 떨어진다. 그는 지옥에서 나라를 팔아먹은 자들이 당하는 고통을 경험하고 역사의 심판을 받는다. 그리고 강감찬을 만나서야 그 지옥으로부터 벗어난다. 한놈이 다시 도달한 곳은 단군왕검이 있는 곳이다. 그곳에는 역사상 유명한 애국지사들이 모두 모여 있다. 여기서 한놈은 외래 사상에 물들어 자기 주체성을 잃고 흐려진 하늘의 먼지를 실어내는 일을 맡기도 한다.

「꿈하늘」은 서두 부분과 전체 6장으로 구성되어 있지만, 결말 부분이 제대로 남아 있지 않다. 그러나 이 작품은 우화적인 성격을 분명히 드러낸다. 역사에서 살아남는 자와 패망하는 자를 대비적으로 제시하고 있는 이 서사담론에서 가장 주목되는 것은 한놈이라는 인물이다. 이 인물은 서사구조 내부에서 직접적으로 행동하는 행위자이면서 동시에 서술자가 되기도 한다. 역사의 승리와 패배를 스스로 보여주는 이 같은 인물의 형상은 담론의 우의적 구성을 통해서만 구현이 가능하다. 이 작품에서 서사담론의 정치성이 가장 분명하게 드러나는 것은 역사의 승리를 위해 자기 내부의 결속이 중요하며, 올바른 주체를 확립해야 한다는 점을 강조하는 부분이다. 1907년이라는 구체적인 시대적 상황을 전제로 구성된 담론의 정치성이 바로 이 같은 주제를 가능하게 하고 있다는 점에서 이 작품의 역사적 의미를 이해할 수 있다.

연설과 문명/야만의 구획

개화계몽시대 우화의 또다른 형식은 우화적 성격을 중시하는 경우이다. 이것은 인간보다 저급한 동물들을 내세워 인간 세상을 비판하거나 야유하는 연설이나 재판을 열게 되는 이야기이다. 이 시기에 이미 단행본으로 간행되어 독자 대중의 관심을 모았던 「금수회의록(禽獸會議錄)」(안국선, 1908)과 「경세종(警世鐘)」(김필수, 1908)뿐만 아니라 신문에 연재되면서 화제가 되었던 「금수재판(禽獸裁判)」(흠흠자, 1910) 등이 모두 현실에 대한 비판과 새로운 이상의 제시를 위해 우화적 성격을 활용하고 있다. 이 작품들은 야만으로 상징되는 금수의 세계와 문명으로 상징되는 인간의 세계를 역전시켜 놓으면서 가장 근대적인 말하기 방식으로서의 제도적 성격을 갖추기 시작한 대중연설과 재판을 서사적 장치로 활용하고 있다. 그리고 동물의 관점에서 인간의 추악한 야만성을 폭로 비판함으로써, 인간 세태의 변화와 가치의 혼란상을 날카롭게 지적한다. 이 작품들에는 공통적으로 작중화자로서의 인간이 등장한다. 이 작중화자는 동물들이 각각의 속성과 유사한 인간형을 대변하는 회의 또는 재판 장면을 독자들에게 펼쳐 보이는 역할을 한다. 이러한 작중화자의 존재와 그 역할을 놓고 본다면, 이 작품들이 외형적으로는 모두 액자형 서사구조를 취하고 있음을 알 수 있다.

그런데 이들 작품에서 동물들이 주인공으로 등장하고 있지만 어떤 행동이나 사건이 발전하면서 이야기가 전개되는 것은 아니다. 이야기 속에 등장하는 다수의 동물들은 각각 자신의 입장에서 연설을 하거나 논변을 전개하고 있기 때문에, 이야기의 서사적 요소가 약화되어 있다. 동물들의 연설과 논변이 서로 충돌하는 가운데 자연스럽게 그 담론의 주제가 형성되고 있는 것이다. 이러한 서술상의 특징을 생각한다면, 이들 작품은 동물우화이긴 하지만 주인공의 말을 중심으로 한다는 점에서 풍자에도 근접해 있다.

안국선의 「금수회의록」(1908)은 전체 내용은 '나'라는 일인칭 관찰자(인간)가 꿈속에서 인류를 논박하는 동물들의 연설회장에 들어가 보고 들은 내용을 기록한 것으로 되어 있다. 이 작품에서 먼저 주목해야 할 양식적 특징은 꿈이라는 가상의 공간을 우화적으로 활용하고 있다는 점이다. 꿈이라는 가상공간의 설정은 이미 고전소설의 세계에서도 흔하게 보였던 서사적인 고안이다. 이것은 현실의 문제를 꿈이라는 가상의 공간에 가탁하여 담론화한다는 분명한 의도를 지닌다. 「금수회의록」에 설정되어 있는 꿈이라는 가상의 공간에는 동물들이 주인공으로 등장한다. 그리고 이 동물들이 인간의 현실을 비판 풍자하는 연설회를 열게 된다. 꿈이라는 우화적인 공간 설정과 함께 인간의 행태를 동물에 가탁하여 비판하거나 풍자한다는 우화의 본질적인 속성을 함께 갖추고 있는 셈이다.

「금수회의록」의 서사구조에서 가장 주목되는 것은 연설이라는 새로운 담론의 형식을 채용하고 있는 점이다. 연설은 개화계몽시대에 민중의 정치의식의 성장과 함께 새로이 등장한 일종의 사회적 제도이다. 독립협회(1896) 결성 이후 계몽적인 사회운동의 실천 과정에서 대중연설은 가장 호소력 있는 말하기의 방식으로 자리잡고 있다. 연설은 연설을 행하는 연설자가 정치 현실이나 사회 상황에 관련된 문제들을 놓고 자신의 개인적 경륜을 논리적으로 공개적으로 피력하는 새로운 담론의 방법이다. 여기서 연설자의 연설 내용을 둘러싸고 이를 청취하는 청중과의 직접적인 관계가 형성되면서 공론의 장이 만들어진다. 이 새로운 담론의 방법은 담론화 과정 자체가 합리성과 규범성을 바탕으로 하며 쟁론적인 성격도 강하게 드러낸다. 그러므로 연설을 통해 쟁점이 제기되고 어떤 결론에 도달하는 과정 자체가 중요하다.

「금수회의록」의 작자인 안국선은 이러한 연설의 방식에 주목하여 「연설법방(演說法方)」(1907)이라는 연설 안내서를 출간한다. 이 책은 발매 직후 상당한 관심을 불러일으켰지만 일제의 강점 직후 조선총독부에서 시행한 출판법에 의해 1912년 2월에 발매 중지된 바 있다. 「연설법방」은 제목 그대로 연설의 방법을 해설해놓은 일종의 연설 입문서이다. 전체적인 내용은 ① 웅변가의 최초, ② 웅변가 되는 법방, ③ 연설자의 태도, ④ 연설가의 박식, ⑤ 연설과 감정, ⑥ 연설의 습숙, ⑦ 연설의 종결로 구분되어 있으며, 연설의 유래와 유명한 연설 그리고 연습 방법 등에 대한 설명이 위주가 되고 있다. 그리고 책의 말미에 부록으로 '학술강습회의 연설', '낙심을 계하는 연설', '청년구락부에서 하는 연설', '정부정책을 공격하는 연설', '학도를 권면하는 연설', '부인회에서 하는 연설' 등의 연설 예문을 수록하고 있다. 이들 연설문에는 당시 정치·사회적 현실 상황 전반에 걸쳐 지니고 있던 안국선의 개인적 관심과 경륜이 피력되고 있기 때문에 현실지향적인 비판의식이 강하게 나타나 있다. 안국선은 청년들의 지식 개발과 사회문명의 개진을 강조하면서 일반 국민의 애국심을 장려하기 위해 교육의 필요성을 역설하였으며(학술 강습회 연설), 여성들의 사회참여와 적극적인 활동을 권장(부인회에서 하는 연설)하였다. 그리고 국가의 독립을 제대로 유지하지 못하고 국민의 행복도 증진시키지 못하는 무능력한 정부 관리들을 통박하고(정부정책을 공격하는 연설), 젊은 학도들은 모든 교활한 수단을 버리고 정당한 기상을 배양하여, 간교한 소인배가 권세를 휘두르며 군자를 압도하고 있는 세상에서 사회와 국가에 대한 의무를 바르게 할 것을 내세웠다. 또한 외세 침략의 위기에 직면하여 있는 현실에 비추어 민족의 일치단결과 새로운 기백을 강조하였고(낙심을 계하는 연설), 인내와 용기와 근면을 앞세워 학도들을 격려하기도 하였다.

그런데 이러한 연설 내용이 우화적인 수법에 의해 허구화된 세계 속에서 동물들의 연설 장면으로 재현된 것이 바로 「금수회의록」이다. 이 책은 발간 직후 재판을 발행할 정도로 관심을 끌었지만, 이것도 출판법에 따라 1909년 5월에 발매 반포가 금지되었고, 이미 발행된 책도 압수 처분을 받았다. 「금수회의록」의 전체 내용은 '나'라는 일인칭 관찰자(인간)가 꿈속에서 인류를 논박하는 동물들의 연설회장에 들어가 보고 들은 내용을 기록한 것으로 되어 있었는데, 동물들이 연단에 나서서 행한 인간에 대한 비판과 공격은 모두 전형적인 연설의 절차를 거쳐서 이루어지고 있다. 동물들의 연설 내용은 「연설법방」에서 예시되었던 연설들과 비슷한 사상을 포함하고 있으며, 다만 기법상의 측면에서 우화적인 요소와 풍자성을 통하여 문학성을 획득하고 있다는 점이 다를 뿐이다. 「금수회의록」 속에 그려진 연설 장면은 전통적인 우화의 형식 속에 근대적인 대중연설의 공간을 설정하고 있다는 점에서 매우 획기적이다. 이 작품의 발간 이후 신소설의 경우에도 연설 장면이 자주 등장하게 되었으며, 이광수의 「무정」에서도 여러 장면을 찾아볼 수 있다. 연설회의 내용도 신교육의 확대, 사회제도의 개선, 자주독립 등과 같이 비슷한 것들이다. 그러므로 「금수회의록」은 개화계몽시대의 계몽적인 정치·사회 활동으로서 대중적 관심사가 되었던 연설이라는 새로운 말하기의 방법을 서사 양식 내에서 우화적으로 패러디한 것으로 볼 수 있다.

「금수회의록」에 등장하는 동물들이 연단에 나서서 행한 인간에 대한 비판과 공격은 모두 전형적인 연설의 방법과 절차를 거쳐 이루어진다. 이 연설장은 '금수회의소'이며, 논제는 '인류를 논박할 일'이라고 규정되어 있다. 이 연설장의 장면은 「금수회의록」의 우화적 성격을 강화하는 새로운 서사 공간으로 설정되어 있다.

ᄉᆞ면에 긔화요초는 우거졋고 시ᄂᆡ물 소ᄅᆡ는 죵々ᄒᆞ야 인적이 고요ᄒᆞᆫ데 흰 구름 푸른 슈풀 ᄉᆞ이에 현판 ᄒᆞᆫ아히 달녓거ᄂᆞᆯ ᄌᆞ셰히 보니 다섯 글자를 크게 써스되 금슈회의소라 ᄒᆞ고 그 엽

혜 문뎨를 걸엇ᄂᆞᆫᄃᆡ 인류를 론박ᄒᆞᆯ 일이라 ᄒᆞ엿고 ᄯᅩ 광고를 붓쳣ᄂᆞᆫᄃᆡ 하ᄂᆞᆯ과 ᄯᅡ ᄉᆞ이에 무삼 물건이던지 의견이 잇거든 의견을 말ᄒᆞ고 방쳥을 ᄒᆞ려거든 방쳥ᄒᆞ되 다 각기 ᄌᆞ유로 ᄒᆞ라 ᄒᆞ엿ᄂᆞᆫᄃᆡ 그 곳에 모힌 물건은 길즘ᄉᆡᆼ ᄂᆞᆯ즘ᄉᆡᆼ 버러지 물고기 풀 나무 돌 등물이 다 모혓더라 (중략) 그안에 ᄲᅢᆨ々ᄒᆞ게 서고 안졋ᄂᆞᆫᄃᆡ 모힌 물건은 형형ᄉᆡᆨᄉᆡᆨ이나 좌셕은 졔졔창창ᄒᆞᆫ데 장차 ᄀᆡ회ᄒᆞ랴ᄂᆞᆫ지 규측 방망이 소ᄅᆡ가 ᄯᅩᆨᄯᅩᆨ 나더니 회쟝인 듯ᄒᆞᆫ 한 물건이 머리에ᄂᆞᆫ 금ᄉᆡᆨ이 찬란ᄒᆞᆫ 큰관을 쓰고 몸에ᄂᆞᆫ 오ᄉᆡᆨ이 령롱ᄒᆞᆫ 의복을 입은 이샹ᄒᆞᆫ ᄐᆡ도로 회쟝셕에 올나서셔 ᄒᆞᆫ번 읍ᄒᆞ고 위의가 엄숙ᄒᆞ고 형용이 단졍ᄒᆞ게 딱 서셔 여러 회원을 ᄃᆡᄒᆞ야 ᄒᆞᄂᆞᆫ 말이 여러분이여 ᄂᆡ가 지금 여러분을 쳥ᄒᆞ야 만고에 업던 일대 회의를 열 ᄯᅢ에 ᄒᆞᆫ 마ᄃᆡ 말삼으로 ᄀᆡ회 취지를 베플랴 ᄒᆞ오니 자미잇게 드러쥬시기를 바라오 (중략) 이 회의에셔 결의ᄒᆞᆯ 안건은 셰 가지 문뎨가 잇소 뎨일 사ᄅᆞᆷ된 쟈의 ᄎᆡᆨ임을 의론ᄒᆞ야 분명히 ᄒᆞᆯ 일 뎨이 샤ᄅᆞᆷ의 ᄒᆡᆼ위를 들어셔 올코 그름을 의론ᄒᆞᆯ 일 뎨삼 지금 셰상 사ᄅᆞᆷ 즁에 인류 ᄌᆞ격이 잇ᄂᆞᆫ 쟈와 업ᄂᆞᆫ 쟈를 됴사ᄒᆞᆯ 일 이 셰 가지 문뎨를 토론ᄒᆞ야 여러분과 사ᄅᆞᆷ의 관계를 분명히ᄒᆞ고 사ᄅᆞᆷ들이 여젼히 악ᄒᆞᆫ ᄒᆡᆼ위를 ᄒᆞ야 회ᄀᆡ치 아니ᄒᆞ면 그 동물의 사ᄅᆞᆷ이라 ᄒᆞᄂᆞᆫ 일홈을 ᄲᅢ앗고 이등마귀라 ᄒᆞᄂᆞᆫ 일홈을 주기로 하나님ᄭᅴ 샹쥬ᄒᆞᆯ 터이니 여러분은 이 ᄯᅳᆺ을 본밧아 이 회의에셔 결의ᄒᆞᆫ 일을 진ᄒᆡᆼᄒᆞ시기를 바라옵ᄂᆞ이다

「금수회의록」의 연설회에 등장하는 연사들은 모두가 인간 사회의 윤리도덕 문제를 논의하는 데에 자주 인유되었던 동물들이다. 이 동물들은 때로는 부정적 의미로 때로는 긍정적 의미로 그 속성이 규정되었던 것들이다. 그러나 이 연설에서는 기존의 인식과 가치 판단의 문제를 역전시키는 방식으로 인간 사회의 문제점을 비판하게 된다. 까마귀는 반포지효(反哺之孝)를 들어 인간의 윤리도덕의 타락과 불효를 규탄하고, 여우는 외국의 세력을 빌려 벼슬을 얻고 제 나라를 팔아먹는 매국노와 무기를 앞세워 남의 나라를 약탈하는 제국주의를 호가호위(狐假虎威)라고 비판한다. 개구리는 정와어해(井蛙語海)라는 주제로 천하의 대세를 알지 못하면서 무엇이든지 체하며 나라를 망치고 백성의 고혈을 빠는 지배세력의 무지를 비판하고, 벌은 구밀복검(口蜜腹劍)이라는 말로 사람의 표리부동함을 지적한다. 무장공자(無腸公子)라는 주제를 들고 나선 게는 외세의 억압을 받아도 자유를 찾을 생각도 없이 옆으로 기어가는 인간의 무의지적 태도를 비난하며, 파리는 영영지극(營營止極)이라는 말로 사리사욕에 눈이 먼 인간의 탐욕을 비판한다. 호랑이는 가정맹어호(苛政猛於虎)라는 연설 주제로 탐관오리의 학정과 인간의 잔인성을 고발하고, 원앙은 쌍래쌍거(雙來雙去)로써 축첩제도의 부당성을 지적하는 한편 절개를 잃은 여인들의 부도덕한 행위를 비판하기도 한다. 모든 연설은 각각의 동물들이 지니고 있는 습성을

통해 추상적인 내용을 직접적이고도 구체적으로 전달할 수 있도록 되어 있기 때문에, 작품 전체의 풍자적인 의식이 잘 드러나고 있다.

(1) 사ᄅᆞᆷ들이 일백 ᄒᆡᆼ실의 근본 되ᄂᆞᆫ 효도를 아지 못ᄒᆞ니 다른 거슨 더 말ᄒᆞᆯ 것 무엇 잇소 지금 셰상 사ᄅᆞᆷ들은 당당ᄒᆞᆫ 하나님의 위엄을 빌어야 ᄒᆞᆯ 터인ᄃᆡ 외국의 셰력을 빌어 의뢰ᄒᆞ야 몸을 보젼ᄒᆞ고 벼살을 엇어 ᄒᆞ려 ᄒᆞ며 타국 사ᄅᆞᆷ을 부동ᄒᆞ야 졔 나라를 망ᄒᆞ고 졔 동포를 압박ᄒᆞ니 그거시 우리 여호보다 나흔 일이오 결단코 우리 여호만 못ᄒᆞᆫ 물건들이라 ᄒᆞ옵ᄂᆡ다 또 나라로 말ᄒᆞᆯ지라도 대포와 총의 힘을 빌어셔 남의 나라를 위협ᄒᆞ야 속국도 만들고 보호국도 만드니 불안당이 칼이나 륙혈포를 가지고 남의 집에 들어가셔 ᄌᆡ물을 탈취ᄒᆞ고 부녀를 겁탈ᄒᆞᄂᆞᆫ 거시나 다를 거시 무엇 잇소 각국이 평화를 보젼ᄒᆞᆫ다 ᄒᆞ여도 하나님의 위엄을 빌어셔 도덕샹으로 평화를 유지ᄒᆞᆯ ᄉᆡᆼ각은 조금도 업고 젼혀 병장긔의 위엄으로 평화를 보젼ᄒᆞ려 ᄒᆞ니 우리 여호가 호랑이의 위엄을 빌어셔 제몸의 죽을 거슬 피ᄒᆞᆫ 것과 엇던 거시 올코 엇던 거시 그르오

(2) 사ᄅᆞᆷ들은 좁은 소견을 가지고 외국 형편도 모로고 텬하대셰도 살피지 못ᄒᆞ고 공연히 써들며 무어슬 아ᄂᆞᆫ 테ᄒᆞ고 나라ᄂᆞᆫ 다 망ᄒᆞ야 가것마는 썩은 ᄉᆡᆼ각으로 갑갑ᄒᆞᆫ 말만 ᄒᆞᄂᆞᆫ도다 또 엇던 사ᄅᆞᆷ들은 졔 나라 안에 잇서셔 졔 나라 일도 다 아지 못ᄒᆞ면셔 보도 듯도 못ᄒᆞᆫ 다른 나라 일을 다 아노라고 츄쳑ᄃᆡ니 가증ᄒᆞ고 우숩듸다 (중략) 여간 좀 연구ᄒᆞ야 아ᄂᆞᆫ 거시 잇거든 그 아ᄂᆞᆫ ᄃᆡ로 셰상에 유익ᄒᆞ고 사회에 효험 잇게 아름다온 사업을 영위ᄒᆞᆯ 거시어ᄂᆞᆯ 조고맛치 남보다 몬저 알엇다고 그 지식을 이용ᄒᆞ야 남의 나라 ᄈᆡ앗기와 남의 ᄇᆡᆨ셩 학ᄃᆡᄒᆞ기와 군함 대포를 만드러셔 악ᄒᆞᆫ 일에 죵사ᄒᆞ니 그런 ᄂᆞ라 사ᄅᆞᆷ들은 당초에 사ᄅᆞᆷ되ᄂᆞᆫ 령혼을 주지아니 ᄒᆞ얏더면 도로혀 조흘번 ᄒᆞ얏소 또 더욱 도리에 어긔여지ᄂᆞᆫ 일이 잇스니 나의 지식이 뎌 사ᄅᆞᆷ보다 조곰 낫다고ᄒᆞ면 남을 가라쳐준다 ᄒᆞ고 실샹은 해롭게 ᄒᆞ며 남을 인도ᄒᆞ야준다 ᄒᆞ고 졔 욕심 ᄎᆡ우ᄂᆞᆫ 일만 ᄒᆞ며 엇던 사ᄅᆞᆷ은 졔 나라 형편도 모로면셔 타국 형편을 아노라고 외국사람을 부동ᄒᆞ야 님군을 속이고 나라를 해치며 ᄇᆡᆨ셩을 위협ᄒᆞ야 ᄌᆡ물을 도적질ᄒᆞ고 벼살을 도득ᄒᆞ며 ᄀᆡ화ᄒᆞ얏다 자칭ᄒᆞ고 양복 입고 단장집고 권연물고 시계차고 살죽경 쓰고 인력거나 자힝거 타고 졔가 외국사ᄅᆞᆷ인 테ᄒᆞ야 졔 나라 동포를 압졔ᄒᆞ며 혹은 외국사람 상죵ᄒᆞᆷ을 영광으로 알고 아쳠ᄒᆞ며 졔 나라 일을 변변이 아지도 못 ᄒᆞᄂᆞᆫ 거슬 가라쳐주며 여간 월급량이나 벼살낫치나 엇어 ᄒᆞ노라고 남의 나라 졍탐군이 되여 익ᄆᆡᄒᆞᆫ 사람 모ᄒᆞᆷᄒᆞ기 어리셕은 사람 위협ᄒᆞ기로 능사를 삼으니 이런사ᄅᆞᆷ들은 안다 ᄒᆞᄂᆞᆫ 거시 도로혀 큰 병통이 아니오

(3) 사ᄅᆞᆷ들은 리쯧만 보면 형뎨간에도 의가 샹ᄒᆞ고 일가간에도 졍이 업서지며 심ᄒᆞᆫ 쟈난 서로 골육샹쟁ᄒᆞ기를 례ᄉᆞ로 아니 참 긔가 막히오 동포끼리 서로 ᄉᆞ랑ᄒᆞ고 서로 구졔ᄒᆞᄂᆞᆫ 거슨 하나님의 리치어ᄂᆞᆯ 사ᄅᆞᆷ들은 과연 뎌의 동포끼리 서로 ᄉᆞ랑ᄒᆞᄂᆞᆫ가 뎌들끼리 서로 ᄈᆡ앗고 서로 싸호고 서로 싀긔ᄒᆞ고 서로 흉보고 서로 총을 노아 죽이고 서로 칼노 질너 쥭이고 서로 피를 ᄈᆞ라 마시고 서로 살을 ᄶᅵᆨ가 먹으되 우리ᄂᆞᆫ 그러치 안소 셰샹에 뎨일 더러운 거슨 똥이라

ᄒᆞ지마ᄂᆞᆫ 우리가 ᄯᅩᆼ을 눌ᄯᆡ 남이 다보고 알도록 흰ᄃᆡ는 검게 누고 검은ᄃᆡ는 희게 누어셔 남을 속일 ᄉᆡᆼ각은 ᄒᆞ지 안소 사ᄅᆞᆷ들은 ᄯᅩᆼ보다 더 더러운 일을 만히 ᄒᆞ지마ᄂᆞᆫ 혹 남의 눈에 보일가 남의 입에 오르 나릴가 겁을내여 은밀이ᄒᆞ되 무소부지 ᄒᆞ신 하나님은 몬져 아시고 계시오

(4) 사ᄅᆞᆷ들은 ᄃᆡ낫에 사ᄅᆞᆷ을 죽이고 ᄌᆡ물을 ᄲᅢ아스며 죄업ᄂᆞᆫ ᄇᆡᆨ셩을 감옥셔에 모라너허셔 돈밧치면 내여놋코 셰 업스면 죽이ᄂᆞᆫ 것과 님군은 아모리 인자ᄒᆞ야 샤젼을 ᄂᆞ리드ᄅᆡ도 법관이 용ᄉᆞᄒᆞ야 공평치 못ᄒᆞ게 죄인을 조죵ᄒᆞ고 돈을 밧고 벼살을 내여셔 그 벼살ᄒᆞᆫ 사ᄅᆞᆷ이 그 미쳔을 ᄲᆡᆸ으려고 음흉ᄒᆞᆫ 슈단으로 졍ᄉᆞ를 ᄶᅡ다롭게ᄒᆞ야 ᄇᆡᆨ셩을 못 견ᄃᆡ게ᄒᆞ니 사ᄅᆞᆷ들의 악독ᄒᆞᆫ 일을 우리 호랑이의게 비ᄒᆞ야 보면 몃만ᄇᆡ가 될는지 알 수 업소 ᄯᅩ 우리ᄂᆞᆫ 다른 동물을 잡어먹더ᄅᆡ도 하ᄂᆞ님이 만드러 주신 발톱과 니ᄲᅡᆯ노 하ᄂᆞ님의 ᄯᅳᆺ슬 밧아 텬셩의 ᄒᆡᆼ위를 ᄒᆡᆼᄒᆞᆯ ᄲᅮᆫ이어ᄂᆞᆯ 사ᄅᆞᆷ들은 학문을 이용ᄒᆞ야 화학이니 물리학이니 ᄇᆡ화셔 사ᄅᆞᆷ의 도리에 유익ᄒᆞᆫ 올흔 일에 쓰ᄂᆞᆫ 거슨 별노 업고 각ᄉᆡᆨ병긔를 발명ᄒᆞ야 군함이니 ᄃᆡ포니 춍이니 탄환이니 화약이니 칼이니 활이니 ᄒᆞᄂᆞᆫ 등물을 만드러셔 ᄌᆡ물을 무한이 내바리고 사ᄅᆞᆷ을 무수히 죽여셔 나라를 만들ᄯᆡ에 만반경륜은 다 남을 해ᄒᆞ려ᄂᆞᆫ ᄆᆞ음ᄲᅮᆫ이라

「금수회의록」에서 보여주고 있는 사회비판은 대외적인 영역과 대내적인 영역을 구분하여 이루어진다. 대외적으로는 강대국의 군사적 침략과 경제적 약탈을 인류의 평화와 상호부조의 원칙을 내세워 비판한다. 대내적으로는 집권세력의 무능과 기회주의적 태도, 권력자의 탐욕과 비리, 지식인의 무지와 소극성, 그리고 도덕적 타락 등을 집중적으로 규탄하고 있다.

그런데 이러한 사회적 비판이 주로 기독교적인 인간관과 세계관에 근거하여 이루어지고 있는 점이 특이하다.[1] 일본 유학을 통한 근대적인 지식이 안국선 자신의 경륜을 키워나갈 수 있게 한 근본적인 원동력이 되었다면, 그에게 있어서 기독교 사상은 그의 정신적인 바탕을 이루는 중요한 요소가 되었다고 할 만하다. 인간의 본분과 책임, 인간이 추구해야 할 가치, 인간의 행동과 윤리의식을 강조하며 인간의 타락상을 비판하는 내용으로 이루어진 「금수회의록」에서 안국선은 모든 문제의 판단 기준을 주로 기독교적 인간관에 입각하여 설정하고 있다. 그는 하나님이 이 세상을 만든 목적이 그 영광을 나타내기 위해 인자한 은덕을 베풀어 모든 생물로 하여금 영원한 행복을 받게 하는 것이라고 전제한 다음, 모든 인간은 하나님의 뜻을 순종하여 천리 정도를 지키고 착한 행실과 아름다운 일로 하나님의 영광을 나타내야 한다고 주장한다. 그리고 세상 사람들 중에는 하나님의 영광을 더럽히고

1. 권영민, 「안국선과 개화기 지식인의 환상」, 『한국민족문학론연구』(민음사, 1988), p. 85.

은혜를 배반하는 악종이 많고, 하나님이 주신 영혼과 덕성을 저버려 스스로 인류의 자격을 포기한 자가 많음을 통탄하기도 한다.

> 슯흐다 여러 즘ᄉᆡᆼ의 연설을 듯고 가마니 ᄉᆡᆼ각ᄒᆞ야 보니 셰상에 불상ᄒᆞᆫ 거시 사ᄅᆞᆷ이로다 내가 귀ᄒᆞ기로 졔일이오 신령ᄒᆞ기도 졔일이오 ᄌᆡ조도 제일이오 지혜도 졔일이라 ᄒᆞ야 동물즁에 졔일 엇지ᄒᆞ야 사ᄅᆞᆷ으로 ᄐᆡ여ᄂᆞ셔 이런 욕을 보ᄂᆞᆫ고 사ᄅᆞᆷ은 만물즁에 됴타 ᄒᆞ더니 오날ᄂᆞᆯ노 보면 졔일 악ᄒᆞ고 졔일 흉괴ᄒᆞ고 졔일 음란ᄒᆞ고 졔일 간사ᄒᆞ고 졔일 더럽고 졔일 어리셕은 거ᄉᆞᆫ 사ᄅᆞᆷ이로다
>
> 가마귀쳐럼 효도ᄒᆞᆯ 줄도 모로고 개고리쳐럼 분수 직힐 줄도 모로고 여호보담도 간샤ᄒᆞ고 호랑이보담도 포악ᄒᆞ고 벌과 갓치 정직ᄒᆞ지도 못ᄒᆞ고 파리 갓치 동포 ᄉᆞ랑ᄒᆞᆯ 줄도 모로고 창ᄌᆞ 업ᄂᆞᆫ 일은 게보다 심ᄒᆞ고 부정ᄒᆞᆫ ᄒᆡᆼ실은 원앙새가 붓그럽도다 여러 즘ᄉᆡᆼ이 연셜ᄒᆞᆯ ᄊᆡ 나ᄂᆞᆫ 사ᄅᆞᆷ을 위ᄒᆞ야 변명 연설을 ᄒᆞ리라 ᄒᆞ고 몃번 ᄉᆡᆼ각ᄒᆞ야 본즉 무슨 말노 변명ᄒᆞᆯ 수가 업고 반ᄃᆡ를 ᄒᆞ려 ᄒᆞ나 현하지변을 가져드릐도 쓸 ᄃᆡ가 업도다 사ᄅᆞᆷ이 써러져셔 즘생의 아ᄅᆡ가 되고 즘생이 도로혀 사ᄅᆞᆷ보다 샹등이 되얏스니 엇지ᄒᆞ면 조흘고 예수씨의 말삼을 드르니 하ᄂᆞ님이 아직도 사ᄅᆞᆷ을 ᄉᆞ랑ᄒᆞ신다ᄒᆞ니 사ᄅᆞᆷ들이 악ᄒᆞᆫ 일을 만히 ᄒᆞ엿슬지라도 회개ᄒᆞ면 구완 잇ᄂᆞᆫ 길이 잇다 ᄒᆞ얏스니 이 세상에 잇ᄂᆞᆫ 여러 형졔ᄌᆞᄆᆡᄂᆞᆫ 깁히깁히 생각ᄒᆞ시오

앞의 인용에서도 드러나 있듯이 이 작품은 까마귀처럼 효도할 줄도 모르고 개구리처럼 분수 지킬 줄 모르며, 여우보다 간사하고 호랑이보다 포악하며, 벌처럼 정직하지 못하고 파리처럼 동포를 사랑할 줄 모르고, 창자 없는 일은 게보다 심하며 부정한 행실은 원앙새가 부끄러울 정도로 타락한 인간에게 잃어버린 인간성을 되찾을 수 있도록 하기 위해 기독교적인 박애사상을 바탕으로 한 계시적인 진리를 결론으로 제시한다. 이것은 전통사회의 해체 과정에서 인간의 절대적인 가치와 목표에 해당한다는 점에서 그 계몽적 성격을 인정할 만하다.

그러나 당대의 현실에서 본다면 신앙이라든지 복음이라든지 하는 종교 정신을 정치·사회 등의 문제에 직결시키기는 어려운 일이다. 특히 종교활동의 대상은 어디까지나 하나하나의 개인들이기 때문에, 인간 구제의 범위를 사회 내지 국가의 차원으로 확대시켜 나아간다는 것은 일종의 낭만적인 환상일 수밖에 없다. 그렇기 때문에 「금수회의록」이 보여주고 있는 인간과 사회에 대한 비판은 다분히 심정적인 차원에 머물고 있는 형편이며, 위기에 직면한 국가 민족의 현실을 타개하기 위한 실천적인 요소가 미흡함을 지적하지 않을 수 없다.

그런데 여기서 주목해야 할 것은 「금수회의록」이 기독교 사상에 근거하여 이상

적인 가치를 내세우고 있기는 하지만, 어떤 면에서는 그것이 전통주의적인 입장과도 상통하고 있다는 사실이다. 안국선이 비판하고 있는 인간 가치의 혼란은 그 내용이 대부분 전통적인 도덕관과 윤리의식의 붕괴와 직결되어 있다. 부모에 대한 효도, 지조와 절개, 형제 동포간의 우애, 부부의 화목 등은 모두 새로운 가치라기보다는 과거에서부터 존속되어왔던 전통적인 덕목이다. 이것은 안국선이 신교육을 받은 개화기의 근대적인 지식인으로서 전통사회의 윤리관에 대한 신념을 여전히 지니고 있음을 보여주는 좋은 예가 된다. 안국선이 내세운 충효와 의리와 우애 등의 덕목은 현실사회의 정신적 타락을 구제할 수 있는 가장 큰 가능성을 가진 것임은 물론이다.

김필수의 「경세종」은 동물들을 내세워 현실사회의 인간 비리를 고발하고 있다는 점에서 「금수회의록」의 서사구조와 흡사하다. 전체 6장으로 구성된 이야기의 내용을 보면, 제1장과 제2장에서 유산객(遊山客)들의 모습과 금수 곤충들의 친목회를 소개한다. 제3장부터 제6장까지는 동물회의장의 모습을 그대로 옮겨놓은 것인데, 회장직은 양이 맡고, 접빈위원은 원숭이, 다과위원은 다람쥐, 시간위원은 황계(黃鷄) 등이 맡아서 회의를 진행한다. 토론에 참석하는 동물들은 사슴을 비롯한 원숭이, 까마귀, 제비, 올빼미, 고슴도치, 박쥐, 공작, 나비, 개미, 자벌레, 나귀, 캥거루, 호랑이 등이 회의에 참여하여 인간 사회의 부당성과 비합리성을 지적하고 규탄한다. 회의가 끝나면 모두가 사진 촬영까지 하게 된다. 이 작품의 서두에서는 봄의 아름다움을 즐기며 흥청대는 인간의 모습을 보여주면서 동시에 인간을 비판하는 동물들의 회의장을 소개하고 있다. 작품 속에 그려지고 있는 동물 회의장의 모습은 그 절차와 방법이 모두 일반적인 회의 방법을 그대로 준용하여 따르고 있는데, 이것은 어떤 집단이 자기 주장을 내세우기 위해 민주주의적인 합리적인 방법으로 의견을 제기하고 토론해야 한다는 계몽적 의도까지 내포하고 있다. 특히 새로이 등장하기 시작한 대중집회와 토론회가 하나의 사회문화적 제도로 인식되어 정착되기 시작하였음을 말해주는 것이라고 할 수 있다.

「경세종」에 등장하는 동물들은 「금수회의록」의 경우보다 훨씬 다양하다. 「금수회의록」에 등장하는 동물 중에서 까마귀와 호랑이를 제외하고는 모두가 색다른 동물들이다. 그리고 이들이 제기하는 인간 사회의 비리는 실질적인 생활 속에 드러나 있는 구체적인 요건들이 그 대상이다. 예컨대 사슴과 공작과 고슴도치는 재물을 탕진하며 사치를 일삼으며 내실을 잃고 있는 인간의 삶의 태도를 비판하고, 나비는 젊은이들이 배움에 뜻이 없이 음란한 세태에 빠져 있음을 비판한다. 원숭이는 돈과 권력에 좌우되는 인간 세계의 불공정을 비난하고, 까마귀와 박쥐는 표리부동하며 기회주의적인 인간 행동을 비판한다. 올빼미는 개화를 반대하는 수구파들을 비판하고, 캥거루는 구래의 여러 악습에 대해 비판한다. 제비는 청렴결백과 준법정신의 중요성을 강조하고, 개미는 인간의 나태를 지적한다. 자벌레와 나귀와 호랑이는 인간의 자세와 인간이 행해야 할 직분이 무엇인가를 논하기도 한다.

「경세종」은 금수·곤충 등을 내세워 인간 사회의 추악상을 비판하게 함으로써 인간에게 경종을 울리려는 데 의도를 두고 있다. 이러한 우화적 형식은 변혁기에 드러나는 가치의 혼란과 시대적 모순을 비판하고 인간 삶의 올바른 방향성을 암시적으로 제시함으로써 독자의 각성을 촉구하려는 작가의 의식에서 비롯된 것이지만, 동물들의 회의 형식을 통해 작가 자신의 주장을 간접적으로 표출함으로써 서사적 거리를 어느 정도 확보하고 있다.

그런데 이 작품에서도 기독교 사상에 대한 적극적인 설교가 드러난다. 이 작품에서 동물 세계의 친목회의 취지는 인간의 비리와 죄악을 고발하고 비판하는 데에 있지만, 궁극적으로 지향하는 세계는 인간과 동물이 자연 속에서 각자 자기 역량과 역할에 맞게 살아갈 수 있는 기독교적 낙원이라고 할 수 있다. 이 작품이 '찬미 상제 복의 근원 천하 만물 모두 칭송하고 아멘'을 외치는 것은 이 같은 의도를 담고 있다.

우화적 장치로서의 재판 제도

「금수재판」은 『대한민보』에 연재된 작품이다. '흠흠자(欽欽子)'라는 필명으로 저자가 표시되어 있지만 그 실명을 확인하기 어렵다. 『대한민보』는 1909년 6월 2일 대한협회(1907)의 기관지로 창간되어 1910년 8월 31일 한일합방 직후 폐간된 국한 혼용의 민간 신문이다. 이 신문의 사장은 오세창이며, 이종린 등이 신문 간행에 참여한 바 있다.

「금수재판」은 동물들의 세계에서 일어나는 여러 가지 악덕과 죄상을 서로 고발하고 재판하는 동물들의 이야기가 중심을 이룬다. 「금수재판」에서 설정하고 있는 가상적인 공간은 동물들이 차려놓은 재판소이다. 여기서 먼저 주목할 것은 바로 재판이라는 제도와 형식이다. 재판이라는 근대적인 사회제도의 정착 과정은 사회적 정의와 도덕적 규범에 대한 합리적인 판단과 법과 질서에 대한 인식이 일반화되는 과정과 일치한다. 만일 사회적 정의나 도덕적 규범에 대한 합리적인 판단 기준이 없다면, 재판이라는 것은 아무런 의미를 가지지 못한다. 그러므로 「금수재판」에서 재판의 형식을 담론의 방법으로 채용하고 있다는 것은 개화계몽시대에 사회적 정의와 도덕적 규범에 대해 이미 상당한 수준의 인식이 일반화되기 시작하였음을 말해준다.

> ᄐᆡ고쩍 슌박하던 풍속이 졈졈 인류의 복잡ᄒᆞᆷ을 ᄯᅡ라 시비와 경쟁이 날로 이러나니 만일 상당한 법률로 졔재치 안이ᄒᆞ면 젹은 쟈의 피를 큰 쟈가 마시고 약ᄒᆞᆫ 쟈의 고기를 강ᄒᆞᆫ 쟈가 먹기를 막지 안이하야 필경은 싱믈로 ᄒᆞ야곰 ᄒᆞᆫ시도 남아 부지하지 못하고 발시라 이에 동셔양 셩인들이 이를 근심ᄒᆞ사 풍속 습관에 젹당하도록 법률을 창죠하야 안으로 도덕의 근기(道德根基)를 찬셩ᄒᆞ고 밧그로 음사ᄒᆞᆫ 죄악(淫邪罪惡)을 징치ᄒᆞ나 슬푸다 텬리(天理)ᄂᆞᆫ 맑은 거울 갓하야 틔끌 안씨가 용이ᄒᆞ고 사욕(私慾)은 창일ᄒᆞᆫ 물 갓ᄒᆞ야 모래로 막기 극난하니 이럼으로 사긔(邪欺) 절도(竊盜) 창탈(搶奪) 등 백쳔 가지 죄범이 날과 시로 더욱 만아지니 텬ᄒᆞ 만국 형사재판소에 원고 피고가 닷토아 모여들더라 이ᄂᆞᆫ 인류의 사젹이라 셰계 만국 력사가 자재하니 졀은 지면에 장황히 말ᄒᆞᆯ 필요가 업거니와 무론 엇더ᄒᆞᆫ 동물이던지 ᄉᆡᆼ명을 위ᄒᆞᄂᆞᆫ 욕심은 일반이라 욕심이라 ᄒᆞᄂᆞᆫ 것은 남의 것을 취ᄒᆞ야 내게 리롭도록 ᄒᆞᄂᆞᆫ 마암이니 그 마암은 ᄲᅢ아스랴ᄂᆞᆫ 쟈나 안이 ᄲᅢ앗기랴ᄂᆞᆫ 쟈나 피차에 달음이 업슴으로 부리가 리로온 쟈ᄂᆞᆫ 쏘ㅂ고 발톱이 날카로온 쟈ᄂᆞᆫ 홀퀴고 ᄲᅮᆯ잇ᄂᆞᆫ 쟈ᄂᆞᆫ 밧고 니 잇ᄂᆞᆫ 쟈ᄂᆞᆫ 물고 굽 잇ᄂᆞᆫ 쟈ᄂᆞᆫ 챠셔 각색으로 졔 ᄉᆡᆼ명 보호ᄒᆞᄂᆞᆫ 긔계가 잇스나 대소와 강약의 텬질이야 엇지 사력으로 변동ᄒᆞᆯ 슈 잇스리오

「금수재판」의 서두에서는 인간 세계의 풍속의 변화와 각종 시비 범죄의 증가로 인하여 법률을 제정하고 법에 따라 재판하는 제도가 자리잡게 되었음을 밝힌다. 약육강식, 악덕과 무질서, 약탈 등 강자에 의해 자행되는 온갖 행태를 법과 질서로 바로잡는 재판소가 필요함을 말한다. 물론 동물 세계를 지배하고 있는 약육강식과 이기주의적인 행태를 서로 고발하고 그 잘잘못을 판단하는 것이지만, 그것이 바로 인간의 현실을 우의적으로 표현하고 있음을 쉽게 알 수 있다. 이 작품에서 가상적으로 설치한 재판소는 결국 모든 일의 옳고 그름을 분명하게 판별하고 약자를 도와야 한다는 계몽적 의도를 담고 있는데, 이 같은 의도는 바로 이 작품이 지니고 있는 계몽적 담론으로서의 정치성을 뜻하는 것이다.

「금수재판」에서는 기린이 회장으로 피선되고 좌우의 재판관으로는 양과 학을

천거한다. 앵무새는 변사가 된다. 그리고 새와 짐승과 곤충들이 서로 등장하여 자신들의 처지를 말하고 잘잘못을 판별하여줄 것을 요구한다. 동물들의 재판 과정에서 가장 큰 문제로 대두된 것은 약육강식의 행태와 타자에 대한 약탈과 침략이다. 예컨대 까치는 힘들여 지은 집을 비둘기가 제 집처럼 차지해버리는 것을 제소하고, 토끼는 사냥개들의 횡포를 고발한다. 백수의 왕이라는 호랑이는 여우의 간교함을 고발하고, 사슴은 천한 말의 행태를 들어 자신의 존귀함을 역설하고, 파리와 모기는 서로 상대방의 약점을 잡아내어 응징할 것을 요구하기도 한다. 이러한 동물들의 고발 내용은 당대의 사회 현실과 국가적인 위기를 경계하고 있는 것으로 볼 수 있다.

(1) 의신 깟치ᄂᆞᆫ 셰셰로 셩품이 신령ᄒᆞ야 셰상 사람 즁 누구던지 길죠가 잇음을 미리 알고 차자가셔 쥬인에게 선통ᄒᆞ야 쥬기로 죵사를 ᄒᆞ오며 텬문을 능통ᄒᆞ야 동셔남북의 풍셰를 먼져 짐작ᄒᆞ고 집의 창호를 예방하야 내여셔 셰상 농부들로 ᄒᆞ야곰 해마다 경험ᄒᆞ고 츄칙ᄒᆞ야 농사의 불우재앙을 도면하도록 ᄒᆞ엿사오며 평셩에 부즈런하야 남의게 의뢰를 안이ᄒᆞ압고 해마다 제힘으로 집을 건축도 ᄒᆞ고 즁슈도 ᄒᆞ야 자녀를 기르압더니 쳔만 뜻밧게 소위 비둘이(鳩)라 ᄒᆞᄂᆞᆫ 부랑패류가 불칙ᄒᆞᆫ 마암을 감생ᄒᆞ야 쳐엄에ᄂᆞᆫ 감언리셜로 친근히 지내자 하더니 졈졈 의신의 약홈을 업슈히 넉이어 무려히 집을 쌔아셔 제가 거쳐ᄒᆞ오니 이런 억울한 일이 다시 엇의 잇사오릿가(작소구거鵲巢鳩居)

(2) 의신 토긔 등은 셰셰로 쳥념하야 남의 것을 침해치 안이ᄒᆞ고 싸리슌 칙덤불로 근근 츙복ᄒᆞ오며 상뎨의 명을 밧드러 월궁에 상아를 뫼시고 잇셔 약방아 찌키를 힘쓰압ᄂᆞᆫ대 더 무지ᄒᆞᆫ 산양개가 큰 공이나 셰울 듯이 죽을 힘을 다 하야 사면으로 쫏차와 사오나온 이로 의신 등을 함부루 쌔물어 산양군의 뜻을 맛춤은 특별ᄒᆞᆫ 대우나 밧아 제 몸의 영화가 돌아올 줄로 바람이로되 의신 등 곳 죽으면 져의도 살음을 면치 못ᄒᆞ오니 텬ᄒᆞ의 보복지의가 엇지 범연하오릿가(토사구팽兎死狗烹)

(3) 만물 즁 가장 신령ᄒᆞ다ᄂᆞᆫ 인류사회를 삷혀볼지라도 명예가 현자ᄒᆞ야 사람마다 우럿고 외화가 졍슉ᄒᆞ야 도쳐마다 위대ᄒᆞᄂᆞᆫ 쟈들이 급기 리욕잇ᄂᆞᆫ 일을 당ᄒᆞ야ᄂᆞᆫ 낫낫치 불고염치ᄒᆞ고 각죵 협잡을 모죠리 ᄒᆞᄂᆞᆫ 즁 뎨일 긔막힌 것은 자긔들의 디졍과 슈단을 쟈뢰ᄒᆞ야 무고잔민의 재산을 확취ᄒᆞᆫ다 자긔보다 일칭 더 셰력잇ᄂᆞᆫ 쟈를 련비ᄒᆞ야 동등 동포를 압졔하ᄂᆞᆫ 일이 비일비재오니 사람도 이러하거던 허물며 지능이 만분지일을 짜르지 못ᄒᆞᄂᆞᆫ 우리 금슈야 말ᄒᆞᆯ 것 업사오닛가(부서하봉腐鼠嚇鳳)

(4) 인류 즁 간신의 심장을 배ㅅ곱에 류리를 붓친 듯이 가히 알지니 간신이라 ᄒᆞᄂᆞᆫ 무리ᄂᆞᆫ

예나 지금이나 달을 것 업시 일반심장이라 위 사람이 침혹ᄒᆞ도록 감언리셜과 텬ᄐᆡ만상으로 그 뜻을 맛초아 졔총을 굿친 후에 현량을 모해ᄒᆞ고 공ᄅᆡ을 져희ᄒᆞ며 타인의 위엄을 자뢰ᄒᆞ고 동포를 멸시ᄒᆞ며 ᄒᆞ민을 학대하야 그 집이던지 그 나라의 멸망함을 씀에도 돌아보지 안이ᄒᆞ다가 제 죄악이 관령(貫盈)ᄒᆞ면 필경 텬벌을 면치 못ᄒᆞ야 참혹ᄒᆞᆫ 디경에 ᄯᅥ러지ᄂᆞᆫ 것은 소소ᄒᆞᆫ 리치라 가량 죄를 짓고 벌을 밧기ᄂᆞᆫ ᄉᆞ람과 즘생이 죠곰 달음이 업슬지니 사람 즁 소인놈은 곳 즘생 즁 여호오 즘생 즁 여호ᄂᆞᆫ 곳 ᄉᆞ람 즁 소인이라(호위호가虎威狐假)

「금수재판」에서 제기하고 있는 동물 세계의 각종 불법과 비리는 주로 야욕과 이기심에 의해 이루어지는 약탈과 횡포에 집중되어 있다. 여기서 주목되는 것이 이 같은 제소와 고발에 대한 재판관의 판결이다. 재판관은 비둘기에게 즉각 까치집을 돌려주도록 명하고 만약 그 명령을 거역하면 비둘기의 모든 족속을 태평양 물에 던져버리겠다고 판결하고, 사냥개에게는 사냥꾼의 노예가 되지 말고 자유로이 행동할 것을 명한다. 호랑이에게는 산군의 위엄을 지키어 간언에 현혹되지 말라고 경고하고, 여우에게는 그 간교함과 해악을 용서하기 어려우므로 악취를 내게 하여 모든 무리가 여우의 존재를 쉽게 알아차리도록 조치한다는 판결을 내린다. 그리고 척알과 대붕에게는 궁량의 크고 작음이 하늘의 이치임을 강조하고, 사슴과 말에게는 각자의 본분을 제대로 다하도록 권면한다. 개미와 벌에게는 상생부조의 정신을 강조하고 모기와 파리를 통해 은혜의 소중함을 논변한다.

「금수재판」의 판결은 주로 전통적인 윤리적 덕목을 강조하면서도 동물 세계의 화목과 협동, 그리고 상호 신뢰의 중요성을 거듭 주장하고 있는 점이 두드러지게 드러난다. 이러한 판결은 탈법적인 동물 세계의 실상을 고발하기 위해서라기보다는 인간 현실의 야만성에 대한 경고로 해석할 수 있다. 그러나 강대한 외세의 침략 위협과 경제적인 침탈에 직면해 있던 한국의 현실을 놓고 본다면, 스스로 실력을 양성하고 단합하여 상대방의 약탈과 횡포를 방어해야 한다는 주장은 이미 현실적인 실천의 구체성을 보여주지는 못한다. 「금수재판」에서 논의하고 있는 동물 세계의 덕목과 가치가 당시 현실에서 일본과 일본을 추종하는 세력에 의해 만들어지고 있는 식민주의 담론의 야만성을 논박하고자 하는 지성적이고도 문화적인 대응 논리라는 점은 부인할 수 없다. 이 작품은 일본의 강점에 의한 『대한민보』의 폐간과 함께 중단됨으로써, 한국 사회의 새로운 근대를 꿈꾸던 계몽담론의 최후의 모습으로 자리하게 된다.

6. 맺는말

개화계몽시대 풍자와 우화는 국문 글쓰기를 통해 등장한 새로운 서사 양식이다. 풍자와 우화의 존재 가치는 개화계몽시대라는 격변기의 상황을 배경으로 이미 말해진 것 또는 사실이라고 믿고 있는 것과 그것에 대해 말하는 것 사이의 간격에 관심을 가지도록 유도하는 언어의 힘을 표출하고 있다는 점에서 찾을 수 있다. 풍자와 우화는 기성의 권위에 도전하고 지배권력에 대해 비판한다. 풍자와 우화의 세계는 현실 사회가 이미 존재하는 주체들에 의해 인지되거나 재현되는 그런 것이 아님을 분명히 제시한다. 오히려 그 주체와 세계는 다양한 담론에 의해 새롭게 창조될 뿐이다. 풍자와 우화의 정신은 이미 말해진 것과 그것에 대해 말하는 것 사이의 긴장된 관계를 포착하는 데에 있다. 그러므로 이것은 엄밀히 말할 경우 정치적으로 양가성을 지니는 진술법이다. 이것은 관습과 규범을 강화하기보다는 흔들어놓기도 하고, 보다 새로운 가치와 이상을 구축하려고 한다. 바로 이러한 속성으로 인하여 풍자와 우화는 미학적 거리를 산출하고 그것을 함축한다.

풍자와 우화는 변혁기의 지배담론을 형성하고 있는 담론 주체로서의 권력층 또는 그 권력에 대한 직접적인 비판을 드러내고 있다는 점에서 정치적 이념성이 중시된다. 풍자와 우화의 주인공은 일반적으로 정상적인 인간과는 거리가 있다. 세상에서 소외된 지식인들이나 육체적인 불구를 견디어야 하는 장애인들이 주인공으로 등장한다. 세상의 물정을 잘 모르는 무지한 하층민들을 등장시키기도 한다. 인간과는 다른 동물들을 내세우는 경우도 있다. 그러나 이러한 주인공들이 오히려 높은 권좌에 앉은 지배층의 무능과 무지와 부정과 비리를 공격한다. 이러한 공격은 조선 사회의 야만성과 미개성을 놓고 그것을 차별화하여, 보호라는 명분으로 지배권을 확보한 일본의 권력과 그에 추종하는 집권층을 동시에 공격하는 것이다. 그러므로 이들 주인공들이 보여주는 언행은 정상인 인간들보다 오히려 지적·도덕적인 우위를 점하고 있는 것으로 나타난다. 바로 여기서 식민주의 담론이 드러내고 있는 우승 열패와 양육강식의 논리가 가지는 모순이 드러난다. 그리고 식민주의 담론의 주체를 동물보다 더욱 야만적이고 장애인보다 더욱 큰 정신적 장애를 지닌 대상으로 격하시키고 있는 공격적인 담론의 속성이 드러나는 것이다.

개화계몽시대의 풍자 우화는 그 우회적인 말하기 방식을 통해 지배담론을 구성하고 있는 언어 자체를 왜곡시키기도 한다. 지배담론 자체의 식민주의적 속성을 언어적으로 희화화하거나 야유하면서 거기에 담긴 지배 논리를 전복시키고자 하는 것이다. 당시에 을사조약에 따른 일본 통감부의 설치라든지, 통감부의 주도로 이루어진 시정 개선이라든지 하는 것은 식민지 지배 논리의 제도적인 기반의 확보를 말해주는 것인데, 이러한 지배 논리를 구성하는 주요 개념을 모두 왜곡시킴으로써 그 권위를 여지없이 추락시켜놓는다. 그리고 이미 기정사실화된 을사조약이라든지 일본 통감부의 설치와 같은 사건들을 풍문처럼 흘려버리거나 애써 외면함으로써 그 존재 의미를 부정하기도 한다.

개화계몽시대의 풍자와 우화는 인간의 진정한 가치와 민족의 공동체의식이 구현될 수 있는 특이한 대화적 공간을 열어놓고 있다. 이 상상의 공간에 주인공들이 함께 모여 자신들의 의견을 자유롭게 이야기한다. 이 공간은 꿈속의 세계가 되어 현실과 대비되고, 천상의 세계나 선경(仙境)의 모습으로 인간계와 구별되기도 한다. 어떤 경우에는 현실의 한 장면으로 나타나기도 하는데, 그 어떤 경우에도 이 공간은 열려 있으며 자유롭다. 이 공간에서 주인공들은 자신들의 처지를 한탄하기도 하고, 비리와 부정의 현실을 비판하면서 개화의 허상을 꼬집기도 한다. 그리고 상상 속에서 주인공이 천상에 올라 민족의식을 고무시킬 수 있는 역사적 영웅을 만나기도 한다. 이러한 서사적 기획은 삶의 가치가 붕괴된 현실에 대응하여 자유롭게 새로운 이념적 목표를 논의할 수 있는 개방된 담론의 공간을 제공하기 위한 것이라고 할 수 있다.

풍자와 우화의 개방적인 담론 공간에서 벌이는 주인공들의 대화와 토론 속에는 현실 상황과 그 문제성에 대한 조소와 야유, 힐난과 비판이 뒤섞여 있다. 그리고 다양한 논의의 과정을 거쳐서 그 말의 진정성을 구현할 수 있는 어떤 결론에 이르게 된다. 이 과정은 현실의 비리와 인간의 부도덕성에 대한 세간의 비판이라는 것이 어떤 식으로 여론을 형성하여 어떻게 전해질 수 있는지를 잘 보여준다. 특히 풍자와 우화 양식에서 많이 활용되고 있는 연설과 재판의 형식은 민주주의적인 여론 형성과 합리적인 의견수렴의 절차가 한국 사회에 반드시 필요함을 역설적으로 보여주기도 한다. 연설이라는 새로운 말하기 방식은 대중의 계몽과 여론의 수합을 위해 필요한 공개적인 의견 개진 방법이며, 재판이라는 제도적 장치는 사리 분별과 판단을 공적인 논리와 법적 질서에 따라 수행하는 방식이다. 이러한 방법이 사회 · 문화적 제도로 정착하여 운영되고 있는지를 확인하는 일이야말로 바로 문명개화의 계몽담론이 추구하고자 하는 근대성의 척도에 해당한다고 할 것이다. 물론 1910년 일본의 식민지 지배가 시작되자 풍자 우화의 양식은 서사의 영역에서 더 이상 그 담론 공간을 유지하지 못한다.

제2부 개화계몽시대의 풍자 우화

향ᄀᆡᆨ담화

우시ᄉᆡᆼ[1]

모쳐를 지나다가 수ᄉᆞᆷ 향ᄀᆡᆨ[2]이 모혀 담화[3]ᄒᆞᄂᆞᆫ 말를 들은즉 한 사람이 가로ᄃᆡ, 지금 셰계ᄂᆞᆫ ᄎᆞᆷ 휘황챤란ᄒᆞᆫ 셰계라 우리들의 고루ᄒᆞᆫ 소견으로ᄂᆞᆫ 엇더타 형어ᄒᆞᆯ 슈 업거니와 만리타국 나와셔도 거쳐[4] 범ᄇᆡᆨ[5] 의복 졔도 문명국인 ᄀᆡ상이오 언어 ᄒᆡᆼ동 쳐신 범졀 ᄌᆞ유 권리 ᄇᆡ양ᄒᆞ야 약ᄒᆞᆫ ᄐᆡ도 아죠 업시 텬지간에 오유ᄒᆞ야[6] 학문으로 업을 ᄉᆞᆷ고 신으로 근본 ᄉᆞᆷ아 ᄋᆡ국지심 사람마다 잇건마ᄂᆞᆫ 우리 대한 정부 관리 학문이 무엇인지 신의가 무엇인지 ᄋᆡ국이 무엇인지 도모지 불계[7]ᄒᆞ고 복즁에 가득ᄒᆞᆫ 경륜 리욕 일관[8]ᄲᅮᆫ이로다. 박탈 민ᄌᆡ[9] 독한 정ᄉᆞ[10] ᄉᆡᆼ령이 어육이오[11] ᄀᆡ군 망상[12] 흉ᄒᆞᆫ[13] 죄명 쥭은들 써글손가 ᄃᆡ신 협판[14] ᄃᆡ감 령감 귀밋ᄒᆡ 옥관ᄌᆞ[15] 금관ᄌᆞ[16]와 각ᄉᆡᆨ으로

1. 우시생(憂時生): 세상을 근심하는 사람이라는 뜻. 글의 집필자를 '우시생'이라는 필명으로 표시함.
2. 향객(鄕客): 시골에서 온 손님.
3. 담화(談話): 서로 이야기를 주고받음.
4. 거처(居處).
5. 범백(凡百): 갖가지의 모든 것.
6. 오유(遨遊)하다. 재미있게 놀다.
7. 불계(不計): 옳고 그른 것이나 이롭고 해로운 것 따위의 사정을 가려 따지지 아니함.
8. 이욕(利慾) 일관(一貫): 오직 이익을 탐할 뿐이다.
9. 박탈(剝奪) 민재(民財): 백성들의 재산을 강제로 빼앗음.
10. 정사(政事): 백성을 다스리는 일.
11. 생령(生靈)이 어육(魚肉)이오: 사람 목숨을 함부로 다룸을 말함.
12. 기군망상(欺君罔上): 임금을 속임.
13. 흉(凶)하다.
14. 협판(協辦): 조선 후기에, 통리군국사무아문과 통리교섭통상사무아문에 둔 벼슬. 대한제국 때에, 궁내부와 각 부(部)에 둔 차관. 칙임관이다.
15. 옥관자(玉貫子): 옥으로 만든 망건 관자. 왕과 왕족, 일품 이상의 관원은 조각을 하지 않았고,

지은 젼복 ᄉᆡᆨ슐듸[17]를 ᄆᆡ고 보니 물ᄉᆡᆨ은 조커니와 창우하쳔[18] 복ᄉᆡᆨ이오 ᄉᆞ린교[19] 인력거에 구종[20] 별ᄇᆡ[21] 옹위ᄒᆞ야[22] 젼후로 벽졔ᄒᆞ니[23] 긔구ᄂᆞᆫ 장커니와[24] 외국인의 슈치로다 관찰 군슈 셔임ᄒᆞᆯ[25] 졔 정치 학문 뭇지 안코 문벌이니 셰교[26]이니 돌녀가며 차츌ᄒᆞ고 불학무식 하등 인물 돈을 밧고 ᄆᆡᄆᆡᄒᆞ야 부임ᄒᆞᆫ 후 ᄒᆡᆼ졍ᄒᆞ면 무죄 평민 착슈ᄒᆞ고[27] 횡셜슈셜[28] 가진 죄명 ᄇᆡᆨ 가지로 얼거ᄂᆡ여 ᄉᆞ갈[29]의 독한 ᄒᆡ와 시랑[30]의 모진 소ᄅᆡ 호령이 츄상[31] 갓고 악형[32]이 무쌍ᄒᆞᆫ즉 어리셕은 어둔 ᄇᆡᆨ셩 일루 잔명[33] 보존ᄎᆞ로[34] 상평뎐 하평뎐[35]과 가장 즙물[36] 방ᄆᆡᄒᆞ야[37] 긔 쳔량 긔 만량[38]에 간신히 탈신ᄒᆞ니(10.29)

부모 쳐ᄌᆞ 류리 ᄀᆡ걸[39] 일죠에 되고 부니 원입골슈 깁ᄒᆞᆫ 한[40]은 욕식기육[41] ᄉᆡᆼ각

정삼품 당상관 이상의 관원만 조각을 하였다. 옥권(玉圈).

16. 금관자(金貫子): 금으로 만든 관자. 정이품, 종이품의 벼슬아치가 달았는데, 특히 정이품이 단 것을 돌이금이라고 일렀다.
17. 색술띠: 양쪽 두 끝에 색 술을 단 가느다란 띠. 허리띠나 주머니 끈 따위로 쓴다.
18. 창우(倡優) 하천(下賤): 광대나 천한 신분의 사람.
19. 사인교(四人轎): 앞뒤에 각각 두 사람씩 모두 네 사람이 메는 가마.
20. 구종(驅從): =말구종. 벼슬아치를 모시고 따라다니던 하인.
21. 별배(別陪): 예전에 벼슬아치 집에서 사사로이 부리던 하인.
22. 옹위(擁衛)하다. 둘러싸 호위하다.
23. 벽제(辟除)하다: 존귀한 사람이 행차할 때 다른 사람의 통행을 금하여 길을 치우다.
24. 기구는 장하거니와: 온갖 기구를 갖추어놓아 굉장하게 보이거니와.
25. 서임(敍任)하다: 관위를 주다. 관직을 임명하다.
26. 세교(世交): 대대로 맺어온 친분.
27. 착수(着手)하다: 어떤 일에 손을 대어 시작함. 일반적으로 범죄 실행의 개시를 뜻함.
28. 횡설수설(橫說竪說).
29. 사갈(蛇蝎): 뱀과 전갈을 아울러 이르는 말.
30. 시랑(豺狼): 승냥이와 이리를 아울러 이르는 말.
31. 추상(秋霜): 가을의 찬 서리.
32. 악형(惡刑): 흉악한 형벌.
33. 일루(一縷) 잔명(殘命): 한 가닥 실오리 같은 남은 목숨.
34. 보존(保存) 차로: 보존하기 위해.
35. 상평전(上平田) 하평전(下平田): 위 아래 밭.
36. 가장(家藏) 집물(什物): 집과 세간.
37. 방매(放賣)하다: 내어다 팔아버리다.
38. 기천냥(幾千兩) 기만냥(幾萬兩).
39. 부모(父母) 처자(妻子) 유리(流離) 개걸(丐乞): 모든 가족이 서로 흩어져 떠돌며 거지가 됨.
40. 원입(寃入) 골수(骨髓) 깊은 한(恨): 뼛속 깊이 사무친 원한.
41. 욕식기육(欲食其肉): 그 사람의 고기를 먹고 싶다는 뜻. 원한이 깊어서 그 원수를 갚고자 하는 마음이 간절함을 말함.

ᄒᆞ니 압졔[42]로 ᄆᆡᆫ든 졍치 어ᄃᆡ가 호소ᄒᆞ며 호소ᄒᆞᆫ들 쓸 ᄃᆡ 잇나 그런 고로 젹당[43]에도 투입ᄒᆞ고 의병이라 ᄌᆞ칭ᄒᆞ야 셩군[44] 작당[45] 횡ᄒᆡᆼᄒᆞ니[46] 셩쥬[47]에셔 근심ᄒᆞᄉᆞ 조칙[48]을 나리시고 효유 안무 ᄒᆞ라신들 간신이 만죠ᄒᆞ니 셩쥬의 깁흔 근심 더러ᄂᆡᆯ 자 누가 잇나 한심코 ᄋᆡ달을ᄉᆞ 기름지고 조흔 강토 ᄉᆞᆷ쳔리와 슌ᄒᆞ고 어진 ᄇᆡᆨ셩 이쳔만이 당당 대한 ᄌᆞ쥬ᄒᆞ야 독립국이 못될손가 간휼ᄒᆞᆫ 모모 ᄃᆡ관 져 ᄒᆞᆫ 몸의 영욕으로 외국인을 부동[49]ᄒᆞ야 토지ᄅᆞᆯ 허급ᄒᆞ며 인민을 구축ᄒᆞ니 강토ᄂᆞᆫ 쥴어가고 인민은 도ᄐᆞᆫ이라 인민를 모라다가 화젹당에 너허쥬고 국권을 ᄊᆡ아셔다 외국인을 맛겨가며 부귀ᄅᆞᆯ 도모ᄒᆞ니 인민이 업게 되면 나라이 엇지되며 나라이 업게 되면 부귀를 엇지ᄒᆞᆯ가 그런 ᄉᆡᆼ각 못ᄒᆞᄂᆞᆫ지 망국ᄃᆡ죄 ᄌᆞ취ᄒᆞᆫ니 가셕코 가통이라. 일셩장탄에 한숨쉬니 ᄯᅩ 한 사람 가로ᄃᆡ, 나라의 흥망셩쇠ᄂᆞᆫ 텬시와 국운이라 인력으로 ᄒᆞᆯ 바리오. 우리나라 지금 형편 사ᄅᆞᆷ으로 비유ᄒᆞ면 방병 ᄃᆡ종[50] 병이 들어 편작[51]이 란의로다 그 죄를 의론ᄒᆞ면 관민이 일반이라 정부ᄅᆞᆯ 조직ᄒᆞ야 시졍ᄀᆡ션 못ᄒᆞ기ᄂᆞᆫ 쥬무ᄃᆡ신[52] ᄎᆡᆨ임이오 샤회ᄅᆞᆯ 창립ᄒᆞ야 일심 단톄 못ᄒᆞ기ᄂᆞᆫ 인민의 ᄎᆡᆨ임인즉 왈시왈비[53] 말을 말고 곤히 든 ᄌᆞᆷ ᄊᆡ여 가며 ᄉᆡ 정신을 가다듬어 시왈부왈 강산풍월 그만 더져 발여뇨코[54] ᄀᆡ명국 신학문을 렬심으로 연구ᄒᆞ여 ᄂᆡ졍[55]을 발쎄ᄒᆞ면 외모[56]ᄅᆞᆯ 면ᄒᆞ리니(10. 31)

정부 대관 밋지 말고 사ᄅᆞᆷ마다 힘을 써셔 ᄃᆡ한뎨국 쳔만년에 반셕것치 굿게 ᄒᆞᆷ

42. 압제(壓制).
43. 적당(賊黨): 도적의 무리.
44. 성군(成群): 무리를 이룸.
45. 작당(作黨): 떼를 지음. 또는 무리를 이룸. ≒작계(作契).
46. 횡행(橫行)하다.
47. 성주(聖主): 성군(聖君) 임금.
48. 조칙(詔勅): 왕의 뜻을 일반에게 알리기 위해 적은 문서.
49. 부동(符同): 그른 일에 어울려 한통속이 됨.
50. 대종(大腫): 큰 종기.
51. 편작(扁鵲): 중국 전국시대의 명의. 장상군(長桑君)으로부터 의술을 배워 환자의 오장을 투시하는 경지에까지 이르렀다고 전한다. 편작과 같은 명의가 와도 고치기 어려운 중병에 걸렸다고 말하고 있음.
52. 주무대신(主務大臣): 일을 맡아보는 대신.
53. 왈시왈비(曰是曰非): 옳다 그르다 따지고 말함.
54. 벌려놓다.
55. 내정(內政).
56. 외모(外侮): 외국으로부터 받는 모욕.

은 인민의 ᄎᆡᆨ임이라 아모 타슬 말지어다 ᄯᅩ 한 사ᄅᆞᆷ 강ᄀᆡ[57]ᄒᆞᆫ 말을 변명ᄒᆞ여 가로ᄃᆡ, 나라 흥망은 쳔시와 국운에 잇다 ᄒᆞ니 지공무ᄉᆞ[58] 한아님이 쳔ᄒᆞ 만국 감찰ᄒᆞᄉᆞ ᄋᆡ증[59]이 업ᄉᆞ시니 어이 우리 ᄃᆡ한만 국운이 쇠ᄒᆡᆺ슬가 쳔시 국운 허언[60]이오 국가를 망ᄒᆞᆫ 죄ᄂᆞᆫ 관민이 일반이라 ᄒᆞ니 구미각국 널은 셰계 립헌정치 공화정치 슝상ᄒᆞᄂᆞᆫ 문명국은 ᄇᆡᆨ셩이 크다 ᄒᆞ되 우리나라 압졔 정치 ᄃᆡ소ᄉᆞ를 물론ᄒᆞ고 소위 정부 ᄃᆡ관 씨리 잘 되던지 못 되던지 마음ᄃᆡ로 시ᄒᆡᆼᄒᆞ야 ᄇᆡᆨ셩은 커니와 한 조정에 벼살ᄒᆞ고[61] 한 마을에 녹을 먹ᄂᆞᆫ 관리라도 작위가 낫게 되면 흉즁에 비록 장ᄌᆞ방[62] 졔갈량의 도략[63]이 잇서도 쓸ᄃᆡ 업서 한 마ᄃᆡ 뭇지 안고 한 마ᄃᆡ ᄒᆞ지 안아 무엇이 무엇인지 젼연이 모로거든 함을며 정권이 업ᄂᆞᆫ ᄇᆡᆨ셩이야 일너 무엇ᄒᆞ리(11. 1)

우리나라 미약ᄒᆞᆷ은 ᄃᆡ신이라 협판이라 하ᄂᆞᆫ 사ᄅᆞᆷ 슈단으로 만든 것시지 그 지ᄎᆞ[64] 국장이니 과쟝이니 하ᄂᆞᆫ ᄉᆞᄅᆞᆷ ᄃᆡ신 협판 입만 ᄡᅡ라 하ᄂᆞᆫ ᄃᆡ로 ᄒᆞᆯ ᄲᅮᆫ인즉 ᄌᆞ유언권 죠금 업고 ᄉᆞ환[65]니나 다름업셔 가련하기 측량업네 남의 나라 사ᄅᆞᆷ들은 ᄌᆞ긔 돈을 들여가며 문명 정치 발달코자 각국을 유람하야 지식을 ᄀᆡ도하고 우리나라 관인들른 려비를 쥬어가며 외국 졔도 시찰하라 파송[66]하면 아모 ᄉᆡᆼ각 도시[67] 업고 갓다 왓다 하ᄂᆞᆫ 것이 직책으로 아ᄂᆞᆫ 모양 가소하고 통탄토다 그런 것들른 일즉 쥭지도 아니하뎨. ᄯᅩ 한 사람 가로ᄃᆡ, 여보시오 글란[68] 지각업ᄂᆞᆫ 말 마시오 그 사람들이 쥭게 되면 어ᄃᆡ로 갈 듯하오 필연 ᄯᅡᆼ속으로 갈 터이지 ᄯᅡᆼ속은 디부[69]라 하고 디부ᄂᆞᆫ 뎜나국이라 하니 그런 간셰ᄇᆡ[70]를 달려가면 ᄃᆡ한국은 ᄒᆡᆼ복이ᄅᆞ 허려니와 뎜나국은

---

57. 강개(慷慨): 의롭지 못한 것을 보고 의기가 북받쳐 원통하고 슬픔.
58. 지공무사(至公無私): 지극히 공정하여 사사로움이 없음.
59. 애증(愛憎): 사랑함과 미워함.
60. 천시(天時) 국운(國運) 허언(虛言): 천시니 국운이니 하는 말이 모두 헛소리임.
61. 벼슬하고.
62. 장자방(張子房): 중국 전한시대의 공신으로 유방(劉邦)을 도와 한나라를 세움. '장양(張良)'의 성과 호를 함께 이르는 말.
63. 도략(韜略): 육도삼략(六韜三略) 여러 가지 계책.
64. 지차(之次): 그 다음 아래.
65. 사환(使喚): 심부름꾼.
66. 파송(派送).
67. 도시: 도무지.
68. 그런.
69. 지부(地府): 저승.
70. 간세배(奸細輩): 간사한 짓을 하는 나쁜 사람의 무리.

우리 모양 될 터인즉 달여갈 리 만무허지 렴ᄅᆞ국 정부 사람들리 우리나ᄅᆞ 뎡부 사람의 식견으로 아지 마오 그러면 그 사람들은 장싱불ᄉᆞ[71]허게 ᄎᆞᆷ 긔막히고 통곡ᄒᆞᆯ 일이로다 허며 일장 담화가 모다 시국이 잘못되여 가믈 한탄허ᄂᆞᆫ 말이더라(11.7)

『대한매일신보』(1905. 10. 29-1905. 11. 7)

71. 장생불사(長生不死).

쇼경과 안즘방이 문답

일젼에 엇더ᄒᆞᆫ 소경 한 아이 막ᄃᆡ를 뚜덕거리고 모쳐 망건 가게 압흐로 지나가ᄂᆞᆫᄃᆡ 그곳에셔 망건 일 ᄒᆞᄂᆞᆫ 안즘방이가 그 소경을 불너 갈오ᄃᆡ 여보게 그동안 엇지허여 오ᄅᆡ 맛나지 못허엿나 소경이 ᄃᆡ답허되 ᄌᆞ연 그렁케 되엇네마ᄂᆞᆫ 그동안 슐이나 잘 먹엇나 여보게 아모 말 말게 말허면 긔가 막히네 슐을 먹기컨니와 슐 먹ᄂᆞᆫ 사ᄅᆞᆷ의 입도 구경치 못허네 젼일에ᄂᆞᆫ 가로상에 슐 먹고 쥬정허는 쟈도 만터니 근일에는 별노 업어 볼 슈 없데 아마 후쥬 죄인[1]으로 잡혀 갈가 두려ᄒᆞᆷ인지 아니 돈이 극귀허여[2] 그렁치 신화[3] 한푼 엇어[4] 보기ᄂᆞᆫ 하눌에 별 ᄶᅡ기오 구화[5]죠차 구경ᄒᆞᆯ 슈 업스니 어는 결을에 슐 먹을 슈 잇스며 먹은들 취ᄒᆞᆯ 슈 잇겟나 그젼에ᄂᆞᆫ ᄂᆡ가 문슈 소ᄅᆡ[6]를 질으고 도라다니면 이 집 져 집에셔 불너들려 하로 못 버러도 ᄉᆞᆷᄉᆞ십 량이더니 근일에ᄂᆞᆫ 다리에 가ᄅᆡ토시가 셔도록 다여도[7] ᄉᆞᆷᄉᆞ 푼을 구경치 못허니 ᄎᆞᆷ 살 슈 업셔 자네는 그러치 나도 이왕에ᄂᆞᆫ 망건 이ᄉᆞᆷ ᄀᆡ만 맛허도 ᄆᆡ일 ᄉᆞ오십 량 오륙십 량을 버러 고기도 ᄉᆞ 먹고 슐도 먹엇더니 근일 당허여는 돈도 귀ᄒᆞᆯ ᄲᅮᆫ 아니라 머리 ᄶᅡᆨᄂᆞᆫ ᄉᆞᄅᆞᆷ 만어셔 졔각금 망건을 파라먹으려 드ᄂᆞᆫ ᄶᅡ닭에 ᄉᆡᆼᄋᆡ[8] 업셔 쥭겟네 그 말 말게

1. 후주죄인(酗酒罪人): 여기서는 술주정뱅이를 가리키는 것으로 보임.
2. 극귀(極貴)하다: 매우 귀하다.
3. 신화(新貨).
4. 얻어.
5. 구화(舊貨).
6. 문수 소리: 원래 문수(問數)란 점쟁이에게 점을 치게 하여 길흉을 알아보는 일을 가리킴. 여기서는 점쟁이의 호객행위.
7. 가래톳이 서도록 다녀도: 가래토시는 가래톳으로 허벅다리와 불두덩 사이의 림프샘이 부어 생긴 멍울. 멍울이 생길 만큼 많이 돌아다녔다는 의미.
8. 생애란 생계(生計)와 같은 뜻, 즉 살아갈 방도.

ᄌᆞ네나 나는 고만두고 우리보담 십십 ᄇᆡ 잘 벌고 잘 쓰던 ᄃᆡ상고[9]들도 젼문을 닷친다 도망을 ᄒᆞᆫ다 허니 돈은 ᄎᆞᆷ 귀ᄒᆞᆫ가 보데(11.17)

그려치만 아모것도 아니 ᄒᆞ고 젼복[10]이나 입고 뒤짐이나 지고 남북촌 ᄌᆡ상의 집으로만 도라다이ᄂᆞᆫ 사ᄅᆞᆷ들은 무엇을 먹고 ᄉᆞ는지 우리 갓하야셔ᄂᆞᆫ 돈 없스면 ᄉᆞᆨ 죽을네 이 사ᄅᆞᆷ 그런 괘ᄉᆞ[11]의 말 허지 말소 그 ᄉᆞᄅᆞᆷ들이 공연이 단이ᄂᆞᆫ 쥴 아나 모다 곡졀이 잇셔 단인다네 그러면 협잡속이지 협잡도 한두 가지오 하로 잇흘이지 일년 ᄉᆞᆷᄇᆡᆨ 륙십 일에 날구장쳔[12] 무슨 협잡이 그리 만탄 말인가 필연 것흔 번번허나 속은 셩ᄋᆡ[13]가 버셕버셕ᄒᆞᆯ 터인즉 대문에 나올 ᄯᆡ에 트림허고 가ᄅᆡ침 곤도올니ᄂᆞᆫ 거슨 속담에 이른바 ᄂᆡᆼ슈 마시고 ᄂᆡ 슈시ᄂᆞᆫ 모양[14]이지 안일셰 그런 협잡질 허라 단이ᄂᆞᆫ 사ᄅᆞᆷ들은 ᄇᆡ포와 경륜이 ᄡᅡ로 잇셔 어ᄃᆡ던지 가면 남의 비위를 잘 맛초와 입을 열면 소진이 구변[15]이오 쐬를 ᄂᆡ면 진평이 묘계가 잇ᄂᆞᆫ 듯ᄒᆞ야 ᄀᆡ인편ᄌᆡ[16] 일등이오 쥬사 참봉 시긴다고 귀쳔량 ᄀᆡ만량을 ᄲᅦ앗ᄂᆞᆫ 날은 도독놈에 계집 갓치 먹셩 죠케 잘 먹으며 죠ᄌᆞ룡이 ᄒᆡᆫ창 쓰듯[17] 보기죠케 잘 쓰고 지ᄂᆞᆫ다네 그런게야 근일에 마쥬ᄉᆞ 젼참봉도 그런 협잡ᄇᆡ에 슈단으로 된 것이지 이 ᄉᆞᄅᆞᆷ 시럽슨 말 작작 허게 속담에 상말노 ᄀᆡ가 돈이 만으면 멍쳠지라 ᄒᆞᆫ다는 말은 혹 잇지마는 마쥬ᄉᆞ 젼참봉 이른 말은 금시초문일세(11.18)

자ᄂᆡ는 공연이 남다려 시럽다 허지 말게 ᄌᆞᄂᆡ는 눈이 멀어 보지는 못ᄒᆞᆫ다 ᄒᆞ거니와 소문죠ᄎᆞ 못 들엇단 말인가 자ᄂᆡ 말ᄒᆞᆫ 바 멍쳠지ᄂᆞᆫ 김ᄉᆡᆼ의 멍쳠지[18]오 나의 말ᄒᆞᆫ 바 마쥬ᄉᆞ 젼참봉은 사ᄅᆞᆷ의 마쥬ᄉᆞ 젼참봉이라 일젼 관보에 게ᄌᆡ되엿다네 이 사ᄅᆞᆷ 자네는 다리가 병신이라 허되 돌아단이면셔 소문은 ᄉᆡᆯ니 듯네 가위 시골 안즌방

9. 대상고(大商賈): 큰 상인.
10. 전복: 관원의 웃옷.
11. 괘사: 우습고 괴상한 말이나 행동.
12. 일구장천: 주야장천(晝夜長川). 쉬지 않고 늘.
13. 성에.
14. 냉수 마시고 이 쑤시는 모양: 실속은 없으면서 겉으로는 있는 체하는 것을 조롱하는 말.
15. 소진(蘇秦)은 중국 전국시대의 세객(說客)으로 말솜씨가 아주 뛰어났다고 함(史記列傳 第九 蘇秦 참조).
16. 기인편재(欺人騙財): 남을 속여 재물을 빼앗는 행위.
17. 조자룡이 긴 창 쓰듯: 조자룡은 삼국시대 촉한의 장군으로 창솜씨가 아주 뛰어났다고 함.
18. 김생의 멍첨지: 짐승의 멍첨지. 여기서는 개를 말함.

이가 셔울 죠졍 공론ᄒᆞᆫ다[19]는 말이 자ᄂᆡ게 ᄭᅩᆨ 맛쳣고 ᄎᆞᆷ 이상ᄒᆞᆫ 일 셰상에 만아 지금 갓치 젼황[20]ᄒᆞᆫ ᄯᆡ에도 군슈 쥬본[21]이 된다 허며 ᄉᆞ면에 돈 ᄅᆡ왕허는 소ᄅᆡ에 귀가 압흐니 이럿케 귀ᄒᆞᆫ 돈을 일이 량도 아니오 멧만 량 멧쳔 원을 돌녀ᄂᆡᄂᆞᆫ 것 보면 ᄎᆞᆷ 돈이 졔갈량이라 허되 그 ᄉᆞ롬들도 제갈량이지 그러나 져러나 큰일 낫셔 관찰 군슈를 죠졍에셔 것흐로ᄂᆞᆫ ᄐᆡᆨ차[22]ᄒᆞ야 보ᄂᆞᆫ다고 허여도 그 ᄉᆞ롬이 그 ᄉᆞ롬 갓흐여 이젼에ᄂᆞᆫ ᄇᆡᆨ셩들이 선졍불망비[23]를 셰우더니 지금은 악졍불망비가 셔게 되얏슨즉 사람마다 불망비 한아식은 다 언을 모양이지 참 근ᄅᆡ는 관찰 군슈의 불망비ᄂᆞᆫ 거리거리 만히 셧데 선치를 허여도 비를 셰고 불치를 허여도 비를 셰며 선졍을 ᄒᆞᆫ 자도 원류[24] 악졍을 ᄒᆞᆫ 자도 원류 허니 그 셈판[25]은 참 알 슈 업셔 그 무엇이 알 슈 업나 선졍을 허던지 악졍을 허던지 ᄇᆡᆨ셩들이 잇지 못ᄒᆞᆯ 일은 한 가진즉 이럿턴 져럿턴 불망비ᄂᆞᆫ 일반이오 불치를 허던지 선치를 허던지 원류ᄒᆞᆷ은 이 사람이나 져 사람이나 일반인즉 무근[26] 사람의게ᄂᆞᆫ 이왕 만히 먹혀슨즉 다시 더 먹힐 것 업거니와 ᄉᆡ로 ᄉᆡ 사람 오게 되면 ᄯᅩ 먹으려고 혀를 둘너 가진 악쳐 다 ᄒᆞᆯ 터이니 돈 멧쳔 량 ᄲᆡ앗기라면 쥭을 고ᄉᆡᆼ 다 ᄒᆞᆫ다네 불치허는 쟈의 월류ᄂᆞᆫ ᄉᆡ로 오는 자를 두려ᄒᆞᆷ이오 선치허는 ᄌᆞ의 월류ᄂᆞᆫ 참 ᄋᆡ셕허여 ᄒᆞᆷ인즉 이ᄅᆡ도 월류 져ᄅᆡ도 월류ᄂᆞᆫ 일반이지 무어시 알 슈 업셔(11. 19)

벼슬인지 쳥을친지[27] 허게 되면 공명도 공명이거니와 첫ᄌᆡᄂᆞᆫ 츙군 ᄋᆡ국이오 둘ᄌᆡᄂᆞᆫ 위부모보쳐ᄌᆞᄒᆞᆯ[28] 경륜인ᄃᆡ 돈을 들이고 ᄒᆞ게 드면 벼슬을 ᄉᆞ는 것이라 그 벼슬 ᄉᆞ가지고 들인 돈 ᄲᆡ이려 ᄒᆞ면 박탈민ᄌᆡ[29] 아니코는 ᄒᆞᆯ 슈 업스리니 ᄇᆡᆨ셩은 나라

---

19. 시골 앉은뱅이가 서울 조정공론(朝廷公論)한다: 잘 모르면서 허황한 공론을 일삼으며 허세를 부리는 것을 비꼬는 말.
20. 전황(錢荒): 1905년 일본인 재정 고문 메가다의 주도로 이루어진 화폐개혁으로 발생한 금융공황. 토착자본이 몰락하는 계기가 됨.
21. 주본(奏本): 임금에게 올리는 문서.
22. 택차(擇差): 인재를 골라 벼슬을 시킴.
23. 선정불망비(善政不忘碑): 어진 정치를 한 관리의 행적을 기리기 위해 세운 비석.
24. 원류(願留): 백성이 갈려가는 벼슬아치의 유임을 상부에 청원하던 일.
25. 사실의 원인이나 이유.
26. 묵은.
27. 청올치인지: '청올치'는 칡넝쿨의 겉껍질을 벗겨낸 속껍질을 말함.
28. 위부모보처자(爲父母保妻子)할: 부모를 위하고 아내와 자식을 돌봄.
29. 박탈민재(剝奪民財): 백성의 재산을 힘으로 빼앗는 것.

의 근본이라 근본을 ᄒᆞᆫ들면 나라이 위틱ᄒᆞᆫ즉 두국병민[30] 역적이오 만구일담[31] 칭원 소ᄅᆡ[32] ᄉᆞ랏셔도 쥭은 모양이니 ᄉᆞᄅᆞᆷ은 못할 바라 그런 말 허고 보면 가위 불가ᄉᆞ문어타인[33]일셰 그런지 져런지 관찰 군슈 노릇도 졈졈 ᄌᆞ미 없나 보데 탐학으로 늘근 슈단 ᄒᆞ고 십지마는 ᄉᆞ면에 걸니ᄂᆞᆫ 일 만하 못하나 보데 그즁에도 죠금 낫다 ᄒᆞ는 쟈도 잇지마는 언필칭 디방 관리 탐학을 ᄒᆞᆫ다 ᄒᆞ니 가위 일불이 ᄉᆞᆯ륙통[34]일네 디방관더러만 잘못을 ᄒᆞᆫ다 ᄒᆞᆯ 것 아니지 대관졀 정부 ᄃᆡ신네들이 돈을 밧고 파라먹는 ᄯᆞ닭인즉 정부 ᄃᆡ신이 식키ᄂᆞᆫ 것 아닌가 가위 상탁하부정[35]일셰 관출이니 군슈이니 디방에 보ᄂᆡ기ᄂᆞᆫ 쳣ᄌᆡᄂᆞᆫ 치민이오 둘재ᄂᆞᆫ 모세[36]인데 지금은 엇더케 된 셈판인지 ᄇᆡᆨ셩을 두다려가며 돈 ᄲᅢ셔 먹ᄂᆞᆫ 거시 치민으로 아니 다ᄉᆞ릴 치ᄌᆞ는 두다릴 치ᄌᆞ로 알고 셰탈[37]을 독봉[38]ᄒᆞ야 국고에ᄂᆞᆫ 상랍[39]지 안코 ᄌᆞ긔네 ᄇᆡᆨ속에 너허벌이니 봉셰라ᄂᆞᆫ 봉ᄌᆞᄂᆞᆫ 숨킬 봉ᄌᆞ로 아ᄂᆞᆫ 모양이니 당초에 글ᄌᆞ를 잘못 ᄇᆡ운 타신지(11.21)

안일셰 어려서부터 보고 들은 가정지학[40]이지 속담에 이른바 식오ᄂᆞᆫ ᄃᆡᄃᆡ 곱ᄉᆞ등이오[41] 콩 심은 데 콩 나고 팟 심은 데 팟 난다 ᄒᆞᆫ이 그와 가치 청ᄇᆡᆨᄒᆞᆫ 집안에셔 청ᄇᆡᆨᄒᆞᆫ ᄌᆞ손이 나고 탐학허든 집에셔 탐학ᄒᆞᄂᆞᆫ ᄌᆞ손이 잇나니 그런고로 효ᄌᆞ문에셔 츙신이 난다 ᄒᆞᆷ이라 엇지 글ᄌᆞ를 잘못 ᄇᆡ왓다 ᄒᆞ리오 그도 그러치마는 가정지학이라ᄂᆞᆫ 말은 용혹무괴[42]ᄒᆞᆫ 말이나 ᄃᆡᄃᆡ 곱ᄉᆞ등이라ᄂᆞᆫ 말은 과격의 말일셰 ᄌᆞ네ᄂᆞᆫ ᄌᆞ식을 나으면 안즘방이 나코 나ᄂᆞᆫ 눈먼 놈 나킷나 모다 져 되게 잇지 그리게 말일셰 사ᄅᆞᆷ은 교육ᄒᆞ기에 잇ᄂᆞ니 교육을 잘못ᄒᆞ면 부랑ᄑᆡ류[43] 되고 교육을 잘ᄒᆞ면 현

---

30. 두국병민(蠹國病民): 나라와 국민에게 해독을 끼침.
31. 만구일담(萬口一談): 여러 사람의 의견이 똑같음.
32. 칭원 소리: 원망하는 소리.
33. 불가사문어타인(不可事問於他人): 다른 사람에게 문의하는 일(여기서는 의뢰하는 일)을 일삼는 것은 불가하다. 즉 다른 사람에게 청탁하는 것이 온당치 못함을 이른 말.
34. 일불(一不)이 살육통(殺六通): 한 사람의 잘못으로 다른 모든 사람이 벌을 받는 것.
35. 상탁하부정(上濁下不淨): 윗물이 맑아야 아랫물도 맑다라는 속담과 유사한 의미.
36. 모세(募稅): 세금 거두어 들이는 일.
37. 세탈(稅奪).
38. 독봉(督捧): 세납을 독촉하여 거두어 들임.
39. 상납(上納).
40. 가정지학(家庭之學): 집에서 배움.
41. 새우는 대대로 곱사등이오.
42. 용혹무괴(容或無怪): 혹 그럴 수도 있으므로 괴이할 것이 없음.
43. 부랑패류(浮浪悖類): 여기저기 떠돌며 못된 짓을 하는 무리.

인군ᄌᆞ[44] 될지라 그 교육의 관계가 엇더타 ᄒᆞ갯ᄂᆞᆫ가 이 사ᄅᆞᆷ 교육인지 무엇인지 ᄶᆞ른 ᄒᆡ 길게 보뇌고 입에셔 바람 들이며 쓸ᄃᆡ업ᄂᆞᆫ 말 그만두고 돈이나 잇거든 슐이나 한 잔 먹세 여보게 이 사ᄅᆞᆷ 자ᄂᆡ커니와 오비가 ᄉᆞᆷ척[45]일셰 그 젼에ᄂᆞᆫ 아모리 구ᄎᆞᆨ하여도 쥬먼이에 돈량 써난 날이 없더니 지금은 ᄆᆡ복[46] 한 자리 못ᄒᆞ고 치셩[47] 한 자리 못 맛하 촘 돈 귀ᄒᆞ야 못살겟네(11.22)

이 ᄉᆞᄅᆞᆷ ᄊᆞᆫ 소ᄅᆡ 말게 지금 판셰를 감아니 보면 ᄀᆡ화니 문명이니 ᄒᆞᆫ다고 머리는 잘덜 깍나 보데마는 속에는 젼판 완고[48]의 구습이 가득허여 것흐로는 엇지 ᄀᆡ명진취[49]의 뜻이 잇는 듯허나 실상은 잠을 ᄭᆡ지 못허여 길에 단이는 자들이 말쟝[50] 코를 골고 단이니 비유컨ᄃᆡ 고목 남기 것흔 셩허나[51] 속은 좀이 먹어 들어가는 모양이라 잠 것ᄀᆡ화[52]라 ᄒᆞᆯ 만허여 ᄂᆡ 망건 ᄉᆡᆼᄋᆡ만 죠잔허여[53] 갈 샌이오 죠금 별슈ᄂᆞᆫ 업슬 터이되 자ᄂᆡ 복술에는 관계치 아니허리 남 화나는 말 허지 말게 ᄌᆞᄂᆡ는 듯지도 못허엿나 지금 경무청에셔 무당과 판슈를 엄금ᄒᆞᆫ다네 그 무당은 ᄉᆞ지ᄇᆡᆼᄒᆡ[54]가 멸졍허여 아무려도 관계치 안커니와 우리는 눈갈머른[55] 소경놈은 아모것도 ᄒᆞᆯ 슈 업고 다만 ᄇᆡ운 바 경 일고 졈 치는 슈밧게 없스니 ᄂᆡ가 ᄂᆡ ᄉᆡᆼ각허여도 ᄯᆨ 쥭엇지 다른 계칙 업슬네 여보게 아모리 금ᄒᆞᆫ다 허되 쇠 고루 잘덜만 허나 보데 사ᄅᆞᆷ마다 잠을 ᄭᆡ여 졍신이 잇게 드면 경무청에셔 아모리 경 일고 굿 허라고 권허여도 안이 ᄒᆞᆯ 터이지마는 지금 혼몽 즁에 잇는 사ᄅᆞᆷ들이야 아모리 금허기로서니 될 말인가 나야 들은 말이지마는 ᄌᆞ네 ᄇᆡ운 ᄉᆡᆼᄋᆡ[56]는 업셔져야 나라이 흥왕ᄒᆞᆯ 터일셰 이 ᄉᆞ람 남의 말은

44. 현인군자(賢人君子).
45. 내 코가 삼척(또는 석자).
46. 매복(賣卜): 돈 받고 점쳐주는 일.
47. 치성(致誠): 신 또는 부처에게 정성을 들이는 일.
48. 전(全)판 완고(頑固): 남김없이 모조리 완강하고 고루함.
49. 개명진취.
50. 말짱.
51. 고목나무 겉은 성하나.
52. 겉개화: 겉만 번지르하게 개화한다고 함.
53. 조잔(凋殘)하여 갈: 빼빼 말라 쇠약해져 갈. 여기서는 보잘것없고 하찮은 것으로 변해감을 이름.
54. 사지백해(四肢百骸): 사지란 두 팔과 두 다리, 백해란 온몸의 뼈를 말함. 여기서는 온몸을 가리킴.
55. 눈알 먼.
56. 생애: 여기서는 생업을 뜻함.

시근 죽 먹기 갓치 잘 허네 그러케 ᄒᆞᆯ 말이면 ᄌᆞᄂᆡ ᄇᆡ운 ᄉᆡᆼᄋᆡ는 무어시 유죠ᄒᆞᆫ가 나의 ᄇᆡ운 바 경문과 복슐은 빈말이라도 축ᄉᆞ나 허고 길흉이나 판단ᄒᆞᆫ다 허지마는 그 망건 갓ᄒᆞᆫ 것 무엇허나(11.23)

안일세 망건이라 허는 것은 례의지국[57]의 관으로셔 션왕의 고풍이니 일죠에 업지 못ᄒᆞᆯ 것이지 싹한 말 만이 허네 ᄌᆞᄂᆡ 앗가 허던 말은 엇지 ᄀᆡ명에 의취[58]가 잇는 듯허더니 지금 말은 우부에 말일세 참 단지기일이오 미지기이[59]로다 그 망건의 폐단을 대강 이르리라 ᄉᆞ룸의 머리ᄂᆞᆫ 가히 정신 든 쥬먼이라 ᄒᆞᆯ 터인데 그 정신 쥬먼이를 잔득 졸나ᄆᆡ여 혈ᄆᆡᆨ이 ᄌᆞ유 활동을 모허게 허니 정신에 유ᄒᆡ무익이오 아모리 밧분 일이 잇는 쟈라도 망건을 쓰ᄌᆞ 허면 멧 시간을 허비허니 ᄉᆞ업에 유ᄒᆡ무익이오 ᄉᆞ치허는 자는 고ᄒᆞᆫ 인모[60]라 곱슐[61]이라 허는 것으로 만드러 쓰고 보면 그 망건의 체격 맛쳐 갓과 의복이며 탕건ᄭᆞ지 곱게 허니 경졔상에 유ᄒᆡ무익이오 간란ᄒᆞᆫ 자는 구멍이 뚜러진 것을 깁지도 못허되 아니 쓸 슈 업셔 쓰고 보면 츄루[62]ᄂᆞᆫ 막심허여 속담에 일은 바 망건이 ᄒᆡ여지면 셕슝[63]이라도 간난허여 보인다 ᄒᆞ니 외모에도 유ᄒᆡ무익이라 그 허다 폐단을 엇지 다 말허리오 마는 이젹에 명ᄐᆡ죠[64]가 망건을 ᄂᆡ여 우리나라 ᄉᆞ룸들을 쓰일 ᄊᆡ에 사룸의 머리에 김ᄉᆡᆼ의 털을 붓치란다고 한ᄉᆞ고 피허다가[65] 긔혀이 쓰엿는ᄃᆡ 기후 멧ᄇᆡᆨ 년 후에 사룸의게 ᄒᆡ롭다고 버스라 ᄒᆞᆫ즉 쏘 벗기 실타고 ᄒᆞ엿단 말 듯지 못ᄒᆞ엿나 도시 사룸이 습관이지 무숨 션왕의 제도를 존즁이라 그런턴가 그런 언ᄶᆞ는[66] 것 션왕의 고풍이라 칭탁[67]지 말고 어진 정치와 아름다운 규모를 좀 션왕의 유풍이라고 슝상ᄒᆞ엿스면 부국ᄀᆡ명[68]되련마는(11.24)

---

57. 예의지국(禮儀之國).
58. 의취(意趣): 뜻. 취지.
59. 단지기일(但知其一)이오 미지기이(未知其二): 하나만 알고 둘은 모른다라는 뜻.
60. 인모(人毛): 사람의 머리털.
61. 곱솔: 곱소리. 코끼리의 꼬리털로 가늘고 부드러워서 망건이나 갓을 만들 때 씀.
62. 추루(醜陋): 지저분하고 더러움.
63. 석숭(石崇): 중국 진나라 때의 부자로서 엄청난 돈을 벌어 호화롭게 살았다고 함. 부자를 비유하는 말로 쓰임.
64. 명(明)나라의 태조.
65. 한사코 피하다가.
66. 언짢다.
67. 칭탁(稱託): 어떠하다고 핑계를 대는 것.
68. 부국개명.

여보게 그러면 ᄌᆞᄂᆡ ᄉᆡᆼ이나 ᄂᆡ ᄉᆡᆼ이 사ᄅᆞᆷ의게 유히 무익되기는 피ᄎᆞ 일반인즉 슉시슉비[69]그만두고 나라에 유익ᄒᆞ고 인민에게 유조ᄒᆞᆫ 것 좀 허여 보셰 무슴 회ᄉᆞ 갓흔 것 한아 죠직허여 ᄂᆡ 나라 물건으로 외국돈 ᄡᅢ셔 오며 상업을 발달허여 돈을 만히 버러쓰면 나라에 원랍ᄒᆞ야[70] 국용을 보ᄐᆡ가며 학교를 셜시[71]허여 인민을 교육ᄒᆞ며 던장[72]을 작만허여 부모를 봉양허며 가옥을 널게 지어 처ᄌᆞ들 양육허면 장부에 힝사가 쾌활치 못ᄒᆞᆯ숀가 이 사ᄅᆞᆷ 돈은 벌기 젼에 ᄒᆞᆯ 것은 만히 잇네 가위 노루 잡지 안코 골모감 먼져 마련ᄒᆞᆫ다[73]는 말과 갓도다 무슨 ᄌᆡ력으로 회사 셜시허고 무슨 근력으로 외국 돈 ᄲᅢ이셔 오나 쳔하만ᄉᆞ가 도시 돈 잇슨 연후ᄭᆞ지 아모리 ᄉᆡᆼ각만 잇슨들 우리 쥬변으로는 ᄒᆞᆯ 슈 업네 그러면 그것도 못허면 굴머 쥭엇지 별슈 잇나 참 무젼천지에 소영웅[74]이란 말이 올토다 쟝사를 허ᄌᆞ 허니 돈이 업셔 못허고 모군을 스ᄌᆞ 허니[75] 다리가 절어 못허고 훈학을 허ᄌᆞ ᄒᆞ니 학문이 업셔 못ᄒᆞ니 무엇을 ᄒᆞᆫ단 말인가 ᄯᅳᆺ이 잇스나 소용이 없스니 한갓 ᄋᆡ달을 ᄲᅮᆫ이로세 우리ᄂᆞᆫ 다 틀엿네 우리 ᄌᆞ식들이나 잘 길너 그 덕이나 볼 슈밧게 업지(11.25)

정신 서푼어치 업ᄂᆞᆫ 말 ᄯᅩ 허네 그 ᄌᆞ식도 기르랴면 먹이고 입혀야 허고 덕을 보랴 하면 잘 교육을 ᄒᆞ야 셩도[76]를 시켜 노코야 ᄒᆞᆯ 말이지 당장 쥭을 지경인데 무엇으로 양육허나 공ᄌᆞᆨ이라 납거미 먹고 살가[77] 그ᄅᆡ도 천불ᄉᆡᆼ무록지인[78]이라 허니 엇더케던지 먹고 ᄉᆞᆯ 터이오 메밀도 셰모에셔 굴너가다 스는 모가 잇다[79] 허니 ᄆᆡ양 그러ᄒᆞᆯ가 밋기는 ᄆᆡ오 잘 밋네 ᄌᆞᄂᆡ 경문이니 복슐이니 ᄇᆡ와 가지고 도라단이며 남을 소기던 힝습으로 ᄌᆞᄂᆡ 마음ᄶᅡ지 소기나 보네 남을 잘 속이는 놈은 져ᄶᅡ지 잘 속는

69. 숙시숙비(孰是孰非): 누가 옳고 그른가 분명치 아니함.
70. 원납(願納)하다: 자진하여 재물을 바치다.
71. 설시(設始): 처음으로 시작함.
72. 전장(田莊): 소유하는 논밭.
73. 노루 잡지 않고 골무감 먼저 마련한다: 무슨 일이 이루어지기도 전에 그 뒤의 결과와 공을 자랑한다는 뜻. 골무를 만들려면 노루 가죽이 필요함.
74. 무전천지(無錢天地)에 소영웅(小英雄): 돈이 없고 배가 고프면 체면이 없고 먹고사는 문제에 용감해진다는 의미.
75. 모군을 스자허니: 품팔이꾼으로 나서자 하니.
76. 성도(成道): 도를 닦아 진리를 터득함.
77. "공작이면 납거미라도 먹고 살지"의 반어적 표현.
78. 천불생무록지인(天不生無祿之人): 하늘이 사람을 낳을 때 녹 없이 낳지 않는다. 자기 먹을 것은 타고난다라는 뜻.
79. 메밀도 세 모라서 굴러가다 서는 모가 있다.

다더니 ᄌᆞ내 두고 일은 말이로라 남의 길흉화복 판단치 말고 ᄌᆞ내 길흉 좀 무러보게 기막혀 말 한 마ᄃᆡ ᄒᆞᆯ 슈 업곤 속담에 무당이 졔 굿 못ᄒᆞᆫ다는 말 잇지 안은가 졔 졈은 못한다네 그러면 지금 시국에 이러케 젼황허여 사ᄅᆞᆷ마다 쥭을 지경이니 그 돈이 언졔나 유통이 되깃나 졈 한 괘 쳐셔 보게 안일셰 졈도 리치로 마련ᄒᆞᆫ 것이오 셰상만ᄉᆞ가 모다 리치 밧게 일은 업는지라 그 돈 류동되기를 ᄉᆡᆼ각ᄒᆞ면 졔각금 눈을 부릅ᄯᅳ고 업던 졍신 ᄊᆡ여가며 무슨 ᄉᆞ업이던지 ᄒᆞ야 내 돈 남도 쥬고 남의 돈 나도 ᄊᆡ셔 여긔져긔 힝화허면 ᄌᆞ연 융통되지 아모 것도 아니 허고 돈 융통되기만 바라면 누가 거져 갓다 쥴 터인가 속담에 말로 붓두막에 소금도 집어 노와야 짜다 ᄒᆞ는 셰음으로 무엇이던지 돈 ᄉᆡᆼ길 일을 허고 돈을 바라지 것물노(11.26)

그러치만 무슨 ᄉᆞ업을 ᄒᆞ랴 ᄒᆡ도 돈 구경을 ᄒᆡ야 ᄒᆞ지 돈 업시 졍신만 ᄎᆞ리고 눈만 부릅ᄯᅳ면 ᄉᆞ업이 될 터인가 이 셰종로 판에 장ᄉᆞ하던 ᄉᆞ람도 못혀는 것 보게 그 ᄉᆞᄅᆞᆷ들은 눈갈 감고 졍신 업셔 누구게 도젹마져 그러ᄒᆞᆫ가 도시 신구화 교환에 힝용허던 구화는 한곳으로 몰녀 들어가고 신화는 나오지 아니허는 ᄯᆡ문에 슈가 막혀 그러ᄒᆞᆯ 것이지 그는 그러치 물귀즉천이오 물쳔즉귀라[80] ᄒᆞ니 돈도 하 너무 쳔ᄒᆞ엿스니 좀 귀ᄒᆞ여야 유의유식[81] 건달ᄑᆡ류[82] 잠을 ᄭᆡ여 돈 귀ᄒᆞᆫ 쥴도 알고 엇더케 허면 돈 벌 일도 ᄉᆡᆼ각ᄒᆞᆯ 터이니 우리도 아모리 곤란허나 한ᄒᆞᆯ 것 업시 ᄂᆡ 손으로 ᄂᆡ 옷 씨즌 쥴노 알 것이오 온 셰상에 잠든 사ᄅᆞᆷ ᄭᆡ라는 일노 알 ᄲᆞᆫ이라 슈원슈구[83] 한을 마소 여보게 참 가로에 안져스면 기막힌 소ᄅᆡ 만이 듯깃네 일젼에 어느 외국사ᄅᆞᆷ들이 니나가며 말혀는ᄃᆡ 한국사ᄅᆞᆷ들은 위협과 압졔로 ᄌᆞ란 ᄉᆞᄅᆞᆷ인고로 우리네게도 의례이 압졔 밧을 쥴노 아는 터인즉 우리도 그 ᄉᆞᄅᆞᆷ들의게 위협과 압졔를 아니 허고 보면 아모 일도 아니 되고 심지어 모군[84] 한아 어더 부릴 슈 없슬 터이라(11.28)

그런고로 앗가 아모ᄃᆡ셔 아모가 한국ᄉᆞᄅᆞᆷ의게 짐을 지워가지고 와셔 그 삭젼을 ᄂᆡ 마음ᄃᆡ로 쥰즉 그 삭군이 돈이 젹다고 ᄒᆞ지 안턴가 그리허여도 그 ᄉᆞᄅᆞᆷ이 눈을

80. 물귀즉천(物貴卽賤)이오 물천즉귀(物賤卽貴)라: 사물은 귀한즉 천한 것이고 천한즉 귀한 것이라. 귀했다가도 천해지기도 하고 천했다가도 귀해지기도 한다는 의미.
81. 유의유식(遊衣遊食): 하는 일 없이 놀기만 하며 옷 입고 밥을 먹음.
82. 건달패류(乾達牌類): 난봉꾼의 무리.
83. 수원수구(誰怨誰咎): 누구를 원망하며 누구를 탓하랴.
84. 모군(募軍): 일터에서 품삯을 받고 일하는 사람.

부릅ᄯᅳ고 ᄲᅡᆷ을 ᄡᅡ리랴 ᄒᆞ며 소ᄅᆡ를 크게 질은잇가 그제야 물너셔셔 아무말도 못허고 가지 안턴가 그 셰음으로 지어 정부 대관ᄭᆡ지라도 그러케 교제를 허고 보면 참 외교의 슈단이 잇는 사ᄅᆞᆷ이 되고 그런 경위를 아지 못허여 사ᄅᆞᆷ이 사ᄅᆞᆷ ᄃᆡ졉ᄒᆞ는 동등 ᄃᆡ우[85]를 허게 되면 가위 외교 슈단에 어두운 사ᄅᆞᆷ이 되나니 진소위[86] 입향슌속[87]이라는 말이 올타 허며 셔로 웃고 가ᄂᆞᆫ 것을 보니 한아은 우리나라에 나온 지 오ᄅᆡ되여 풍토션악과 인심셰ᄐᆡ를 짐작허는 자이오 한아은 쳐음으로 나와 아즉은 우리나라 풍속을 모로는 자인가 보되 몟달 지ᄂᆡ고 보면 그런 슈단이 또ᄒᆞᆫ 능ᄒᆞᆯ 모양이니 그 말노 볼진ᄃᆡᆫ 우리가 우리말노 사람이라 허지 져 외국사람들은 사람으로 아지 안코 다만 우마에게 의복 입혀 노은 일ᄀᆡ 동물노 아는 모양이니(11.29)

넛시 동분지 아니ᄒᆞ며 그젼에 우리나라 사람들이 외국을 지목허여 오랑ᄏᆡ니 무엇이니 허며 ᄌᆞ칭 동방례의지국 사람이라 허던 것 ᄉᆡᆼ각허면 참 가소치 아니ᄒᆞᆫ가 그런 말 허지 말게 보고 듯는 것이 도로혀 병통일셰 우리나라 대관들의 로론이니 소론이니 허는 죠ᄒᆞᆫ 문벌 공연니 ᄂᆡ 집 ᄉᆞ랑 구셕에셔나 ᄌᆞ셰하지 외국 사ᄅᆞᆷ의게는 문벌 ᄌᆞ세도 못허고[88] 도로혀 그 ᄉᆞᄅᆞᆷ의게 의뢰허기를 도모ᄒᆞ니 그 쳐신 의론허면 ᄃᆡ관이 소관만도 못혀다네 그 말 말게 이 근ᄅᆡ 각부 ᄃᆡ신네들 츌입시의 보게 드면 긔구도 굉장하데 슌검 병정 옹위혀고 일헌병 일슌사[89]가 좌우로 보호허야 츄종[90]이 벌쎄 갓흐니 그 영광 엇더혀며 그 위엄 엇더ᄒᆞᆫ가 사ᄅᆞᆷ마다 못허리라 이 사ᄅᆞᆷ 명담이로다 그네들의 부귀영총을 의론허면 슈모슈모[91] 당셰의 뎨일이나 그 악명 그 신셰는 우리만도 못허도다 화당금옥[92]의 검의옥식[93]은 만민의 고혈이오 검마복죵[94]의 영광위엄은 나라의 란신이라(11.30)

ᄌᆞ쥬 권리 반졈 업시 외국인을 의뢰ᄒᆞ야 젼국 이익 쥬어 가며 황실 이권 빠이셔

85. 동등(同等) 대우(待遇).
86. 진소위(眞所謂): 그야말로, 참말로.
87. 입향순속(入鄕循俗): 다른 지방에 가면 그 지방의 풍속을 따른다는 뜻.
88. 문벌 자랑도 못하고.
89. 일본군 헌병과 일본 순사.
90. 추종(追從): 따르고 모시는 일.
91. 수모수모(誰某誰某): 아무개 아무개.
92. 화당금옥(華堂金屋): 호화로운 집.
93. 금의옥식(錦衣玉食) 고운 옷과 좋은 음식.
94. 거마복종(車馬僕從): 탈 것과 부리는 종.

다[95] 외국으로 돌여보내여 강토는 졈졈 쥴어가고 황권은 날로 미약ᄒᆞ야 만민은 도탄이오 도젹은 봉귀[96]ᄒᆞ니 국셰의 위급함은 죠정이 란보[97]로다 그 ᄶᆞ닥 셜명혀면 지금 소위 각부대신 ᄆᆡ국허는 슈단으로 만든 거시라 무죄ᄒᆞᆫ 젼국 인민 곡졀업시 남에 로예 될 터이니 그 죄를 의론허면 한국에는 역신이오 외국에는 츙신이라 쥭기를 면ᄒᆞᆯ숀가 그런고로 졔 죄를 졔가 알고 슌검 병졍 청득ᄒᆞ야[98] 쥬야로 보호ᄒᆞ니 그 보호는 ᄆᆡ양 인가인군을 공동허여[99] 나라를 파라먹기도 사ᄅᆞᆷ마다 못ᄒᆞᆯ 바라 여보게 참 이번에 ᄯᅩ 한일신조약[100]이 셩립되야 일본셔 우리나라에 통감부를 셜치혀는ᄃᆡ 그 위치는 경복궁 안으로 된다 허니 그 신죠약은 무엇이며 통감부는 엇지허는 것인가 ᄌᆞ네는 쏙쏙이 아는 것 좀 들엇으면(12. 1)

나도 자셔히 알지 못허나 그 신죠약은 우리나라의 외교권을 것어다가 일본 동경으로 이셜[101]ᄒᆞᆫ다 ᄒᆞᆷ이오 통감부라는 것은 통감 잇슬 쳐소요 통감은 외교권이나 기타 범ᄇᆡᆨ ᄉᆞ위를 모다 감찰허는 관원의 벼살 일ᄒᆞᆷ이라네 그러면 외교권이라는 것은 우리나라 외부와 각국 공ᄉᆞ관에 교셥허던 권리 아닌가 그 외교 권리가 일본으로 가고 보면 우리나라 외부 각 항구 감리라 허는 것은 무엇 허나 불공ᄌᆞ파[102] 될 터이오 각국 공ᄉᆞ 여긔 잇셔 무엿 허나 텰환본국ᄒᆞᆯ 터이니 참 그러케 되고 보면 우리나라는 정말 독립국 될 터이지 미친 ᄉᆞ람의 말이로다 나라는 그만두고 일 ᄀᆡ인의 일로 말허게 드면 가령 김가의 집에셔 잔치를 ᄀᆡ셜허고 각쳐 빈ᄀᆡᆨ을 모다 청허여 노코 그 쥬인이 능히 접데치 못허여 그 이웃집 ᄉᆞ람 최가에게 부탁허면 비록 그 집과 음식은 김가의 것이나 그 데접의 잘 허고 못 허기는 최가의 마음에 달녀나니 그 빈ᄀᆡᆨ들이 무엇을 청허던 치하를 허던지 허라면 필경 졉ᄃᆡ허는 최가의게 말ᄒᆞᆯ 터이니 ᄀᆞᆺ하야[103] 리가 보고 말허잘 것 무엇인가 그와 갓치 우리나라 정부에셔 외교 권리

95. 황실의 이권을 빼앗아서.
96. 봉기(蜂起): 벌떼같이 일어나다.
97. 난보(難保): 보전하기 어려움.
98. 청득(請得)하다: 청하여 얻어들이다.
99. 공동(恐動)하다: 위협한 말로 사람의 마음을 두렵게 하다.
100. 한일신조약: 여기서는 1905년 11월 17일 외부대신 박제순이 일본 공사 하야시곤스케(林權助)와 함께 조인한 한일협상조약, 이른바 을사조약을 말한다. 이 조약으로 외교권이 박탈되고 일본의 통감부가 설치되었다.
101. 이설(移設): 다른 데로 옮겨 설치함.
102. 불공자파(不攻自破): 치지 않아도 저절로 깨어짐.
103. 구태여.

를 일본에 쥬고 보면 열강졔국에셔는 무슴 국졔상 일에 ᄃᆡ허여 ᄃᆡ소를 불계[104]허고 그 외교권리 잡은 일본과 교섭ᄒᆞᆯ 터이니 권리 업는 우리 정부와 의론ᄒᆞᆯ 묘리 잇나 그러ᄒᆞᆫ즉 셰계 렬강과 ᄃᆡ등국이 못되고 남의 나라 속국이나 다름업셔 ᄂᆡ일을 내가 못혀고 남의 손 비러 허니 무엇시 ᄌᆞ쥬국이며 무어시 독립국이라 혀리오 ᄌᆞ쥬 독립 헷말일셰(12. 2)

여보게 나는 남들이 독립 독립ᄒᆞ기에 외국과 상관이 업시 홀노 지ᄂᆡ는 거시 독립으로 알고 각 공ᄉᆞ가 것어가면 독립국이 되는 쥴 알앗더니 지금 ᄌᆞ네말 듯고 보니 ᄂᆡ 일을 내가 하고 남의게 의뢰치 아니허는 거시 독립이로다 그러케 즁ᄒᆞᆫ 권리 무슴 쥬의로 남의게 쥰단 말인가 근일에 정부 회의를 ᄌᆞ죠 ᄒᆞᆫ다더니 그런 일 ᄒᆞ야구넌 ᄉᆞ네 ᄋᆞᆺ가 발에 병정 슌검과 일슌사 일헌병을 보호로 셰고 단이는 거시 영광이오 위엄시럽다 하엿지 그 무엇이 영광인가 나라를 사랑혀고 ᄇᆡᆨ셩을 무휼허며 인ᄌᆡ를 ᄇᆡ양허여 교육을 발달허며 농상공업 권면하야 ᄌᆡ원을 융통하며 내졍을 발게 하야 관리를 ᄐᆡᆨ용하며 외교를 밋게 하야 린방[105]을 친목허면 ᄀᆡ명진취 절노 되야 국부민강ᄒᆞᆯ 터이니 누구로부터 허며 나라이 젹다 하나 디방이 ᄉᆞᆷ쳔리오 인민이 이쳔만이라 무엇을 ᄭᅳ릴숀가 그런 ᄉᆡᆼ각 던져두고 캄캄 어둔 금음칠야에 혼몽을 못 ᄭᆡ는지 내 나라 파라가며 내 권리 쥬어가면(12. 6)

고식지계[106] 도모허여 인군게 득죄허고 ᄇᆡᆨ셩의게 젹원하야[107] 일신셩명 보존코ᄌᆞ 외국인에게 보호를 요구한니 죄상은 통한ᄒᆞ고 정경은 츰혹도다 츙군ᄋᆡ국 하엿스면 ᄂᆡ 나라 내 ᄇᆡᆨ셩에 무엇을 고긔하며[108] 만민이 츅원하되 어질고 착ᄒᆞᆫ 우리 상공 ᄇᆡᆨ슈무강 송덕으로 유방ᄇᆡᆨ셰[109] 허련마는 악허고 츄ᄒᆞᆫ 물이[110] 란신젹ᄌᆞ[111] 죄명으로 뉴취만년[112] 혀ᄌᆞ 허니 가련코 가동일셰 여보게 속담에 허기를 남의 굿에 츔

---

104. 불계(不計): 사정 등을 헤아리지 않음.
105. 인방(隣邦): 이웃나라.
106. 고식지계(姑息之計): 당장에 편한 것만 택하는 근시안적인 계책.
107. 적원(積怨)하다: 두고두고 원망을 듣다.
108. 고기(顧忌)하다: 뒷일을 염려하고 꺼리다.
109. 유방백세(流芳百世): 꽃다운 이름이 후세에 길이 남음.
110. 무리.
111. 난신적자(亂臣賊子): 나라를 어지럽히는 불충한 신하.
112. 유취만년(遺臭萬年): 악명을 후대에 남김.

춘다는 말은 잇지마는 지금 일본이 남의 나라 일에 무ᄉᆞᆷ 렬심이 그리 잇셔 츙고니 권면이니 허고 ᄂᆡ외정치를 모다 간셥허랴 덤벙이니 무ᄉᆞᆷ ᄶᅡ닭인지 몰나 ᄌᆞ네는 보지 못허엿나 일젼 뎨국신문에 썩타령이 ᄎᆞᆷ 명담이데 그와 갓치 지금 이러케 발근 셰상에 다른 나라 사ᄅᆞᆷ들은 눈을 크게 ᄯᅳ고 셰계 형편 보아가며 ᄂᆡ 나라 내 인종의 유익허고 죠흔 업제 각금하랴는ᄃᆡ 슬프다(12. 7)

우리나라 사ᄅᆞᆷ들은 눈을 감고 잠을 ᄌᆞ니 무엇을 아니 일ᄒᆞ며 무엇을 아니 셍아슬가 무ᄉᆞᆷ 일ᄒᆞᆫ다는 것 보게 드면 나라는 망허든지 도모지 불계허고 져ᄒᆞᆫ 몸의 비긔지욕[113]만 ᄉᆡᆼ각하야 ᄉᆞᄉᆞ이 낭픠허니 젼국의 혈ᄆᆡᆨ되는 ᄌᆡ정 긔관은 남의게 양여하야 졍리인지 목둑인지 ᄒᆞᆫ다고 ᄌᆡ졍이 탕갈하야 일국 ᄉᆡᆼ령[114]이 아사지경을 면치 못혀게 되얏스니 ᄉᆡᆼ령이 다 쥭으면 나라이 엇지 되며 나라이 업게 되면 졍부는 잇슬숀가 통곡ᄒᆞᆯ ᄌᆞ 이것이오 기타 광산이니 삼림이니 어업이니 통신원이니 허는 젼국에 큰 리익되는 것은 ᄉᆞ분오렬하야 죠각죠각 ᄶᅥ여ᄂᆡ야 외국인을 난와쥬고 텰도디[115]이니 군용지단[116]이니 하야 소즁ᄒᆞᆫ 나라 강토ᄅᆞᆯ 위협에도 ᄲᅢ이앗기며 호의로도 쥬어가며 각ᄉᆡᆨ으로 ᄭᅮ며ᄂᆡ는 허다 폐단은 사람의게 비유컨ᄃᆡ 만신창 쥬마창[117] 각종의 악한 종긔 시시로 발작허며 상한 병긔 부종이 날마다 침즁허여 일이 년 ᄉᆞᆷ사 년에 시득부득[118] 말으는 모양이니 그런 병에도 어진 의원을 만나 죠흔 약으로 먼져 긔ᄆᆡᆨ[119]을 슌케 ᄒᆞ고 시후[120]ᄅᆞᆯ ᄯᅡ라가며 ᄌᆡ죠를 가입하야 병근을 다사리면 일이 삭 일이 년에 ᄎᆞᄎᆞ 완인 되려니와 만일 악ᄒᆞᆫ 의원을 만나 쥭을 병 들어스니 편작이 란의[121]라고 더져 발여두게 드면 엇지 ᄉᆞᆯ기를 바라리오 지금 우리나라의 병들미 일이 삭 일이 년이 아닌즉 그 병을 고치랴면 ᄯᅩᄒᆞᆫ 일이 년에 되지 못ᄒᆞᆯ 터이나 어진 의원이 화졔[122]ᄅᆞᆯ 연구하며 침과 약을 덕당ᄒᆞ도록(12. 8)

---

113. 비기지욕(肥己之慾): 제 한몸만 이롭게 하고자 하는 욕심.
114. 생령: 일반백성.
115. 철도지(鐵道地).
116. 군용지단(軍用地團).
117. 주마창(走馬瘡): 몸 구석구석까지 돌아가며 생기는 종기(腫氣).
118. 시들부들.
119. 기맥(氣脈).
120. 시후(時候).
121. 난의(難醫): 편작과 같은 명의도 고치기 힘듦.
122. 화제(和劑): 약화제.

쓰게 드면 즁흥ᄒᆞᆯ 도리 업슬숀가 목금 형편 보게 드면 양의는 ᄒᆞᆫ아 업고 만죠정이 모다 용렬ᄒᆞᆫ 의원ᄲᅮᆫ이니 가위 장ᄐᆡᆨ식ᄒᆞᆯ 자이로다 여보게 ᄌᆞ네 말 지금 듯고 이왕 지ᄂᆡᆫ ᄉᆡᆼ각 허니 작년 일이 옛일인즉 금일이 명일에는 또ᄒᆞᆫ 옛날이라 ᄒᆞᆯ지로다 정부 대관은 하우불위[123]로 차치 몰논허고 우리나라 디방이 비록 젹다 허나 ᄉᆞᆷ쳔리ᄂᆡ 이쳔만 ᄉᆡᆼ령즁에 유지지인[124]과 강ᄀᆡ지ᄉᆞ[125]가 아죠 업던 아니ᄒᆞ야 외국도 유ᄅᆞᆷᄒᆞᆫ다 무슴 사회도 창셜ᄒᆞᆫ다 하는ᄃᆡ 모다 발달이 못되야 유명무실허는 즁에 오즉 황셩뎨국 량신문사[126]가 경비가 부족허되 동ᄃᆡ셔취[127]로 근근이 지팅하야 정계독실[128]과 국가 리ᄒᆡ와 인심 셰ᄐᆡ를 론란하야 인민의 지식을 ᄀᆡ도ᄒᆞᆫ다 허엿더니 그것도 국민의 복이 업셔 황셩신문사가 일죠에 폐철이 되앗슨즉 사ᄅᆞᆷ의게 비유컨ᄃᆡ 두 눈과 갓ᄒᆞᆫ지라 눈 두리 잇슬 제도 남과 갓치 못허엿거든 눈 하나를 ᄲᆡ고 보니 갑갑허고 ᄋᆡ다른 일 엇더라 말ᄒᆞᆯ손가(12. 9)

여보게 그 말 말게 나는 두 눈이 다 업셔도 오십여 년을 사라 잇네마는 신문을 허여 노은들 잘덜 보와 쥬어야 하지 보는 사ᄅᆞᆷ 업고 보면 휴지나 일반이오 두 눈이 발근 놈도 학문이 업고 보면 나와 갓ᄒᆞᆫ 소경이오 사지 ᄇᆡᆨ히기 멀정허다 허나 ᄌᆞ유 활동 못하고 보면 ᄌᆞ네와 갓ᄒᆞᆫ 병신이라 젼국 인민 평론허면 등신은 아즉 살아 셰상에 잇다 허니 마암은 발셔 쥭어 황쳔에 갓다 ᄒᆞᆯ지니 가위 말허는 귀신이라 ᄒᆞᆯ만 허고 소위 완고라 슈구라 허는 분네들은 문명세계의 말하게 드면 언필칭 예전의는 그런 것 져런 것 다 업셔도 국ᄐᆡ민안허엿다 하야 죠ᄒᆞᆫ 말 듯지도 안코 죠ᄒᆞᆫ 것 보려고도 아니 하니 귀와 눈이 잇다 ᄒᆞᆫ들 무어시 유죠ᄒᆞᆫ가[129] 귀먹어리 소경이라 ᄒᆞᆯ 만하고 소위 학ᄌᆞ니 산림이니 허는 분네들은 공ᄌᆞ왈 ᄆᆡᆼᄌᆞ왈 허며 시문[130]을 구지 닷고 산고곡심 유벽쳐[131]에(12. 10)

123. 하우불이(下愚不移): 아주 어리석고 못난 사람의 기질은 변하지 아니함.
124. 유지지인(有志之人): 세상일을 근심하는 사람.
125. 강개지사(慷慨志士): 세상의 옳지 못한 일에 대하여 의문을 느끼고 탄식하는 사람.
126. 황성신문과 제국신문 양대 신문사.
127. 동대서취(東對西取): 이곳저곳을 돌아다니며 거두어 들이다.
128. 정계득실(政界得失).
129. 유조(有助)하다.
130. 시문(柴門): 사립문.
131. 유벽처(幽僻處).

초당을 지어 노코 두 무릅흘 구러안져 ᄌᆞ칭 왈 도학군ᄌᆞ라 ᄉᆞ문데ᄌᆞ[132]라 하야 별노 ᄇᆡᆨ 리 밧글 나가 보지 못허고 무졍셰월을 허숑하니 가위 써근 션ᄇᆡ라 ᄒᆞᆯ 만하야 안즘방이나 다름이 무엇인가 허다셜패[133] 허랴며는 입이 압파 ᄒᆞᆯ 슈 업셔 ᄃᆡ강 말일셰 여보게 그런 말 허고 듯고 보면 참 화증이 졀노 나셔 못 살ᄀᆡ네 우리도 죠흔 방칙 좀 허여보세 나는 눈이 잇스나 다리가 부실하고 ᄌᆞ네는 다리가 셩허나 눈이 업셔 피ᄎᆞ 낭ᄑᆡ되는 일이 만은즉 우리 두리 일신단체[134]되여 이젼에 못하던 일 허게 드면 그 아니 쾌ᄒᆞᆯ숀가 말인즉 대단이 감격ᄒᆞᆫ 말이나 우리 갓흔 병신들이 졔 아모리 단체된들 무엇을 ᄒᆞᆫ다 하리오 가위 지이불ᄒᆡᆼ[135]인즉 가셕ᄒᆞᆯ ᄲᆡᆫ이로셰 안일세 ᄌᆞ네가 단체의 쓧을 모르는 말인가 보네 ᄌᆞ네가 나를 업고 보면 눈도 잇고 다리도 잇셔 어ᄃᆡ를 가지 못ᄒᆞᆫ다 허며 무엇을 허지 못ᄒᆞᆫ다 허리오 그러케만 허고 보면 단체가 아니되나(12. 12)

그러면 ᄌᆞ네는 업펴 단이게 되야 죠커니와 나는 무숨 팔ᄌᆞ로 ᄂᆡ 몸도 ᄂᆡ가 쥬체ᄒᆞᆯ 슈 업는데 남을 쏘 업고 단인단 말인가 참 기막힌 말일셰 하며 허희쟝탄[136]에 노ᄅᆡ 일곡 부르면셔 막ᄃᆡ를 두루혀 갓더라 그 노ᄅᆡ에 ᄒᆞ엿스되 ᄉᆞ천 년 오ᄅᆡᆫ 나라 어이ᄒᆞᆫ들 망ᄒᆞᆯ숀가 오ᄇᆡᆨ 년 놉흔 종ᄉᆞ 뉘라셔 바라볼가 셔산에 지는 ᄒᆡ는 다시 도라 올나오고 동ᄒᆡ로 가는 물은 궁진ᄒᆞᆷ이 업스리라 현인군ᄌᆞ가 어느 ᄯᆡ에 업다 하며 란신적ᄌᆞ[137]가 ᄆᆡ양 득의허단 말가 흥망셩쇠는 ᄌᆞ고로 무상한즉 사ᄅᆞᆷ의 알 바 아니로다 력산에 밧 갈기와 위슈변에 고기 낙기[138]는 고인의 ᄒᆡᆼ젹[139]이니 우리도 오호에 ᄇᆡ를 ᄲᅧ여 ᄉᆞ풍셰우[140]에 불슈귀[141] ᄒᆞ여 볼가(12. 13 완)

『대한매일신보』(1905. 11. 17-12. 13)

---

132. 도학군자(道學君子) 사문제자(斯文弟子).
133. 허다설파(許多說破): 여러 가지를 이야기함.
134. 일신단체(一身單體): 한몸뚱이.
135. 지이불행(知而不行): 알지만 행치 아니함.
136. 허희장탄(歔欷長歎): 한숨을 짓고 크게 탄식함.
137. 난신적자(亂臣賊子): 나라를 어지럽히는 간신과 도적.
138. 여산(廬山)에 밭 갈기와 위수변(渭水邊)에 고기 낚기: 세상을 등지고 은거하는 은자의 삶을 상징하는 관용구.
139. 행적(行蹟): 평생에 한 일.
140. 사풍세우(斜風細雨): 비껴 불어오는 바람과 가늘게 내리는 비.
141. 불수귀(不須歸).

鄕향老로訪방問문醫의生ᄉᆡᆼ이라

시골 ᄉᆞ는 로인 한아이 시국이 소요홈을 듯고 관광ᄎᆞ로 쥭장마혜[1]에 도보로 상경하야 각쳐로 도라단니다가 모쳐 약국에 드러간즉 그 약국 쥬인 의ᄉᆡᆼ이 마져 좌졍[2]ᄒᆞᆫ 후 무러 갈오ᄃᆡ 로인이 무슴 연고로 이 심동에 올나오셧스며 엇지하야 힝ᄉᆡᆨ이 져리 쵸초[3]하온잇가 ᄒᆞᆫᄃᆡ 로인이 위연[4] 장탄[5]에 갈오ᄃᆡ 나의 ᄉᆞ졍은 그ᄃᆡ가 다 아ᄂᆞᆫ 바어니와 ᄂᆡ가 츌ᄉᆡᆼ 이후로 식육부귀[6] 팔십년에 지금 나히 팔십이라 져간에 지ᄂᆡᆫ 바 허다 ᄉᆞ변을 말하고져 하면 ᄉᆞᄉᆞ이 낭ᄑᆡ오[7] 촉쳐[8]에 후회로다 임이 잘못된 후에 아모리 후회ᄒᆞᆫ들 쓸 ᄃᆡ 잇나 그러나(12. 21)

ᄃᆡ강 셜명ᄒᆞ야 그ᄃᆡ로 ᄒᆞ야금 알게 ᄒᆞ리라 ᄂᆡ ᄌᆡ산으로 말ᄒᆞ게 드면 뎐답이 슴쳔 셕직이오 우마가 이쳔여 필이오 돈이 슈ᄇᆡᆨ만 금이오 문하 식ᄀᆡᆨ이 ᄇᆡᆨ여 명이오 가옥이 슴ᄇᆡᆨ여 간이라 그런즉 남들이 부ᄌᆞᄅᆞ 지목ᄒᆞ야 동셔남북 물론ᄒᆞ고 지나다가 로슈가 핍절ᄒᆞ여도[9] 들오오며 잠갓 구경ᄒᆞ랴고도 들어오고 긔쳔량 긔만량을 감언리

1. 죽장망혜(竹杖芒鞋): 대지팡이와 짚신이란 뜻으로, 먼 길을 떠날 때의 아주 간편한 차림새를 이르는 말.
2. 맞아 자리에 앉다.
3. 초췌(憔悴)하다: 고생하거나 병으로 몸이 마르고 파리하다.
4. 위연(喟然): 한숨을 쉬는 모양이 서글프게.
5. 장탄(長歎/長嘆): 긴 한숨을 지으며 깊이 탄식하는 일.
6. 식육부귀(食肉富貴): 고기만 먹으며 누리는 부귀.
7. 일마다 낭패다.
8. 촉처(觸處): 가서 닥치는 곳. 곳곳, 도처, 여기저기.
9. 노수(路需)가 핍절(乏絶)하다: 여행에 필요한 비용이 떨어지다.

셜로 ᄲᆡ아셔 먹으려고도 들어오매 그 치닥거리 엇던 염의[10] 업는 사ᄅᆞᆷ들은 ᄉᆞᆷᄉᆞ 삭일이 년을 묵어가며 각가지로 ᄭᅬ이기를 아모 데 논을 파라다가 아모데 작답하면 몃ᄇᆡᆨ 리익이 ᄉᆡᆼ긴다 하며 죠부모 션산에 약시ᄒᆞᆫ[11] 회ᄑᆡᆨ[12]가 잇스니 약시ᄒᆞᆫ 곳에 이장을 허면 공명이 난다 아모산에 긔도ᄒᆞ면 복록이 무궁하리라 하며 아모 절에 불공ᄒᆞ면 ᄌᆞ손이 창셩하리라 달달리 굿슬하면 집안이 평안허다 룡신경[13]을 닑그면 슈화[14]의 ᄌᆡ앙을 면ᄒᆞᆫ다 하고 ᄇᆡᆨ 가지로 ᄒᆞ던 모계[15]ᄂᆞᆫ 지금 ᄉᆡᆼ각하니 나를 위ᄒᆞᆷ이 아니오 ᄂᆡ ᄌᆡ물 허비ᄒᆞ야 져의 낭탁[16]하랴는 의사인ᄃᆡ 어리셕고 미련ᄒᆞᆫ ᄌᆞ셔졔질[17]과 쳐쳡[18]비복[19]은 아모런 쥴 모르고 ᄂᆡ게 조타 허ᄂᆞᆫ 것슨 모다 하려 덤벙이니 잡용[20]은 졈졈 늘어가고 ᄌᆡ산은 날노 쥴어가ᄆᆡ 이웃사ᄅᆞᆷ들이 비소도 하고 혹 권고도 하야 의론이 불일ᄒᆞᆫ 즁 집안 형셰가 거의 위ᄐᆡᄒᆞᆫ지라 맛치 친고 ᄒᆞᆫ아이 그 형편을 민망이 여겨 ᄂᆡ게 말하기를 ᄌᆡ물이 잇다고셔 공현이 남용허면 그 ᄌᆡ물이 오ᄅᆡ 지ᄐᆡᆼ치 못ᄒᆞᆯ 터이오(12. 22)

만일 ᄌᆡ물이 업게 드면 집안이 망ᄒᆞᆯ 터이오 망ᄒᆞ게 드면 신명조차 보젼키 어려올 ᄲᅮᆫ 아이라 허탄ᄒᆞᆫ 일 조아ᄒᆞ야 ᄉᆞ신우상[21]의게 복과 명을 빈다 ᄒᆞ니 그것은 복을 비ᄂᆞᆫ 것이 아니라 ᄌᆡ앙을 비ᄂᆞᆫ 것이오 부모의 ᄇᆡᆨ골을 이장ᄒᆞ야 ᄌᆞ손과 공명을 바란다 ᄒᆞ니 그것은 리치 밧게 일이라 그 부모가 ᄉᆞ라 잇슬 ᄯᆡ에도 능히 그 ᄌᆞ손을 마음ᄃᆡ로 보죠를 못하거던 ᄒᆞᆷ물며 쥭은 후에 혼승ᄇᆡᆨ강[22]ᄒᆞ고 다만 진토에 뭇친 ᄇᆡᆨ골이 무ᄉᆞᆷ 신령이 잇셔 그 ᄌᆞ손을 도으리오 그ᄃᆡ에 ᄒᆞᄂᆞᆫ 일 보게 드면 각쳐 사찰을 즁슈ᄒᆞ고 불양답[23]을 작만ᄒᆞ야 쥰다 산소를 면례[24]ᄒᆞ야 셕물 등속[25]과 치산범절[26]을 굉장

10. 염의(廉義): 염치와 의리를 아울러 이르는 말.
11. 약시(若是)하다: 이러저러하다.
12. 훼파(毁破): 깨어지고 부서짐.
13. 용신경(龍神經): 용왕에게 비는 제사 때 읽는 경문. 용왕경(龍王經).
14. 수하(手下): 자손.
15. 모계(謀計): 계교를 꾸밈. 또는 그 계교.
16. 낭탁(囊橐): 자기의 차지로 만듦.
17. 자서제질(子壻弟姪): 아들과 사위와 아우와 조카를 아울러 이르는 말.
18. 처첩(妻妾): 아내와 첩을 아울러 이르는 말.
19. 비복(婢僕): 계집종과 사내종을 아울러 이르는 말.
20. 잡용(雜用).
21. 사신(邪神) 우상(偶像).
22. 혼승백강(魂昇魄降): 죽은 사람의 넋은 하늘로 올라가고 몸은 땅속으로 들어감.
23. 불양답(佛糧畓): 부처에게 올리는 쌀을 생산하는 절에 딸린 논밭. 불향답.

이 ᄒᆞᆫ다 무당을 들여 굿슬 ᄒᆞᆫ다 소경에게 졈을 친다 ᄉᆞ쥬 푸는 사람 구ᄒᆡ 가며 평ᄉᆡᆼ 길흉을 뭇는다 관상ᄒᆞ는 사람 청ᄒᆞ여셔 관형찰ᄉᆡᆨ[27]을 시긴다 각쳐에 뎡ᄌᆞ를 지어 노리쳐를 만긴다 소를 잡어 고ᄉᆞᄒᆞᆫ다[28] 돈을 들여 긔도ᄒᆞᆫ다 ᄒᆞ야 허다 셰월에 허다 남용을 무엇으로 지팅하며 간간이 소리쑨 청하여 소ᄅᆡ를 즐긴다 풍각장이 불너 붕류를 듯는다[29] 하니 그러케 쓰는 ᄌᆡ물을 장ᄎᆞ 어ᄃᆡ 찻ᄌᆞ하리 ᄡᅡ히라도 작구 파면 구멍이 ᄯᅮ러지고 물이라도 작구 푸면 궁진ᄒᆞᆷ이 잇다 하니 ᄒᆞᆷ을며 한졍이 잇는 ᄌᆡ물이야 일너 무엇하리오(12. 23)

그ᄲᅮᆫ 아니라 그렁셩져렁셩ᄒᆞ게 드면 슈신졔가에는 마암이 업고 망탕 오유[30]ᄒᆞ는 데만 정신이 잇셔어 진법은 멀니 가고 오합잡류만 들어 모혀 귀에 듯기 죠코 비위에 맛는 감언리셜로 남의 평ᄉᆡᆼ대계를 져희[31]ᄒᆞ니 그 사ᄅᆞᆷ을 원망치 말고 마암을 굿게 뎡하야 그런 말 져런 일을 ᄎᆞᄎᆞ 거졀ᄒᆞ면 오든 자도 아이 오고 집사ᄅᆞᆷ도 ᄀᆡ회ᄒᆞ야[32] 불금이 ᄌᆞ금될[33] 터이니 일단 쥬인의 집심[34]ᄒᆞ기에 잇다 ᄒᆞ거날 그 말이 근리ᄒᆞᆫ[35] 듯ᄒᆞ나 몃십 연 져진 습관을 일죠에 고치기 바이 어려워 인슌치지[36]하는 나약ᄒᆞᆫ 성질로 유일도일[37]로 지ᄂᆡ다가 엇지 다시 ᄉᆡᆼ각하고 먼져 말하던 친고의계 가ᄉᆞ를 잘 보아달나고 열쇠를 맛겨더니 과연 그 사람의 하는 범졀은 분명하기가 ᄶᅡ이 업셔 일 ᄑᆞᆫ젼 일 닙곡을 허소이[38] 쓰지 안는다 하되 ᄂᆡ 집에 당ᄒᆞᆫ 일에는 ᄃᆡ단이 젹중하야 일용범ᄇᆡᆨ[39]을 모다 감셩하고 져의 집에 리하고 일에는 다소를 불계하고 ᄂᆡ

24. 면례(緬禮): 무덤을 옮겨서 다시 장사를 지냄. 또는 그런 일.
25. 석물(石物) 등속(等屬).
26. 치산(治山) 범절(凡節).
27. 관형찰색(觀形察色): 남의 마음을 떠보기 위하여 얼굴빛을 자세히 살펴봄.
28. 고사(告祀)하다.
29. 풍각쟁이 불러 풍류를 듣는다.
30. 망탕(妄蕩) 오유(遨遊): 떳떳지 못하게 재물을 탕진하고 그저 재미있고 즐겁게 놂.
31. 저희(沮戲): 귀찮게 굴어서 방해함.
32. 개회(改悔)하다.
33. 불금이자금(不禁而自禁): 금하지 않아도 스스로 그만둠.
34. 집심(執心): 마음먹다.
35. 근리(近理)하다: 이치에 거의 맞다.
36. 인순(因循) 치지(置之): 낡은 인습을 버리지 아니하고 지키고 그냥 내버려 둠.
37. 유일(遊日) 도일(度日): 하는 일 없이 놀면서 세월을 보냄.
38. 허소(虛疎)하다: 허루하고 허술하다.
39. 일용범백(日用凡百): 날마다 쓰는 모든 물건.

여 쥬면셔 허ᄂᆞᆫ 말은 아모 ᄃᆡ로 무곡[40]을 허라 보ᄂᆡᆫ다 아모 ᄃᆡ로 목상[41]을 허러 보ᄂᆡᆫ다 하야 다만 문셔 ᄎᆡᆨᄌᆞ에만 긔록하니 가위 ᄇᆡᆨ문션이 헛문셔로 젼ᄌᆡ[42]는 경갈[43] 허고 기타 던답[44]은 근ᄅᆡ 각국인의 금광에도 손ᄒᆡ허며 털도긔디[45]라 군용지 범위라 허는 ᄃᆡ로 드러가며 우마는 일본 군ᄉᆞ ᄅᆡ왕 시에 군슈 물품 슈운[46]허기에 피례허여[47] 스ᄉᆞ로 업셔지고 문하식ᄀᆡᆨ은 각쳐로 환산하야 지금 지ᄂᆡ는 형편은 참 긔막혀 이로다 말ᄒᆞᆯ 슈 업거니와 다만 울울이 지ᄂᆡ는 즁 근일 경셩 ᄂᆡ의셔 ᄃᆡ단 소요하다[48] 하기로 화나는 김의 올나와셔 본즉 참 가통[49]ᄒᆞᆫ 일도 만코 상ᄒᆞᆫ 일도 잇도다(12. 24)

현금에 ᄆᆡ국적으로 지목ᄒᆞᄂᆞᆫ 모모인의 ᄒᆡᆼᄉᆞᄂᆞᆫ 어이 그러 가통가통ᄒᆞ며 민보 국죠 의경의 살신셩인ᄒᆞᆫ 일은 어이 그리 굉장굉장ᄒᆞᆫ지 가위 일비일희의 일도 만토다 그러나 외부[50]를 폐지ᄒᆞᆫ다니 어느 날에나 폐지가 되며 일본셔 통감이 나온다 ᄒᆞ니 어는 날에 나온다 ᄒᆞ노 모다 기다릴 거리ᄂᆞᆫ 아니로되 그 ᄒᆞ는 것 좀 보앗스면 심히 갑갑ᄒᆞ여 못 견듸깃도다 그 쥬인 의ᄉᆡᆼ이 갈오ᄃᆡ 로인 말슴을 드른즉 가셰가 령체ᄒᆞ야[51] 대단 낙막히 됨은 심히 애달고 ᄯᅩᄒᆞᆫ 감동ᄒᆞᆯ 만ᄒᆞᆫ ᄆᆞ올이거니와 지금 정계상 일에 ᄃᆡᄒᆞ야 외부 폐지하ᄂᆞᆫ 것과 통감 나오ᄂᆞᆫ 일은 아즉 일ᄌᆞᄂᆞᆫ 뎡하여 말ᄒᆞᆯ 슈 업스나 필경 불원간[52]에 되고 말 일이지오 로인 왈 근ᄅᆡ 우리나라에도 샤회 명ᄉᆡᆨ이 여러 가지로 잇ᄂᆞᆫᄃᆡ 그즁 일진회라ᄂᆞᆫ 것슨 엇더케 된 것인지(12. 28)

그 취지와 목뎍을 드러도 이져발이기를[53] 잘하니 ᄂᆞᆰ으면[54] 정신죠ᄎᆞ ᄂᆞᆰ는 줄을

40. 무곡(貿穀): 장사하려고 많은 곡식을 사들임.
41. 목상(木商): 장작이나 재목으로 쓸 나무를 사고파는 일.
42. 전재(錢財): 돈과 재물.
43. 경갈(罄竭): 돈이나 물건 따위가 바닥이 나 다 없어짐.
44. 전답(田畓).
45. 철도기지(鐵道基地).
46. 수운(輸運).
47. 필요하다.
48. 소요(騷擾)하다.
49. 가통(可痛)하다: 통탄할 만하다.
50. 외부(外部).
51. 가세(家勢)가 영체(零替)하다: 집안 형세가 몰락하다.
52. 불원간(不遠間): 앞으로 오래지 아니한 동안.
53. 잊어버리다.
54. 늙다.

알깃도다 의ᄉᆡᆼ 왈 일진회의 목뎍을 ᄃᆡ강 들은즉 쳣ᄌᆡᄂᆞᆫ 독립 긔초를 공고케 하고 둘ᄌᆡᄂᆞᆫ 황실 존즁이 하고 인민의 ᄉᆡᆼ명 ᄌᆡ산을 보호ᄒᆞᆫ다 하나 큰일로 보면 그 목뎍이 변하엿ᄂᆞᆫ지 알 슈 업셔오 로인 왈 이졔 그ᄃᆡ 말을 드르니 거의 알겟노라 ᄂᆡ 나라 외교 권리를 남의게 보ᄂᆡ노라 신조약을 셩리ᄒᆞᆫ다 한편으로ᄂᆞᆫ 원로 ᄃᆡ신이 솔ᄇᆡᆨ관정청[55]을 ᄒᆞᆫ다 한편으로ᄂᆞᆫ 원로 ᄃᆡ신이 잡혀간다 한편으로ᄂᆞᆫ ᄃᆡ관이 ᄌᆞ결을 ᄒᆞᆫ다 ᄒᆞᄂᆞᆫ 판에됴 슈슈방관ᄒᆞ야 말 한 마ᄃᆡ들 아니ᄒᆞᆯ ᄲᅮᆫ 아니라 도로혀 션언셔인지 무엇인지 하여 노코 신죠약[56]을 창도[57]ᄒᆞᆫ 모양이니 그거시 다 독립 긔초를 공고케 ᄒᆞᆫ다ᄂᆞᆫ 목뎍이며 외교 권리를 업셔지고 보호 감독 밧고 보면 국권이 감삭하고 황위[58]가 미약하니 무엇으로 황실을 존즁이 ᄒᆞᆫ다 하며 텰도디 군용디로 인민의 가옥과 분묘를 훼파하며[59] 뎐답을 ᄲᆡ아스되 텽이불문[60] 안져 잇고 텰도목 뎐션즁에 우쥰ᄒᆞᆫ[61] 쟈 실슈하면 군ᄉᆞ상 방ᄒᆡ라고 군률로 포살하되 시이불견[62] 누어 잇셔 한 소ᄅᆡ 반 마ᄃᆡ도 질문 한번 업셧스니 그거시 다 인민의 ᄉᆡᆼ명 ᄌᆡᄉᆞᆫ 보호ᄒᆞᆫ다ᄂᆞᆫ 목뎍인가 그 목뎍도 알 만ᄒᆞᆫ 목뎍이지마는 깁히깁히 ᄉᆡᆼ각하면 그 정치도 가련일셰 의ᄉᆡᆼ 왈 일진회의 하는 일과 소경ᄉᆞ[63]로 보게 드면 그 목뎍이라 하는 것과ᄂᆞᆫ 다 틀니되 그 회원의 말을 듯게 드면 다른 ᄉᆞ름들은 모다 혼몽[64] 즁에 잇서 아모 것도 모르고셔 왈시왈비ᄒᆞᆫ다 ᄒᆞ며 ᄌᆞ긔들은 이천만 인구 즁에 먼져 ᄭᆡ여(12. 29)

문명 진취에 ᄯᅳᆺ이 잇고 텬하 ᄃᆡ계와 국가 리ᄒᆡ를 안다 하여 그러ᄒᆞᆷ인지 모로거니와 결픗하면[65] 정부 관인에게 ᄉᆞ직을 하여라 ᄒᆡᆼ공[66] 말어라 하며 도라단이는데

55. 솔백관정청(率百官庭請): 대신이 백관을 거느리고 궁정에 이르러 큰 일을 계품하여 하교를 기다림.
56. 여기서 말하는 신조약은 을사보호조약을 말함.
57. 창도(唱道/倡道): 앞장서서 외침. 또는 솔선하여 말하거나 주장함.
58. 황위(皇威): 황실의 위엄.
59. 훼파(毁破)하다.
60. 청이불문(聽而不聞): 듣고도 못 들은 체함.
61. 우준(愚蠢)하다: 어리석고 느림.
62. 시이불견(視而不見): 보아도 보이지 아니함. 시선은 대상을 향하고 있지만 마음이 딴 곳에 있어 그것이 눈에 들어오지 않음을 이름.
63. 소경사(所經事): 겪어온 일.
64. 혼몽(昏懜): 정신이 흐릿하고 가물가물함.
65. 걸핏하면.
66. 행공(行公): 공무를 집행함.

근일에 일반 국민이 ᄀᆡ왈 국적[67]이라 허는 모모 ᄃᆡ신들의게는 뭇지도 아니허더니 변변치 못허고 만만ᄒᆞᆫ 신임 경무ᄉᆞ 윤쳘규시의게는 날마다 가셔 ᄉᆞ직허라고 론박이 ᄌᆞ심허다[68] 허나 그 쥬의는 참ᄋᆞᆯ 슈 업셔요 로인 왈 그 쥬의는 ᄃᆡ강 짐쟉허리로다 지금 모모 ᄃᆡ신들은 이왕에 소위 권고도 만이 당허엿슬 ᄲᅮᆫ 아니라 금번 일로 보게 드면 가위 동셩상응[69]으로 지긔상합[70]ᄒᆞᆫ 터인즉 다시 말ᄒᆞᆯ 것 업시 되엿고 경무ᄉᆞ 윤쳘규시로 말허게 드면 속담에 ᄉᆡ 물 쳥어[71]로 쳐음 나완 졍계 요임에 쳐허엿슨즉 혹여 일진회 셩식[72]과 위세를 모로는가 허여 한번 ᄉᆞ직허 명령허여 ᄎᆞᄎᆞ ᄂᆡ 범위 안에 들게 허미라 그러치 아니허면 벼슬은 나라의 공긔라 인군이 시키신 벼슬을 누가 ᄂᆡ여노아라 말아라 ᄒᆞᆯ 자 잇스며 만일 죄를 지어 면관을 당허기 젼에는 ᄉᆞ직허고 아니 허기가 ᄯᅩᄒᆞᆫ 자유 권리에 잇는 바라 누구 명령을 기다릴 것 잇나 가히 우슈울 만ᄒᆞᆫ 일이로다 의ᄉᆡᆼ 왈 ᄂᆡ가 의약으로 업을 삼아 기간 몃십 년 동안에 각ᄉᆡᆨ 병을 만히 고쳣스되 지금 졍부 ᄃᆡ관들의 병과 일진회 병은 무삼 약을 쓰면 그 병근을 돌니고 원지[73]를 붓잡아 ᄌᆞ유 활동의 힘도 나고 텬부지셩[74]으로 된 양선ᄒᆞᆫ[75] 마음이 나게 ᄒᆞᆯᄂᆞᆫ지 아모리 화졔를 연구허여도 묘방을 읏지 못허엿나니다(12. 30)

로인 왈 그런 병에ᄂᆞᆫ 그ᄃᆡ의 약으로ᄂᆞᆫ 무어시 덕당ᄒᆞ다 ᄒᆞᆯ 슈 업거니와 졍부 데관들의 병은 임의 골슈에 박엿스니 그 병근은 텬ᄒᆞ장ᄉᆞ 항우 힘으로도 ᄲᆡ일 슈 업고 옛적 명의 편작의 슐법으로도 곳칠 슈 업셔 다만 텬디 죠화로 된 벽력화[76]가 맛당ᄒᆞ고 일진회의 병은 양으로ᄂᆞᆫ 비록 크다 ᄒᆞ나 안으로ᄂᆞᆫ 병근이 깁지 못ᄒᆞ야 비유컨ᄃᆡ 아ᄒᆡ들 경풍징과 갓하여 ᄂᆡ외공박을 당ᄒᆞᆯ ᄯᆡ면 간간이 발ᄌᆞᆨ되나 ᄎᆞᄎᆞ 장셩하여지면 져졀노 업셔지ᄂᆞᆫ 모양으로 그 병온 좀 오ᄅᆡ가면 부지즁에 업셔질 듯하도다 의ᄉᆡᆼ 왈 ᄂᆡ ᄉᆡᆼ각에ᄂᆞᆫ 먼져 치즁탕을 먹여 그 가온ᄃᆡ를 다ᄉᆞ리고 다음에 졍긔산을

---

67. 개왈(皆曰) 국적(國賊): 모두가 나라를 어지럽히는 역적이라고 함.
68. 자심(滋甚)하다: 점점 더 심하다.
69. 동성상응(同聲相應): 같은 소리끼리는 서로 응하여 울린다는 뜻으로, 같은 무리끼리 서로 통하고 자연히 모인다는 말.
70. 지기상합(志氣相合): 두 사람 사이의 의지와 기개가 서로 잘 맞음.
71. 새 물 청어: 새 물 만난 청어.
72. 성식(盛飾): 거창한 차림새.
73. 원지(遠志): 앞날을 생각하는 멀고 큰 뜻.
74. 천부지성(天賦之性): 하늘이 내린 성품.
75. 양선(良善)하다: 선량하다.
76. 벽력화(霹靂火): 벼락의 불꽃.

먹여 그 몸을 발으게 하고 그 다음에 청심환을 먹여 그 마암을 말케 하면 이젼 구십의 병징은 업셔지고 ᄉᆡ로 ᄉᆡ 정신 나셔 츙군ᄋᆡ국의 ᄉᆞ상도 ᄉᆡᆼ길 터이오 ᄂᆡ 직무 ᄂᆡ가 하여 정치 ᄀᆡ명의 ᄉᆞ상도 잇슬 터이오 관리를 ᄐᆡᆨᄎᆞ하야[77] 탐학 불법의 폐단도 업슬 터인즉 ᄌᆞ연 궁금[78]이 슉청하여질 터이어 농공 상업을 권면하야 민ᄉᆡᆼ을 무휼ᄒᆞ며 학교를 확장하야 국치를 정리하며 범ᄇᆡᆨ ᄉᆞ위를 모다 열심으로 한게 드면 국ᄐᆡ민안하오리니 그 안이 묘방이오(1906. 1. 4)

로인이 박장대소 왈 그ᄃᆡ가 남을 약 먹닌다고 ᄒᆞ지 말고 ᄌᆞ긔벗텀 약 먹을 일이로다 바랄 거슬 바라지 그러케 되기를 엇지 바라리오 가위 병풍ᄉᆞᆼ셩ᄒᆞᆫ[79] 사람의 말과 비젓ᄒᆞ도다[80] 그 되지 못ᄒᆞᆯ 이유를 ᄃᆡ강 셜명ᄒᆞᆯ 터이니 ᄌᆞ셔히 들어 보소 ᄃᆡ뎌 갑국과 을국이 잇셔 무슴 일이넌지 갑국에 리롭게 ᄒᆞᆯ 일이 을국에ᄂᆞᆫ ᄒᆡ 되ᄂᆞᆫ 일이지 엇지 리ᄒᆡ가 업다 ᄒᆞ리오 이졔 일본과 우리나라 ᄉᆞ이에 일본에 리 되ᄂᆞᆫ 일온 우리나라에 ᄒᆡ 되ᄂᆞᆫ 일이라 여러 ᄉᆞ소ᄒᆞᆫ 일은 그만두고 금번 신죠약으로 보게 드면 응당 일본에ᄂᆞᆫ 영화롭다 ᄒᆞᆯ여니와 우리나라예야 그런 낭ᄑᆡ가 어ᄃᆡ 잇나 그러케 미로여 보면[81] 지금 당국ᄌᆞ들이 만일 우리나라에 유용지인[82] 갓흐면 져 사람네들이 그져 잇슬 터인가 발셔 면관ᄒᆞ라ᄂᆞᆫ 권고도 만이 ᄒᆞ엿슬 터이오 방츅향리[83]도 만이 되엿슬 터이오 일본으로 ᄭᅩᆺ구경도 만이 갓슬 터이오 ᄉᆞ령부에 갓치기도 만이 ᄒᆞ엿슬 터이나 그것은 ᄉᆡ로혀[84] 슌샤 헌병으로 보호를 ᄒᆞ야 쥰다 ᄒᆞ니 그런 것 보게 드면 소위 정부 ᄃᆡ관이라ᄂᆞᆫ 쟈들을 사람으로 보지 안코 토목우인[85]갓치 아라 명ᄉᆡᆨ으로 ᄃᆡ신이라고 정부에 안쳐 노코 져의 일들 ᄒᆞ여 가ᄌᆞᄂᆞᆫ 의ᄉᆞ인 고로 언필칭 슉쳥궁금[86]을 ᄒᆞ여라 정부죠직을 ᄒᆞ여라 ᄒᆞ고 권고는 ᄒᆞᆫ다 ᄒᆞ되 그런 란신젹ᄌᆞ를 죠졍

77. 택차(擇差)하다: 인재를 골라 벼슬을 시킴.
78. 궁금(宮禁): 궁궐.
79. 병풍상성(病風喪性)하다: 병증으로 본성을 잃다.
80. 비젓하다: 비슷하다.
81. 미루어 보다.
82. 유용지인(有用之人): 쓸모가 있는 사람.
83. 방축향리(放逐鄕里): 조선시대에, 벼슬을 삭탈하고 제 고향으로 내쫓던 형벌. 유배보다는 한 등급 가벼운 형벌이다.
84. 도리혀: 오히려.
85. 토목우인(土木偶人): 흙이나 나무로 만든 인형.
86. 숙청궁금(肅清宮禁): 대궐 안에 잡인(雜人)의 출입을 금함.

에 두고셔 슉쳥궁금이 엇지 되며 졍부죠직이 무엇인가 말인즉 언졍리슌[87]하게 슉쳥궁금[88] 졍부죠직이라 하나 졍뷰죠직도 다 틀니고 슉쳥궁금도 다 틀엿네(1. 5)

골륜산[89]에 불이 나매 옥셕이 구분[90]이라ᄂᆞᆫ 픈슈로 나라ᄂᆞᆫ 그 몟몟 사람들의 슈즁으로 이 디경을 만드러 노왓스나 그 앙화ᄂᆞᆫ 젼국 동포가 다 당ᄒᆞ니 그를 슬퍼ᄒᆞ노라 치즁 탕졍 긔샨 쳥심환이 무엇인가 벽력화가 맛당ᄒᆞ네 의ᄉᆡᆼ 왈 옛말에 일넛스되 망ᄒᆞᆫ 후에 흥ᄒᆞᆫ다 하니 금일 우리나라 형셰로 말ᄒᆞᆯ진ᄃᆡ 흥힛다 ᄒᆞᆯ 슈 업ᄂᆞᆫ지라 각국 사람들이 우리나라 대관들은 망국ᄃᆡ부라 지목ᄒᆞ고 우리나라 ᄇᆡᆨ셩들은 망국지민이라 지목ᄒᆞ니 그 지목을 엇지 원통타 ᄒᆞ며 엇지 면ᄒᆞ갯다 ᄒᆞ리오 지금이라도 사람사람이 각각 마ᄋᆞᆷ을 굿게 ᄒᆞ고 졍신을 가다듬어 나 한아이 잘 ᄒᆞ고 보면 젼국이 다 잘 될 쥴로 알게 드면 거의 거외 바랍이 잇스리라 로인 왈 그ᄃᆡ 말 드르니 극히 유리ᄒᆞ야 일변 ᄭᆡ닷는 마ᄋᆞᆷ도 잇고 일변 붓그런 마ᄋᆞᆷ도 나는도다 ᄂᆡ 일노 볼지라도 이웃사람들이 나를 지목ᄒᆞ야 망가옹[91]이라 하고 나의 ᄌᆞ질을 지목하야 망가ᄌᆞ데라 하니 나라 일이 ᄂᆡ 일ᄀᆡ인의 집안일이나 ᄃᆞ름이 업도다 나도 근일에ᄂᆞᆫ 젼일을 후회하고 장ᄅᆡ를 경계하야 여간 남은 젼량과 박토 마지기를 남의게 부탁지 안코 일일이 간검하며[92] ᄉᆞᄉᆞ이 분별하야 번화ᄒᆞᆷ을 물니치고 안졍ᄒᆞᆷ을 슝상하며 ᄉᆞ치를 폐지하고 검소ᄒᆞᆷ을 실시하야 졀용졀검 하얏더니 젼량은 젼ᄇᆡᆨ 되고[93] 박토ᄂᆞᆫ 옥토되야 여망이 잇셔가니 가ᄉᆞ도 그러커던 국ᄉᆞ라고 달을손가(1. 6)

* 1906. 1. 8 (118호) 원문소실

의ᄉᆡᆼ 왈 옛말에 닐넛스되 오십에 비로소 ᄉᆞ십구 년의 잘못ᄒᆞᆷ을 ᄭᆡ닷는다 ᄒᆞ엿더니 이졔 로인의게 맛친 말인즉 ᄃᆡ단 감ᄉᆞᄒᆞ거니와 죠금 늣지 아니 하얏ᄂᆞᆫ잇가 로인 왈 나ᄂᆞᆫ 팔십에 비로소 칠십구 년의 글은 쥴을 안다 ᄒᆞᆷ이 비록 ᄂᆡ게는 느졋다 ᄒᆞ려

87. 언정이순(言正理順): 말이나 이치가 사리에 닿고 옳음.
88. 숙청궁금(肅淸宮禁): 궁궐을 숙청함.
89. 곤륜산(崑崙山): 중국 전설상의 높은 산. 중국의 서쪽에 있으며, 옥(玉)이 난다고 한다. 전국(戰國)시대 말기부터는 서왕모(西王母)가 살며 불사(不死)의 물이 흐른다고 믿어졌다.
90. 곤륜산에 불이 나니까 옥석(玉石)이 구분(俱焚)하여 함께 모두 타버림.
91. 망가옹(亡家翁).
92. 간검(看檢)하다: 두루 살피어 검사하다.
93. 전량(錢兩)이 전백(錢百)되다: 작은 돈이 큰돈이 되다.

ᄂᆡ와 ᄂᆡ ᄌᆞ손의게ᄂᆞᆫ ᄃᆡ단이 일은 일이로다 항언[94] 일으기를 ᄌᆞ식을 낫키가 어려온 거시 아니라 기르기가 어렵고 기리기가 어려온 거시 아니라 가라치기가 어렵다 ᄒᆞ니 이졔 나의 ᄭᆡ다른 마음은 멀니 ᄌᆞ손의게 미칠 교육상 목뎍이로다 의ᄉᆡᆼ이 ᄉᆞ례ᄒᆞ고 갈오ᄃᆡ 근일의 엇던 친고가 외국을 유람ᄒᆞ고 도라와 나라 형편 된 것을 보고 ᄀᆡᄒᆞᆫ 비회[95]를 금치 못ᄒᆞ야(1. 9)

젼국 동포의게 권고ᄒᆞᄂᆞᆫ 말노 지은 글이 노ᄅᆡ와 방불ᄒᆞ나 ᄉᆞ의[96]가 심히 격졀[97] ᄒᆞ더니다 볼상ᄒᆞ고 ᄋᆡ달을ᄉᆞ 이쳔만 동포들아 한 편 귀를 기우려셔 이 ᄂᆡ 말을 드러보오 나라이 이 디경에 거의거의 망ᄒᆞ엿고 인민은 이 디경에 거의거의 다 쥭겟네 ᄃᆡ한 텬지 십숨 도에 살기ᄂᆞᆫ 죠코죠와 여텬ᄃᆡ덕[98] 황상[99]ᄭᅴ셔 우림ᄉᆞ히[100] ᄒᆞᄋᆞᆸ거니 희호 선국[101] 넷너븐냐 상구연월[102] 다시 보네 지평이 오ᄅᆡ되면 화란[103]이 이러나믄 고금에 동측이오 국가에 상경이라 슬흐고 압흐도다 국운이 불길ᄒᆞ야 웅계ᄃᆡ략[104] 간 곳 업고 란신적ᄌᆞ ᄉᆡᆼ겨나셔 만일 그러ᄒᆞ올진댄 금슈만도 못ᄒᆞ리라 못 드럿소 드럿소 파란 ᄉᆞ적[105] 못 드럿소 어린이 절문이를 함부로 잡아갈 졔 써근 박 ᄶᅥᆨ죠각에 굴머서 다 쥭엇데 참혹도다 이 광경을 엇지ᄒᆞ면 죠흘손가 사람의 부모 되니 이 ᄂᆡ 말을 드러보오 오날날 이 디경에 ᄒᆞᆯ 일으로 무엇잇가 어셔 붓비 시급하게 ᄌᆞ손을 가라치오 ᄒᆞᆫ아 알고 두리 아라 차차 ᄭᆡ여 늘오가면 국권을 회복ᄒᆞ기 무엇시 어려우리 못 보앗소 못 드럿소 덕국 사긔[106] 못 보앗소 법국[107]과 ᄊᆞ홈ᄒᆞ야 셩ᄒᆞ지약[108] ᄆᆡ졋다가 상하일심 융분ᄒᆞ야 교육에 힘을 써셔 멧십 년 아니되야 몰슈히 차젓스니 젼

94. 항언(恒言): 보통 말. 항상 하는 말.
95. 비회(悲懷): 마음속에 서린 슬픈 시름이나 회포.
96. 사의(辭意): 말의 주장하고자 하는 뜻.
97. 격절(激切): 격렬하고 절실함.
98. 여천대덕(如天大德): 하늘 같은 큰 덕.
99. 황상(皇上).
100. 우림사해(又臨四海).
101. 희호(熙皞) 건국(建國): 백성이 화락하고 나라가 일어섬.
102. 강구연월(康衢煙月): 태평세월.
103. 화란(禍亂).
104. 웅계대략(雄計大略): 웅대한 계책.
105. 파란(波蘭) 사적(事跡): 폴란드에서 일어났던 일.
106. 덕국(德國) 사기(史記): 독일 역사.
107. 법국(法國): 프랑스.
108. 성하지약(城下之約): 적에게 수도의 성 아래까지 침공을 당하여 맺게 되는 강화의 약속.

감[109]이 소연하야[110] 명빅하기 물과 갓다 여보시오 여보시오 부모 되신 동포님네 이 일을 거울 솜아 ᄌ세히 살피시오 부모ᄂᆞᆫ 굼더릐도 ᄌ손온 가라치고 부모ᄂᆞᆫ 칩드릐도 ᄌ손온 가라치오(1. 11)

밋지 마오 밋지 마오 여간 ᄌᆡ산 밋지 마오 타년타일 븈힝ᄒᆞ야 급ᄒᆞᆫ 경우 당ᄒᆞᆯ진ᄃᆡ 셕슝[111] 갓혼 부ᄌ라도 쓸 데가 무엇이오 되지 안은 ᄌᆡ물 가져 도젹의 것 되오리니 멀니멀니 ᄉᆡᆼ각ᄒᆞ고 젹은 눈을 크게 쓰오 오호 통ᄌᆡ며 우희 비ᄌᆡ라 우리나라 법셩된 지 뉘 안이 그러ᄒᆞ리 무지ᄒᆞᆫ 동포님네 돈이 만아 무엇ᄒᆞ며 지각업ᄂᆞᆫ 동포님네 ᄌᆡ산 잇셔 무엇ᄒᆞ나 그날 그 시 쥭을 젹에 넉넉ᄒᆞ들 엇지 사오 망ᄒᆞᆯ 디경 된 연후에 후회하여 쓸ᄃᆡ업소 만 량 가진 ᄉᆞ람을낭 만 량 들여 공부ᄒᆞ고 쳔 량 가진 사람을낭 쳔元 들여 공부ᄒᆞ오 녜 셩현이 일럿스되 ᄌ손의계 분ᄌᆡ[112]ᄒᆞᆷ이 한 가지 ᄌᆡ죠로셔 갈아침만 못ᄒᆞ다니 ᄌᆡ물노 젼가[113]ᄒᆞᆷ은 픠ᄌ[114]ᄒᆞᄂᆞᆫ 근본이라 ᄌ셔히 궁구ᄒᆞ고 깁히깁히 ᄉᆡᆼ각ᄒᆞ야 가라치어 가라치오 어셔 바비 가라치오 나라ᄂᆞᆫ 업셔져도 빅셩은 사라쓰니 잇ᄂᆞᆫ ᄉᆞ업 잇ᄂᆞᆫ ᄌᆡ죠 그릇ᄒᆞ게 마르시오 빅셩을 교육ᄒᆞᆷ은 흥국ᄒᆞᄂᆞᆫ 근본이라 요만콤 만은 빅셩 게으르게 ᄒᆞ지 마오 일낙서산 가ᄂᆞᆫ ᄒᆡᄂᆞᆫ 불遠간에 어둡깃네 어미나 아비 되야 ᄌ식을 그릇침이(1. 12)

당장에 쥭엄보다 그 죄가 더욱 크며 필부필부[115] 빅셩되야 국가 슈치 ᄭᅵ칠진ᄃᆡ 님군 비반 역젹보다 무엇이 경ᄒᆞᆯ손가 어셔 밧비 갈아치고 어셔 밧비 인도ᄒᆞ야 공ᄉᆞ간 국가ᄉᆞ에 죄인 되지 말지어다 여텬여ᄒᆡ 깁흔 회포 일필노 난긔로다[116] 타일을 징험ᄒᆞ고 위션 권고ᄒᆞᆷ이로다 로인이 듯기를 다ᄒᆞ고 잠연[117]이 눈물을 흘니며 왈 쓸푸도다 이 말이며 두렵도다 이 말이여 나도 ᄂᆡ 일 ᄉᆡᆼ각ᄒᆞ니 쏘ᄒᆞᆫ 일기 죄인이라 쓸푸기도 측양 업고 두렵기도 긔지업다 부모 된 쟈 이 ᄂᆡ 몸이 교육을 모로고셔 등

109. 전감(前鑑): 거울로 삼을 만한 지난날의 경험이나 사실.
110. 소연(昭然)하다: 밝고 뚜렷함.
111. 석숭(石崇): 중국 진나라 때의 부자.
112. 분재(分財): 재산을 자식이나 가족에게 나누어줌.
113. 전가(傳家): 아버지가 아들에게 그 집안 살림을 물려줌.
114. 패자(悖子): 인륜을 어긴 자식.
115. 필부필부(匹夫匹婦): 평범한 남녀.
116. 일필(一筆)로 난기(難記)로다: 일필로 적기 어렵다.
117. 잠연(潛然)하다: 잠잠하다.

ᄒᆞᆫ[118]이 발엿스니 ᄯᅩ한 ᄌᆞ손 죄인이리 무삼 면목 들어ᄂᆡ여 ᄌᆞ손을 보ᄌᆞ ᄒᆞ며 무슴 말노 입을 열어 발명[119]을 ᄒᆞᄌᆞ ᄒᆞ리 언언이 절당ᄒᆞ고 ᄉᆞᄉᆞ이 낭ᄑᆡ로다 소경ᄉᆞ ᄉᆡᆼ각ᄒᆞ고 장ᄅᆡ사 헤아리니 텬지가 아득ᄒᆞ여 몸 둘 곳이 바이업네 부쳐씌 불공ᄒᆞᆷ도 ᄌᆞ손들 위ᄒᆞᆷ이오 명산에 긔도ᄒᆞᆷ도 ᄌᆞ손을 위ᄒᆞᆷ이오 돈을 모려 ᄋᆡ를 쓰ᄂᆞᆫ 것도 ᄌᆞ손을 위ᄒᆞᆫ다 ᄒᆞᆷ이러니(1. 13)

이금[120] 소견 ᄉᆡᆼ각ᄒᆞ니 젼일이 후회로다 그것 져것 그만두고 그 돈 드려 교육ᄒᆞ면 그것이 위ᄒᆞᆷ이오 그것이 상책이라 이왕에ᄂᆞᆫ 몰로고셔 지냇다 ᄒᆞ려니와 지금에ᄂᆞᆫ 알고셔도 모로ᄂᆞᆫ 죄가 더욱 크다 ᄒᆞ리로다 젼일을 후회 말고 오ᄂᆞᆫ 쟈를 죠치리라 자손을 귀ᄒᆞ다고 금의옥식[121] 그만두고 그 돈을 옴겨다가 셔칙을 ᄉᆞ셔 쥬며 ᄌᆞ손을 먹인다고 고량진미[122] ᄉᆡᆼ각 말고 그 마ᄋᆞᆷ 옴겨다가 공부를 시켜쥬며 ᄌᆞ손의게 씨친다고 뎐답을 ᄉᆞ쥬지 말고 그 ᄌᆡ물 옴겨다가 학교를 창셜ᄒᆞ며 ᄌᆞ손을 위ᄒᆞᆫ다고 긔도 불공 ᄒᆞ여가며 명과 복을 빌지 말고 그 졍셩 옴겨다가 교ᄉᆞ 고빙[123]ᄒᆞ야 학문을 가라치며 지식을 ᄀᆡ유ᄒᆞ면[124] 그 안이 죠흘손가 알앗도다 알앗도다 지금이야 알앗도다 교육의 즁ᄒᆞᆫ 듯을 황연[125]이 알앗도다 학문이 업게 드면 무엇으로 사람이며 교육을 아니ᄒᆞ면 무엇으로 부모 되나 교육 사상 업ᄂᆞᆫ 부모 ᄌᆞ손의게 도적이오 학문 슬타 ᄒᆞᄂᆞᆫ ᄌᆞ손 부모의계 불효로다 어이 그려ᄒᆞᆫ고 하면 학문 업셔 무식ᄒᆞᆫ즉 학문 잇ᄂᆞᆫ 사람의게 로예밧게 못되리라 로예가 되고 보면 압제를 면ᄒᆞᆯ손가 압제를 밧게 드면 릉욕이 일을지라 릉욕을 당케 드면 욕급죠죵[126]하올지니 욕급죠종ᄒᆞ게드면 불효패자 아이 되며 교육을 아닛켜 그 지경 되게 드면 부모를 원망ᄒᆞ야 구슈[127] 갓치 아올지니 구슈 갓ᄒᆞᆫ 그 부모 도적보다 나을손가(1. 14)

---

118. 등한(等閑): 마음에 두지 않고 예사로 여김.
119. 발명: 변명.
120. 이금(而今): 이제 와서.
121. 금의옥식(錦衣玉食): 비단옷과 흰 쌀밥이라는 뜻으로, 호화스럽고 사치스러운 생활을 이르는 말.
122. 고량진미(膏粱珍味): 기름진 고기와 좋은 곡식으로 만든 맛있는 음식.
123. 고빙(雇聘): 학식이나 기술이 뛰어난 사람에게 어떤 일을 맡기려고 예의를 갖추어 모셔 옴.
124. 개유(開諭)하다: 사리를 알아듣도록 잘 타이르다.
125. 황연(晃然): 환하게 밝은 모양.
126. 욕급조종(辱及祖宗): 자손의 잘못이 조상에게까지 욕되게 함. 욕급부모(辱及父母).
127. 구수(寇讐): =원수(怨讐).

지ᄂᆡᆫ 일과 장ᄅᆡᄉᆞᄂᆞᆫ 그만 더져 발여노코 ᄎᆞ일 ᄎᆞ시 당ᄒᆞᆫ 소죠 궁구ᄒᆞ여 말ᄒᆞᆯ진ᄃᆡ 일본인과 한국인이 인종은 일아로ᄃᆡ 압졔와 확ᄃᆡᄒᆞᆷ이 어이 그리 ᄐᆡ심ᄒᆞᆫ고 이쳔만 ᄇᆡᆨ셩들을 교육 안 ᄒᆞᆫ 타시로다 통이론지[128]ᄒᆞ게 드면 정부나 인민이나 귀쳔상하 불계ᄒᆞ고 ᄑᆡᄎᆞ 일반 쪽갓흐니 누구를 원망ᄒᆞ며 누구를 한탄ᄒᆞ리 전정을 싹가 쥬며 우리ᄂᆞᆫ 죽더ᄅᆡ도 청년을 ᄇᆡ양ᄒᆞ야 국권을 회복ᄒᆞ고 ᄌᆞ쥬독립ᄒᆞ게 드면 산 쟈도 영화롭고 죽은 ᄌᆞ도 영화로씨 즁흥의 일단 정신 교육 일관ᄲᅮᆫ이로다 바라고 바라기ᄂᆞᆫ 이쳔만 동포들이 늘은 나를 본을 바다 확연이 ᄭᆡ다르여 씩 느졋다 ᄒᆞ지 말고 일심단쳬 셩을 모아 하로 밧비 나가기를 간졀이 바라노라 무궁ᄒᆞᆫ 이 ᄂᆡ 회포 정신이 모손[129]ᄒᆞ여 ᄃᆡ깅 셜명ᄒᆞ거니와 다힝이 쥬인 션ᄉᆡᆼ ᄂᆡ 몸을 ᄃᆡ신ᄒᆞ여 나의 지온 젼일 죄상 이쳔만 동포의게 보ᄂᆞᆫ ᄃᆡ로 ᄉᆞ례키를 산과 갓치 바라노니 부ᄃᆡ부ᄃᆡ 잇지 마오 (1. 16)

의ᄉᆡᆼ이 듯기를 다ᄒᆞ고 공슈칭ᄉᆞ[130]ᄒᆞ여 왈 로인의 ᄭᆡ다름이여 장ᄒᆞ고 굉장토다 로당익장[131]이란 말은 로인을 두고 일온 말이어이와 나의 져근 회포를 잠간 들으소셔 텬디 죠판된 연후에 일월이 ᄉᆡᆼ겨 잇고 일월이 ᄉᆡᆼ긴 후에 만물이 번셩ᄒᆞ고 만물이 셩ᄒᆞᆫ 후에 사람이 귀ᄒᆞ엿고 사람이 귀ᄒᆞᆫ 후에 가옥을 건츅ᄒᆞ고 가옥을 지은 후에 동리가 일우엿고 동리가 일운 후에 고을이 일우얏고 고을이 일운 후에 일도가 일우얏고 일도가 일운 후에 나라이 일우얏고 나라이 일운 후에 죠졍이 일우얏고 죠졍이 일운 후에 ᄇᆡᆨ관이 셜치되고 ᄇᆡᆨ관이 셜치된 후 법률을 마련ᄒᆞ고(1. 17)

법률을 마련 후에 각 도에 감ᄉᆞ ᄂᆡ고 각 읍에 원을 ᄂᆡ고 각 면에 면장 ᄂᆡ고 각 동에 동장 ᄂᆡ여 ᄇᆡᆨ셩을 다ᄉᆞ리매 ᄉᆞ농공상 업을 ᄉᆞᆷ아 안락ᄐᆡ평ᄒᆞ올 적예 그 공을 말ᄒᆞᆫ진ᄃᆡ 하나님의 죠화시라 죠화로다 죠화로다 지공무ᄉᆞ[132] ᄒᆞᆫ아님의 억쳔 년 억만 년이 무궁ᄒᆞ신 죠화로다 쵸목금슈 만물들을 ᄂᆡ시기도 하날이오 업ᄉᆡ기도 하날이오 흥케 ᄒᆞᆷ도 ᄒᆞ날이오 망케 ᄒᆞᆷ도 하날이니 존망흥폐가 ᄌᆞ고로 무샹하야 력력히 셰일지라 복희씨 신농씨와 요슌우탕 문왕 무왕 하나님의 뜻을 밧아 만민을 교화ᄒᆞᄆᆡ

128. 통이론지(統而論之): 모두 합쳐 따지다.
129. 모손(耗損): 닳아 없어짐.
130. 공수칭사(拱手稱謝): 예를 갖추기 위해 오른손 위에 왼손을 얹고 고마움을 표함.
131. 노당익장(老當益壯): =노익장.
132. 지공무사(至公無私): 지극히 공정하여 사사로움이 없음.

인의례지 효졔츙신 치데로 발달되야 착흔 쟈는 흥왕ᄒ고 악흔 쟈는 멸망ᄒ니 흥망승쇠는 선악의 근인이라 흥망이 없게 드면 선악을 엇지 알며 셩흠이 업게 드면 쇠흠을 엇지 알니 하걸[133]은 쥬악흔 인군 어이 그리 무도ᄒ며 왕망[134] 진회[135]는 흔 역적 어이 그리 방ᄌ한고 그 나라를 망케 흠도 지공ᄒ신 하날이오(1. 18)

그 몸을 업시흠도 무ᄉᄒ신 하날이라 무도흔 쟈 토멸ᄒ야 후셰를 경계ᄒ고 어진이 빅양흠은 후인의 모범이라 명명흔 가온딕로 선악을 감출ᄒᄉ 보응이 소소[136]ᄒ니 젼능하신 하나님은 텬ᄒ만국 흔 분이오 공변되신 도덕심은 익증 업스신딕 어이우리 딕한국은 황상 폐ᄒ 어지시고 이쳔만 민슌하온딕 포학흔 이웃나라 감안이 명령ᄒᄉ 위력으로 압졔ᄒ고 강포[137]로 학딕하야 쵸잠식지[138] 모진 계교 일취월장 늘어가서 악흑이 대말ᄒ빅 신의를 물고하고 시비를 발계하야 츙현을 구박하며 간신을 부동하야 우익을 일우이매 국세는 급업하고[139] 인민은 도탄이니 명명하신 하나님이 익증을 두시는가 익증이 업게 드면 어이 그리하단 말고 황연이 씨닷게라 빅셩들의 용우함과 정부 딕신 깁히 든 잠 씨오시는 본의로다 두렵고 두렵울ᄉ 이쳔만동포들은 하나님의 뜻을 밧아 구습을 쎄발이고 신학문 신교육에 어셔 밧비 나갑셰다(1. 19)

나라를 ᄉ랑ᄒ고 동포를 사랑ᄒ는 익국 익민 열심으로 긱명 목덕 나갑셰다 나가지 아이코셔 ᄎ일피일 지닉다가 텬부상데 하나님이 현연이 진로하ᄉ 나라이 젼복되고 인죵이 멸케 되면 아모리 후회흔들 쓸 데가 무엇인가 호텬통곡 무익ᄒ고 쌍을쳐도 쓸딕업셔 텬디가 막막ᄒ니 어딕로 향흘손가 고언에 일넛스되 스ᄉ로 지은 죄는 빌 데가 업다 ᄒ니 이 싱각 져 싱각을 깁히깁히 헤아려셔 게으르던 젼일 구습 청년을 권면ᄒ야 교육에 열심ᄒ면 한아 둘이 느르가셔 긔쳔 긔만 될 터이오 일 년 이년 숨ᄉ 년에 일취월장 발달되야 농상공학 정치 법률 각기 학문 ᄌ격딕로 농민은

133. 하걸(夏桀): 중국 하나라 최후의 왕. 폭군으로서 주왕(紂王)과 함께 악명이 높아 요순(堯舜)과 대비하여 걸주(桀紂)라고 칭함.
134. 왕망(王莽): 중국 전한시대의 참주(僭主).
135. 진회(秦檜): 중국 남송 대의 재상. 간신.
136. 소소(昭昭)하다: 사리가 밝고 또렷하다.
137. 강포(强暴): 몹시 우악스럽고 사납다.
138. 초잠식지(稍蠶食之): 차츰차츰 침노하여 모두 먹어 들어감. 잠식(蠶食).
139. 급업(岌業)하다: 위태롭게 높다.

농ᄉᆞᄒᆞ고 상민은 장ᄉᆞ하고 쟝ᄉᆡᆨ은 졔죠하며 벼살ᄒᆞᆯ 쟈 벼살하야 직업을 직히이면 ᄉᆡᆼ계가 넉넉하야 가급인족[140] 못될손가 가급인족하게 드면 국ᄐᆡ민안 못될손가 국ᄐᆡ민안 하게 드면 국부민강 못될손가 국부민강 하게 드면 독립국이 못될손가 독립국이 되게 드면 ᄌᆞ유 권리 업슬손가 ᄌᆞ유 권리 잇게 드면 압졔를 밧을손가 압제를 면케 드면(1. 20)

학ᄃᆡ가 잇슬손가 학ᄃᆡ가 업게 드면 평등 권리 그 아닌ᄀᆞ 평등 권리 잇게 드면 ᄌᆞ유 활동 못ᄒᆞᆯ손가 ᄌᆞ유 활동 ᄒᆞ게 드면 누구를 고긔ᄒᆞ며 무엇을 부러ᄒᆞ리 졍부 ᄃᆡ신 졔공들은 뎐일을 ᄭᆡ다르여 정치를 발게 ᄒᆞ며 교육에 마암 두어 후ᄒᆡᆼ을 ᄇᆡ양하야 장ᄅᆡ를 긔약하오 ᄇᆡᆨ셩을 교육ᄒᆞᆷ이 농부의게 비유하면 산뎐 슈젼 너른 들에 곡식을 심으랴고 쳣번에ᄂᆞᆫ 거름 쥬고 다음에ᄂᆞᆫ 죵ᄌᆞ 더져 흑을 덤혀 두엇다가 ᄉᆡᆨ이 나셔 ᄌᆞ랄 ᄯᆡ에 잡쵸를 졔히 주며 북을 도다 ᄇᆡ양햐야 풍지츙지 각ᄉᆡᆨ ᄌᆡ앙 혹시나 잇슬가 날마다 염려타가 오육 삭에 결실하야 버혀드려 노은 후에 비로소 방심하니 그 곡식에 들인 공력 엇더타 일으리오 인ᄌᆡ를 ᄇᆡ양ᄒᆞᆷ이 이와 갓다 하오리이 공력이 들지 안코 무엇이 될 터인가 바라고 바라나니 교육을 힘쓰시오 이 ᄂᆡ 향젹 말ᄒᆞᆯ진ᄃᆡ 신농유업 본을 밧아 의셔를 ᄇᆡ운 후에 약국을 ᄀᆡ셜하고 ᄆᆡᆨ문동 텬민동과 진피 반하 강활 독활 쳔가 ᄇᆡᆨ지 각종 약을 봉지봉지 달아 놋쿄 병ᄌᆞ의 징셰 보아 이것져것 기입ᄒᆞ야 병근을 다ᄉᆞ릴제 한 가지 잘하면 병셰가 변ᄒᆞᆯ지니 범연하고 될 터인가 정부에 ᄃᆡ신들도 의원과 갓ᄒᆞᆫ지라(1. 21)

나라의 병들음이 이러케 급ᄒᆞᆫ ᄯᆡ에 긴요ᄒᆞᆫ 약봉지를 차셔 업시 더져 노와 화제를 연구 안코 ᄒᆞᆷ부로 쓰게 드면 병이 졈졈 깁흘지니 병근을 돌일손가 국력을 발달코ᄌᆞ ᄒᆞ게 드면 민력을 붓잡아야 될 터이오 민력을 붓잡으랴 ᄒᆞ게 드면 농공상업 권면ᄒᆞ야 될 터이오 농공상업 권면코ᄌᆞ ᄒᆞ게 드면 교육에 힘을 써야 될 터이오 교육을 힘쓰고ᄌᆞ ᄒᆞ게 드면 학교를 확장하야 될 터이오 학교를 확장코ᄌᆞ 하게 드면 교ᄉᆞ를 ᄐᆡᆨ용하야 될 터이오 교ᄉᆞ를 ᄐᆡᆨ용[141]코ᄌᆞ 하게 드면 인ᄌᆡ를 슈습하야 될 터이오 인ᄌᆡ를 슈용코ᄌᆞ 하게 드면 경향을 물론하고 친소를 불계하고 귀쳔을 불구하고

140. 가급인족(家給人足): 집집마다 먹고사는 것에 부족함이 없이 넉넉함.
141. 택용(擇用): 골라서 씀.

청촉[142]을 밧지 안코 슌젼ᄒᆞᆫ ᄋᆡ국정신 ᄇᆡᆨ절불회 굿게 직혀 물의를 ᄎᆡ탐ᄒᆞ며 ᄌᆡ식을 시험ᄒᆞ야 젹당ᄒᆞᆫ ᄎᆡᆨ임으로 면면이 맛긴 후에 근ᄐᆡ 선악 감찰ᄒᆞ야 권면ᄒᆞᆯ ᄌᆞ 권면ᄒᆞ고 죄쥴 ᄌᆞ 죄를 쥬고 샹쥴 쟈 상을 쥬어 각기 직분 다케 ᄒᆞ면 무어시 안이 될가 텬시가 보ᄒᆡᆼᄒᆞ다 국운이 불길ᄒᆞ다 텬시 국운 타슬 말고 정부 ᄃᆡ신 일심되고 ᄃᆡ소 인민 단체되야 일심 단체 셩을 모고 ᄀᆡ과ᄌᆞ신 ᄒᆞ개 드면 문명 진취 이것이오 시졍 ᄀᆡ션 이것이라(1. 23)

쳔창 만검 무엇ᄒᆞ며 만리장셩 무엇ᄒᆞ나 텬시의 불ᄒᆡᆼᄒᆞᆷ도 가히 감동ᄒᆞᆯ 거시오 국운의 불길ᄒᆞᆷ도 능히 돌녀올 거시오 강린[143]의 포학ᄒᆞᆷ도 가히 졔어ᄒᆞᆯ 거시니 국부민강 아니 되며 ᄌᆞ쥬 독립 못될손가 어화 우리 동포들은 곤이 든 잠 ᄭᆡ오시오 다 발갓네 다 발갓네 동역에셔 도든 ᄒᆡ가 일즁[144]이 되얏스니 ᄃᆡ명 텬디 지금이라 ᄭᆡ오시오 ᄭᆡ오시오 잠잘 ᄯᆡ가 아니로다 일즁에 일은 ᄒᆡ가 셕양 불원ᄒᆞ고 셔산에 걸닌 ᄒᆡ가 황혼이 불원[145]ᄒᆞ니 이 ᄯᆡ를 일케 드면 다시 엇기 어려워라 아모리 권고ᄒᆞ나 듯지를 아니ᄒᆞ면 그 말이 쓸 ᄃᆡ 잇소 열업슨 ᄀᆡᆨ담이니 ᄒᆞᆫ갓 답답ᄒᆞᆯ ᄲᅮᆫ이라 소용이 바이업네 나도 ᄂᆡ 일 ᄉᆡᆼ각ᄒᆞ야 정신을 가다듬고 마암을 ᄭᆡ오쳐셔 후일을 기다리오 (1. 30)

로인이 의ᄉᆡᆼ에 ᄒᆞᄂᆞᆫ 셜화를 듯기를 맛친 후 그 손을 잡고 류쳬 탄식 왈 우리 량인의 말은 가위 ᄌᆞ탄ᄌᆞ가[146]라 족히 세상 사람들 감동케 ᄒᆞᆯ 능력이 업거니와 이쳔만 동포 즁에 엇지 ᄭᆡ다른 자 업스리오 한 사람이 열을 권면ᄒᆞ고 열 사람이 ᄇᆡᆨ을 권면ᄒᆞ고 ᄇᆡᆨ ᄉᆞ람이 쳔을 권면ᄒᆞ야 ᄎᆞᄎᆞ 그러케 셔로 ᄉᆞ랑ᄒᆞ고 셔로 권면ᄒᆞ면 불과 몃 ᄒᆡ 안에 젼국 동포가 모다 화ᄒᆞ리니 그러케 드면 유의유식[147]ᄒᆞ려ᄂᆞᆫ 쟈도 업셔질 터이오 협잡ᄒᆞᆯ ᄉᆡᆼ각도 업슬 터이오 아모 ᄉᆞ업이던지 아니ᄒᆞ면 집도 망ᄒᆞ고 나라도 망ᄒᆞᆯ 쥴 알아 이러케 심ᄒᆞᆫ 겁운[148]을 버셔 바리고 ᄉᆞ쳔 년 오란 나라의 독립 ᄀᆡ초

---

142. 청촉(請囑): 청을 들어주기를 부탁함.
143. 강린(强隣): 강한 힘을 가진 이웃 나라.
144. 일중(日中): 정오 때. 한낮.
145. 불원(不遠): 시일이 오래지 않음. 가까움.
146. 자탄자가(自彈自歌): 스스로 거문고를 타며 노래를 부름. =자문자답.
147. 유의유식(遊衣遊食): 놀면서 살아감.
148. 겁운(劫運): 재앙이 낀 운수.

를 쳔만 년에 굿게 홀 목덕으로 ᄉᆞ람 ᄉᆞ람이 텰심[149]ᄒᆞ야 이러케 미약ᄒᆞ고 이러케 쇠픽ᄒᆞᆫ 나라이 변ᄒᆞ야 오ᄃᆡ쥬 안에 아셰아 뎨일 극락 셰계가 될 쥴을 뉘 알니오 엇더케 ᄉᆡᆼ각하면 가슴이 답답ᄒᆞ야 피를 토할 듯ᄒᆞ고 엇더케 ᄉᆡᆼ각하면 츔을 츌 듯ᄒᆞ니 아모커나 웅식하게 ᄉᆡᆼ각지 말고 활발하게 ᄉᆡᆼ각하야 각기 ᄌᆞ긔 마암과 ᄯᅳᆺ을 양셩하야 유융ᄒᆞᆫ ᄉᆞ람이 유용ᄒᆞᆫ 일에 쓰이고 무용ᄒᆞᆫ ᄶᅡ흐도 도라가지 안키를 간졀이 바랄 ᄲᅮᆫ이로다(1. 31)

의ᄉᆡᆼ이 사례ᄒᆞ고 쥬효[150]를 나와 셔로 죠상ᄒᆞ며[151] 셔로 하례ᄒᆞᄆᆡ 그 일장 셜화가 혹 원망도 갓고 혹 하소홈도 갓트여 듯ᄂᆞᆫ 쟈로 하야금 슬흔 마암도 나고 깃분 마암도 나게 ᄒᆞ야 그 언론이 심히 격졀ᄒᆞ더라 로인과 의ᄉᆡᆼ이 슐이 반취ᄒᆞᄆᆡ 강ᄀᆡᄒᆞᆫ 마암으로 취흥을 못 이긔여 단가 일슈로 화답ᄒᆞ니 그 단가[152]에 갈왓스되 반 넘어 늘거스니 다시 졈든 못하리라 여보소 뎌 소년아 ᄇᆡᆨ발 나를 웃지 마라 무졍 셰월 덧업스니 넌들 ᄆᆡ양 소년이리 늘거 쥭어지면 북망산쳔 도라가셔 령혼은 일진 ᄂᆡᆼ풍에 헛터지고 ᄇᆡᆨ골은 구쳔 혹혈에 진토가 되리로다 문나니 뎌 어부야 금울[153]을 둘너메고 네 어ᄃᆡ로 향ᄒᆞᄂᆞᆫ야 만경충히 널은 물에 아압[154]을 홀이너냐 어별[155]을 홀이너냐 그 무어슬 ᄒᆞ랴너냐 상뎐벽히 잠간이라 벽히가 상뎐 되면 어별은 잇슬손가(2. 1)

뎌긔 뎌긔 목동은 독긔[156]를 둘너메고 네 어ᄃᆡ로 향ᄒᆞᄂᆞᆫ야 만학쳔봉 깁흔 산에 슈목이 참쳔ᄒᆞ니[157] 그곳은 미록[158]에 노ᄂᆞᆫ 바오 평원 광야 널은 들에 슈림이 울밀[159]ᄒᆞ니 그곳은 금죠의 노ᄂᆞᆫ 바라 메고 가ᄂᆞᆫ 그 독긔로 벌목 뎡뎡 베지 마라 그 남글 베게 드면 금슈를 어이ᄒᆞ리 보탁나니[160] 소년 어부 목동들아 ᄂᆡ 말을 웃지 말고

149. 철심(鐵心): 단단하여 쉽사리 변하지 아니하는 굳은 마음.
150. 주효(酒肴): 술과 안주.
151. 조상(弔喪)하다.
152. 단가(短歌): 가사(歌辭)에 상대하여, '시조(時調)'를 달리 이르는 말.
153. 그물.
154. 아압(鵝鴨): 거위와 오리.
155. 어별(魚鼈): 물고기와 자라.
156. 도끼.
157. 참천(參天)하다: 공중으로 높이 늘어서다.
158. 미록(麋鹿): 고라니와 사슴.
159. 울밀(鬱密): 나무 따위가 무성하게 우거져 빽빽하다.
160. 부탁하나니.

명심불망 ᄒᆞ여써라 동ᄌᆞ야 숣 부어라 일ᄇᆡ 일ᄇᆡ 부일ᄇᆡ로 장취불셩[161] ᄒᆞ여ᄶᅵ라 취흥을 불승하야 단가 일곡 화답ᄒᆞ니 낙ᄌᆡ기즁[162]이 안일가 그ᄃᆡᄂᆞᆫ 취하엿고 나ᄂᆞᆫ 장ᄎᆞ 갈 터이니 후일을 다시 긔약노라(2. 2)

『대한매일신보』(1905. 12. 21-1906. 2. 2)

---

161. 장취불성(長醉不醒): 늘 술에 취하여 깨어나지 아니함.
162. 낙재기중(樂在其中): 즐거움이 그 안에 있음.

거부오ᄒᆡ(車夫誤解)

모쳐 병문[1]에서 여러 ᄉᆞ람드리 모야 안져 각기 소경ᄉᆞ[2]로 보고 들은 말을 셔로 논란 허ᄂᆞᆫᄃᆡ 기즁에 인력거군 ᄒᆞᆫ 아이 ᄀᆞ로ᄃᆡ, 나ᄂᆞᆫ 아모리 ᄉᆡᆼ각하야도 알 슈 업ᄂᆞᆫ 일 ᄒᆞᆫ 가지가 잇셔 모단[3] 친고의게[4] 뭇나니[5], ᄂᆡ가 인력거로 ᄉᆡᆼᄋᆡ하ᄂᆞᆫ[6] 고로 남북촌 ᄌᆡ상가도 만이 가셔 보고, 각쳐 연회의나 연설허ᄂᆞᆫ 곳에도 더러 가셔 들은즉, 정부 죠직 정부 죠-집 허니 정부의셔 죠-집은 허여 무엇에 쓰려ᄂᆞᆫ지 정부란 말은 각 ᄃᆡ신네들 모혀 나라 일 의론허ᄂᆞᆫ 쳐소로 짐족허거니와, 그 죠-집은 무삼 죠-집인지 알 슈 업데. 정부가 마소 치ᄂᆞᆫ[7] 려각집[8]이 안인즉, 말이나 소를 먹이려고 죠-집을 구할 것도 아니요, 혹 시골셔ᄂᆞᆫ 죠-집으로 집웅이나 담 ᄀᆞᆺ튼 것을 이기나[9] 허거니와 정부의셔ᄂᆞᆫ 그런 소용도 안일 터인즉, 아마 일본 간부의셔 일인을 외군[10]에 나려보내여 각면 각동에 군중 시급 소용이라 허고 말먹이 곡초[11]를 분정ᄒᆞ야[12] 돈도 쥬지 아니허고 위협으로 륵탈ᄒᆞᆫ다[13] ᄒᆞ니, 정부에서 민폐를 ᄉᆡᆼ각허여 일본 군ᄃᆡ로 보내려고 허ᄂᆞᆫ

1. 골목어귀의 길가.
2. 소경사(所經事): 지내어 겪은 일.
3. 모든.
4. 친구에게.
5. 묻나니.
6. 생애하다: 생계를 꾸리다.
7. 마소 치다: 말과 소를 기르다.
8. 여각(旅閣)집: 객주.
9. 볏짚 등으로 지붕 위를 덮다.
10. 외군(外郡): 정부의 바깥 지역. 지방.
11. 곡초(穀草): 곡물의 이삭을 훑어낸 줄기.
12. 분정(分定)하다: 나누어 배정하다.
13. 늑탈(勒奪)하다: 폭력이나 위협으로 빼앗다.

일인지 ᄉᆞ름마다 정부 죠-집이 된다 허며, 혹 엇던 ᄉᆞ름에 말은 정부 죠-집이라ᄂᆞᆫ 거시 무어신고. 그도 져도 다 틀엿다고 ᄒᆞ니(2. 20)

감안이 여러 사름의 말을 듯고 눈치로 ᄉᆡᆼ각ᄒᆞ야 보면, 정부 죠집이 된다 ᄒᆞᆷ은 정부에셔 죠-집을 구취ᄒᆞᆫ다[14]ᄂᆞᆫ 말이오, 정부 죠-집이 틀엿다 ᄒᆞᆷ은 여슈히 구취가 되지 못ᄒᆞ얏다ᄂᆞᆫ 말노 알거니와, 그 죠집을 어ᄃᆡ 쓸 소용인지 알 슈 업셔 갑갑히 지ᄂᆡ노라 하거늘, 그 말을 듯고 일좌가 박장 ᄃᆡ소ᄒᆞ여 왈, 이 무식ᄒᆞᆫ 놈아! 정부 죠-집이란 말도 잇던가. 정부 죠직이라 ᄒᆞᄂᆞᆫ 말이지. 죠직이라 ᄒᆞᄂᆞᆫ 말은 무론 무엇이던지 ᄶᆞᆫ다ᄂᆞᆫ 말이니, 정부 죠직은 정부를 ᄶᆞᆫ다ᄂᆞᆫ 말이라. ᄒᆞᆫᄃᆡ, 인력거군이 ᄉᆞ례ᄒᆞ여 왈, 그런 말을 나는 밧헤 심으ᄂᆞᆫ 죠-집으로만 ᄉᆡᆼ각ᄒᆞ엿슨즉, 그ᄂᆞᆫ 무식ᄒᆞᆫ 타시어니와 지금 그ᄃᆡ의 말을 듯고야 황연이[15] ᄭᆡ다라도다.[16] (2. 22)

한동안 일진회원[17]이 각부 ᄃᆡ신의 집으로 도라단이며 ᄉᆞ직[18] 상소를 ᄒᆞ녀라 ᄉᆞ진[19]을 말아라 ᄒᆞ며 공갈[20]이 막심ᄒᆞ게 들입더[21] ᄶᆞᆫ다[22]더니, 그것시 정부를 ᄶᆞᆫ노라고 ᄒᆞᄂᆞᆫ 일이로곤. 그만치 물이 못 나게[23] 들입다 ᄶᆞᆺ슨즉 소위 정부 죠직은 잘된 모양인ᄃᆡ, 혹 엇던 ᄉᆞ름의 ᄆᆞᆯ은 정부 죠직이 무어신야. 아모것도 다 안된다 허니, 엇더케 하ᄂᆞᆫ 말인가. 이도 자셔히 알 슈 업ᄂᆞᆫ 일인즉, ᄯᅩᄒᆞᆫ 갑갑ᄒᆞ도다. 허거날, 여러 ᄉᆞ름들이 더욱 ᄃᆡ소허며 왈, 우리가 모다 학식이 업셔 이 병문의셔 남의 삭짐[24]이나 져쥬고, 구루마나 인력거나 교군질을 ᄒᆞ야, 혹여 젼관 젼량[25]이 ᄉᆡᆼ기면 비지[26] 안쥬와 사발 막걸리에 낙을 부처 허다 세월을 챠일 피일로 지내ᄂᆞᆫ 터인즉, 정부이니 죠직이니 알 것도 업고 ᄋᆞᆯ 수도 업거니와, 지금 그ᄃᆡ의 말을 듯고 보면 가위 쵸상 상

14. 구취(鳩聚)하다: 한곳에 모으다.
15. 환하게.
16. 깨달았도다!
17. 일진회원(一進會員).
18. 사직(辭職).
19. 사진(仕進): 벼슬아치가 규정된 시각에 직소로 출근함.
20. '거짓말'의 속어.
21. 계속 세차게.
22. 짜다: (어떤 일을 하기 위해서) 미리 서로 한통속이 되어 비밀히 의논하여 약속하다.
23. 물 샐 틈 없다. 계획한 일이 조금도 빈틈이 없다.
24. 삯짐.
25. 전관(錢貫) 전량(錢兩): 돈.
26. 콩비지.

졔[27]가 요절ᄒᆞᆯ 말이로다. 당쵸의 죠직을 죠-집으로 아ᄂᆞᆫ 것을 일것[28] 설명허여 쥬엇더니, 일향[29] 죠직이라는 두 글ᄌᆞ에 ᄯᅳᆺ을 ᄒᆡ석지 못허고 ᄒᆞᆫ갓 여러 ᄉᆞ름이 위협으로 남을 졸나 ᄶᆞ다[30]ᄂᆞᆫ 의미로만 아니, 실노 우슬 만ᄒᆞᆫ 일이로다. 그 죠직이라ᄂᆞᆫ 말이 엇지ᄒᆞ엿던지 ᄶᅡ기ᄂᆞᆫ ᄶᆞᆫ다ᄂᆞᆫ 말이로되, 그것을 사물상으로 비유ᄒᆞ야 말ᄒᆞ게 드면 베실이나 무명실 갓튼 것으로 베나 무명 갓튼 것을 ᄶᆞᆫ다 ᄒᆞᆯ(2. 23)

여니와 정부를 ᄶᆞᆫ다 ᄒᆞ게 드면 각 ᄃᆡ신을 갈희여[31] 학문과 ᄌᆡ능이 업ᄂᆞᆫ 쟈는 면관ᄒᆞ고,[32] 지식이 유여ᄒᆞ야 능히 국ᄉᆞ를 도을 만ᄒᆞᆫ 쟈로 의정 ᄃᆡ신 이ᄒᆞ 각부 ᄃᆡ신의 직임을 맛겨 우흐로 황상 폐ᄒᆞ에 셩춍을 기우며 아ᄅᆡ로 졔 관리를 통솔ᄒᆞ야 정치와 법률을 받게 ᄒᆞ며 디방 관리를 ᄐᆡᆨᄎᆞ[33]ᄒᆞ야 도ᄐᆞᆫ[34]에 든 ᄉᆡᆼ령을 무휼ᄒᆞ며[35] 구제ᄒᆞ여 나라의 근본을 굿게 ᄒᆞᆷ이니, 그 심원ᄒᆞᆫ 계교와 듕ᄃᆡᄒᆞᆫ ᄎᆡᆨ임을 엇지 입으로 다 말ᄒᆞᆯ리오. 그러ᄒᆞᆫ즉 정부 죠직이라ᄂᆞᆫ 말을 쉽게 ᄒᆞ면 쉽다 ᄒᆞ려니와, 얼엽게[36] 알면 극히 얼여올지니, 엇지 정부 죠직이 된다 ᄒᆞ리오. 목금[37] 소견으로 보게 드면 오ᄇᆡᆨ 년을 ᄯᅩ 지ᄂᆡ도 될ᄂᆞᆫ지 맛치 몰을 일이니, 그ᄃᆡ 말과 갓치 그러케 ᄉᆡᆼ각ᄒᆞᄂᆞᆫ 것시 맛당ᄒᆞ니, 그ᄃᆡ가 진짓 몰으고 ᄒᆞᄂᆞᆫ 말인가 알고도 몰으ᄂᆞᆫ 체ᄒᆞ고 웃노라 ᄒᆞᄂᆞᆫ 말인지ᄂᆞᆫ 알 슈 업스되, 엇지 ᄒᆞ엿던 가히 우슈을 만ᄒᆞᆫ 일이로다. 인력거군이 ᄯᅩᄒᆞᆫ 가가ᄃᆡ소[38] 왈, 소위 정부 죠직이 그쳐럼 신즁ᄒᆞᆫ 말을 나ᄂᆞᆫ 이ᄯᆡᄭᅡ지 ᄶᆞᆫ 말만 ᄒᆞ엿거니와, (2. 24)

시정 ᄀᆡ선[39]ᄒᆞᆫ다 시뎡 ᄀᆡ산된다 ᄒᆞ더니, 참 시정 ᄀᆡ산은 작년 가을 이후로 착실ᄒᆞᆫ 시정 ᄀᆡ산이라. ᄒᆞ거날, 겻히 잇던 쟈이 무러 갈오ᄃᆡ, 자ᄂᆡᄂᆞᆫ 엇더케 ᄒᆞᄂᆞᆫ 말인가. 시정 ᄀᆡ션이 엇지 되얏다 ᄒᆞᄂᆞᆫ요. 인력군 왈, 시정이라 하ᄂᆞᆫ 말은 죵로 각젼 시

27. 초상(初喪) 상제(喪制).
28. 일껏: 모처럼 애써서.
29. 일향(一向): 늘 한결같이. 꾸준히.
30. 졸라 짜다.
31. 가리다: 여럿 가운데에서 분간하여 골라내다.
32. 면관(免官)하다: 관직에서 물러나게 하다.
33. 택차(擇差): 쓸 만한 인재를 골라서 벼슬을 시킴.
34. 도탄(塗炭): 진흙 구덩이에 빠지고 불에 타는 듯하다. 극심한 곤궁에 빠짐을 말함.
35. 무휼(撫恤)하다: 불쌍히 여겨 위로하며 물질을 베풀어줌.
36. 어렵다.
37. 목금(目今): 지금. 이제 곧. 목하(目下).
38. 가가대소(呵呵大笑): (너무 우스워서) 껄껄 크게 웃음.
39. 시정 개선(施政改善).

경[40]이오, ᄀᆡ션이라 ᄒᆞᄂᆞᆫ 말은 시경들이 전황[41]ᄒᆞ야 각쳐로 ᄀᆡ산이[42]를 ᄆᆡ여 단닌다 ᄂᆞᆫ 말이 안닌가. 그로 미루허 보게 드면 소위 지식이 잇다ᄂᆞᆫ 사람도 시경 ᄀᆡ산이 되여야 ᄒᆞᆫ다 ᄒᆞ고 일진회원이라 일본 관인이라 ᄒᆞᄂᆞᆫ ᄉᆞᄅᆞᆷ들도 시경 ᄀᆡ샨을 식힐 목뎍이라고 권고를 ᄒᆞᆫ다 츙고를 ᄒᆞᆫ다 ᄒᆞ니, 일본 ᄉᆞ람이나 일진회원 갓ᄒᆞᆫ 쟈ᄂᆞᆫ 시경 ᄀᆡ산이를 만들여고 ᄒᆞᆷ이 용혹 무괴[43]ᄒᆞ거니와, 소위 우리 나라 유지쟈라 ᄒᆞᄂᆞᆫ 분네들은 나라일을 되도록 쥬의ᄒᆞᆫ다면서도 시경이 ᄀᆡ산이를 ᄆᆡ여 도라단이기를 바라ᄂᆞᆫ 모양이니, 무엇이 쾌ᄒᆞᆯ 것 잇스며, 돈이 업셔 상로[44]가 죠잔[45]ᄒᆞ면 무엇이 나라에 유릭ᄒᆞ건ᄃᆡ, 언필칭 시경 ᄀᆡ산이 되여야 ᄒᆞᆫ다고들 ᄒᆞᄂᆞᆫ지, 급기 시경들이 그러케 ᄀᆡ산이를 ᄆᆡ여 ᄋᆡ를 써도 하나토 죠ᄒᆞᆫ 일 업스니 무엇이 잘될지 몰오깃데. 신구화 교환[46]으로 돈이 귀ᄒᆞ기가, (2. 25)

극항[47]에 일으러 시경들이 젼문[48]을 친다 출판[49]을 당ᄒᆞᆫ다 도망을 ᄒᆞᆫ다 ᄇᆡᆨ셩들은 굴머 죽깃다 얼어 죽깃다 ᄒᆞ며, 심지어 우리들의 여간 돈푼버리도 아죠 업셔져셔 곤란이 막심ᄒᆞᄃᆡ, 소위 정부 ᄃᆡ관이나 유지쟈라ᄂᆞᆫ 분네들이 한아토 그런 것을 구폐[50]ᄒᆞᆯ ᄉᆡᆼ각은 업고, 지금ᄭᅡ지도 시경 ᄀᆡ산이 되어야 ᄒᆞᆫ다 ᄒᆞᆫ즉 이예서 ᄯᅩ 엇더케 되나. 시경들이 ᄀᆡ산이를 ᄆᆡ다 못ᄒᆞ야 지쳐 죽어야 무슴 일이 잘될ᄂᆞᆫ지. 어리셕은 내 쇼견으로 보면 시경 ᄀᆡ산을 ᄆᆡᆫ드지 말고 아모죠록 시경들을 보호ᄒᆞ야 상업이 흥왕케 ᄒᆞ고 리익이 발달되도록 쥬의ᄒᆞ면, 비단 그 시경과 상민들의게만 리익이 잇슬 ᄲᅮᆫ 아니라 정부에도 리익이 될 터이오, 젼국 인민의게도 리익이 되야 나라 ᄌᆡ정에 얼마큼 효력이 잇슬 터인데, 그ᄂᆞᆫ ᄉᆡᆼ각지 안코 다만 신화 일 원에 구화 이 원 ᄒᆞ

40. 종로(鐘路) 각전(各廛) 시정(市井).
41. 전황(錢荒): 돈의 융통이 잘 되지 못하여 돈이 귀하여짐. 돈흉년.
42. 게산이: 거위.
43. 용혹무괴(容或無怪): 혹시 그럴 수 있더라도 괴이할 것이 없음.
44. 상로(商路): 장삿길.
45. 조잔(凋殘): 빼빼 말라 시들어 떨어짐.
46. 신구화 교환 정리 사업: 일본은 한일협약으로 건전한 통화제도를 이룩한다는 취지 아래 당시 통용되고 있던 동전의 유통을 금하고 일본법화를 화폐로 사용토록 했다. 1904년 조인된 한일협약 3항에는 "현재의 주조국을 폐지하고 현재 통용되고 있는 동전의 유통을 금함으로써 건전한 통화제도를 이룩한다"고 명시되어 있다.
47. 극항(極亢): 궁극(窮極)해서 여지가 없음.
48. 전문(廛門): 가게문.
49. 출판(出判): 재산이 탕진되어 아주 끝장이 남.
50. 구폐(救弊): 폐해를 바로잡음.

ᄂᆞᆫ 것을 다행이 아ᄂᆞᆫ 모양인지, 각부 관리ᄂᆞᆫ 그 월급이 가량 ᄇᆡᆨ 원이면 신화를 ᄎᆞ져 상로관에셔 시량[51]이라 포목이라 각ᄉᆡᆨ 물건[52]을 무역ᄒᆞ게 드면 일 원을 구화 이 원으로 쓰ᄂᆞᆫ ᄌᆞ미에 시졍은 ᄀᆡ산이를 ᄆᆡ던, (2. 27)

부 죠직이라 하고 시졍 ᄀᆡ선이 되기를 발알 말이지, 덥허노코 그네들을 거져 두고 졍부를 죠직ᄒᆞᆫ다 ᄒᆞ면 무어시 죠직이라 ᄒᆞᆯ 터이며, 그네들이 졍부 우혜 안져셔 시졍 ᄀᆡ션ᄒᆞ겟다 ᄒᆞ면 무어시 ᄀᆡ선될 터인가. 이 말 져 말 쓸데업고, 일본셔 통감[53]이 건너온 후에야 무숨 결말이 난다 ᄒᆞ니, 한심코 답답ᄒᆞᆫ 일이라. ᄒᆞᆫᄃᆡ, 인력거군이 ᄐᆞᆫ식ᄒᆞ여 왈, 나ᄂᆞᆫ 이ᄶᅥᆨ것 이러케 그 의미를 효득[54]직 못ᄒᆞ고 오ᄒᆡᄒᆞᆷ이 ᄌᆞ심ᄒᆞ얏슨즉,[55] 당쵸에 글을 ᄇᆡ오지 못ᄒᆞ야 무엇이 무슨 말인지 아지 못ᄒᆞ고, 다만 음상ᄉᆞ[56]로 비스름ᄒᆞ게 듯고 억견[57]으로만 ᄉᆡᆼ각ᄒᆞ얏거니와, 아마 졍부 ᄃᆡ신네들도 나와 갓치 그러케 무식ᄒᆞ야 그 의미를 효ᄒᆡ치[58] 못ᄒᆞᄂᆞᆫ 모양인지, 일간에 일본셔 통감이 건너온다 ᄒᆞ니, 아지 못게라. 졍부 관리들이 글을 더 ᄇᆡ오려 ᄒᆞᆷ인가. 우리나라에도 통감[59]이 업술 것시 아니여던, ᄒᆞ필 일본셔 가져올 것 무어신가. 우리나라에 만일 통감이 업게 드면 ᄉᆞ략[60]이라도 무방ᄒᆞ고, ᄉᆞ학·ᄃᆡ학·ᄆᆡᆼ자·즁용이 허다ᄒᆞᆫ데 그것 져것 불계[61]ᄒᆞ고 일본 통감이 젹당ᄒᆞ단 말인가. 우리나라 ᄉᆞ람들의 셩질이 아모리 내 것슨 흉ᄒᆞ다 ᄒᆞ고 남의 것은 죠타 ᄒᆞ야 일용 범ᄇᆡᆨ[62]이 모다 외국 것이오, 심지어 집고 단이ᄂᆞᆫ 집행이[63]ᄭᅡ지라도 외국 것을 ᄉᆞ거니와, (2. 28)

그 통감이야 아모데 통감이면 관계ᄒᆞᆯ 것 잇나 진소위[64] 내 쳔ᄌᆞ와 남의 쳔ᄌᆞ가 달

51. 시량(柴糧): 땔나무와 식량.
52. 각색(各色) 물건(物件): 여러 가지 물건.
53. 통감(統監): 일본 조선통감부의 최고 책임자.
54. 효득(曉得): 깨달아 앎. 효해(曉解).
55. 자심(滋甚)하다: 점점 더 심하다.
56. 음상사(音相似): 글자는 다르나 음이 서로 같음.
57. 억견(臆見): 어떤 근거 없이 미루어 헤아려 하는 자기 상상의 소견.
58. 효해(曉解)하다: 깨달아 알다.
59. 통감(通鑑): 자치통감(資治通鑑). 송나라 사마광(史馬光)이 저술한 중국 역사서.
60. 사략(史略): 간단하게 저술한 역사서.
61. 불계(不計): 시비나 이해 또는 사정을 가려 따지지 않음.
62. 일용(日用) 범백(凡百): 날마다 쓰는 여러 가지 물건.
63. 지팡이.
64. 진소위(眞所謂): 그야말로. 참말로. 정말로.

으다 ᄒᆞᄂᆞᆫ 말은 거긔 두고 일은 말이로다. ᄒᆞ거날, 좌즁이 ᄯᅩᄒᆞᆫ 박쟝ᄃᆡ소 왈, 이 ᄉᆞ람 되지 안은 말 작작 ᄒᆞ소. 듯기를 잘못ᄒᆞ엿나, ᄉᆡᆼ각을 잘못ᄒᆞ나 엇지 그리 오ᄒᆡ ᄒᆞᄂᆞᆫ 말이 만은고. 금번에 일본셔 건너온다ᄂᆞᆫ 통감은 셔칙 일홈에 통감이 아니오. 벼살 일홈에 통감이니, 그 통감은 일본에 유명ᄒᆞᆫ 원로 후작 이등박문씨가 통감으로(3. 1)

건너왓다네. 그 통감의 직권을 말ᄒᆞᄌᆞ면 ᄃᆡ단이 훌륭ᄒᆞᆫ가 보데. 이왕에 일본 신문상에도 통감의 운치[65]를 론ᄂᆞᆫᄒᆞ얏다ᄂᆞᆫᄃᆡ. 한국 풍속이 쥬임관[66] 이상은 영감이라 ᄒᆞ고, 칙임관[67] 이상은 ᄃᆡ감이라 ᄒᆞ고, ᄃᆡ황뎨 폐ᄒᆞᄂᆞᆫ 상감이라 ᄒᆞᆫ즉, 지금 통감이라 ᄒᆞᄂᆞᆫ 칭호가 극히 운치가 잇고 ᄌᆞ미시러운 말이라고 ᄒᆞ얏다네. 그런 말 듯고 감안이 혜알여보면 통감이라ᄂᆞᆫ 통ᄌᆞᄂᆞᆫ 거나릴 통ᄌᆞ오, 통감이라ᄂᆞᆫ 감ᄌᆞᄂᆞᆫ 볼 감ᄌᆞ이니 그 통감 두 글ᄌᆞ를 합ᄒᆞ야 말ᄒᆞ게 드면 도통 거날여 본다ᄂᆞᆫ 말 아닌가. 그러케 미루혀 보게 드면 통감이라ᄂᆞᆫ 칭호와 직권이 우리 한국에ᄂᆞᆫ 굉즁굉즁한 칭호와 직권이 아닌가. 져 ᄉᆞ람네들은 운치가 잇게 알 만도 ᄒᆞ고 ᄌᆞ미시럽게 여길 만도 하거니와, 우리나라 일반 국민의게ᄂᆞᆫ 엇지 기막키고 한심ᄒᆞᆫ 일이 아니리오. ᄌᆞ네 말과 갓치 셔칙 일홈의 통감 갓고 보면 무어시 관계잇다 하며, 무엇이 원통하다 하기ᄂᆞᆫ가. ᄒᆞᆫ갓 우스을 만ᄒᆞᆫ 일이로다.(3. 4)

인력거군이 듯기를 다ᄒᆞ고 길이 탄식ᄒᆞ여 왈, 속담에 일은 말로, 드르면 병이오 안 들으면 약이라ᄂᆞᆫ 말이 올토다. 나ᄂᆞᆫ 그러케 굉장ᄒᆞᆫ 통감인 쥴은 몰오고 다만 공ᄌᆞ왈 ᄆᆡᆼᄌᆞ왈ᄒᆞᄂᆞᆫ 통감으로만 알앗더니, 지금 ᄌᆞ셔히 알고 본즉 비록 우쥰[68]ᄒᆞᆫ 마음이라도 가슴이 무여지ᄂᆞᆫ[69] 듯 피를 토ᄒᆞᆯ 듯ᄒᆞ야 일단 병근[70]이 될 듯ᄒᆞ니, 도로혀 아니ᄒᆞ얏슬 ᄯᅢ만 갓지 못ᄒᆞ도다. ᄒᆞ고 인력거를 ᄭᅳᆯ고 가며 ᄌᆞ탄가[71] 노ᄅᆡᄒᆞ니, 그 노

---

65. 운치(韻致): 고아한 품위가 있는 기상.
66. 주임관(奏任官): 조선조 말엽, 갑오개혁 이후에 베풀었던 관계(官階)의 하나. 내각 총리대신이나 각 대신이 내각 총리대신을 거쳐 주천(奏薦)하여 시키던 벼슬아치.
67. 칙임관(勅任官): 친임관(親任官)의 아래, 주임관의 위 벼슬. 칙명(勅命) 곧 대신의 청으로 임금이 임명하는 고등관 1·2등.
68. 우준(愚蠢): 어리석고 민첩하지 못함.
69. 미어지다: 팽팽하던 가죽이나 종이 같은 것이 해져서 구멍이 나다.
70. 병근(病根): 병의 뿌리.
71. 자탄가(自歎歌): 스스로 탄식하여 부르는 노래.

ᄅᆡ에 ᄒᆞ얏스ᄃᆡ, 산쳡쳡 슈즁즁이라 산이 놉파 만장[72]이니 그 산을 넘ᄶᆞ ᄒᆞ면 ᄉᆞ다리를 노을만 못ᄒᆞ도다. 만일에 ᄉᆞ다리도 놋치 안코 한 거름도 것지 안코 다만 산이 놉다 ᄌᆞ탄ᄒᆞ면 명일이 금일이오 명년이 금연이라. 하월 하일에 그 산을 넘어간다 긔필[73]ᄒᆞᆯ가. (3. 6)

산쳡쳡 슈즁즁[74]이라 물이 깁퍼 쳔쳑이니, 그 물을 건너랴면 ᄇᆡ를 쥰비ᄒᆞᆷ만 못ᄒᆞ도다. 만일에 ᄇᆡ도 쥰비치 안코 ᄉᆞ공도 부으지[75] 안코 다만 물이 깁다 ᄌᆞ탄ᄒᆞ면 하월 ᄒᆞ일에 그 물을 건너간다 질언[76]ᄒᆞᆯ가. 아마도 그 산 그 물을 넘고 건너ᄌᆞ ᄒᆞ면 ᄉᆞ다리와 션쳑을 준비코져 미리미리 경영ᄒᆞᆷ이 뎨일 상칙이라. 이도 져도 아이하고 무졍 셰월 허송ᄒᆞ면 그 산 그 물이 졀노졀노 평디 되기 바랄손가. 슬프고 슬프도다. 우리나라 형편됨과 우리 동포 전정[77]됨은 산쳡쳡 슈즁즁에 우심[78]타 ᄒᆞ리로다. 바라고 바라나니 정부 ᄃᆡ관 유지인ᄉᆞ ᄒᆞᆯ 슈 업다 ᄌᆞ탄 말고, ᄉᆞ다리와 션쳑 등을 어셔 밧비 쥰비ᄒᆞ오. 우리ᄂᆞᆫ 무지[79] ᄒᆞ등[80]의 인류라 일너 무엇. (3. 7)

『대한매일신보』(1906. 2. 20-1906. 3. 7)

72. 만장(萬丈): 만 발이나 되도록 매우 높음.
73. 기필(期必): 꼭 되기를 약속함.
74. 산첩첩(山疊疊) 수중중(水重重).
75. 부르지.
76. 질언(質言): 사실을 있는 대로 딱 잘라 말함.
77. 전정(前程): 앞길.
78. 우심(尤甚)하다: 더욱 심하다.
79. 무지(無知): 아는 것이 없음.
80. 하등(下等): 낮은 등급.

시사문답(時事問答)

근일 츈긔[1] 화창ᄒᆞᆫ ᄯᅢ 엇던 션ᄇᆡ 량인이 손을 글고 놉흔 곳에 올나 안져 쟝안 ᄃᆡ도상 왕ᄅᆡᄒᆞᄂᆞᆫ 사람을 지졈ᄒᆞ며 고금치란[2]의 시비를 평론ᄒᆞ야 시국의 불평홈을 ᄀᆡ탄ᄒᆞ고 강ᄀᆡ[3]ᄒᆞᆫ 마음을 금치 못ᄒᆞᆫ다 ᄒᆞ니 그 션비의 셩명은 한아ᄂᆞᆫ 시골 션ᄇᆡ의 호문ᄉᆡᆼ이오 한아ᄂᆞᆫ 셔울 션ᄇᆡ의 션희ᄉᆡᆼ이라 셔로 장황이 담화ᄒᆞᆯ 즈음에 마참 무ᄉᆞᆷ 령악ᄒᆞᆫ 소ᄅᆡ 들니ᄂᆞᆫ지라 호문ᄉᆡᆼ이 놀라 무러 갈오ᄃᆡ 그 무ᄉᆞᆷ 소ᄅᆡ가 그다지 령악ᄒᆞᆫ뇨 쳐음에ᄂᆞᆫ 깁흔 산골에 폭포슈 흘으ᄂᆞᆫ 소ᄅᆡ갓치 나더니 나죵에ᄂᆞᆫ 널븐 들에 황소 정각ᄒᆞᄂᆞᆫ 소ᄅᆡ 것흐나 극히 굉장ᄒᆞ야 그 무엇의 소ᄅᆡ라 지뎍ᄒᆞᆯ 슈 업거니와 그 소ᄅᆡ를 감안이 지음[4]ᄒᆞᆫ즉 금목슈화토 오행이 구비ᄒᆞ게 된 물건의 소ᄅᆡ인 듯ᄒᆞ도다 션희ᄉᆡᆼ이 미미이 우스며 왈 그ᄃᆡ가 쳐음 들은 듯ᄒᆞ거니와 가위 어린아ᄒᆡ가 텬동 소ᄅᆡ를 분변치 못홈과 갓도다 그 소ᄅᆡᄂᆞᆫ 달은 것 아니라 인쳔 동ᄅᆡ 의쥬 등디로 ᄅᆡ왕ᄒᆞᄂᆞᆫ 텰마의 소ᄅᆡ라 ᄒᆞᆫᄃᆡ 호문ᄉᆡᆼ이 더욱 의심ᄒᆞ야 갈오ᄃᆡ 텰마라 ᄒᆞᄂᆞᆫ 것은 무엇이완ᄃᆡ 그 소ᄅᆡ가 그다지 령악ᄒᆞᆫ고 션희ᄉᆡᆼ 왈 그 텰마라 홈은 그ᄃᆡ의 일은바 금목슈화토 오ᄒᆡᆼ이 구비ᄒᆞ게 된 물건이니 그 물건된 체격을 의론ᄒᆞ면 금긔로 젼체가 되얏스되 간혹 목긔가 셧겻고 토긔를 잇그러 슈긔와 화긔의 힘으로 활동ᄒᆞᄂᆞᆫ 것이니

(1906. 3. 8)

---

1. 춘기(春氣): 봄기운.
2. 고금치란(古今治亂).
3. 강개(慷慨): 의롭지 못한 것을 보고 의기가 북받쳐 원통하고 슬픔.
4. 지음(知音): 듣다.

그 각력[5]은 능히 일일에 쳔리를 행ᄒᆞ고 그 힘은 능히 한 번에 쳔만근의 즁슈[6]를 슈운[7]ᄒᆞ나니라 호문싱이 이윽히 싱각하다가 갈오ᄃᆡ ᄂᆡ 이제 알앗도다 소위 텰마라 ᄒᆞᆷ은 텰로 륜거[8]를 일음이 안닌가 그러ᄒᆞ나 그것이 엇지 금목슈화토 오힝이 구비ᄒᆞ게 되얏다 ᄒᆞ리오 선희싱 왈 ᄂᆡ ᄌᆞ셔히 일으리라 그 물건됨이 젼혀 쇠와 남무로 만들엇슨즉 금목이 분명ᄒᆞ고 셕탄은 흙에셔 나고 화륜통에 물을 붓고 셕탄에 불을 핀 연후에 운동이 되니 슈화토가 구비치 아니ᄒᆞᆫ가 그러ᄒᆞ나 그것은 젼혀 금쳬로 되엿슬ᄲᅮᆫ더러 우리나라의 여간 ᄇᆡᆨ동이라 쳥동이라 ᄒᆞᄂᆞᆫ 쇠쪼각은 모다 그놈의 복즁으로 몰녀 들어가ᄂᆞᆫ 고로 그놈이 쇠를 만히 먹어셔 그러ᄒᆞᆫ지 간간이 질으ᄂᆞᆫ 소ᄅᆡ가 일단 쳘셩이라 만일 우리나라 인민이 그ᄃᆡ로 어리셕고 그놈은 그ᄃᆡ로 왕셩ᄒᆞ면 장ᄎᆞᆺ 젼국의 쇠쪼각이라고ᄂᆞᆫ 구경ᄒᆞᆯ 슈 업슬 터이오 ᄯᅩᄒᆞᆫ 함흥 원산ᄭᅡ지도 왕ᄅᆡᄒᆞ며 ᄒᆞᆷ부로 집어먹을 터인ᄃᆡ 그ᄲᅮᆫ 아니라 그놈 왕ᄅᆡᄒᆞᄂᆞᆫ 곳마다 인민이 견ᄃᆡᆯ 슈가 업셔 뎐토와 가옥을 부지치 못ᄒᆞ며 쳥산에 뭇친 ᄇᆡᆨ골ᄭᅡ지도 보젼치 못ᄒᆞ나니(3. 9)

엇지 두렵지 아니ᄒᆞ리오 호문싱 왈 그 화륜거가 구미 각국에셔 먼져 지은 것이로되 그 나라에 쇠쪼각이 귀ᄒᆞ얏겟다ᄂᆞᆫ 말을 듯지 못ᄒᆞ고 졈졈 식리[9]가 되야 부국강민이 되얏스니 그것으로 ᄒᆞ야 돈이 업셔질 바 잇스리오 선희싱이 탄식ᄒᆞ야 왈 그런 ᄉᆞ업을 우리 국민이 ᄒᆞᄂᆞᆫ 것 갓흐면 쇠쪼각 업셔질 염려ᄂᆞᆫ ᄉᆡ로여 ᄌᆡ물을 모흘 근본이 될 터이지만은 그것이 우리나라에 반 푼 일 리도 리익은 업고 다만 민국간 크고 막인 것시 텰도 긔지로 몃쳔 리 몃ᄇᆡᆨ 리 되ᄂᆞᆫ 연로 각 디방에 관유지 민유지를 불계ᄒᆞ고 텰로 긔지라 뎡거쟝 긔자라 ᄒᆞ야 갑도 업시 졈탈ᄒᆞ니 나라에ᄂᆞᆫ 강토가 졈졈 쥴어지고 ᄇᆡᆨ셩은 뎐토가 업셔 농업을 폐지ᄒᆞ니 그 관계가 엇더ᄒᆞ며 텰로 잇ᄂᆞᆫ 각 지방 인민들은 륜거 삭시[10] 빗ᄉᆞ니 ᄊᆞ니 ᄒᆞ면셔도 보힝으로 왕ᄅᆡ치ᄂᆞᆫ 안으려 ᄒᆞ야 연로 졈막[11]에 ᄀᆡᆨ이 죠졀하야[12] 로변에셔 거싱ᄒᆞᄂᆞᆫ[13] 인민들이 싱이가 ᄭᅳᆫ

---

5. 각력(脚力): 다리의 힘.
6. 중수(重數): 무게의 단위.
7. 수운(輸運).
8. 철로(鐵路) 윤거(輪車).
9. 식리(殖利).
10. 삯이.
11. 연로(沿路) 점막(店幕): 길가의 상점이나 주막.
12. 조절(阻絶)하다: 손객이 뚝 끊어지다.
13. 거생(居生)하다: 머물러 살아가다.

어지고 젼젼 푼푼이 몰여 륜거 삭젼으로 외국인의 낭탁[14]에 들어가니 한 번 들어간 후에야 무ᄉᆞᆷ ᄌᆡ간으로 다시 구경이나 하야 볼 슈 잇나 비록 긔쳔 리 긔ᄇᆡᆨ 리를 삽시간에 왕ᄅᆡᄒᆞᆫ즉 그 ᄂᆡ왕의 신속ᄒᆞᆷ과 로비[15]의 감ᄉᆡᆼ[16]됨이 당쟝에ᄂᆞᆫ 편리타 ᄒᆞᆯ연니와(3. 10)

감안이 혜알이면[17] 그 폐단이 엇덧타 일으리오 져 구미 각국으로 말ᄒᆞ게 드면 무론 무ᄉᆞᆫ ᄉᆞ업이던지 나라에 유익하고 인민의게 편리ᄒᆞ도록 어ᄃᆡᄭᅥ지 연구ᄒᆞ야 가며 경영ᄒᆞᄂᆞᆫ 고로 민국 간에 방ᄒᆡ됨이 업시 점점 부강ᄒᆞᆫ 데로 나아가 그 텰로 갓흔 것도 ᄂᆡ 나라 토디에 ᄂᆡ 나라 인민이 부셜ᄒᆞ야 영업ᄒᆞᄂᆞᆫ 것인즉 지금 만국이 통상ᄒᆞᄂᆞᆫ 판에 한푼이라도 외국인의 돈이 ᄂᆡ 나라 지방에 ᄯᅥ러질 터이지 내 나라 돈을 남의 나라 ᄉᆞ람이 가질 묘리가 업셔 섬섬 부국상빈이 된다 ᄒᆞ려니와 우리나라 형편은 그러치 못ᄒᆞ야 남의게 긔지도 빌니고 심지어 물ᄌᆡ와 역부ᄭᅡ지 빌니여 가며 리익을 만들어 쥬니 무엇이 내게 리롭다 하리오 도시 우리나라 정부 이하로 지어[18] ᄇᆡᆨ셩ᄭᅡ지 모다 용우[19]하고 혼암[20]하야 초ᄎᆞ[21]에ᄂᆞᆫ 무ᄉᆞᆫ 경륜으로 무엇을 시작하ᄂᆞᆫ 쳬하다가(3. 11)

필경 셩ᄉᆞ치 못ᄒᆞ고 나죵에ᄂᆞᆫ ᄒᆞᆯ 슈 업시 남의게 ᄲᅢ앗기고 마는 ᄌᆡ간 ᄲᅮᆫ인즉 가위 발종지시[22]하ᄂᆞᆫ 것이라 ᄎᆞ랄 아모 것도 ᄒᆞᄂᆞᆫ 체 안ᄂᆞᆫ 것이 도로혀 상ᄎᆡᆨ이니 나라의 젼도를 ᄉᆡᆼ각ᄒᆞ면 엇지 한심ᄒᆞ고 통곡ᄒᆞᆯ 일이 안일손가 호문ᄉᆡᆼ 왈 쳘로ᄂᆞᆫ 그러ᄒᆞ거니와 시계 ᄌᆞ명종 뎐보쥴 뎐화쥴 뎐긔등[23] 갓흔 것은 ᄃᆡ단 유용ᄒᆞᆫ 것일가 ᄒᆞ노라 선희ᄉᆡᆼ 왈 유용ᄒᆞ기로 말ᄒᆞ면 어는 거시 유용치 아니ᄒᆞᆷ이 아니라 한갓 탄식ᄒᆞᆯ 바는

---

14. 낭탁(囊橐): 주머니와 전대.
15. 노비(路費): 여비. 노자.
16. 감생(減省): 줄어들어 작아짐.
17. 가만히 헤아리다.
18. 지어(至於): ~에 이르기까지.
19. 용우(庸愚): 용렬하고 어리석음.
20. 혼암(昏暗): 어둡고 몹시 캄캄하다.
21. 초차(初次): 처음.
22. 발종지시(發蹤指示): 원래는 사냥개에게 짐승 있는 곳을 가리켜 잡아오게 한다는 뜻을 지니는 말. '방법을 가르쳐 보임'이라는 뜻으로 쓰인다.
23. 시계, 자명종, 전보줄, 전화줄, 전기등.

내 토지 내 물력[24]을 들여 ᄂᆡ가 ᄒᆞ지 못하고 남의 슈즁으로 돌녀보ᄂᆡᄂᆞᆫ 일이 원통하도다 호문ᄉᆡᆼ 왈 그 열어 가지 명목의 신긔ᄒᆞᆫ 말은 시골 잇슬 ᄊᆡ에 보지ᄂᆞᆫ 못하고 남의 젼하ᄂᆞᆫ 말을 들으오ᄆᆡ 그 말이 심히 허황ᄆᆡᆼ낭하게 듯고 일호도 밋지 아니하야 ᄉᆡᆼ각하기를 진ᄀᆡ[25] 글언 것이 잇스면 혹여 신졉ᄒᆞᆫ[26] 죠화의 슈단인가 하얏더니(3. 13)

금번에 눈으로 친히 보고 ᄉᆡᆼ각ᄒᆞᆫ즉 이왕에 젼ᄒᆞ던 ᄉᆞ람의 말이 허언이 안닌 쥴을 알ᄊᆡ고 쏘ᄒᆞᆫ 선졉ᄒᆞᆫ 죠화로 되지 안닌 쥴을 알앗도다 그러나 져 셔양 ᄉᆞ람들은 엇더케 ᄒᆞ야 달은 ᄉᆞ람이 듯고도 의심ᄒᆞ고 보고도 알기 얼여온 ᄉᆞ업을 만들어 ᄂᆡ엿ᄂᆞᆫ지 참 희한ᄒᆞᆫ 일이로다 션희ᄉᆡᆼ 왈 그 ᄉᆞ람들도 ᄉᆞᆷ두륙비[27]가 아니오 우리와 갓치 눈 둘에 코 ᄒᆞᆫ아 잇ᄂᆞᆫ 인죵이로ᄃᆡ 그 제죠물의 특별ᄒᆞᆷ은 다른 연고 아니라 다만 무엇이던지 리치를 궁구ᄒᆞ야 긔어히 투득[28]ᄒᆞ야 ᄂᆡ고 마ᄂᆞᆫ 특셩이 잇ᄂᆞᆫ 연고어니와 쳔종 만물의 졔죠ᄒᆞᆷ을 모다 나라에 유익하고 ᄇᆡᆨ셩의게 편리하도록 졈졈 연구하야 만드ᄂᆞᆫ 것인즉 그것은 모다 ᄋᆡ국 ᄋᆡ민하ᄂᆞᆫ ᄉᆞ상에셔 나오ᄂᆞᆫ ᄇᆡ라 화륜거와 화륜션을 지어 사람으로 하야금 긔쳔 리 긔ᄇᆡᆨ 리를 슌식간에 왕ᄅᆡ하되 피곤ᄒᆞᆷ이 업게 하고 시계 ᄌᆞ명종을 졔죠하야 쥬야 이십ᄉᆞ 시를 평균이 분ᄇᆡ하야 ᄉᆞ람으로 하야금 그 시간을 맛초아 일ᄒᆞᆯ ᄊᆡᄂᆞᆫ 일ᄒᆞ고 쉬을 ᄊᆡᄂᆞᆫ 쉬게 ᄒᆞ되 일 년 ᄉᆞᆷᄇᆡᆨ륙십 일에 일 분이 틀님이 업게 ᄒᆞ고 뎐보쥴 뎐화쥴을 셜치ᄒᆞ야 사람으로 ᄒᆞ야금 쳔리 밧일을 삽시간에 알게 ᄒᆞ야 멀고 갓가옴이 업게 ᄒᆞ고 뎐긔등을 졔죠ᄒᆞ야 어둔 것을 발케 ᄒᆞ니 그 허다 긴요ᄒᆞᆫ 것을 일일이 셜명할 것 업거니와 우리나라 사람들은 다만 유용ᄒᆞ고 편리ᄒᆞᆫ 쥴노만 알고 그 리ᄒᆡ가 엇더케 되ᄂᆞᆫ 것을 아지 못ᄒᆞ니 유용ᄒᆞᆫ 것이 도로혀 무용ᄒᆞᆫ 것만 갖지 못ᄒᆞ고 편리ᄒᆞᆫ 것이 도로혀 불편ᄒᆞᆫ 것만 갓지 못ᄒᆞ도다 호문ᄉᆡᆼ 왈(3. 14)

무론 무엇이던지 유용ᄒᆞᆫ 것이면 유용ᄒᆞ게 쓸 터이오 무용의 것이면 무용ᄒᆞ게 될 터인ᄃᆡ 엇지ᄒᆞ야 유용ᄒᆞᆫ 것이 무용ᄒᆞᆫ 것만 갓지 못하다 ᄒᆞ며 편리ᄒᆞᆫ 것이 불편한

24. 물력(物力).
25. 진개(眞開): 참으로. 정말로.
26. 신접(神接)하다: 접신하다.
27. 삼두육비(三頭六臂): 머리가 셋, 팔이 여섯이라는 뜻으로, 힘이 엄청나게 센 사람을 이르는 말.
28. 투득(透得): 막힘없이 환하게 깨달음.

것만 갓지 못ᄒᆞ다 ᄒᆞᄂᆞᆫ요 선히싱 왈 되며 그런 것 져런 것을 물론ᄒᆞ고 우리나라 인민이 ᄎᆞᄎᆞ ᄡᅵ다라 ᄒᆞᆫ 가지식이라도 졔쇼를 ᄒᆞᆫ다던지 부셜을 ᄒᆞᆫ다던지 ᄒᆞ야 나의 졔쇼흠과 부셜물이 흥왕ᄒᆞ고 남의 것이 쇠잔ᄒᆞ면 ᄌᆞ연즁 유용ᄒᆞᆫ 것이 유용ᄒᆞ게 되고 편리ᄒᆞᆫ 것이 편리ᄒᆞ게 되려니와 그러치 못ᄒᆞ야 한갓 눈으로 쇼케만 보고 입으로만 유용ᄒᆞᆫ 것이라 말ᄒᆞᆯ ᄲᅮᆫ 아니라 그간 선ᄒᆞᆫ[29] 빅동푼을 모아다가 텰로 륜션 뎐거 뎐보 등속의 소비로 들여보ᄂᆡᆫ즉 그 돈은 외국인의 슈즁으로 들어가ᄂᆞᆫ 것이라 그런 리익을 남을 쥬어 가며 유용하다 편리하다 하면(3. 15)

무엇이 유용하고 편리ᄒᆞᆫ가 지금 세계는 젼혀 학문과 ᄌᆡ물로 싸호ᄂᆞᆫ 시ᄃᆡ인즉 학문과 ᄌᆡ물이 업스면 무엇으로 나라를 보젼ᄒᆞᆫ다 흠이오 이왕에 그것 져것 업슬 ᄯᅢ에ᄂᆞᆫ 우마와 교군[30]으로 화륜거와 뎐거[31]를 ᄃᆡ신ᄒᆞ고 들길음과 소길음[32]으로 셕유와 뎐긔등을 ᄃᆡ신ᄒᆞ고 나제ᄂᆞᆫ ᄒᆡ 그림ᄌᆞ와 밤에ᄂᆞᆫ 달긔 소ᄅᆡ[33] 등속으로 시계와 ᄌᆞ명죵을 ᄃᆡ신ᄒᆞ얏스니 이젼과 지금을 비교ᄒᆞ면 그 질둔흠[34]과 군식흠[35]은 비록 달으나 기 리치[36]ᄂᆞᆫ 일반이라

그러ᄒᆞ나 지금 시ᄃᆡᄂᆞᆫ ᄯᅢ로 달으고 날노 변하야 졈졈 무근 것을 발이고 ᄉᆡ것으로 나아가ᄂᆞᆫ 판인즉 우리나라 ᄉᆞ람들도 남의 나라 ᄉᆞ람들의 하지 못ᄒᆞ신 ᄉᆞ업은 ᄎᆞ치 물론하고 눈으로 보고 귀로 듯ᄂᆞᆫ 것을 슝ᄂᆡ[37]라도 ᄂᆡ기를 ᄉᆡᆼ각하여야 될 터인ᄃᆡ 한갓 ᄌᆞ포ᄌᆞ기하ᄂᆞᆫ 마음으로 등한이 발여두고 입으로만 유용ᄒᆞᆫ 것이니 편리ᄒᆞᆫ 것이니 ᄒᆞᆫ즉(3. 16)

그것이 일단 병통의 근원이오 완고의 육습[38]이어니와 만일 완고의 육습이 잇게드면 찰아리 말과 교군을 탈지언졍 륜거나 뎐거를 타지 마ᄂᆞᆫ 것이 올코 들길음과

---

29. 선(鮮)하다: 흔하지 않고 적다.
30. 교군(轎軍): 가마.
31. 전차(電車).
32. 들기름과 쇠기름.
33. 닭의 소리: 닭의 울음소리.
34. 질둔(質鈍)하다: 투미하고 둔탁하다.
35. 군색(窘塞)하다: 살기가 구차하다.
36. 이치(理致).
37. 숭내: '흉내'의 방언.
38. 유습(遺習).

소길음을 쓸 진정 셕유나 뎐증을 거론치 안ᄂᆞᆫ 것이 가하고 달긔 소릐와 일영[39]을 비쥰하야[40] 쥬야의 일ᄭᅩ 느즘[41]을 짐작할지언정 시계 ᄌᆞ명종을 ᄉᆞ지 안ᄂᆞᆫ 것이 당연하거날 그 ᄒᆞᄂᆞᆫ 것을 보게 드면 완고니 슈구니 ᄒᆞᄂᆞᆫ ᄌᆞ들도 륜거나 뎐거를 타지 안ᄂᆞᆫ 쟈이 업고 셕유나 뎐긔등을 켜지 안ᄂᆞᆫ 집이 업고 시계 ᄌᆞ명종이 업ᄂᆞᆫ 집이 업슬ᄲᅮᆫ 아니라 기타 일용 만물에 어는 것이 업셔 ᄉᆞ소ᄒᆞᆫ 리익이라도 모다 남을 쥬어 젼국 ᄌᆡ정의 경갈[42]ᄒᆞᆷ이 극항[43]에 일으되 그 병이 어ᄃᆡ셔 나지ᄂᆞᆫ지 어는 곳에 잇ᄂᆞᆫ지 도모지 불계[44]ᄒᆞ고 ᄒᆞᆫ갓 외면으로만 완고 슈구의 목덕이 잇ᄂᆞᆫ 쳬도 ᄒᆞ고 우국ᄋᆡ민의 ᄉᆞ상이 잇ᄂᆞᆫ 쳬도 하나 실상을 의론하면 아모 경륜도 업고 다만 이젼 부패한 육습으로 젼일에 지ᄂᆡ던 일만 ᄉᆡᆼ각하야 ᄒᆞᆫ 뭉텅이 캄캄한 마ᄋᆞᆷ을 능히 ᄀᆡ오치 못하니 가위 교쥬고실[45]이라 할 만하고 소위 ᄌᆡ간이 죠금 잇다 ᄒᆞᄂᆞᆫ 자는 교ᄉᆞ[46]가 무쌍ᄒᆞ야 신학문이 좀 잇ᄂᆞᆫ ᄉᆞ람을 ᄃᆡᄒᆞ면 ᄌᆞ긔도 신학문에 향의ᄒᆞᄂᆞᆫ 쳬ᄒᆞ고 완고의 ᄉᆞ상이 잇ᄂᆞᆫ 듯ᄒᆞᆫ ᄉᆞ람을 ᄃᆡᄒᆞ면 ᄌᆞ긔도 슈구의 ᄐᆡ도를 나타내여 항상 말ᄒᆞ기를 이젼에난 그런 것 져런 것 업셧셔도 오ᄇᆡᆨ 년 승평세계[47]를 일웟스니(3. 17)

ᄀᆡ명 문명이라난 것이 무엇인고 ᄒᆞ야 이 ᄉᆞ람 져 ᄉᆞ람의 눈치 보아가며 그 ᄯᅳᆺ을 마초난 것을 스ᄉᆞ로 임시 쳬변의 졔일 능ᄉᆞ로 알고 한 가지 쥬쟝할 마ᄋᆞᆷ이 업슨즉 가위 표리부동이라 할 만ᄒᆞᆫ지라 그 허다 병풍 상속의 악습은 이로 론란할 슈 업거니와 ᄃᆡ져 상고로 말ᄒᆞ면 무슴 물건이던지 우마에 실ᄂᆞᆫ 것이 비록 륜거나 륜션에 실ᄂᆞᆫ 것보담 부비[48]가 더ᄒᆞ다 ᄒᆞ려니와 깁히 ᄉᆡᆼ각ᄒᆞ면 가량 ᄒᆞᆫ 량을 져 ᄉᆞ람 쥬고 두 량을 우리 사람 쥬면 당쟝은 리히가 관계되나 져 ᄉᆞ람을 돈 한 량은 영영 업셔지ᄂᆞᆫ 모양이오 우리나라 사람 두 량 쥰 돈은 항상 내 나라 디방에 잇슬 터이니 속담에 일은바 쥬머니애 돈을 초갑에 옴겨 넛는 것 같다 할지니 쵸갑 쥬머니가 비록 명

---

39. 일영(日影): 해 그림자.
40. 비준(比準)하다: 대조하다.
41. 이르고 늦음.
42. 경갈(罄竭): 돈이나 물건 따위가 바닥이 나 다 없어짐.
43. 극항(極亢): 극도에 이르러서 여지가 없음.
44. 불계(不計): 옳고 그른 것이나 이롭고 해로운 것 따위의 사정을 가려 따지지 아니함.
45. 교주고슬(膠柱鼓瑟): 비파나 거문고의 기둥을 아교로 붙여놓으면 음조를 바꾸지 못하므로 하나의 소리밖에 나지 않음과 같이 고지식하여 조금도 변통이 없음을 비유적으로 말함.
46. 교사(狡詐): 교활하게 남을 속임.
47. 승평세계(昇平世界): 태평한 세상.
48. 부비(浮費): 일하는 데 드는 비용.

분과 소용이 달으나 필경에 ᄂᆡ 긔물 되기난 일반이니 그 리ᄒᆡ를 교계ᄒᆞ면 엇디ᄒᆞ다 ᄒᆞ리오 그 밧게 여러 가지가 모다 그와 갓흔 고로 유용ᄒᆞᆫ 것이 무용한 것만 못ᄒᆞ고 편리ᄒᆞᆫ 것이 불편ᄒᆞᆫ 것만 못ᄒᆞ다 ᄒᆞᆷ이로다(7. 18)

호문ᄉᆡᆼ 왈 그 리ᄒᆡ는 그러ᄒᆞ거니와 소위 ᄌᆞ명죵이라 ᄒᆞᄂᆞᆫ 것은 가위 경세종이라 할 만ᄒᆞ도다 ᄂᆡ가 일젼에 모쳐에 간즉 그ᄶᆡ는 오경에 갓가이 되얏고 그곳에 엇던 ᄉᆞ람이 안져ᄂᆞᆫᄃᆡ 맛참 시계가 우ᄂᆞᆫ지라 기즁에 늘근이 ᄒᆞᆫ아이 시계의 우ᄂᆞᆫ 소ᄅᆡ를 듯고 잠연이 눈물을 흘니며 왈 져 시계의 돌아감을 보면 셰월이 덧업시 흘음을 알깃고 사람이 늑는 쥴을 더욱히 ᄭᆡ다를지로다 이왕 나도 소년 쳑에 항상 소년으로만 잇슬 쥴로 알고 셰월이 한량업시 쟝구한 쥴로 알앗더니 져간에 셰월이 ᄎᆞ타ᄒᆞ야[49] 귀 밋ᄒᆡ 검은 털이 변하야 금일 ᄇᆡᆨ발을 일우엇스니 그 ᄇᆡᆨ발이 다시 검어질 리가 만무하고 얼마 되지 못ᄒᆞ야 이 내 육신이 북망산[50] 한 쥼 흑을 보ᄐᆡ리니 엇지 슬프지 아니ᄒᆞ며 금일 금시 이 종소ᄅᆡ를 다시 들을 슈 업스리니 엇지 죠상할 만ᄒᆞᆫ 일이 아닌가 하ᄆᆡ 일좌[51]가 모다 마음이 감동하야 비창ᄒᆞᆫ 비치 잇ᄂᆞᆫ지라 나도 그 말을 듯고 감안이 ᄉᆡᆼ각한즉 츌ᄉᆡᆼ 이후 ᄉᆞᆷ십 여 년에 유졍ᄒᆞᆫ 셰月를 무졍하게 허송하고 아모 ᄉᆞ업도 ᄒᆞᆫ 가지 일 업스니 압헤 오ᄂᆞᆫ 셰月을 뒤에 지ᄂᆡᆫ 일과 갓치 우유도일[52]하다가 한번 죽은 후에 누가 나를 위하야 죠상[53]할 쟈 잇스며 내가 셰상에 낫던 줄을 알쟈 잇스리오 그쳐럼 ᄉᆡᆼ각하ᄆᆡ 마음이 스ᄉᆞ로 울울하야 신긔 불평ᄒᆞᆫ지라 드ᄃᆡ녀 이왕 츈풍화月에 음풍영月로 셰月을 허던 구습을 확연이 혁거[54]하고 신학문 신ᄉᆞ업을 경영코ᄌᆞ 뜻을 뢰졍하얏스나[55] 비유컨ᄃᆡ 칠야ᄉᆞᆷ경[56] 무지공쳐에 길을 찻지 못ᄒᆞᆷ 갓도다 선ᄒᆡᄉᆡᆼ 왈 경셰종이라 ᄒᆞᆷ은(3. 20)

셰상을 경계하야 ᄭᆡ오치는 쇠북이라 할지니 그ᄃᆡ의 일은바 시계 ᄌᆞ명종은 져근

49. 차타(蹉跎)하다: 미끄러져 넘어지다. 일을 이루지 못하고 나이가 많아지다.
50. 북망산(北邙山): 무덤이 많은 곳이나 사람이 죽어서 묻히는 곳을 이르는 말. 중국의 베이망산에 무덤이 많았다는 데서 유래한다. ≒북망산천.
51. 일좌(一座): 온 좌석.
52. 우유도일(優遊度日): 하는 일 없이 한가롭게 세월만 보냄.
53. 조상(弔喪): =조문(弔問).
54. 혁거(革去): 묵은 법(法)의 폐해를 없애버림.
55. 뇌정(牢定)하다: 확실하게 정하다.
56. 칠야삼경(漆夜三更): 캄캄하게 어두운 한밤중. 칠야반경.

경셰종이라 종현 쌍쌍이니 약현 쏭쏭이니 종로 인경이라 광화문 인경이라 ᄒᆞᄂᆞᆫ 것은 가위 큰 경셰종이라 할 만하도다 일젼에 엇던 곳을 지나다가 본즉 짐 지고 가던 ᄉᆞ람 한아이 짐을 버셔 로변에 놋코 열어 ᄉᆞ람들의 후쥬[57]로 다토ᄂᆞᆫ 것을 졍신업시 셔셔 보다가 오졍 치난 종소ᄅᆡ를 듯고 놀나 ᄒᆡ를 치어다보며 ᄌᆞ탄하여 왈 발셔 오졍이 되얏도다(3. 21)

부졀업슨 구경을 탐ᄒᆞ다가 한정이 잇ᄂᆞᆫ 시간을 허숑하얏스니 일에 낭ᄑᆡ가 젹지 아니로다 하고 급급히 짐을 지고 총총이 가ᄂᆞᆫ 것을 보니 가히 게른[58] 쟈를 부즈런하게 인도하난 경종이라 할 만하거날 근일 졍계 관인이나 신ᄉᆞ 신상 간에 시계 ᄌᆞ명종을 치례건으로만 걸어 두ᄂᆞᆫᄃᆡ 졍부관리로 말하게 드면 ᄃᆡ신 이하 참셔관 쥬ᄉᆞ까지라도 ᄉᆞ진[59]ᄒᆞ고 파사[60]하ᄂᆞᆫ데 ᄃᆡ하야 그 일정ᄒᆞᆫ 시간이 잇거마난 사진할 ᄯᅢ난 시간에 별노 상관업게 알고 파ᄉᆞ할 ᄯᅢ난 그 시간을 ○○○○○○) 가량 상오 열 시에 ᄉᆞ진할 쟈 ○○○○나 혹 하오 일이 시간에 ᄉᆞ진ᄒᆞ얏더ᄅᆡ도 파ᄉᆞ할 시간만 되고 나면 공ᄉᆞ의 유무와 긴급지완[61]을 불계하고 허여지난[62] 고로 공연이 월급만 먹고 단이난ᄃᆡ 심지어 엇뎐 쟈난 공문을 슈졍하다가 파ᄉᆞ할 시간이 되얏다난 말을 듯고 쓰던 공문의 글ᄌᆞ를 반자불셩[63]ᄒᆞ고 (3. 22)

나가난 쟈이 더러 잇셧다 ᄒᆞ니 그런 경우에난 경셰종이 아니라 ᄒᆡᄉᆞ종[64]이라 할 만하도다 그러ᄒᆞᆫ즉 각부에 관리가 비록 쳔만 명이 잇기로셔 무슴 일을 ᄒᆞᆫ다 ᄒᆞ리오 그즁에 아모것도 아니ᄒᆞ고 날마다 왓다ᄀᆞᆺ다 ᄒᆞ야 벼슬ᄌᆞ리를 ᄌᆞ긔에 소일 자리로만 알 ᄲᅮᆫ 아니라 염치 업시 월급이 박한니 관리의 ᄋᆡᆨ슈가 부족ᄒᆞ니 ᄒᆞ면서 공문이 젹쳬ᄒᆞ야도 한 가지를 쇽히 치판할[65] ᄉᆡᆼ각도 아니하고 한 글ᄌᆞ를 쓰기도 ᄉᆡᆼ각지 아니하니 그러케 놀고 단이난 관리난 비롯 몃ᄇᆡᆨ 명 몃십 명이 잇더ᄅᆡ도 일ᄒᆞᄂᆞᆫ ᄉᆞ람

---

57. 후주(酗酒): =주정(酒酊).
58. 게으르다.
59. 사진(仕進): 벼슬아치가 규정된 시간에 근무지로 출근함.
60. 파사(罷仕): 일을 마치고 집으로 돌아감. 퇴근.
61. 긴급(緊急) 지완(遲緩): 긴급한 것과 느긋하게 할 것.
62. 헤어지다.
63. 반자불성(半字不成): 글자를 쓰다가 다 쓰지 못하고 그만둠.
64. 해사종(害事鐘): 일을 그르치는 종.
65. 치판(治判)하다.

한아만 못할지니 엇지 외국 ᄉᆞ람들이 보면 용관[66]이라 아이하며 감ᄋᆡᆨ[67]하ᄌᆞ 아니하리오 졔 나라의 졔 일 하기를 남의 나라의 남의 일 하듯 ᄒᆞ야 필경 보호 감독의 압제를 밧으면셔도 마암과 힝실을 곳칠 ᄉᆡᆼ각이 업고 다만 각박ᄒᆞ다 원통하다 남만 원망ᄒᆞ니 그 원망이 쓸 데 잇나 소위 쥬무ᄒᆞᄂᆞᆫ ᄃᆡ신 이하로 협판 국장 참셔관 쥬ᄉᆞᄭᅡ지 그러케 일들 하기 슬혀하난 ᄭᅡ닥에 통신원을 ᄲᅢ앗긴다 외부를 혁파ᄒᆞᆫ다 ᄒᆞ야 (3.23)

국건[68]이 감삭하고[69] 독립 긔초가 업셔질 디경이되 오히려 졍신을 찰이지 못하고 엉벙하ᄂᆞᆫ 슈작으로 시졍ᄀᆡ션을 ᄒᆞᆫ다 인ᄌᆡ ᄐᆡᆨ용[70]을 ᄒᆞᆫ다 하되 이ᄯᅢ것 무엇을 실시하엿다난 말을 듯지 못하얏스나 인ᄌᆡ ᄐᆡᆨ융은 착실ᄒᆞᆫ 인ᄌᆡ를 ᄐᆡᆨ용하ᄂᆞᆫ 모양인대 그 ᄉᆞ람들의 힝적을 의론하면 관찰 군슈로 탐학[71]민ᄌᆡ에 유명한 자 아니면 남북촌 ᄉᆞ랑[72]으로 도라단이며 아참이나 잘하ᄂᆞᆫ 자이니 그 사람 ᄐᆡᆨ용하기도 극란하고 각부 ᄃᆡ신이 ᄎᆞ례거름[73]으로 한아둘식 호쳔[74]하야 셔임하고 공쳔이더 ᄌᆞ칭ᄒᆞᄂᆞᆫ 시졍ᄀᆡ션 다 보앗네 그런 ᄉᆞ람들의게ᄂᆞᆫ 경셰종도 쓸ᄃᆡ업고 ᄃᆡ포알이나 온다 하면 졍신이 날는지 호문ᄉᆡᆼ 왈 우리나라 ᄉᆞ람도 물건 졔죠하난 ᄌᆡ죠가 업다 하지 못할지라 그 훈장 만드난 ᄌᆡ죠냔 어느 틈에 빅왓단지 훈장은 잘 만들어 직품 ᄯᅡ라 ᄎᆞ고 보니 보기난 훌륭ᄒᆞ되 실젹을 궁구ᄒᆞ면 훈장이 앗갑도다 선희ᄉᆡᆼ 왈 훈쟝이란 두 글ᄌᆞ의 의무가 분명한ᄃᆡ 우리나라에 그 훈쟝을 ᄎᆞ난 ᄌᆞᄂᆞᆫ 부장 춍장 각부 ᄃᆡ신과 기타 고등 관리가 졔일이 차고 보니 군부로 의논ᄒᆞ면 근ᄅᆡ 각쳐에 봉긔ᄒᆞᄂᆞᆫ 화젹당(3. 24)

한 ᄀᆡ도 잡지 못한 ᄌᆞ의게 무슴 군공이 잇다 ᄒᆞ며 각부 ᄃᆡ신으로 의론ᄒᆞ면 나라 결단 ᄂᆡ난 쟈의게 무슴 훈로[75]가 잇다 ᄒᆞ리오 그 훈쟝 밧은 쟈들이 만일 일분이라도 ᄉᆞ람의 마음이 잇스면 엇지 황공코 붓그럽지 안으리오마난 그 ᄉᆡᆼ각 져 ᄉᆡᆼ각도 업고

66. 용관(冗官): 중요하지 아니한 벼슬. 또는 그 벼슬아치.
67. 감액(減額).
68. 국건(國鍵): 나라의 열쇠.
69. 감삭(減削)하다.
70. 택용(擇用): (주로 인재를) 골라서 씀.
71. 탐학(貪虐): 탐욕이 많고 포학함. ≒탐포.
72. 사랑(舍廊): 집의 안채와 떨어져 있는, 바깥주인이 거처하며 손님을 접대하는 곳.
73. 차례걸음: 차례를 따라 일을 진행함.
74. 호천(呼薦): 이름을 불러 추천함.
75. 훈로(勳勞): 훈공.

다만 호긔 바람으로 쥴에 쥴에 ᄎᆞ고 단일 ᄲᅢᆫ만 아니라 공문상 성명 우에 훈일등 훈이등을 ᄃᆡ셔 특셔로 써노으니 무엇으로 훈일등이며 무엇으로 훈이등인가 나라 망케 ᄒᆞ난 일에 ᄃᆡᄒᆞ야 공을 쓰은다 ᄒᆞ면 일등 이등을 셔로 닷톨 만하거니와 그 외에난 한앗토 훈쟝이 당치 아니하도다 공연이 국ᄌᆡ를 허비하야 훈쟝을 졔죠하며 그 일을 관할 ᄎᆞ로 훈원을 셜치하고 관리를 마련하야(3. 25)

허다 경비가 ᄆᆡ년에 긔ᄇᆡᆨ만인즉 지금 국ᄌᆡ가 경갈하야 긔ᄇᆡᆨ만 긔쳔만을 외국으로 차관한다난 판에 표훈원[76] 갓흔 거슨 혁폐하엿스면 죠흘 듯하도다 호문ᄉᆡᆼ 왈 일본 ᄉᆞ람들○ ○○○을은 쓸ᄃᆡ업난니 하며 ○○○ 만으니 젹으니 하야 혁파도 하자 감ᄋᆡᆨ도 하ᄌᆞ 하되 실상 무용의 표훈원 갓튼 데난 아모 말도 아니하난 모양이니 그 사람들이 아즉 그 형편을 ᄌᆞ셔히 아지 못ᄒᆞᆷ인가 실노 의혹할 일이로다 선ᄒᆡᄉᆡᆼ 왈 그 사람들이 엇지 몰오리오마ᄂᆞᆫ 그 훈장이 일본으로 건너가ᄂᆞᆫ 것이 졀반이나 되니 져의게 일분이라도 리익이 텰지언졍 죠금도 방ᄋᆡ될 것 업고 우리나라의ᄂᆞᆫ 무용의 것인즉 무엇에 관계하야 남의 듯기 슬은 말을 하기 죠아하리오 지금 한일 량국이 이러케 관계가 엇냔 판에 한국의 ᄒᆡ 되ᄂᆞᆫ 일은 곳 일본의 리 되난 일이 만은지라 우리나라 국ᄌᆡ 소룡[77]됨을 관렴할 바 잇스리오 젼정을(3. 27)

류통시긴다 하며 농공실업을 발달시긴다 하고 차관하야 쥬기를 ᄌᆞ청하야 계약을 셩립하얏다 하니 우리나라 형편으로 보면 ᄉᆡᆼᄌᆡᄒᆞᆯ[78] 도리ᄂᆞᆫ 업고 여간 잇던 ᄌᆡ물이 날마다 외국으로 흘너 나가니 졔 비록 ᄇᆡᆨ쳔만 원을 ᄎᆞ관하야 온ᄃᆡ도 그 돈이 얼마 부지를 못ᄒᆞᆯ 터이오 공연이 빗만 되야 비록 몃십 년에라도 갑하 볼 슈 업스리니 차관하ᄂᆞᆫ 날은 나라 파라먹ᄂᆞᆫ 날이라 그런 일 져런 일을 물론하고 모다 나라 결단낼 일은 훈일등 훈이등의 훈장찬 사람들 슈즁으로 죠차 나오ᄂᆞᆫ 터인즉 ᄃᆡ관졀 표훈원이라ᄂᆞᆫ 칭호와 훈장이라ᄂᆞᆫ 말이 실히 뎍당치 못하도다 호문ᄉᆡᆼ 왈 근ᄅᆡ 우리나라 졍부 관리나 일반 인민의 소위를 보게 드면 한아토 ᄌᆞ유로 하ᄂᆞᆫ 일은 업고 모다 남의 지휘를 기다릴 ᄲᅢᆫ만 아니라 당연이 ᄒᆞᆯ 만ᄒᆞᆫ 일도 무엇을 거리ᄭᅵᄂᆞᆫ ᄉᆞ단이 잇ᄂᆞᆫ 것갓치(3. 28)

---

76. 표훈원(表勳院): 대한제국 때에 훈장 기장(記章) 상여(賞與)에 관한 일을 맡아보던 관청. 광무 3년(1899)에 만들었는데 후에 표훈사로 고쳤다.
77. 소롱되다: 재물을 아무렇게나 되는 대로 써서 없애다.
78. 생재(生財)하다: 재산을 늘리다.

쥬져하다가 필경에 남이 먼져 추슈하는 디경에 일으면 문득 남을 원망하야 즈긔의 힝치 못흔 험을 죠금도 싱각치 아니하니 그 실수를 의로하면 닉가 남을 쥰 것이지 남이 내 것을 쌔아슴이 아니라 그러한 고로 극히 셰미한 일노 말흘진딕 근일 한셩 오서[79] 닉에 청결위싱법을 실시흔다고 소예군[80]을 셜치하야 구루마를 쓸고 단이며 각 방곡에 쓰인 오예[81]물을 쳐가는딕 그 소예군도 혼즈는 오예물을 쳐가지 못하는지 일본인 일 명이 그 소예군을 령솔하야 쓸고 단이면셔 일일이 갈아쳐 쥬엇야 그것을 치울 쥴 아니 그런 것을 보고 싱각하면 우리나라 사람의 셩질이 우마와 달음이 업셔 남의게 쓸여단이기를 죠히 여겨 그러흔지 남들이 대졉하기를 우마와 갓치하야 그러흔지 남의게 쓸여단이난 일이 심히 익달도다 선힉싱 왈 우마라 하는 짐싱은 수람이 쓸고 단이지 아니하면 부릴 슈 업는 것인딕 사람을 사람이 쓰을고 단이며 쳔종 만물을 모다 입으로 닐너셔 하고 보면(3. 29)

우마를 부리는 것 갓흘지라 우리나라 사람이 그런 경우를 당하는 일이 한두 가지 아닌즉 그 형편이 우마와 갓다 홈이 용혹무괴[82]흔 말이어니와 실경을 싱각하면 가련하고 한심흔 일이 만토다 그 싸쏙을 딕강 론란흐면 쳣지는 교육이 업고 학문이 업셔 무엇을 엇더케 흐면 죠흘는지 방향을 뎡쳐 못흐야 무슴 일에던지 결단흐는 쥬심이 업셔 항상 쥬져 미결흐는 것이오 둘지난 의뢰흐는 마음 핑즁흐야 쟈유 권리 무엇인지 모로고 보니 빅사 만수에 모다 어대를 의지하여야 할 쥴로 아는 것이라 그러흔 즁에 닉가 알고도 능히 힝치 못하는 일도 잇고 압졔 씨력에 엇지흘 슈 업셔 부득이하야 힝하는 일도 잇고 의뢰흘 마음으로(3. 30)

유공불급[83]하게 시힝하는 일도 잇고 당장 젹은 리를 취하야 협잡으로 힝하는 일도 잇는지라 그 소예군 갓흔 것으로 말하야도 그러케 쓸여단이는 것을 질겨 홈은 아니라 위싱 청결의 일체 수무를 경무 고문관이 감독하는 고로 일인 픽장을 닉여 그 소예군을 령솔케 홈이어니와 우리나라 인민도 교육만 잘흐고 보면 엇지 다른나

---

79. 한성(漢城) 오서(五署): 구한말 내부(內部)의 경무청(警務廳)에 딸려 서울 안에 설치한 다섯 개의 경무서(警務署)로, 동·서·남·북·중의 다섯인데, 융희(隆熙) 4년에 폐지됨.
80. 소예군(掃穢軍): 쓰레기를 치우는 부대.
81. 오예(汚穢): 지저분하고 더러움. 또는 그런 것.
82. 용혹무괴(容或無怪): 혹시 그런 일이 있더라도 괴이할 것이 없음.
83. 유공불급(唯恐不及): 오직 미치지 못할까 두려워함.

라 ᄉᆞ람만 못ᄒᆞ다 질언ᄒᆞ리오 호문ᄉᆡᆼ 왈 그ᄂᆞᆫ 그러ᄒᆞᆯ여니와 교육을 ᄒᆞᄌᆞ ᄒᆞ면 학교를 만히 셜시ᄒᆞ여야 ᄒᆞᆯ 터이오 학교를 셜시ᄒᆞᄌᆞ면 교ᄉᆞ가 잇셔야 ᄒᆞᆯ 터인ᄃᆡ 글ᄅᆡ 경셩 ᄂᆡ외와 각 지방에 여간 학교 명ᄉᆡᆨ이 잇스되 그 교ᄉᆞ라ᄂᆞᆫ 자ᄂᆞᆫ 어로불변[84]ᄒᆞᄂᆞᆫ 삭고[85] 교관 갓흔 ᄌᆞ이 무슈ᄒᆞ니 무슴 ᄌᆡ죠로 교육이 발달되기를 발아리오 선희ᄉᆡᆼ 왈 그 싸쭉은 달은 연고 아니라 학부ᄃᆡ신이 그 학교 교관을 벼살 ᄌᆞ리로 알고 교육은 엇더캐 되던지 위선 권리나 부리ᄌᆞᄂᆞᆫ 경륜에셔 나오ᄂᆞᆫ 바어니와 그 폐단이 여러 가지 잇스니 ᄃᆡ강 학교 교ᄉᆞ 즁에 일본 ᄉᆞ람의 월급은 가량 ᄇᆡᆨ 원이면 본국인의 월급은(3. 31)

십오 원이나 이십 원에 지나지 못ᄒᆞᆫ즉 ᄃᆡ단 억올ᄒᆞᆫ 일이로다 그 월급의 다소가 학문의 고하를 ᄯᅡ라 졍ᄒᆞᆫ 것 갓흐면이어니와 그러치도 안코 나라 권리로 압졔에 고빙[86]이 만은지라 그런고로 우리나라 동포 즁에도 신구 학문을 졍통ᄒᆞᆫ 자이 업ᄂᆞᆫ 바이 아니로ᄃᆡ 소위 관립학교에 교관을 불원ᄒᆞᆷ은 그 교관을 공명으로 취지도 안코 그러캐 박ᄒᆞᆫ 월급을 ᄉᆡᆼ계로 알 슈도 업셔 비록 ᄉᆞ립학교에 가셔 명예교사ᄂᆞᆫ 될지언졍 학부 관할에ᄂᆞᆫ 잇지 아니하랴 하나니 그 근경을 감안이 ᄉᆡᆼ각하면 ᄒᆞᆫ심ᄒᆞᆫ 일이 ᄒᆞᆫ두 가지 아니로다 근일에 일인의 ᄒᆡᆼᄉᆞ를 보면 어는 ᄯᆡᄂᆞᆫ 경무관리를 감ᄋᆡᆨ하고 어는 ᄯᆡᄂᆞᆫ 경무를 확장ᄒᆞᆫ라 관리를 증ᄋᆡᆨᄒᆞ나 쳥치 안ᄂᆞᆫ ᄎᆞ관 ᄒᆞ여쥬며 교육 발달 ᄌᆞ칭ᄒᆞ고 일인 교ᄉᆞ 고빙ᄒᆞ며 경찰 확쟝 지칭ᄒᆞ고 일인 경부 고용ᄒᆞ며 농공상업 실시ᄒᆞᆫ다(4. 7)

일인 기ᄉᆞ 달여다가 ᄎᆞ관ᄒᆞᆫ 돈 긔ᄇᆡᆨ만 원 져의씨리 분식ᄒᆞ고 불상ᄒᆞᆫ 우리 국민 동녹[87]도 못 보고셔 그 돈을 갑ᄌᆞ ᄒᆞ면 원통ᄒᆞᆫ 일 그 안인가 일인으로 말ᄒᆞᄌᆞ면 져의 돈 져의 먹고 나종에 렴체업시 ᄒᆞᆫ국 졍부 ᄃᆡᄒᆞ야셔 차관ᄒᆞᆫ 돈 변리라고 년년이 독촉하며 긔ᄒᆞᆫ이 되얏ᄂᆞᆫ이 과ᄒᆞᆫ[88] 되얏ᄂᆞᆫ이 구츅이 막심ᄒᆞᆯ 졔 솜씨 죠캐 쳬약[89]ᄒᆞᆫ 모모 ᄃᆡ신 져 ᄒᆞᆫᄌᆞ 당ᄒᆞᆯ손가 그 앙화[90] 그 여독은 젼국 인민 당ᄒᆞᆯ지라 그ᄃᆡ와 날지

84. 어로불변(魚魯不辨): '魚'자와 '魯'자를 구별하지 못할 정도로 무식함.
85. 삭고: 의미 미상.
86. 고빙(雇聘): 학식이나 기술이 높은 사람을 예를 갖추어 모셔 옴.
87. 동록(銅綠).
88. 과한(過限): 기한이 지남.
89. 체약(締約): 계약이나 조약, 약속 따위를 맺음.
90. 앙화(殃禍): 어떤 일로 인하여 생기는 재난.

라도 이쳔만 즁 한아이니 우리인들 편안ᄒᆞᆯ가 그러ᄒᆞᆯ 리 만무ᄒᆞ지 호문ᄉᆡᆼ 왈 근일에 잔채ᄂᆞᆫ 잘덜 ᄒᆞ데 통감부 ᄀᆡ청식 의원 유희라 모 ᄃᆡ신의 만찬회라 날마다 낭ᄌᆞᄒᆞ니 시화 셰풍 금일이오 국ᄐᆡ 민안 금일이라[91] 아모 근심 다 업고 ○○○○이 뎨일이지 선ᄒᆡᄉᆡᆼ 왈 근일 잔ᄎᆡ 의론ᄒᆞ면 일인의게ᄂᆞᆫ 낙셩연이오 우리나라 ᄃᆡ관들의게ᄂᆞᆫ 푸닥거리나 달음이 업도다(4. 8)

낙셩연 일홈 죠아 홍치 운치 잇거니와 푸닥거리 의론ᄒᆞ면 우환질고[92] 못 견ᄃᆡ여 ᄉᆞ셰부득 ᄒᆞᄂᆞᆫ 바라 일홈은 잔ᄎᆡ이나 졍황은 각각인ᄃᆡ 어리셕은 ᄃᆡ신들은 이 마ᄋᆞᆷ 져 마ᄋᆞᆷ이 모다 비거셕양풍[93]이라 어느 잔ᄎᆡ에 빠지ᄂᆞᆫ 데 한 곳 업시 유공불급[94] 참셕ᄒᆞ야 ᄆᆡᆨ쥬 한 잔 어더먹고 쳔셰 만셰 부르면셔 반졈 슈ᄐᆡ[95] 업고 보니 얼골도 ᄲᆡᆫᄲᆡᆫᄒᆞ고 ᄇᆡᆺ속도 편안ᄒᆞ시 희희낙낙 웃ᄂᆞᆫ 일은 무ᄉᆞᆷ 죠흔 일이 잇나 젼치 슝에 상쳔치라 입을 버려 우슬 ᄯᅢ에 개똥이나 너어쓰면 비우예나 역ᄒᆞᆯᄂᆞᆫ지 호문ᄉᆡᆼ 왈 디방 소문 들어본즉 화적당은 봉긔ᄒᆞ야 ᄇᆡᆨ쥬칠야 불계ᄒᆞ고 칼을 둘너 시위하며 총을 노아 횡힝할 제 부요ᄒᆞᆫ 자 빈ᄒᆞᆫᄒᆞᆫ 자 늘근이 졀문이가 불우지변을 당하여셔 샹황 망죠[96] 분쥬하야 풍비박산허여지ᄆᆡ 옥셕이 구분이라 일동이 공허하니 화적당의 득의로다 ᄌᆡ산의 유무ᄃᆡ로 ᄯᅳᆺ을 ᄯᅡ라 탈취ᄒᆞᆫ 후 츙화[97]도 ᄒᆞ고 가며 살히도 ᄒᆞ고 가니 화광은 츙텬ᄒᆞ고 호곡지셩[98]은 진동ᄒᆞ야 졍황이 참혹ᄒᆞ니 소위 디방 관찰 군슈 졔 아모리 무도히도 마ᄋᆞᆷ에 측은이 알 터로ᄃᆡ(4. 10)

측은지심 고ᄉᆞᄒᆞ고 화적당의 뒤를 죠차 도적을 긔포ᄒᆞᆫ다 슌교 슌졸 ᄂᆡ여 노아 화적의 졉쥬이니 즉시 알게 아니ᄒᆡᆺ다 가진 죄목 얼거가며 구지타지[99] 악한 형법 화적보다 우심ᄒᆞ고 돈을 쥬지 아니 ᄒᆞ면 무죄 평민 결박을 하야 착입관졍[100]하게 드면

91. 시화세풍(時和世豊) 국태민안(國泰民安): 나라가 평안하다는 뜻으로 이 글에서는 반어적으로 쓰임.
92. 우환질고(憂患疾苦).
93. 비거석양풍(飛去夕陽風).
94. 유공불급(猶恐不及): 두려워할 바 못 됨.
95. 수태(羞態): 부끄러워하는 모습.
96. 망조(亡兆).
97. 충화(衝火): 일부러 불을 지름.
98. 호곡지성(號哭之聲): 소리를 내어 슬피 우는 소리.
99. 구지타지(毆之打之): 두들겨 때림.
100. 착입관정(着入官廷): 관가에 들어오다.

군슈라 하ᄂᆞᆫ ᄌᆞᄂᆞᆫ 먹을 자비[101] 난 쥴 알고 불문곡직 ᄒᆞ옥[102]ᄒᆞ야 ᄇᆡᆨ단으로 공갈ᄒᆞ니 가련ᄒᆞᆫ 이 ᄇᆡᆨ셩이 누구를 밋을손가 그즁에 밋친 션ᄇᆡ 일본을 ᄇᆡ쳑ᄒᆞᆫ다 창의[103] 통문[104] 발ᄒᆡᆼᄒᆞ야 의병을 모집ᄒᆞᆫ다 긔ᄇᆡᆨ 명 긔십 명을 셩군작당ᄒᆞ야 가며 ᄇᆡᆨ셩을 요동ᄒᆞᆫ즉 일홈은 병이나 ᄒᆡᆼ위ᄂᆞᆫ 화젹이라 모모쳐로 도회ᄒᆞ야 거ᄉᆞᄒᆞᆯ 일 의론ᄒᆞᆯ 졔 일헌병 일슌ᄉᆞ가 이ᄉᆞᆷ 인만 가고 보면 ᄉᆞ산분쥬[105] 도망ᄒᆞ야 그즁에 슈ᄉᆞᄂᆞᆫ ᄌᆞ 몃몃만 포착되면 취초 봉초 ᄂᆞᆫ초[106]ᄒᆞ야 무고ᄉᆡᆼ령 ᄒᆞᆷᄒᆡᄒᆞ니 이란격셕[107] 가소롭고 앙급지어원통[108]토다 션ᄒᆡᄉᆡᆼ 왈 실지을 의론하면 화젹이 ᄃᆡ치ᄒᆞᆷ도 정부에셔 정부 노릇 못하ᄂᆞᆫ ᄭᅡ닥이오 의병이 창궐ᄒᆞᆷ도 정부에셔 정부 노릇 잘못하ᄂᆞᆫ ᄭᅡ닥이오 ᄉᆡᆼ령이 도탄에 들어 ᄉᆡᆼ명 ᄌᆡ산 보존치 못하고 ᄉᆞ방으로 유리ᄒᆞᆷ도 정부에셔 정부 노릇 잘못ᄒᆞᆫ ᄭᅡ닥이라 소위 화젹당도 이쳔만 즁에 든 인민이오 소위 의병도 이쳔만 즁에 든 인민이라 당초 정부에셔 ᄃᆡ방 관리를 ᄐᆡᆨᄎᆞ[109]하고 돈을 밧지 아니하야 박탈 민ᄌᆡ 아니하얏스면(4. 11)

인민이 각기 제 ᄌᆡ산 졔가 보하야 각안기업[110]ᄒᆞᆯ 것인데 정부에셔 먼져 큰 부란당[111]은 각 도에 ᄒᆞᆫ아식 져근 부란당은 각 군에 ᄒᆞᆫ앗식 나려보ᄂᆡ여 졔각기 졔 슈단ᄃᆡ로 민ᄌᆡ를 탈취하되 누가 금혈ᄌᆡ[112] 잇스리오 그런고로 여간 잇ᄂᆞᆫ ᄌᆡ산을 큰 부란당 져근 부란당의게 몰슈히 ᄊᆡ앗긴 후 부모 쳐ᄌᆞ 류리하야 긔한이 도골ᄒᆞᆫ 농공상업간에 귀속이 업고 본즉 ᄉᆞ셰부득이 도젹이 되ᄂᆞᆫ 것이니 이ᄂᆞᆫ 정부에셔 양민을 모라다가 도젹을 만드러 쥬미오 의병으로 말ᄒᆞᆯ지라도 정부에셔 일을 잘하야 국권을 손상치 아니하고 독립을 유지하야 일본 압제 업셔스면 의병인들 잇스리오 도시 정

---

101. 자비(差備): 특별한 사무를 분장시키기 위해 임시로 임명하는 벼슬.
102. 불문곡직하옥(不問曲直下獄): 옳고 그름을 따지지 아니하고 옥에 가둠.
103. 창의(倡義): 국난을 당하였을 때 나라를 위하여 의병을 일으킴. ≒창의(唱義).
104. 통문(通文): 여러 사람의 성명을 적어 차례로 돌려 보는, 통지하는 문서.
105. 사산분주(四散奔走): 사방으로 흩어져 재빨리 달아남. ≒사산분궤, 사산분찬.
106. 취초(取招) 문초(問招) 난초(亂招): 죄나 잘못을 따져 묻거나 심문함.
107. 이란격석(以卵擊石): '계란으로 바위 치기'라는 뜻으로 약한 것을 가지고 강한 것에 대응하는 것을 비유적으로 말함.
108. 앙급지어원통(怏及至於寃痛): 앙심이 원한에 미침.
109. 택차(擇差): 쓸 만한 인재를 골라서 벼슬을 시킴.
110. 각안기업(各安其業): 각자 자기 일을 안전하게 함.
111. 불한당.
112. 금할 자가.

부의셔 시긴 빅라 다시 할 말 무엇잇나 ᄒᆞ며 호문싱 선희싱이 셔로 허희장탄[113]ᄒᆞ고 일어셔니 이ᄯᅢ 셕양은 셔산에 걸여 잇고 계으른 ᄉᆡᄂᆞᆫ 슈풀로 도라가더라 인ᄒᆞ야 구양용[114]의 지은바 셕양 ᄌᆡ산에 인영이 산란ᄒᆞ고 금죠ᄂᆞᆫ 지산림지낙이부지인지낙[115]의 글귀를 을푸며 산에 나려 각기 집으로 도라가니다(4. 12 완)

『대한매일신보』(1906. 3. 8-4. 12)

---

113. 허희장탄(歔欷長歎): 한숨을 지으며 길게 탄식함.

114. 구양수(歐陽修): 중국 송나라 때의 문인.

115. 석양재산(夕陽在山) 인영산란(人影散亂) 금조지산림지락(禽鳥知山林之樂) 이부지인지락(而不知人之樂): 저녁 해가 산에 걸리고 사람 그림자 어지러이 흩어진다. 새들은 산림의 즐거움을 알 뿐 사람의 즐거움은 알지 못한다.

디구셩미ᄅᆡ몽

우세자

우세ᄌᆞ[1]는 단궁[2] 니후 ᄉᆞ쳔여 년 시ᄃᆡ 사ᄅᆞᆷ이라 일즉 교화가 ᄇᆞᆰ지 못ᄒᆞ고 풍쇽이 아ᄅᆞᆷ답지 못ᄒᆞᆫ 것을 근심ᄒᆞ야 혹 쳥년을 교육ᄒᆞ며 혹 지ᄉᆞ를 권고ᄒᆞ고 혹 완고를 경험ᄒᆞ기 위ᄒᆞ야 셰샹에 도라ᄃᆞᆫ닌 지 몃ᄒᆡ에 ᄒᆞᆫ 사ᄅᆞᆷ도 ᄊᆡ듯 쟈 업고 도로혀 지목ᄒᆞ기를 광패ᄒᆞᆫ 쟈ㅣ라 ᄒᆞ며 죠롱ᄒᆞ기를 허황ᄒᆞᆫ 쟈ㅣ라 ᄒᆞ야 인류로 ᄃᆡ졉지 아니ᄒᆞ거ᄂᆞᆯ 우세ᄌᆞㅣ ᄌᆞ탄ᄌᆞ가[3]ᄒᆞ다가 창ᄌᆞ 속에 더운 피가 셜음을 금치 못ᄒᆞ야 일일은 표연히 멀니 놀 ᄯᅳᆺ을 두ᄆᆡ 손에 잡고 일반 동포에게 권고ᄒᆞ랴던 일쳬 잡지와 월보를 다 집어던지고 니러서니 그 ᄒᆡᆼ장을 볼작시면 쳥려장[4] 일개와 셔 ᄉᆡ집신 일쌍이라 조고마ᄒᆞᆫ 보ᄉᆞ짐 뒤에 소라 표ᄌᆞ[5] ᄒᆞᆫ 개를 ᄃᆞᆯ엇더라 십 리 ᄇᆡᆨ 리 쳔 리를 뎡쳐업시 ᄃᆞᆫ이다가 ᄒᆞᆫ 곳을 다다르니 산명슈려 뎌 동텬이 별유텬디 비인간이니 폭포슈는 ᄇᆡᆨ릉포가 ᄃᆞᆯ녀 잇고 무림슈쥭은 쳥포쟝을 들너 잇는ᄃᆡ 우ᄂᆞ니 ᄋᆡᆼ무 원앙이오 조으ᄂᆞ니 노루 사슴이며 ᄎᆞᆷ츄ᄂᆞ니 ᄇᆡᆨ학이오 긔화요초[6]는 이 셰샹에셔 보지못ᄒᆞ던 바ㅣ라 우세ᄌᆞㅣ 홀노 방황ᄒᆞ며 ᄉᆞ면을 도라보니 각ᄉᆡᆨ 식물과 동물은 긔긔괴괴ᄒᆞᆫ 즁에 동물 즁 ᄀᆞ댱 령귀ᄒᆞᆫ 사ᄅᆞᆷ은 자긔 일신 외에 ᄒᆞᆫ나도 못 볼너라 보ᄉᆞ짐에 ᄃᆞᆯ엇던 표ᄌᆞ를 ᄊᆡ여들고 폭포가에 나아가셔 희고 맑은 물을 두세 번 써마시고 긔엄긔엄 ᄯᅩ ᄒᆞᆫ

1. 우세자(憂世子): 세상을 걱정하는 사람이라는 뜻.
2. 단군(檀君).
3. 자탄자가(自嘆自歌): 스스로 탄식하고 스스로 노래함. 또는 자탄자가(自彈自歌): 스스로 거문고를 타며 노래를 부름.
4. 청려장(靑藜杖): 명아줏대로 만든 지팡이. 여장(藜杖) 청려(靑藜).
5. 표자(瓢子): =표주박.
6. 기화요초(琪花瑤草): 옥같이 고운 풀에 핀 구슬같이 아름다운 꽃.

고ᄀᆡ에 올나가니 층암절벽[7]은 버려잇고 ᄇᆡᆨ운은 막막ᄒᆞᆫᄃᆡ 보이ᄂᆞ니 쳥텬이오 들니ᄂᆡ니 물소ᄅᆡ라 구븨구븨 긴 등을 도라 샹샹봉에 올나가셔 젼후좌우를 ᄂᆞ려다보니 동셔양 낫연거ᄂᆞᆯ[8] 눈 압헤 ᄂᆞ즉ᄒᆞ고 태양 태음과 모든 별이 머리 우헤 멀지 안타 금잔듸 ᄉᆞ면에 평포[9]ᄒᆞ고 쳔년 늙은 회화나무ᄂᆞᆫ 록음이 울울ᄒᆞᆫᄃᆡ 오쏙오쏙 괴셕이오 번듯번듯 반셕이라(1909. 7. 15)

우셰ᄌᆞㅣ 괴셕 우에 보ᄉᆞ짐을 버셔 놋코 반셕으로 옴겨 안ᄌᆞ 시원ᄒᆞᆫ 바ᄅᆞᆷ을 쏘이더니 홀연 인젹이 나며 ᄒᆞᆫ 늙은 즁이 머리에 치포[10]곳갈을 쓰고 억ᄀᆡ에 오ᄉᆡᆨ 가ᄉᆞ를 메이고 손에 셕쟝[11]을 들고 발에 ᄇᆡᆨ운리[12]를 신고 휘젹휘젹 올나오더니 한슘 쉬며 관셰음보살 쥬져안지며 남우아미타불 겻히 사ᄅᆞᆷ을 보ᄂᆞᆫ 듯 못 보ᄂᆞᆫ 듯 다시 긴 소ᄅᆡ로 게음 일쟝을 부르니

어어어봉헌일판향 으으으덕용란ᄉᆞ외니이이
어어어근반진ᄉᆞ계 으으으엽슈보슈미이이이
어어어불샹ᄒᆞ다 뎌창ᄉᆡᆼ들
으으으극락셰계 어ᄃᆡ두고
어어어 칼산디옥 왜찻슴나
으으으방아질 작도질 뎌형벌을 으으으압허ᄒᆞᆫ들 뉘말닐가
어어어불샹ᄒᆞ다 뎌창ᄉᆡᆼ들
으으으몸망ᄒᆞ고 나라ᄉᆡᆺ지
어어어나라업ᄂᆞᆫ 뎌귀신들
으으으참혹ᄒᆞ다 뎌죄악을
어어어닥치ᄂᆞ니 형벌이오
으으으부르ᄂᆞ니 노례귀라

---

7. 층암절벽(層巖絶壁): 몹시 험한 바위가 겹겹으로 쌓인 낭떠러지.
8. 나뉘었거늘.
9. 평포(平鋪): 평평하게 폄.
10. 치포(緇布): 검은빛이 나는 베.
11. 석장(錫杖): 중이 짚고 다니는 지팡이. 밑부분은 상아나 뿔로, 가운뎃부분은 나무로 만들며, 윗부분은 주석으로 만든다. 탑 모양인 윗부분에는 큰 고리가 있고 그 고리에 작은 고리를 여러 개 달아 소리가 나게 되어 있다.
12. 백운리(白雲履): 하얀 구름 신발.

어어어ᄉᆡᆼ젼에 나라일코
으으으환ᄉᆡᆼᄒᆞᆫ들 어ᄃᆡ가나
어々々어둠침침 염라부에
으으으쳔년만년 ᄀᆡᆨ귀로다
어々々어셔어셔 지식넓혀
어々々망국죄인 되지마라
으々々불샹ᄒᆞ다 뎌챵ᄉᆡᆼ들
어어어남무아마타불

그 소ᄅᆡ가 쳐량강개ᄒᆞ 청산이 참담ᄒᆞ고 류슈가 오열ᄒᆞ니 원ᄀᆡᆨ의 눈물이 옷깃을 젹시더라 우셰ᄌᆞㅣ 손을 드러 길게 읍ᄒᆞ고 무ᄅᆞᄃᆡ 대ᄉᆞᄂᆞᆫ 어ᄂᆞ 명산에 잇스며 어ᄃᆡ로 향ᄒᆞ며 법호[13]ᄂᆞᆫ 무엇이라 ᄒᆞᄂᆞ뇨 그 즁이 합쟝ᄒᆞ여 공근히 답데ᄒᆞ고 닐ᄋᆞᄃᆡ 쇼승의 칭호ᄂᆞᆫ 원쟝법ᄉᆞㅣ라 ᄒᆞ옵ᄂᆞᆫᄃᆡ 지금 총령을 넘어 쳔리 졍히를 지나 이곳에 왓거니와 이 산은 우리 불가의 유명ᄒᆞᆫ 슈미산[14]이라 션ᄉᆡᆼ은 뉘신지 엇지 이곳에 니르시뇨(7. 16)

우셰ᄌᆞㅣ왈 나ᄂᆞᆫ 대한뎨국에 우셰ᄌᆞㅣ라 칭ᄒᆞᄂᆞᆫ 광ᄀᆡᆨ이니 우리 민족의 부패ᄒᆞᆷ과 국셰의 빈약ᄒᆞᆷ을 근심ᄒᆞ야 월보와 잡지를 발간ᄒᆞ야 셰상 사ᄅᆞᆷ을 ᄀᆡ도ᄒᆞ기로 업을 ᄉᆞᆷ더니 ᄒᆞ나도 ᄭᆡ돗ᄂᆞᆫ 쟈ᄂᆞᆫ 업고 졈졈 비참ᄒᆞᆫ ᄃᆡ경에 ᄡᅡ지ᄆᆡ 내 비록 불ᄀᆞᆺ흔 열혈이 ᄭᅳ르나 ᄒᆞᆫ 손으로 건질 수 업ᄂᆞᆫ 고로 ᄌᆞ연 화에 씌여 셰계에 멀니 놀어 흉회를 펼가 ᄒᆞ다가 우연히 이곳에 왓거니와 나도 이왕 불경을 대강 열람ᄒᆞ여 계음과 인도를 만히 알엇스니 지금 대ᄉᆞ의 부르ᄂᆞᆫ 계음은 이왕에 보도 듯도 못ᄒᆞ엿스니 그 계음은 무슴 뜻이며 소ᄅᆡᄂᆞᆫ 엇지 그리 비챵[15]ᄒᆞ뇨 법ᄉᆞㅣ왈 쇼승이 이번에 옥경으로 가다가 염라부에 잠간 들넛더니 염라부 ᄉᆞ무가 ᄇᆡᆨ여 년 이ᄅᆡ로 대단히 분답ᄒᆞ디ᄂᆞᆫ

13. 법호(法號): 중의 아호.
14. 수미산(須彌山): 불교의 우주관에서, 세계의 중앙에 있다는 산. 꼭대기에는 제석천이, 중턱에는 사천왕이 살고 있으며, 그 높이는 물 위로 팔만 유순이고 물속으로 팔만 유순이며, 가로의 길이도 이와 같다고 한다. 북쪽은 황금, 동쪽은 은, 남쪽은 유리, 서쪽은 파리(玻璃)로 되어 있고, 해와 달이 그 주위를 돌며 보광(寶光)을 반영하여 사방의 허공을 비추고 있다. 산 주위에 칠금산이 둘러섰고 수미산과 칠금산 사이에 칠해(七海)가 있으며 칠금산 밖에는 함해(鹹海)가 있고 함해 속에 사대주가 있으며 함해 건너에 철위산이 둘러 있다.
15. 비창(悲愴): 마음이 몹시 상하고 슬픔.

딕 참혹흔 형벌을 당흐는 쟈도 무수흐고 슈치되는 욕을 당흐는 쟈도 무사흐야 광경이 슈참흐기로 경관에게 그 소이연[16]을 무른즉 눈쌀을 찡긔며 딕답흐딕 빅여 년 뎐에는 스무가 이다지 번극[17]흐지 안터니 근릭에는 뎌 망국 민족들을 쳐치흐기에 대단히 골몰흐야 안비를 막기흐며[18] 또 이젼에는 사름의 샹벌을 쳐결흐야 동셔양 각국에 륜회환싱케 흐더니 지금은 망국민족 즁에 죄업는 쟈를 환싱케 흐고져 흐나 다른 됴흔 나라에 보내려 흐면 그곳 산쳔 신령이 다 슬희여흐고 졔 나라로 보내려 흔즉 그곳은 타국 식민이 이믜 구역마다 ᄀ득이 찻스니 다시 변통무로[19]요 또는 환싱케 흘 만흔 즈격도 몃 개 못되니 이럼으로 염라부가 쟝춧 텨지게 된지라(7. 17)

ᄋ급 인도 파란 월남[20] 여러 나라의 몃억만 인죵이 오는 딕로 다시 가든 못흐니 이런 좁은 구역에 보라누기만 흐면 몃히 못 딕여셔 염라부는 망국 민족의 세계가 되겟슨즉 그 아니 걱졍이뇨 이 일노써 부즁에셔 날마다 회의를 흐나 지금ᄭ지 결말이 업스니 혹은 제 나라를 제가 망흐고 갈 곳이 업스니 여긔 두어 무엇에 쓰리오 아무리 참혹흘지라도 디옥 몇만 간을 더 지어 그 속에 모라너코 그 문을 영영 봉쇄흐면 도로나 좀 정결흐리라 흐고 혹은 망국 인죵이 히마다 늘고 둘마다 더흐니 디옥을 짓는 딕로 차면 ᄶ도 한뎡이 잇지 현금[21] 세계상에 빈약흐고 우믹흔 나라이 간간히 잇스니 그 나라들이 ᄎ례로 망흐면 우리 부즁은 더욱 곤난치 아니리오 찰하리 뎌 인죵들을 소나 물이나 개나 도야지로 환싱케 흐야 뎌 빈약흔 나라에 보내여 우리 부즁을 안정케 흠이 됴타 흐고 혹은 모라다가 불에 틱오쟈 흐고 혹은 물에 씌우쟈 흐며 혹은 모다 방아에 바슈쟈 흐고 혹은 믹ㅅ돌에 갈쟈 흐야 공론이 불일흐나 나는 보건딕 뎌 망국 인죵에 짐짓 작죄흔 쟈도 잇고 모로고 작죄흔 쟈도 잇스나 ᄀ쟝 무죄흐고 불샹흔 쟈는 나라를 위흐여 몸을 도라보지 아니흐다가 힘이 밋지 못흐야 ᄌ살흐든지 혹 뎍인의게 죽은 사름들이야 엇지 망국인으로 딕우를 흐리마는 환싱흘 곳은 또흔 업스니 그 아니 참혹흐며(7. 18)

---

16. 소이연(所以然): 그리 된 까닭.
17. 번극(煩劇/繁劇)하다: 몹시 번거롭고 바쁘다.
18. 안비막개(眼鼻莫開)하다: 눈코 뜰 새 없이 바쁘다.
19. 변통무로(變通無路): 변통할 길이 없다.
20. 이집트, 인도, 폴란드, 월남.
21. 현금(現今): 바로 지금.

쏘 그 사름들이 이걸복걸ᄒᆞᄃᆡ 우리 민족을 살녀 달나 우리 민족을 구완[22]ᄒᆞ여 달나 우리 민족을 실노 뎌 디경에 모라너흐면 우리ᄂᆞᆫ 몬져 가겟다 ᄒᆞ야 무수히 샹지ᄒᆞ니[23] 그 졍경을 ᄎᆞᆷ아 괄시ᄒᆞᆯ 수 업고 그 춍직을 과연 박ᄃᆡᄒᆞᆯ 수 업슴으로 아직 결뎡치 못ᄒᆞ엿스나 쟝ᄎᆞᆺ 별방침을 쓸 터인ᄃᆡ 뎌 츙군ᄋᆡ국ᄒᆞ든 사름을 겻헤 두고ᄂᆞᆫ ᄎᆞᆷ아 거조ᄒᆞ기[24] 어렵기로 샹뎨씌 주달ᄒᆞ야 모모 졔씨ᄂᆞᆫ 텬당으로 가게 ᄒᆞᆫ다 ᄒᆞ니 쇼승이 그 말을 듯고 모골이 송연ᄒᆞ야 도라오던 ᄎᆞ이라 이곳에 니ᄅᆞ러 본즉 동셔양이 눈압헤 버려 잇스니 뎌 속에 쏘 몃 나라의 망국 인죵이 잇슬지 알지 못ᄒᆞᆷ으로 우리 불가의 대ᄌᆞ대비ᄒᆞᆫ ᄆᆞ음으로 계음 연편을 새로 지어 불넛더니 션싱이 무르시니 감히 은휘[25]치 못ᄒᆞ노이다 우셰ᄌᆞㅣ 그의 오ᄂᆞᆫ 소ᄅᆡ를 듯고 이ᄆᆡ 긔ᄉᆡᆨ이 비참ᄒᆞ든 ᄎᆞ에 쏘 이 셜명을 드르니 엇지 감동치 아니리오 인ᄒᆞ여 방셩대곡ᄒᆞ다가 맛참ᄂᆡ 불셩인ᄉᆞ하거늘 법ᄉᆞㅣ 만단위로[26]ᄒᆞ되 쳥컨ᄃᆡ 션싱은 졍신을 찰혀 쇼승의 말슴을 드르소셔 그 광경을 목도ᄒᆞᆫ 쇼승도 견ᄃᆡᄂᆞᆫᄃᆡ 남의 나라 흥망셩쇠에 그리 슬허ᄒᆞᆯ 일이 무엇이니잇고 우셰ᄌᆞㅣ ᄒᆞᆫ 손으로 금잔듸를 쯧으며 쏘 ᄒᆞᆫ 손으로 반셕을 두다리고 민족민족 ᄒᆞ고 부르니(7. 20)

법ᄉᆞ 왈 인도 ᄋᆡ급은 망ᄒᆞᆫ 지 ᄇᆡᆨ 년식이나 다 되엿고 파란 월남은 쏘ᄒᆞᆫ 니웃 나라이 아니라 엇지 션싱은 이ᄀᆞᆺ치 과도히 슬허ᄒᆞ시ᄂᆞ뇨 우셰ᄌᆞㅣ 일향[27] 아모 말이 없고 다만 ᄋᆡ고 하ᄂᆞ님 하ᄂᆞ님 소ᄅᆡ쁜이라 법ᄉᆞㅣ 할 일 업시 잔듸밧헤 물너안ᄌᆞ ᄒᆞᆫ 숨을 쉬고 남우아미타불을 외오더라

우셰ᄌᆞㅣ 법ᄉᆞ를 향ᄒᆞ여 왈 여보 대ᄉᆞ 내 말슴 드러보시오 나ᄂᆞᆫ 인도 ᄋᆡ급의 민족을 슬허ᄒᆞᄂᆞᆫ 것이 아니라 우리 대한민족을 슬허ᄒᆞ며 파란 월남의 국ᄉᆞ를 슬허ᄒᆞᄂᆞᆫ 것이 아니라 우리 대한국ᄉᆞ를 슬허ᄂᆞ노라 우리 신셩ᄒᆞ신 단군의 ᄌᆞ손의 디옥이 목젼에 잇도다 여보 대ᄉᆞ 우리 대한에 졀ᄉᆞᄒᆞᆫ 민영환[28]씨를 혹 맛나 보앗ᄂᆞᆫ지 과연

22. 구완: 아픈 사람이나 해산한 사람을 간호함.
23. 상지(相持)하다: 양보하지 않고 서로 자기 의견을 고집함.
24. 거조(擧措)하다: 어떤 일을 행하다.
25. 은휘(隱諱): 꺼리어 숨기고 피함.
26. 만단위로(萬端慰勞): 여러 가지 괴로움이나 슬픔을 잊게 함.
27. 일향(一向): 언제나 한결같이.
28. 민영환(閔泳煥): 조선 고종 때의 문신(1861-1905). 자는 문약(文若). 호는 계정(桂庭). 특명 전권 공사로 러시아 황제의 대관식에 특파되었고, 을사조약이 체결되자 조약의 폐기를 상소하였으나 뜻을 이루지 못하자 국민과 각국 공사에게 고하는 유서를 남기고 자결하였다.

대ᄉᆞ의 말ᄉᆞᆷ과 ᄀᆞᆺᄒᆞᆯ진ᄃᆡ 민츙졍도 환ᄉᆡᆼᄒᆞᆯ 긔ᄒᆞᆫ이 묘연ᄒᆞ리로다 법ᄉᆞㅣ 왈 션ᄉᆡᆼ은 참으시오 쇼승은 염라부에셔 대한국민 잇더라 ᄒᆞᄂᆞᆫ 말은 못 드럿스니 셜령 대한이 위ᄐᆡᄒᆞᆫ 디경이라도 민지가 ᄀᆡ명되야 졍치 법령이 ᄇᆞᆰ어지면 극락셰계 엇지 못되오리잇가 우셰ᄌᆞㅣ 눈물을 씻고 ᄂᆡ려안ᄌᆞ 가ᄉᆞ 삼장을 부르니(7. 21)

뎨일장 불상ᄒᆞ다 민츙졍은 츙국 ᄋᆡ민 그 아닌가 셰셰ᄉᆡᆼᄉᆡᆼ 됴흔 ᄯᅡ에 부귀영화를 누리련만 아마도 환ᄉᆡᆼ은 무긔ᄒᆞ니 텬당에나

뎨이장 신셩ᄒᆞ신 우리 민족 단군 후예 그 아닌가 례악문물[29] 뎌 의관[30]으로 텰문디옥이 웬일인가 우리 동포 어셔 ᄭᆡ오 깁흔 잠을

뎨삼장 뎌긔 가는 뎌 기럭아 ᄇᆡᆨ두산이 어ᄃᆡᄆᆡ뇨 원쟝법ᄉᆞ 이 말ᄉᆞᆷ을 젼히주쇼 우리 국민 텬당 디옥을 다 ᄇᆞ리고 셰셰ᄉᆡᆼ환

그 소ᄅᆡ 쟝렴 단렴과 평셩 샹셩이 쳐쳐졀졀ᄒᆞ야 삼양강샹 밤ᄃᆞᆯ에 비파셩을 듯는 듯 연남시 가을 ᄇᆞ름에 격쥭셩을 만난 듯 남ᄋᆞ의 강ᄒᆞᆫ 챵ᄌᆞ라도 거의거의 슬어질 듯 ᄒᆞᄆᆡ 법ᄉᆞㅣ 듯다가 셕쟝으로 ᄯᅡ을 두ᄃᆡ리면셔 방셩대곡[31]ᄒᆞ여 왈 몰낫셰라 몰낫셰라 국민 관계 몰낫셰라 우리 시님 셕가셰존[32]ᄭᅴ셔 쳔승지국[33] ᄇᆞ리시고 발이ᄯᆡ[34] ᄒᆞᆫ 개와 셕쟝[35] ᄒᆞ나로 텬하에 쥬류[36]ᄒᆞ셧스나 나라의 관계는 말ᄉᆞᆷ 업셧스니 우리 불도의 목뎍은 텬하도 불관[37]이오 국가도 불관이오 다만 일신이 청졍ᄒᆞᆫ ᄯᅡ에셔 양ᄉᆡᆼ[38]ᄒᆞ다가 텬당에 오르기가 뎨일 발원이러니 지금 션ᄉᆡᆼ의 말ᄉᆞᆷ을 드른즉 일신도 여ᄉᆞ오 텬당도 불관ᄒᆞ고 언필칭[39] 국가라 민족이라 ᄒᆞ니 션ᄉᆡᆼ의 도가 참 광졔

---

29. 예악문물(禮樂文物).
30. 의관(衣冠).
31. 방성대곡(放聲大哭): =대성통곡(大聲痛哭). 큰 소리로 몹시 슬프게 곡을 함.
32. 석가세존(釋迦世尊): '석가모니'를 높여 이르는 말.
33. 천승지국(千乘之國): 병거 천 대를 갖출 힘이 있는 나라라는 뜻으로, 제후가 다스리는 나라를 이르는 말. 이 글에서는 인간이 다스리는 나라를 일컬음.
34. 바리때: 절에서 쓰는 중의 공양 그릇. 나무나 놋쇠 따위로 대접처럼 만들어 안팎에 칠을 한다.
35. 석장(錫杖): 중이 짚고 다니는 지팡이. 밑부분은 상아나 뿔로, 가운뎃부분은 나무로 만들며, 윗부분은 주석으로 만든다. 탑 모양인 윗부분에는 큰 고리가 있고 그 고리에 작은 고리를 여러 개 달아 소리가 나게 되어 있다.
36. 주유(周遊): 두루 돌아다님.
37. 불관(不關): 관계하지 아니함.
38. 양생(養生): 병에 걸리지 아니하도록 건강관리를 잘하여 오래 살기를 꾀함.
39. 언필칭(言必稱): 말을 할 때마다 반드시.

챵ᄉᆡᆼ[40]ᄒᆞᄂᆞᆫ 본외라 국민 관계가 이러틋시 지즁ᄒᆞ도다 우세ᄌᆞㅣ 왈 ᄃᆡᄉᆞᄂᆞᆫ ᄉᆞ리로 슬허ᄒᆞ거니와 나ᄂᆞᆫ 진뎡으로 슬허ᄒᆞ노니 방ᄌᆞ 우리 한국 형편이 달리 못되엿스니 쥰쥰무지[41] 뎌 챵ᄉᆡᆼ들 엇지ᄒᆞ면 구원ᄒᆞ리오 법ᄉᆞㅣ 왈 나도 ᄯᅩᄒᆞᆫ 진뎡으로 슬허ᄒᆞᄂᆞᆫ 일이 잇스니 뎌 망ᄒᆞᆫ 나라 즁에 인도ᄂᆞᆫ 곳 우리 조국이라 그 나라 폭원이 광대ᄒᆞ고 물산이 풍부ᄒᆞ야 동양에 뎨일 락토ㅣ라 하더니(7. 22)

그 ᄇᆡᆨ셩의 지식이 몽ᄆᆡᄒᆞ야 일개 영국 샹ᄃᆡ의게 망ᄒᆞᆫ 바ㅣ 되어 그 민족이 염라부 디옥에 가셔 뎌 고ᄉᆡᆼ을 당ᄒᆞ니 그 아니 가련ᄒᆞᆫ가 이번에 염라부에 갓슬 ᄯᅢ에 그 참혹ᄒᆞᆫ 생경을 보고 다만 보통 ᄌᆞ비ᄒᆞᆫ ᄆᆞ음으로 불샹ᄒᆞ다 ᄒᆞ엿더니 지금 션ᄉᆡᆼ의 말ᄉᆞᆷ을 드른즉 진품 관계가 이ᄀᆞᆺ치 소즁ᄒᆞ고 ᄯᅩ 텬당의 락이 환ᄉᆡᆼᄒᆞᄂᆞᆫ 락만 못ᄒᆞ다 ᄒᆞ니 소승도 환ᄉᆡᆼᄒᆞ랴면 갈 곳이 젼혀 업고 텬당에ᄂᆞᆫ 왕ᄅᆡᄒᆞ나 망문투식[42]ᄒᆞᄂᆞᆫ 과ᄀᆡᆨ과 다른 것이 업스니 텰학박ᄉᆞ의 말에 젼문학이 보통 지식만 못ᄒᆞ다 ᄒᆞ더니 나와 몃십 년 젼심ᄒᆞ던 우리의 지식으로ᄂᆞᆫ 지금 션ᄉᆡᆼ의 말ᄉᆞᆷ이 아니면 국민관계의 진리를 ᄭᆡ닷지 못ᄒᆞ엿스리로다 불샹ᄒᆞ다. 우리 인도 이억만 민족이여 갈 ᄃᆡ 업시 텰문 디옥이로다 몰낫세라 국민 관계 이러ᄒᆞᆫ가 우세ᄌᆞㅣ 왈 대ᄉᆞ는 이왕을 슬허ᄒᆞ고 나ᄂᆞᆫ 쟝ᄅᆡ를 슬허ᄒᆞ니 피ᄎᆞ가 다 당쟝 슬음은 아닌즉 이왕 슬음은 회복ᄒᆞ기를 ᄉᆡᆼ각ᄒᆞ고 쟝ᄅᆡ 슬음은 면ᄒᆞ기를 ᄉᆡᆼ각ᄒᆞᆷ이 가ᄒᆞ니 우리 헌헌ᄒᆞᆫ 팔쳑 남ᄋᆞ가 엇지 ᄋᆞ녀ᄌᆞ의 ᄐᆡ도로 울고 셰월을 보내리오 량국 형편을 토론ᄒᆞ야 션후지칙을 연구ᄒᆞᆷ이 엇더ᄒᆞ뇨 법ᄉᆞ가 가사ㅅ자락으로 눈물을 씻고 니러 안ᄌᆞ ᄒᆞᆫ슘 쉬며 관셰음보살 남무아미타불(7. 23)

우세ᄌᆞㅣ 왈 우리나라ᄂᆞᆫ 황ᄒᆡ와 일본ᄒᆡ ᄉᆞ이에 돌츌ᄒᆞᆫ 삼쳔리 반도국으로 몃ᄇᆡᆨ 년 지나에 관계가 잇슴을 인ᄒᆞ여 텬하 대셰에 어둡고 ᄯᅩ 국민의 지식이 몽ᄆᆡᄒᆞ야 고식지계로만 구챠히 지내다가 현금 뎌 디경이 되엿거니와 인도 ᄀᆞᆺᄒᆞᆫ 대국은 면적이 천여 만 방리오 인구가 이억여 만이니 가령 인도인 수십 명이 영인 일 명을 ᄃᆡ뎍ᄒᆞᆯ지라도 족히 뎌당ᄒᆞᆯ[43] 거시어ᄂᆞᆯ 엇지ᄒᆞ야 버들ㅅ입만 ᄒᆞᆫ 적은 영국에 뎌러틋 참혹ᄒᆞᆫ 디경을 당ᄒᆞᄂᆞ뇨 법ᄉᆞㅣ 왈 우리나라 이억여 만 민족이 뎌 이쳔여 만 인죵에

40. 광제창생(廣濟蒼生): 널리 백성을 구제함.
41. 준준무지(蠢蠢無智): 어리석고 미련함.
42. 망문투식(望門投食): 노자가 떨어져 남의 집에 들어가 얻어먹음.
43. 저당(抵當)하다: 서로 맞대어 능히 견디어내다.

게 이 학딕를 당ᄒᆞᄂᆞᆫ 것은 다름 아니라 민싱이 ᄒᆡ산ᄒᆞ야 단톄가 못되엿스니 비록 다수ᄒᆞᆫ 국민이라도 쇼수의 단결된 ᄃᆡ뎍을 뎌당치 못홈이로다 우리 인도의 망ᄒᆞᆫ 연원을 궁구ᄒᆞ면 우리 불도의 죄라 ᄒᆞᄂᆞᆫ 지목은 면치 못ᄒᆞᆯ지라 젼국 남녀 즁에 총명ᄒᆞ고 영민ᄒᆞ다ᄂᆞᆫ 쟈ᄂᆞᆫ 다 고샹ᄒᆞ다 ᄌᆞ칭ᄒᆞ야 국ᄉᆞ이니 민족이니 ᄒᆞᄂᆞᆫ 거ᄉᆞᆫ 언론도 업고 일신만 닥그면 극락셰계로 올라간다 ᄒᆞ고 혹 두문불츌[44]ᄒᆞ여 혹 명산에 드러가ᄆᆡ 민국대셰ᄂᆞᆫ 샹관이 업시 일편향을 봉헌홈으로 셰월을 보내니 나라 일은 뉘가 ᄒᆞ며(7. 24)

ᄯᅩ 그 다음에 조곰 지식 잇다 ᄒᆞᄂᆞᆫ 쟈ᄂᆞᆫ 허황ᄒᆞᆫ 비긔만 밋고 운수만 기다려 의국에 쟝창대포ᄂᆞᆫ 쓸ᄃᆡ업고 ᄢᅢ만 도라오면 뎌희가 ᄌᆞ멸ᄒᆞᆫ다 ᄒᆞ야 두 손ᄭᅳᆺ 밋고 안ᄌᆞᆺ스니 나라 일은 뉘가 ᄒᆞ며 그 ᄂᆞᆯ아 쥰쥴무식[45]ᄒᆞᆫ 쟈들이야 비록 몃억만 인이라도 쓸ᄃᆡ업거니와 영국인이 드러올 ᄢᅢ를 당ᄒᆞ야 문졍도 ᄒᆞ고 담판도 ᄒᆞ여 약됴를 ᄒᆞ든지 항거를 ᄒᆞ엿스면 엇지 이 디경이 되엿스리오마ᄂᆞᆫ 뎌희ᄂᆞᆫ 외국인을 ᄒᆞᆫ 번 보ᄆᆡ 텬신을 맛난 듯 아귀[46]를 본 듯 일시에 쥐구녕 게구녕을 차쟈 흣허졋스며 그즁에도 뎨일 가쇼 탄ᄒᆞᆯ 일은 ᄒᆞᆫ 농부가 밧츨 갈다가 셕합을 엇어 열어 본즉 그 속에 참셔[47]기 잇스되 모년 모월 모일에 텬신이 강림ᄒᆞ야 외국 사ᄅᆞᆷ을 다 죽인다 ᄒᆞᆫ지라 그 농부가 그 참셔를 젼국에 젼포ᄒᆞᄆᆡ 젼국 사ᄅᆞᆷ들이 영국의 압제를 괴로와ᄒᆞ야 긔반을 벗슬 도리를 셔로 연구ᄒᆞ고 분발ᄒᆞᆯ ᄌᆞ음에 이 글을 보고 다 회불ᄌᆞ승[48]ᄒᆞ야 셔로 말ᄒᆞ되 뎌 영국이 아모리 강셩ᄒᆞ여도 필경은 망ᄒᆞᆯ 날이 이시도다 우리나라 사ᄅᆞᆷ은 아못됴록 몸을 조심ᄒᆞ야 독ᄉᆞ ᄀᆞᆺ고 옷빗치 ᄀᆞᆺᄒᆞᆫ 영국인과 겨르지 말고 ᄡᅡ흘 달나든지 집은 달나든지 걱졍 말고 다 주고 모년 모월 모일만 기다리면 그ᄢᅢᄂᆞᆫ 우리 하ᄂᆞ님이 뎌희들을 다 죽이실지라(7. 25)

아모리 뎌희들이 모든 거ᄉᆞᆯ 다 뎜령ᄒᆞ야도 필경은 우리 인도ㅅ사ᄅᆞᆷ의 일을 ᄒᆞ여 주ᄂᆞᆫ 거시라 ᄒᆞ야 아모 계칙도 업시 토디 가옥 외에도 각항 물건을 쳥구ᄒᆞᄂᆞᆫ ᄃᆡ

---

44. 두문불출(杜門不出): 집에만 있고 바깥출입을 아니함.
45. 준준무식(蠢蠢無識): 굼뜨고 어리석어 아무것도 알지 못함.
46. 아귀(餓鬼): 팔부의 하나. 계율을 어기거나 탐욕을 부려 아귀도에 떨어진 귀신으로, 몸이 앙상하게 마르고 배가 엄청나게 큰데, 목구멍이 바늘구멍 같아서 음식을 먹을 수 없어 늘 굶주림으로 괴로워한다고 한다.
47. 참서(讖書): 미래의 일에 대한 주술적 예언을 기록한 책. 참위서.
48. 희불자승(喜不自勝): 어찌할 바를 모를 정도로 매우 기뻐함.

로 부슈텽령[49]ᄒᆞ여 다만 기ᄃᆞ리ᄂᆞ니 모년 모월 모일이러니 그ᄒᆡ를 당ᄒᆞᄆᆡ 젼국 사ᄅᆞᆷ들이 농샹공업을 다 폐지ᄒᆞ야 영인에게 맛기고 그날이 니르ᄆᆡ 큰 경졀이나 맛난 ᄯᅳᆺ이 곳곳이 노름 노리ᄒᆞᄂᆞᆫ 경황이 대단ᄒᆞ며 하늘만 쳐다보더니 그날이 다 지나고 그 밤이 도라오ᄆᆡ 쳥텬명월에 쳘업ᄂᆞᆫ ᄃᆞᆰ은 ᄒᆞᆫ 홰 두 홰 울도록 텬신이 ᄂᆞ리기ᄂᆞᆫ 고샤ᄒᆞ고 디귀도 오지 아니ᄒᆞ니 젼국 ᄉᆞᄅᆞᆷ이 그제야 허황ᄒᆞᆷ을 ᄭᆡ다르나 후회막급이라 엇지ᄒᆞᆯ 수 업셧고 ᄯᅩ 영인이 방곡[50]을 엄히 ᄒᆞ야 일두곡도 매ᄆᆡ가 업스니 불샹ᄒᆞᆫ 인도사ᄅᆞᆷ들은 농ᄉᆞ ᄒᆞᆫ 포긔 못 짓고 무엇을 먹으며 무엇을 닙으리오 아모리 인죵은 만이나 뎌 병뎡 량족ᄒᆞᆫ 강뎍을 엇지 항거ᄒᆞ리오 가위 불망이 ᄌᆞ망이라 그 츰셔ᄂᆞᆫ 엇더ᄒᆞᆫ 못슬 놈이 ᄆᆞᆫᄃᆞ러셔 인도 젼국 민족을 속이고 영인은 울안에셔 ᄯᅥᆨ을 밧게 ᄒᆞ엿ᄂᆞᆫ지 그 아니 분ᄒᆞ고도 통곡ᄒᆞᆯ 일이뇨 ᄯᅩ 이샹ᄒᆞᆫ 말 ᄒᆞᆫ 마ᄃᆡ가 잇스니 대한 말노 번역ᄒᆞ면 셜마라 ᄒᆞᄂᆞᆫ 말인ᄃᆡ 인도 젼국 사ᄅᆞᆷ들이 셜마셜마ᄒᆞᄂᆞᆫ 말이 압의 ᄭᅳᆫ치지 아니ᄒᆞ야 큰 바ᄅᆞᆷ이 부러도 셜마 큰 비가 와도 셜마 언필칭[51] 셜마ᄒᆞ더니 (7. 28)

영인이 처음에 변방을 침노[52]ᄒᆞᄆᆡ 셜마 엇더ᄒᆞ랴 ᄂᆡ디에 드러와도 셜마 엇더ᄒᆞ랴 직정을 완할ᄒᆞ야도 셜마 가옥을 ᄲᆡ앗겨도 셜마 ᄒᆞᆫ편으로 죽으면셔도 셜마셜마ᄒᆞ야 쥐에게 ᄶᅩᆺ기ᄂᆞᆫ ᄃᆞᆰ과 ᄀᆞᆺ치 멱통[53]에 거의 올나오도록 알지 못ᄒᆞ고 셜마ㅅ 쇼ᄅᆡ ᄒᆞᆫ 마ᄃᆡ에 쳔여 만 방리 됴흔 강산이 다 ᄯᅥ나갓스니 엇지 아니 원통ᄒᆞ리오 대한국에도 만일 이 ᄀᆞᆺ흔 비긔와 셜마ㅅ 소ᄅᆡ가 잇스면 필경은 뎌 인도의 젼쳘[54]이 멀지 아니ᄒᆞ리로다 우셰ᄌᆞㅣ 왈 그 비긔나 셜마ᄂᆞᆫ 오히려 헐후ᄒᆞ도다 우리나라 형편은 창졸간[55]에 다 말ᄒᆞᆯ 수 업거니와 비긔로 말ᄒᆞᆯ지라도 도션비결[56]이니 졍감록이니 토뎡비긔이니 ᄒᆞᄂᆞᆫ 여러 가지 말이 ᄒᆞ나도 실디ᄂᆞᆫ 업고 어리셕은 사ᄅᆞᆷ 밋츨 만ᄒᆞᆫ ᄎᆡᆨ이 몃권이오 ᄯᅩ 셜마보다 심ᄒᆞᆫ 말이 이쓰니 혹은 아니된다 혹은 ᄒᆞᆯ 수 업다 ᄒᆞ야 세

49. 부수청령(俯首聽令): 윗사람의 위엄에 눌려 다소곳하게 명령을 따름.
50. 방곡(防穀): 곡식을 다른 곳으로 실어 내보내지 못하게 막음.
51. 언필칭(言必稱): 말을 할 때마다 반드시.
52. 침노(侵擄): 남의 나라를 불법으로 쳐들어가거나 쳐들어옴.
53. 멱통: 동물의 목구멍.
54. 전철(前轍): 앞에 지나간 수레바퀴의 자국이라는 뜻으로, 이전 사람의 그릇된 일이나 행동의 자취를 이르는 말.
55. 창졸간(倉卒間): 미처 어찌 할 수 없이 매우 급작스러운 사이.
56. 도선비결(道詵秘訣).

샹에 홀 일은 ᄒᆞ나도 업시 견ᄃᆡ다가 지금 뎌러ᄒᆞᆫ 어려온 디경을 당ᄒᆞ야 진개 아니 된다 진개[57] 홀 수 업다 ᄒᆞ야 교육을 ᄒᆞ여도 아니된다 양병을 ᄒᆞ여도 홀 수 업다 화륜션 압헤ᄂᆞᆫ 아니되겟다 대포머리에ᄂᆞᆫ 홀 수 업다 내지 몃빅 년이라도 아니되겟다 몃쳔 년이라도 홀 수 업다 ᄒᆞ니 그 빅셩의 졍도로 엇지 된다ᄂᆞᆫ 일과 홀 수 잇다ᄂᆞᆫ 말이 잇스리오(7. 29)

나ᄂᆞᆫ 드르니 인도국이 지금은 보통으로 즁등 학식이 된다 ᄒᆞ니 비그라 셜마라 ᄒᆞᄂᆞᆫ 지각이야 놈어 잇스리오 불원간에 샹등 지식이 되면 외면으로라도 문명 졍의를 쥬장ᄒᆞᄂᆞᆫ 뎌 영국이 엇지 샹등 인민의 ᄌᆞ유를 허락지 아니홀지라도 ᄌᆞ유ᄂᆞᆫ 내게 잇ᄂᆞᆫ 것이니 북미합즁국을 보지 못ᄒᆞᄂᆞᆫ가 그와ᄀᆞᆺ치 필경 독립이 되ᄂᆞᆫ 날에ᄂᆞᆫ 뎌 염라부에 갓치여 잇ᄂᆞᆫ 사ᄅᆞᆷ들ᄭᅡ지 쇽량ᄒᆞ여 환싱케 ᄒᆞ려니와 우리 대한은 국민의 보통 지식이 잇ᄂᆞᆫ 쟈도 몃 사ᄅᆞᆷ이 못되니 어ᄂᆞ ᄯᅢ에 즁등이니 샹등이니 ᄒᆞᄂᆞᆫ 것을 바ᄅᆞ며 수빅 년 이ᄅᆡ로 소위 졍치니 법률이니 군데이니 교육이니 ᄒᆞᄂᆞᆫ 문구를 말홀진ᄃᆡ ᄎᆞᆷ아 붓그러워 말을 못ᄒᆞ겟노라 법ᄉᆞㅣ 왈 인도와 대한 형편을 말노ᄂᆞᆫ 다 ᄒᆞ기 어려오니 우리 동힝ᄒᆞ야 옥경에 가셔 그 형편을 ᄌᆞ셰히 목도ᄒᆞᄂᆞᆫ 거시 엇더ᄒᆞ뇨 우셰ᄌᆞㅣ 왈 나ᄂᆞᆫ 쇽인이라 옥경[58]에 엇지 임의로 가며 간들 엇지 그 형편을 목도홀 방법이 잇스리오 법ᄉᆞㅣ 왈 션싱이 비록 쇽인이나 잠시 나의 뒤를 ᄯᆞ라가면 옥경에셔 괄ᄃᆡ가 업슬 터이오 ᄯᅩ 옥경에 원찰ᄃᆡ[59]가 잇스니 그곳에 올나 보면 다만 인도와 한국만 볼 ᄲᅮᆫ 아니라 텬하 만국 형편이 모다 눈압헤 잇스니 션싱은 동힝ᄒᆞ기를 ᄉᆞ양치 마르쇼셔 우셰ᄌᆞㅣ 왈 내 이미 힝역을 앗기지 아니ᄒᆞ고 이곳ᄭᅡ지 왓다가 하늘이 지시ᄒᆞ샤 고명ᄒᆞᆫ 대ᄉᆞ를 맛낫스니 동힝홈은 불감쳥이언뎡 고소원[60]이로다(7. 30)

법ᄉᆞㅣ 바랑[61]에셔 실과[62]와 차를 내여놋코 돌 우헤 ᄎᆞ관[63]을 걸고 옥 ᄀᆞᆺ흔 시암물을 써다가 붓고 솔ㅅ방울노 불을 ᄯᅵ여 차를 다리여 괴셕 우헤 그러안ᄌᆞ 각각 ᄒᆞᆫ

57. 진개(眞個): 참인 것. 과연 참으로.
58. 옥경(玉京): 하늘 위에 옥황상제가 산다는 가상적인 서울.
59. 원찰대(遠察臺).
60. 불감청고소원(不敢請固所願): 감히 청하지는 못하지만 본래부터 원하고는 있음.
61. 바랑: 중이 등에 지고 다니는 자루 모양의 큰 주머니.
62. 실과(實果): =과일.
63. 차관(茶罐): 찻물을 끓이는 그릇. 모양이 주전자와 비슷하다. ≒다관(茶罐): 찻주전자.

표ᄌᆞ를 ᄯᅡ라 마시고 실과를 먹으니 정신이 쇄락64ᄒᆞ야 표연히 인간 밧긔 나온 듯ᄒᆞ더라 다과를 맛친 후에 ᄉᆡ음물에 손을 씻고 각각 힝장을 단속ᄒᆞ야 압서거니 뒤셔거니 ᄇᆡᆨ운 가으로 셔셔히 나아갈ᄉᆡ 력로에 구경ᄒᆞᆫ 명산 대찰이며 문답ᄒᆞᆫ 리셜 학셜65은 이로 다 긔록ᄒᆞᆯ 수 업더라 ᄒᆞᆫ 곳에 니르니 가든 길이 ᄭᅳᆫ치고 젼후좌우가 ᄃᆡ 절벽이라 명ᄉᆞᄂᆞᆫ 비단ᄀᆞᆺ치 들너 잇고 고셕은 ᄇᆡᆨ옥ᄀᆞᆺ치 버려 잇ᄂᆞᆫᄃᆡ 늘즘승 긜즘승은 영향도 업고 다만 긔화이초66가 ᄉᆞ이ᄉᆞ이 만발ᄒᆞᆫᄃᆡ 두 사ᄅᆞᆷ이 돌우에 안ᄌᆞ 두어 시간을 쉬고 다시 바위틈으로 도라가니 동학67은 점점 좁아지며 다시ᄂᆞᆫ 접촉ᄒᆞᆯ 곳이업고 다만 쳔 장 만 쟝 되ᄂᆞᆫ 셕벽 우에 쇠ᄉᆞ슬을 느리고 교ᄌᆞ68 ᄒᆞ나를 돌앗ᄂᆞᆫᄃᆡ ᄌᆞ셰히 치어다보니 그 모졔가 영국 론돈에 디하텰노를 통ᄒᆞᄂᆞᆫ 길과 ᄀᆞᆺ치 ᄯᅮᆨ게를 덥고 황금 대ᄌᆞ로 ᄡᅥᆺ스되 옥경 남문이라 ᄒᆞ엿ᄂᆞᆫ지라 법ᄉᆞㅣ 왈 션ᄉᆡᆼ은 념려 마르쇼셔 이 문이 본ᄅᆡ ᄌᆞ시로브터 유시ᄭᆞ지 열어 두고 그 다음에ᄂᆞᆫ 닷치ᄂᆞ니 우리가 뎌기 와셔 시간을 어긔엿스나 쇼승은 익히 왕ᄅᆡᄒᆞᆫ 고로 무샹시라도 능히 츌입ᄒᆞᄂᆞᆫ 도리가 잇스니 다만 션ᄉᆡᆼ은 쇼승의 뒤만 ᄯᅡ르쇼셔(7. 31)

두 사ᄅᆞᆷ이 그 털ᄉᆞ 교ᄌᆞ에 안ᄌᆞ셔 털ᄉᆞ를 두어 번 흔드니 홀연 돌문이 절노 열니며 긔계 돌니ᄂᆞᆫ 소ᄅᆡ가 나더니 털ᄉᆞ가 점점 ᄶᆞᆯ너지며 교자ᄂᆞᆫ ᄯᅡ라 올나가더라 문에 니ᄅᆞ러ᄂᆞᆫ 문 직흰 쟈가 법ᄉᆞ를 영접ᄒᆞ여 경례ᄒᆞ고 우셰ᄌᆞ의 명쳡을 밧아 이윽히 보다가 말ᄒᆞ되 이 사ᄅᆞᆷ의 셩명은 ᄉᆡᆼ소ᄒᆞ니 잠간 잇셔 텬뎡에 픔ᄒᆞᆫ 후 명령을 기ᄃᆡ림이 가ᄒᆞᆯ가 ᄒᆞ노라 ᄒᆞ거ᄂᆞᆯ 법ᄉᆞㅣ 바랑을 열고 지필을 내여 보증셔 일 쟝을 써셔 주니 ᄒᆞ엿스ᄃᆡ .

우셰ᄌᆞ

쥬지 디구셩 동반구 한국

직업 독셔

우인이 옥경에 유람ᄒᆞ기 위ᄒᆞ야 남문에 입ᄒᆞᆯ 시에 ᄎᆞ 증셔를 젹홈

년월일 보증인 원쟝법ᄉᆞ

쓰기를 맛초ᄃᆡ 슈문쟝을 주며 두어 말노 셜명ᄒᆞ니 슈문쟝이 밧아 수ᄃᆡ에 너코 홍

---

64. 쇄락(灑落): 기분이나 몸이 상쾌하고 깨끗함.
65. 이설(異說) 학설(學說).
66. 기화이초(奇花異草): 진귀한 꽃과 풀.
67. 동학(洞壑): 깊고 큰 골짜기.
68. 교자(轎子): 가마.

긔를 둘너 허입ᄒᆞᄂᆞᆫ지라 량인이 드러가다가 ᄒᆞᆫ 언덕에 올나 ᄇᆞ라보니 과연 ᄇᆡᆨ옥 셰계라 구천팔ᄇᆡᆨ 방리쯤 되는 들에 고루거각이 즐비ᄒᆞ야 그 졔도ᄂᆞᆫ 양옥ᄀᆞᆺ치 칠팔 층 혹 십여 층인ᄃᆡ 모다 ᄇᆡᆨ옥을 ᄶᅡᆨ가 지엇고 즁앙에셔 ᄉᆞ방으로 통ᄒᆞᆯ 대로와 방방곡곡에 쇼로ᄂᆞᆫ 모다 금강셕 ᄀᆞᆺ흔 돌을 ᄭᆞ라 티끌 ᄒᆞᆫ 졈이 업고 은빗 ᄀᆞᆺ흔 큰 하슈ᄂᆞᆫ 즁심을 ᄭᅦ여 흐르ᄂᆞᆫᄃᆡ 무지ᄀᆡ ᄀᆞᆺ흔 텰교ᄂᆞᆫ 곳곳 ᄲᅢ쳐 왕리ᄒᆞᄂᆞᆫ 사ᄅᆞᆷ이 락역부졀[69]ᄒᆞ더라 우셰ᄌᆞㅣ 평ᄉᆡᆼ에 처음 보ᄂᆞᆫ 쟝관이라 법ᄉᆞ를 불너 닐ᄋᆞᄃᆡ ᄭᅮᆷ에도 ᄉᆡᆼ각지 못ᄒᆞ던 옥경을 눈으로 보니 가위 촌계관쳥[70]이라 청컨ᄃᆡ 대ᄉᆞᄂᆞᆫ 자셰히 ᄀᆞ르치쇼셔(8. 1)

법ᄉᆞㅣ 왈 션ᄉᆡᆼ은 드르쇼셔 디구셩 가온ᄃᆡ 조고마ᄒᆞᆫ 파리쓰 피득보 론돈 워싱돈[71]이라 ᄒᆞᄂᆞᆫ 소위 대도회도 몃 ᄒᆡ 동안에 다 구경ᄒᆞ기 어렵거든 ᄒᆞ믈며 옥경을 낫낫치 말ᄒᆞ리오 그러나 그 거쳐와 음식이나 대강 말ᄒᆞ리이다 셩즁에 허다ᄒᆞᆫ 가옥은 동양 온돌과 셔양 란로 ᄀᆞᆺ흔 것은 업시 태양셩의 도ᄉᆞ수를 맛초아 ᄉᆞ시 한온[72]이 평균ᄒᆞ며 쥬야도 업스니 등촉이 쓸ᄃᆡ업고 각셩 물화ᄂᆞᆫ 각 셩신에셔 조공 밧아 어용ᄒᆞᄆᆡ 슐과 ᄎᆞ와 과실과 그 외에 여러 가지 진슈승찬과 일용 즙물이 다른 곳 소산이 아니라 디구 각 경셩에 외방 물건이 모혀들듯 각 셩신에셔 진샹ᄒᆞᄂᆞ이다 우셰ᄌᆞㅣ 왈 각 셩신에셔 조공ᄒᆞᆫ다 ᄒᆞ니 우리 디구셩에셔도 필연 조공ᄒᆞᄂᆞᆫ 물건이 잇스리로다 법ᄉᆞㅣ 왈 디구셩에셔 소산ᄒᆞᄂᆞᆫ 용샹ᄒᆞᆫ[73] 물건이야 엇지 옥경 소용에 합당ᄒᆞ리오 ᄎᆞᄎᆞ 이곳 경황을 보시면 ᄌᆞ연 알니이다 우셰ᄌᆞㅣ 왈 우리 이믜 이에 니ᄅᆞ럿스니 쳥컨ᄃᆡ 법ᄉᆞᄂᆞᆫ 슈고를 앗기지 말고 골고로 인도ᄒᆞ여 구경케 ᄒᆞ여 주쇼셔 법ᄉᆞㅣ 왈 이런 광ᄃᆡᄒᆞᆫ 셰계를 낫낫치 구경ᄒᆞ기 심히 어려우니 위션 텬당브터 가ᄉᆞ이다 ᄒᆞ고 의관을 졍졔ᄒᆞᆫ 후에 손을 셔로 닛ᄭᅳᆯ고 대로로 좃ᄎᆞ가다가 하슈를 건너 동편으로 수십 리를 힝ᄒᆞᆯᄉᆡ 길에 ᄃᆞᆫ니ᄂᆞᆫ 사ᄅᆞᆷ들이 무론 남녀로쇼ᄒᆞ고 낫낫치 의복이 션명ᄒᆞ고 용모가 단졍ᄒᆞᆫᄃᆡ 혹 ᄉᆞ슴도 ᄐᆞ고 혹 학도 ᄐᆞ고 혹 쳥려쟝으로 보힝도 ᄒᆞᄆᆡ 긔상이 무비 츌중[74] 화긔니 짐짓 셩인 샤회이나 신션 총즁이러라(8. 3)

69. 낙역부절(絡繹不絶): 왕래가 잦아 소식이 끊이지 아니함.
70. 촌계(村鷄) 관청(官廳): 시골 닭을 관청에 잡아다 놓은 것처럼 정신을 제대로 차리지 못함을 말함.
71. 파리, 페테르부르크, 런던, 워싱턴.
72. 한온(寒溫): 날씨의 차고 따뜻함.
73. 용상(庸常)하다: 평범하다. 범상하다.
74. 무비(無比) 출중(出衆): 아주 뛰어나서 비할 데가 없음.

홀연 ᄒᆞᆫ 고귀ᄒᆞᆫ 문을 당ᄒᆞ니 머리를 들어 볼 째에 광ᄎᆡ가 눈을 쏘ᄂᆞᆫ ᄇᆡᆨ옥 현판에 큰 글ᄌᆞ로 보션문이라 썻더라 보션문 안에 드러셔 보니 뎡뎐[75]은 십여 층인ᄃᆡ 쟝광이 각 수ᄇᆡᆨ 미돌[76]이오 동셔 힝각은 광이 십여 미돌이오 쟝이 수ᄇᆡᆨ 미돌을 쌔첫스니 각석 진쥬 보옥으로 ᄭᅮ며셔 휘황찬란ᄒᆞᆫ 것이 사ᄅᆞᆷ의 졍신이 현황ᄒᆞ더라 우셰ᄌᆞㅣ문왈 뎌 뎐각은 무슴 집이뇨 법ᄉᆞㅣ 왈 뎡뎐은 보션당이오 동셔 힝각은 보션ᄌᆡ니다 연향[77]ᄒᆞᄂᆞᆫ 집이라 명졀이나 혹 경졀을 당ᄒᆞ면 샹뎨ᄭᅴ셔 ᄉᆞ찬ᄒᆞ샤 대셩인 대츙신과 효ᄌᆞ 렬부를 명당에 모흐고 그ᄂᆞᆷ어 쳘인 군ᄌᆞᄂᆞᆫ 동셔힝각에 모흐고 이샹ᄒᆞᆫ 풍악과 여러 가지 식물노 ᄃᆡ접ᄒᆞᄂᆞ니 이ᄂᆞᆫ 다 인간에 업ᄂᆞᆫ 바ㅣ니라 우셰ᄌᆞㅣ 왈 즉금은 그 여러 사ᄅᆞᆷ들이 다 어ᄃᆡ 잇ᄂᆞ뇨 법ᄉᆞㅣ 왈 평샹시ᄂᆞᆫ 각기 쳐소가 잇ᄂᆞ니 뎌 북문 밧그로 나가면 ᄌᆞ연 알니이다 ᄒᆞ고 우셰ᄌᆞ를 인도ᄒᆞ야 뎐각과 후원을 다 구경ᄒᆞᆫ 후에 북문 밧그로 나가니 그곳이 극히 광활ᄒᆞ야 슈셕이 쳥결ᄒᆞ고 림쳔이 유슈ᄒᆞᆫᄃᆡ 초가도 잇고 외가도 잇스니 그 졔도가 극히 졍쇄ᄒᆞ야 혹 긔이ᄒᆞᆫ ᄭᅩᆺ나무로 취병을 틀어[78] 문도 내고 혹 ᄃᆡ를 심어 움도 숨고 혹 바위를 ᄯᅮᆯ어 길도 내고 혹 셕간슈[79]를 ᄃᆡ여 연못도 ᄑᆞ고 각ᄉᆡᆨ 화초와 긔셕이 일망무졔ᄒᆞᆫᄃᆡ 틈틈이 ᄉᆞ통 오달ᄒᆞᆫ 길이 거리를 얼키듯 ᄒᆞ엿더라 이리뎌리 두루 구경ᄒᆞᆯ 제 혹 쥬렴[80] 속에셔 거문고 소ᄅᆡ도 나며 혹 령ᄌᆞ 우에셔 이삼 도인이 바둑도 두며(8. 5)

혹 ᄭᅩᆺ 가지를 썩거 들고 ᄭᅩᆺ밧헤셔 왕ᄅᆡᄒᆞᄂᆞᆫ 부인도 잇고 혹 ᄎᆡᄉᆡᆨ옷을 닙고 피리도 불며 공도 치ᄂᆞᆫ ᄋᆞ희들도 잇스며 엇던 사ᄅᆞᆷ은 관을 버셔 셕벽에 걸고 돌을 의지ᄒᆞ여 글을 보ᄂᆞᆫᄃᆡ 학은 츔을 츄고 솔방울은 졀노 ᄯᅥ러지니 운치가 이ᄀᆞᆺ치 쳥한[81]ᄒᆞ더라 법ᄉᆞ가 우셰ᄌᆞ를 다시 인도ᄒᆞ야 조고마ᄒᆞᆫ 셕교를 건너 ᄒᆞᆫ 집을 차져가니 그 집이 ᄀᆞ장 졍쇄ᄒᆞᆫᄃᆡ 문압헤셔 ᄉᆞ슴이 놀며 소나무 가지에 거문고를 걸고 괴셕 우에 차관[82]을 노왓스며 쳠하[83]에 쥬렴을 드리워 노코 적적히 사ᄅᆞᆷ은 업더라 법ᄉᆞㅣ 즁

75. 정전(正殿): 왕이 나와서 조회(朝會)를 하던 궁전.
76. 미터.
77. 연향(宴享): 국빈을 대접하는 잔치.
78. 취병(翠屛) 틀다: 꽃나무 가지를 이리저리 휘어서 문이나 병풍 모양으로 만들다.
79. 석간수(石間水): 바위틈에서 나오는 샘물.
80. 주렴(珠簾).
81. 청한(淸閑): 맑고 깨끗하며 한가하다.
82. 차관(茶罐): 찻물을 달이는 주전자 모양의 그릇.
83. 첨하(檐下): 처마의 아래.

문 압헤 나아가 부르니 ᄒᆞᆫ 동ᄌᆞㅣ 나오ᄂᆞᆫ지라 법ᄉᆞㅣ 왈 너의 시님이 계시냐 동ᄌᆞㅣ 왈 우리 시님은 어제 요지연에 가셧다가 오ᄂᆞᆯ 아츰에 도라오셔셔 지금 취침ᄒᆞ셧ᄂᆞ이다 법ᄉᆞㅣ 왈 나ᄂᆞᆫ 원장법ᄉᆞㅣ라 ᄒᆞᄂᆞᆫ 사ᄅᆞᆷ인ᄃᆡ 너의 시님과 동문슈업ᄒᆞᆫ 계분이 잇스니 긔침ᄒᆞ시기를 기ᄃᆞ려 나의 옴을 고ᄒᆞ라 동ᄌᆞㅣ 드러가더니 이윽고 한 로승이 나오거ᄂᆞᆯ 법ᄉᆞㅣ 합쟝 ᄇᆡ례ᄒᆞ니 로승이 답례하고 곳 인도ᄒᆞ여 안으로 드러가며 반갑게 슈작ᄒᆞ되 그동안 어ᄃᆡ로 유람ᄒᆞ시다가 지금이야 오시뇨 법ᄉᆞㅣ 좌뎡ᄒᆞᆫ 후에 닐ᄋᆞᄃᆡ 쇼승은 근ᄅᆡ에 디구셩에 유람ᄒᆞᆯᄉᆡ 인도국으로브터 총령[84]을 넘어 염라부에 잠간 들넛고 지금 이곳에 왓기로 대ᄉᆞ를 심방ᄒᆞ노이다 로승 왈 차쟈오시니 감샤ᄒᆞ오이다 동ᄒᆡᆼᄒᆞ신 손님은 뉘시니잇가 법ᄉᆞㅣ 왈 손님은 디구셩동반구 한국에 사ᄂᆞᆫ 우셰ᄌᆞㅣ라 ᄒᆞᄂᆞᆫ 사ᄅᆞᆷ인ᄃᆡ 츙국ᄋᆡ민ᄒᆞᄂᆞᆫ ᄆᆞᄋᆞᆷ이 근졀ᄒᆞ여 민지를 발달ᄒᆞ기로 ᄌᆞ임ᄒᆞ더니 ᄉᆞ불여의ᄒᆞᄆᆡ 셰계샹으로 도라ᄃᆞᆫ이다며 유람ᄒᆞ다가 슈미산에셔 쇼승을 맛나 그 뜻을 말ᄒᆞᄂᆞᆫᄃᆡ 쇼승으로 더브러 지긔가 샹합ᄒᆞ기로 이곳ᄭᆞ지 동ᄒᆡᆼᄒᆞ엿ᄂᆞ이다 로승이 다시 문밧게 나아가 우셰ᄌᆞ에게 합쟝 ᄇᆡ례ᄒᆞ니 우셰ᄌᆞㅣ 답례ᄒᆞ고 무ᄅᆞ니(8. 8)

대ᄉᆞᄂᆞᆫ 누구시완ᄃᆡ 나 ᄀᆞᆺᄒᆞᆫ 쇽ᄀᆡᆨ을 이ᄀᆞᆺ치 관ᄃᆡ를 ᄒᆞ시ᄂᆞ노 로승 왈 션ᄉᆡᆼ의 셩화를 인ᄌᆞᆨ 듯지 못ᄒᆞ엿슴으로 즉시 영졉지 못ᄒᆞ엿스니 션ᄉᆡᆼ은 용셔ᄒᆞ소셔 쇼승은 ᄒᆡ월존ᄌᆞ라 칭ᄒᆞᄂᆞᆫᄃᆡ 뎌 법ᄉᆞᄭᅴ 놉흔 일홈을 듯ᄉᆞ온즉 쇼승이 무ᄉᆞᆷ 복력 잇셔 오ᄂᆞᆯ날 션ᄉᆡᆼ이 왕림ᄒᆞ시니 폐호에 ᄉᆡᆼ식이 적지 아니ᄒᆞ여이다 우셰ᄌᆞㅣ 존ᄌᆞ를 ᄯᆞ라 당샹[85]으로 올나갈 ᄯᆡ ᄉᆞ면을 ᄉᆞᆲ혀보니 수ᄇᆡᆨ 권 경문은 문갑 우에 싸여 잇고 벽람가ᄉᆞ[86]ᄂᆞᆫ 홰ㅅᄃᆡ에 걸여 잇고 고살은 연상 우에 념주로 눌너 노앗ᄂᆞᆫᄃᆡ 각ᄉᆡᆨ 문방 제구ᄂᆞᆫ ᄀᆞ장 정결ᄒᆞ야 그림 속과 방불ᄒᆞ더라(8. 10)

『대한매일신보』(1909. 7. 15-8. 10)

---

84. 총령(葱嶺): 중앙아시아 파미르 고원을 중국에서 일컫는 말. 중국에서 서역으로 통하는 길이 이곳으로 나 있음.
85. 당상(堂上): 대청 위.
86. 벽람(碧藍) 가사(袈裟).

병인간친회록(病人懇親會錄)

轟笑生

인생의 슈명이 백 년에 지나지 못ᄒᆞ나 그러나 사는 동안에 비록 하로라도 그 생명을 편안히 보존코져 ᄒᆞ나니 생명을 편안히 보존ᄒᆞ랴면 결단코 혈연히 호올로 셔셔는 되지 못ᄒᆞᆯ지라 그럼으로 졍치가에는 졍치회가 잇고 법률가에는 법률회가 잇스며 상업가에 상업회며 공업가에 공업회며 농업가에 농업회가 차데로 잇슬 ᄲᅮᆫ 안이라 심지어 로동쟈의 로동회ᄭᆞ지 잇셔 친목회를 ᄒᆞᆫ다 간친회를 ᄒᆞᆫ다 환영회를 ᄒᆞᆫ다 림시회니 특별회니 각색 명목으로 회를 죠직ᄒᆞ야 밤에도 모이고 낫에도 모혀 잇고 업는 것도 셔로 분배ᄒᆞ고 알고 몰오는 것도 셔로 밧고아 호올로 셔 잇셔 혈연히 외로옴을 면ᄒᆞ나니 장ᄒᆞ도다 사회의 업지 못ᄒᆞᆯ 것이여

귀ᄒᆞᆫ 쟈 쳔ᄒᆞᆫ 쟈 늙으니 졀무니 ᄒᆞᆯ 것 업시 류를 ᄯᅡ라 각기 상당ᄒᆞᆫ 회가 의례히 잇거날 류에 셕기도 못ᄒᆞ고 회에 참예도 못ᄒᆞ야 일신이 령뎡ᄒᆞ고[1] 생애가 참담ᄒᆞᆫ 쟈들은 오작 불상ᄒᆞ고 칙은ᄒᆞᆫ 각색 병신들이라 병신으로 말ᄒᆞ면 배내병신이던지 초년병신이던지 중년병신이던지 언의 누가 병신 되기를 즐겨 되얏스리오 죠상의 류젼이나 보인의 죄일로 하날이 명ᄒᆞ심이니 박졀ᄒᆞᆫ 생각지 못ᄒᆞ는 말로 ᄒᆞ면 그 벌을 감슈ᄒᆞ고 다만 죽기를 기대릴 ᄲᅮᆫ이라 ᄒᆞᆯ지나 그리고 보면 회과자신ᄒᆞᆯ[2] 길이 막히고 동병상련의 의가 업슬지라 이에 셩내 셩외에 잇는 각색 병신들이 간친회를 발긔ᄒᆞ고 취지셔를 각쳐로 발송ᄒᆞ얏더라(1909. 8. 19)

---

1. 영정(零丁)하고: 영락하여 외롭고 의지할 곳이 없고.
2. 회과자신(悔過自身)할: 잘못을 뉘우치고 새 출발을 할.

병인간친회 취지셔

슬푸다 우리 륙톄가 완젼치 못흔 병신 동포 데씨여 만민이 셔로 합ᄒ면 힘이 잇고 헤여지면 약ᄒ며 힘이 잇스면 편안홈을 엇고 약ᄒ면 위태홈이 생김은 뎡흔 리치라 벌은 미물이로되 무리를 일우어져 보다 사나온 날벌레의 침로홈을 방어ᄒ고 이리는 즘생이로되 떼를 지어 뎌보다 날낸 사심을 잡아먹나니 만물 즁 가장 신령흔 사람이 되야셔 엇지 미물과 즘생만 못ᄒ리오 그런고로 현금 이십세긔에 동셔양 사람들이 각각 샤회단톄를 죠직ᄒ고 여러 힘을 합ᄒ야 편안흔 근긔를[3] 셰우나니 이는 병신 만인 동포의 일이어니라 우리 륙톄가 완젼치 못흔 병신 동포는 일즉이 문견도 넓지 못ᄒ고 학문도 엿허 단톄의 죠직을 생의치[4] 못ᄒ엿도다 볼지어다 뎌 셔양 문명흔 나라에는 우리 갓흔 병인을 위ᄒ야 각색 병인원[5]을 셜립ᄒ야 지식을 넓히어 쥬노라고 학교도 셜립ᄒ고 생계를 붓잡아 쥬노라고 실업도 장려ᄒ거날 우리나라에는 보통 병신들은 고사ᄒ고 맹아원(盲啞院) 한 곳도 아즉 업스니 이갓치 풍죠(風潮)가 위험ᄒ고 경쟁(競爭)이 극렬흔 시대에 장차 두 손을 묵고 죽기를 기대림이 가홀손가 남을 의뢰 말고 스사로 쥬장홈은 인생의 힘쓸 바라 우리도 한 단톄를 죠직ᄒ야 환난질고에[6] 셔로 불상히 넉이고 셔로 붓드러쥬며 또흔 셔로 토론ᄒ야 지식을 교환ᄒ면 엇지 몸은 완젼해도 마암은 헤여진 무리를 불어ᄒ리오 이에 우러러 공포ᄒ오니 죠량[7]ᄒ신 후 모월 모일 모시에 훈련원 압으로 계긔[8]왕림(屆期往臨)ᄒ심을 경요[9]

다만 행신난잡[10]히 ᄒ야 매창[11]으로 곳병신 된 쟈는 립장을 허락지 안이ᄒ오

발긔인 아모 등(8. 20)

그 통쳡이 나는 듯이 사면팔방을 돌아단이더니 회일이 당도ᄒ닛가 멀고 갓갑고 젹은 병신 큰 병신들이 구름 뫼듯 물밀 듯 훈련원 벌더구니[12]가 빽빽ᄒ게 뫼여들러

---

3. 근기(根氣)를.
4. 만들지.
5. 병인원(病人院).
6. 환난질고(患難疾苦)에.
7. 조량(照諒): 형편이나 사정을 밝히어 앎.
8. 굴기(屆期): 정한 때나 기한에 이름.
9. 경요(敬要): 정중히 요청함.
10. 행신난잡(行身亂雜).
11. 매창(梅瘡): 매독.
12. 벌더구니: 벌판.

차례로 느러 안진 후에 발긔인 즁 한 사람이 썩 나셔며 시계를 내어보더니 시간이 다 되엿스니 개회합시다 사무를 쳐리ᄒᆞ자면 불가불 림시회장이 잇셔야 되겟스니 림시회장 한 분을 어셔 츄쳔ᄒᆞ시오 그 말이 쑥 써러지자 엇던 사람이 벌썩 니러셔더니 지금 회장 ᄒᆞᆫ 분을 츄쳔ᄒᆞᆯ 터인대 잠ᄭᅡᆫ 셜명ᄒᆞᆯ 말이 잇소 우리 회가 아모리 병신이 모여 ᄒᆞᄂᆞᆫ 회라도 방청이 혹 잇슬 터인대 넘오 현져ᄒᆞᆫ 병신으로 회장을 츄쳔ᄒᆞ면 남의 우숨을 밧기 쉬오니 자긔ᄂᆞᆫ 비록 병신일지언뎡 남 보기에ᄂᆞᆫ 관계치 안이ᄒᆞᆫ 쳥맹관 아모씨로 쳔힛소 발긔인이 소리를 놉히여 그러면 가부를 뭇겟소 쳥맹관 아모씨가 림시회장이 가ᄒᆞᆫ 줄 아시거던 손을 들으시오 하나 둘 셋 넷 부ᄂᆞᆫ 무를 것도 업소 젼슈가결이오 회장 승셕ᄒᆞ시오

좌즁이 일시에 손벽을 ᄶᅡᆨᄶᅡᆨᄶᅡᆨᄶᅡᆨ 치더니 회장이 발길을 더듬더듬 승좌를 ᄒᆞ야 사션상[13] 압에 가 웃쑥 셔니 엄연ᄒᆞᆫ 풍신이 졔법 병신 갓지 안이ᄒᆞᆫ대 눈으로 보지ᄂᆞᆫ 못해도 모다 의뭉으로 일을 ᄒᆞ더라

(회장) 회록을 긔쵸ᄒᆞ자면 불가불 림시셔긔가 잇셔야 ᄒᆞ겟스니 셔긔 ᄒᆞᆫ 분 쳔ᄒᆞ시오

(회원) 셔긔ᄂᆞᆫ 언론 가부에 참예ᄒᆞᆯ 겨를이 업스니 벙어리 아모씨로 쳔ᄒᆞ오

(회장) 가부 뭇소 림시셔긔를 벙어리 아모씨가 피쳔되얏스니 가타 ᄒᆞ시거던 거슈ᄒᆞ시오. ᄯᅩ 부타 ᄒᆞ시거던 거슈ᄒᆞ시오. 그러면 아마 가결되얏나 보오 림시셔긔 이리 출셕ᄒᆞ시오(8. 21)

엇던 회원이 니러셔며 회장 우리가 회를 이러케 셜리ᄒᆞ얏슨즉 림시로 잠ᄭᅡᆫ ᄒᆞᄂᆞᆫ 일이 안이라 영구히 유지ᄒᆞ여야 ᄒᆞᆯ 터이니 부득불 규칙을 졔정ᄒᆞ여야 ᄒᆞ겟슨즉 규칙졔정위원 두 분만 츄쳔ᄒᆞ기로 동의ᄒᆞ얏소 ᄯᅩ ᄒᆞᆫ 회원이 니러셔며 회장 그 동의 재청ᄒᆞ얏소

(회원) 의견 업소 가부. 회장이 가부를 가결이 된 후 츄쳔ᄒᆞᆯ 방법을 회즁에 물은즉 구두 공쳔ᄒᆞ야 만슈되거든 지쳔ᄒᆞ자 재청이 되야 이의가 업스니 엇던 사람은 반벙어리를 쳔ᄒᆞ고 엇던 사람은 쳬머리장이를 쳔ᄒᆞᄂᆞᆫ지라 회장이 두 사람의 가부를 무른대 한 회원이 회장을 크게 부른다

회장 사회의 규칙이라ᄂᆞᆫ 것은 즉 졍부의 법률과 일반이라 대단히 신슝ᄒᆞᆫ 것이오

13. 사선상(四仙床): 한쪽에 한 사람씩 돌아앉을 만하게 되어 있는 다리가 긴 네모진 상.

죠리가 분명ᄒᆞ고 항목이 죵상ᄒᆞ야[14] 일호라도 모호ᄒᆞᆫ 졈이 업셔야 ᄒᆞᆯ 것이어날 지금 피쳔된 두 회원으로 말ᄒᆞ면 그 지식과 학문이 부족ᄒᆞ다는 것이 안이라 아모리 지식이 셕부ᄒᆞ고 학문이 고명ᄒᆞ더래도 규칙 졔졍ᄒᆞᄂᆞᆫ 일에 당ᄒᆞ야셔ᄂᆞᆫ 졀대젹 못될 줄로 생각ᄒᆞ오 엇지ᄒᆞ야 그러냐 ᄒᆞ고 보면 물론 엇던 사람이고 곳치기 어려온 것은 습관셩이라 자긔 마암에도 변연히 잘못되ᄂᆞᆫ지 짐작ᄒᆞ면셔도 습관에 버셔나기 어려워셔 죵죵 일을 그릇드리나니 반벙어리 아모씨로 말ᄒᆞ면 말을 얼버무려 듯ᄂᆞᆫ 쟈로 ᄒᆞ야곰 동셔를 불변케 ᄒᆞ던 습관으로(8. 24)

규칙도 얼버무려 죠리를 모호히 ᄒᆞᆯ 것이오 쳬머리장이 아모씨로 말ᄒᆞ면 평생에 남의 말과 일의 시비곡직을 알볼 여부 업시 반대ᄒᆞ기만 됴화ᄒᆞ야 쳬머리를 흔들든 습관으로 규칙도 반대 방향으로만 항목을 고집ᄒᆞᆯ 것이니 나ᄂᆞᆫ 두 회원이 다 불가ᄒᆞᆫ 줄 아ᄂᆞᆫ 고로 다시 호쳔ᄒᆞ기로 동의ᄒᆞ오

엇더ᄒᆞᆫ 회원이 로긔등등ᄒᆞ야 회장 그 회원의 말이 대단히 무례ᄒᆞ오 남을 그러케 경함ᄒᆞᄂᆞᆫ[15] 법이 엇의 잇소 가량 그 회원의 말과 갓흘 디경이면 물 흐르듯 ᄒᆞᄂᆞᆫ 구변으로 륙국을 달내던 소진(蘇秦)[16]이와 상투를 들보에 대야 머리를 까땍도 못ᄒᆞ게 ᄒᆞ던 손경(孫敬)[17]이ᄂᆞᆫ 규칙 졔뎡위원으로 쏩혀다 것겟소구려 ᄯᅩ 륙담으로 말ᄒᆞ면 입살이 얄팔ᄒᆞ고 혀가 깂즘ᄒᆞ야 납신납신 짓거리기를 잘ᄒᆞᆫ다거나 뢰후죵[18]이 목침만치 나셔 고개를 조곰도 못 돌니고 텰장ᄶᅢ 한 가지로 곳곳ᄒᆞᆫ 사람이라야 규칙을 썩 잘 짓겟소 그가 반벙어리 말고 왼벙어리라도 쳬머리 말고 몸덩이ᄭᅡ지 뒤흔든대도 규칙졔졍ᄒᆞᄂᆞᆫ대 흠졈될 것이 무엇이오 ᄯᅩᆼ 무든 개가 겨 무든 개를 남으런다고 그 회원이 얼마나 츌즁ᄒᆞ면 하필 우리 병인간친회 회원이 되엿으릿가 그리기에 셰상 사람들에게 병신 하나 고온대 업다ᄂᆞᆫ 별명을 듯심늬다 어셔 피쳔ᄒᆞᆫ 위원 두 분의 가부를 무러쥬시오(8. 25)

(여러 회원) 올소 올소. 회장이 고슈방망이로 사션상을 딱딱 치며 이러케 셔로 변론ᄒᆞᆯ 것 업소 지금 가부를 무를 것이니 가ᄒᆞ게 생각ᄒᆞᄂᆞᆫ 회원은 가편으로 손을 들

14. 종상(綜詳)하여: 치밀하고 자세하여.
15. 경함(傾陷)하는: 남을 모함하여 넘어뜨림.
16. 중국 전국시대의 모사. 말을 잘하기로 유명하여 책사로 널리 등용됨.
17. 손무(孫武): 중국 춘추시대의 병법가로 그의 병법 『손자』가 유명함.
18. 뇌후종(腦後腫): 뒤통수에 난 부스럼.

고 부ᄒᆞ게 생각ᄒᆞᄂᆞᆫ 회원은 부편으로 손을 들엇스면 자연 귀결이 될 것이오 안이 거슈로 가부 결뎡ᄒᆞᄂᆞᆫ 것이 일상 모호합더이다 나ᄂᆞᆫ 보지ᄂᆞᆫ 못ᄒᆞ나 그만 일이야 몰오릿가마는 멀니라던지 구셕에 안지신 회원은 겨슈ᄒᆞᄂᆞᆫ 것을 쳡경 보지 못ᄒᆞᆯ 것이니 이 다음부터ᄂᆞᆫ 가부간 대답으로 작뎡을 ᄒᆞ십시다 자 장황이 ᄯᅩ 셜명ᄒᆞᆯ 일 업시 두 분 위원이 가ᄒᆞᆫ 줄 알으시거던 네 ᄒᆞ시오 네네네네네네네네 ᄯᅩ 부ᄒᆞᆫ 줄 알으시거던 네 ᄒᆞ시오 네네네네 회장이 가결됨을 공포ᄒᆞ니 반벙어리가 벌덕 니러셔며 회장을 불너 자긔의 재국[19]이 규칙 제뎡의 임무를 감당치 못ᄒᆞᆯ 줄로 구두 청원을 ᄒᆞ고 쳬머리장이도 그와 갓치 청원을 ᄒᆞ니 회장이 두 회원의 청원을 밧ᄂᆞᆫ 것이 가하냐 봉환[20]ᄒᆞᄂᆞᆫ 것이 가ᄒᆞ냐 회즁에 무른대 엇더ᄒᆞᆫ 회원이 회장 샤면 업소 우리가 공공단톄를 죠직ᄒᆞ야 슌젼ᄒᆞᆫ 의무로 엇의써지던지 복죵ᄒᆞᄂᆞᆫ 터에 위임ᄒᆞᄂᆞᆫ 사무를 이러케 샤면ᄒᆞ고 보면 누구ᄂᆞᆫ 그 괴로온 일을 맛하 ᄒᆞᆯ 사람이 잇겟소 아마 청원ᄒᆞ신 두 분으로 말ᄒᆞ면 위임ᄒᆞᆫ 사무가 괴로와셔 청원ᄒᆞ신 일이 안이고 엇던 회원에게 리치에 갓갑지 못ᄒᆞᆫ 론박을 당ᄒᆞ고 사면ᄒᆞᄂᆞᆫ 청원인가 보오 그러나(8. 26)

그가 잠시 오해ᄒᆞᆫ 말이지 무슨 악의로 나아온 말이 안일ᄲᅮᆫ더러 위원 두 분이 젹당ᄒᆞᆫ 줄로 우리 다슈 회원이 일치가결ᄒᆞᆫ 일을 한 사람 반대로 청원을 ᄒᆞ니 이ᄂᆞᆫ 한 사람의 말은 무겁게 넉이고 다슈 회원의 결의ᄂᆞᆫ 가뵈엽게 아ᄂᆞᆫ 것 갓소 그러닛가 그 청원은 봉환 여부 업시 당초에 밧지도 말자고 동의ᄒᆞ오

(회원) 회장 그 동의 재쳥 잇소 회장이 의견을 무른 후 가부를 무러 가결이 되엿더라 엇던 회원이 회장을 부르며 니러셔더니 오날 우리 회가 발긔회닛가 아마 별로 쳐리ᄒᆞᆯ 사건이 업슬 ᄯᅳᆺᄒᆞ오 목젹을 셰우ᄂᆞᆫ 것이라던지 강령을 베푸ᄂᆞᆫ 것이라던지 임원을 션뎡ᄒᆞ야 사무를 분장케 ᄒᆞᄂᆞᆫ 등사[21]ᄂᆞᆫ 이 다음 언의날 총회가 되던지 그ᄯᅢ에 규칙을 통과ᄒᆞᆫ 연후사이닛가 오날은 간친(懇親)ᄒᆞᄂᆞᆫ ᄯᅳᆺ을 발표ᄒᆞ기 위ᄒᆞ야 한가지 의견을 진술홉니다 우리 일반회원이 텬지만물 즁에 다행히 금슈ᄂᆞᆫ 면ᄒᆞ고 사람이 되엿소마는 륙톄가 남과 갓지 못ᄒᆞᆫ 병신이 되여셔 평생의 가삼에 셔려 잇ᄂᆞᆫ 원통ᄒᆞᆫ 회포를 누구를 향ᄒᆞ야 하소ᄒᆞᆯ 곳이 업더니 하날이 도으심으로 오날 갓흔 됴흔 긔회를 쥬시사 우리가 이러케 단취[22]ᄒᆞ엿스니 각언기지(各言其志)(즉 각각 그 ᄯᅳᆺ을

19. 재국(才局): 재주와 국량.
20. 봉환(封還).
21. 등사(等事): 그러한 일 등등.
22. 단취(團聚): 한 집안 식구나 친한 사람들끼리 화목하게 한데 모임.

말ᄒᆞᆫ다ᄂᆞᆫ 문뎨)로 토론을 ᄒᆞ야 우리회 발긔ᄒᆞᆫ 긔념을 삼기로 동의ᄒᆞ오

(회원) 그 동의에 대ᄒᆞ야 재청을 ᄒᆞᄂᆞᆫ대 잠깐 부연을 ᄒᆞ야 두어 마듸 ᄒᆞ겟소 억울ᄒᆞᆫ 사람의 언론은 매양 과격ᄒᆞ야(8. 27)

법률 범위 밧게 나아가기가 쉬우니 아모죠록 공평정대ᄒᆞ야 듯ᄂᆞᆫ 쟈로 ᄒᆞ야곰 감졍이 니러나지 안이ᄒᆞ도록 토론ᄒᆞ기를 바라오

(회즁) 올소- 올소-

(회장) 지금 동의 재청되기를 각언기지라ᄂᆞᆫ 문뎨로 토론ᄒᆞ자 ᄒᆞ얏스니 의견 잇거던 말삼을 ᄒᆞ시오

(회즁) 업소- 업소- 가부.

회장이 가부를 무르니 션유가결이 되얏ᄂᆞᆫ지라

(회장) 자 그리면 토론ᄒᆞ기로 의결이 되엿소 누구던지 먼져 나아와 말삼ᄒᆞ시오

그 소리가 쑥 긋치자 맛참 엇더케 그리 등대[23]를 ᄒᆞ엿던지 회장 ᄒᆞᆫ 번을 크게 불으며 엇더ᄒᆞᆫ 회원이 한편 억개를 방아질ᄒᆞ듯 올오내리고 볼기짝을 너른 셰상에 져 호올로 잇ᄂᆞᆫ 듯이 홰홰 내둘으며 언단 우로 가 셔더니 회즁을 향ᄒᆞ야 경녜 ᄒᆞᆫ 번을 슷덱 ᄒᆞ고 나ᄂᆞᆫ 여러분이 보신 대로 짐작ᄒᆞ시려니와 혹 몰으시난 회원이 계신대도 알으시도록 말삼을 ᄒᆞᆷ니다 네글을 보오닛가 사람이 반닷이 스사로 업슈히 녁인 후에 남이 업슈히 녁인다 ᄒᆞ얏스니 나 역시 스사로 단쳐[24]의 말삼ᄒᆞᆯ 필요가 업기에 장쳐로 말삼ᄒᆞ오 나ᄂᆞᆫ 바른편 다리가 외인편 다리보다 좀 긴 사람이오 회즁이 박슈 우리 졀늠발이 력사를 먼져 말삼ᄒᆞ올 것이니 드러쥬시기를 바랴오 넷날 평원군은 죠나라 공자 왕손이언마ᄂᆞᆫ 우리 졀늠바리를 상객으로 대우ᄒᆞ야 루 우에셔 내려다보고 웃던 총쳡을 참ᄒᆞ얏고(8. 29)

죠슝(崇)이ᄂᆞᆫ 어진 졍승으로 우리 졀늠바리 슝내를 내여 소인의 참소ᄒᆞᆷ을 면ᄒᆞ얏스니 그 안이 두 다리 멀졍ᄒᆞ고 남의 텬대 밧ᄂᆞᆫ 무리보다 몃칭 놉지 안이ᄒᆞ오 본래 마암들이 고상(高尙)ᄒᆞ야 사환[25]에 쯧이 업고 강령(綱領)이 분명ᄒᆞᆫ 망건 쓰기로 생애

23. 등대(等待): 미리 준비하고 기다림.

24. 단처(短處).

25. 사환(仕宦): 벼슬살이를 함.

를 ᄒᆞ며 각도 방백의 쥰민고택[26]ᄒᆞᄂᆞᆫ 것을 평생에 타매[27]ᄒᆞ거날 악소년배의 험구로 우리의 별호를 젼라감샤라 ᄒᆞ니 그런 가통[28]ᄒᆞ고 분ᄒᆞᆫ 일이 다시 엇의 잇겟소 그러나 공부자 갓흐신 셩인으로도 동자의 죠롱을 밧으셧거던 그ᄭᅡ지 경박ᄒᆞᆫ 무리의 말을 족히 가룰[29] 거 무엇 잇소 다만 힘쓸 바ᄂᆞᆫ 다리ᄂᆞᆫ 비록 졀지언졍 행셰ᄂᆞᆫ 졀지 말아 근래의 소위 대신이니 협판[30]이니 ᄒᆞ시ᄂᆞᆫ 냥반들갓치 두 다리가 갓츄 잇셔 쥬야를 불계[31]ᄒᆞ고 갈 대 못 갈 대 함부루 ᄡᅡ단이며 대신의자나 협판의자를 일임을 ᄒᆞ랴던지 도득[32]을 ᄒᆞ랴고 애걸복걸ᄒᆞ야 행셰에 졀늠바리 되듯 ᄒᆞ지 말기를 바라오 구변 업ᄂᆞᆫ 말을 더 ᄒᆞ고 보면 여러분 드르시기에 지리ᄒᆞ실 ᄯᅳᆺᄒᆞ야 그만 긋침니다

ᄯᅩ ᄒᆞᆫ편에셔 회장 불으ᄂᆞᆫ 소리가 년이어 나더니 한 사람이 언단 우에 가 셔슬 잇게 올나셔며 이편으로 고개를 돌녀 이편을 보고 뎌편으로 고개를 돌녀 뎌편을 보며 놉흔 음셩으로 나ᄂᆞᆫ 눈 하나 못 보ᄂᆞᆫ 사람이오 내가 비록 남과 갓치 두 눈으로 보지ᄂᆞᆫ 못ᄒᆞ나 한 눈만 가지고도 크나 직으나 머나 갓가오나 일호 차착[33] 업시 남 볼 것 다 볼ᄲᅮᆫ더러 잇다금 두 눈 가진 사람보다(8. 31)

오히려 날 편이 잇소 이런 말삼 드르시면 아모려니 한 눈으로 보ᄂᆞᆫ 것이 두 눈으로 보ᄂᆞᆫ 것보다 나을 슈가 잇나 뎌 말은 억셜로 본인이 스사로 위로ᄒᆞᄂᆞᆫ 슈작이어니 ᄒᆞ실 ᄯᅳᆺᄒᆞ나 여러분 드르시ᄂᆞᆫ대 분명ᄒᆞᆫ 징거를 말삼ᄒᆞ오리다 옛날 상동왕(湘東王)이 아마 나와 한 모양으로 한 편 눈을 못 보던갑듸다만 소릉왕져(邵陵王諸)가 칭찬ᄒᆞ야 글을 지엇스되 곳게 바라보ᄂᆞᆫ대 온젼ᄒᆞᆫ 공이 잇다(望直有全功) ᄒᆞ얏스니 그 한 가지로 말ᄒᆞᆫ대도 두 눈으로 굽게 보ᄂᆞ니보다 외눈으로 곳게 보ᄂᆞᆫ 것이 얼마 낫소 ᄯᅩ 셩현의 말삼에 눈으로 간사ᄒᆞᆫ 빗을 보지 말나(目不視邪色) ᄒᆞ셧스니 두 눈이고 보면 간사ᄒᆞᆫ 빗을 보ᄂᆞᆫ 동시에 외눈보다 갑졀을 더 볼 터이니 비록 병신이라 ᄒᆞᆯ 법해도 한 눈만 보아 셩인의 훈계를 졀반은 직히니 그런 다행ᄒᆞᆫ 일이 ᄯᅩ 엇의 잇소 셰상 사람들이 이런 개특ᄒᆞᆫ 실효가 잇ᄂᆞᆫ 줄은 알지도 못ᄒᆞ고 가장 져의ᄂᆞᆫ 두 눈이

26. 준민고택(浚民膏澤).
27. 타매(唾罵): 아주 경멸히 여겨 욕함.
28. 가통(可痛).
29. 가루다: 마주 서서 시비를 판단하다.
30. 협판(協辦): 궁내부와 각 부의 차관. 칙임관.
31. 불계(不計).
32. 도득(圖得).
33. 차착(差錯).

잇셔 얼마씀 우리 보는 것에셔 더 보는 것만 기능으로 알고 우리를 지목ᄒᆞ야 개화된 이후로 다 썩어 업셔진 나 해먹던 통뎨사[34]라고 별명을 지으니 여러분 보시다십히 우리가 열 번 죽기로 무변[35]질을 해먹기로 옛적 각영장신[36]이나 자래[37] 륙군 참장은 무엇이 막혀셔 못ᄒᆞ고 통뎨사 부스럭이를 그리 대단히 북촌 언의 대관의 총리대신 엇어 맛보랴고 썰덕썰덕ᄒᆞ듯 훌 줄 아는 것인 갑듸다 나는 한 눈만 가지고도 정당히 볼 것만 보닛가 눈이 한가훌 쌔가 만습듸다만는(9. 1)

시속쟈[38]들은 두 눈을 가지고도 당연히 국가 사회에 리로울 것은 하나 못 보고 밤낫 본다는 것이 기생 삼패 골패 투젼 화투 등물[39] 보기로 엇더케 썩 밧분지 눈이 둘 갑절 넷이 백엿디래도 오히려 부죡훌 모양입듸다 이 일로 밀어보면 셰상만사를 가히 쌔나를 일이오 시금 신술ᄒᆞᆫ 바는 내가 눈 하나 못 보는 것이 불행슘 다행ᄒᆞ야 두어 마듸 ᄒᆞᆫ 말삼이오마는 가량 잇스면 사람이 살고 업스면 사람이 죽는 재물로 잠깐 비유ᄒᆞ오리다. 갑(甲)은 탐관질을 ᄒᆞ얏던지 토호질을 ᄒᆞ얏던지 루거만[40] 재산을 거 누구 모양으로 모아두고 대대로 졔 물건 된 줄 알고 피천 대푼 공익에는 쓰지 안이ᄒᆞ다가 란봉의 자식이 나던가 의외에 재변이 나셔 톡톡 맛치는 일이 의례히 잇스니 이는 즉 보배시러온 두 눈을 가지고 볼 것 못 보는 것과 일반이오 을(乙)은 변변치 안이ᄒᆞᆫ 재산을 가지고 밥 먹을 것을 죽을 쑤어 먹고 두 쌔 먹을 것을 한 쌔를 먹어가며 민족에 리로온 일이라던가 나라에 빗날 일이라면 쏘차단이며 보죠를 ᄒᆞ야 젹은 것 가지고 큰 사업 ᄒᆞ는 것은 즉 외눈으로도 졍당ᄒᆞᆫ 것만 보는 것과 일반이 아니겟소 장시간 ᄒᆞᆫ 말삼이 굴엉이 졔 몸 츄듯 내 자랑만 ᄒᆞᆫ 모양이오마는 평생에 분히 넉이던 일이기에 여러분의 지리ᄒᆞ심을 감히 돌아보지 못ᄒᆞ엿사오니 용셔ᄒᆞ시기를 바라오며(9. 2)

다만 한 가지 부탁ᄒᆞ올 바는 다시 통뎨사라고 우리로 지목ᄒᆞ는 쟈가 잇거던 엇의까지던지 변명ᄒᆞ야 쥬시는 바이올시다 (만장이 박슈) 또 한 사람이 회장을 불으는대

34. 통제사(統制使).
35. 무변(武弁).
36. 각영장신(各營將臣): 서울 안의 각 군영의 진영장(陣營將).
37. 자래(自來).
38. 시속자(時俗者).
39. 등물(等物).
40. 누거만(累巨萬).

자긔 생각에는 매오 쪽쪽이 소리를 ᄒᆞᆫ다는 것이 남 듯기에는 회장이 웨장으로 들을 만 ᄒᆞ더라 회장, 나는 언청이오 지금 두 분 회원의 말삼을 드르니 나보더는 썩 나으시오 우리 갓흔 병신들이 무슨 슈로 벼살을 해보겟소 그러케나 놉흔 택호를 엇어보지 너모 됴화요 전라감사나 통데사가 엇더ᄒᆞᆫ 벼살이오 하나는 민졍을 관찰ᄒᆞ야 애민여자[41]ᄒᆞ는 셩상의 뜻을 대량ᄒᆞ는 벼살이오 하나는 륙군을 통솔ᄒᆞ고 외적을 방어ᄒᆞ는 벼살이어날 근대 그 벼살ᄒᆞᆫ 사람들이 직분을 다ᄒᆞᆯ 줄 몰오고 시위소찬[42]으로 국록만 도적질ᄒᆞᆫ 까닭에 사람을 미워 벼살까지 쳔히 녁임이라 나는 그런 벼살을 ᄒᆞᆫ번 ᄒᆞ기 곳ᄒᆞ면 간뢰도디(肝腦塗地)[43]토록 직무를 다ᄒᆞ야 벼살의 광채를 내고 일홈을 후셰에 날니기가 소원이라 여러분 나를 보시오 인물이 엇더ᄒᆞᆫ가 언모로 뜻어보아도 알 새이라 ᄒᆞᆯ 만ᄒᆞ지마는 다만 코밋 찌여진 것이 흠이라 ᄒᆞ겟스나 그만 공명이야 당연히 흠만 ᄒᆞ거날 셰상 사람들이 별명 짓기를 샌님 샌님 ᄒᆞ니 샌님의 칭호가 생원님이라는 말의 촉음(促音)된 말이 안이오 그러면 내가 소과 좋장에 입젹을 ᄒᆞ얏소 샌님이란 칭호가 얼토당키나 ᄒᆞᆫ가요(9. 3)

또는 근래는 셔양 의사가 내디[44]에 와 만히 잇셔 언청이 곳치기를 두러누어 썩 먹듯 인슈 잘 합듸다 그 무엇이 대단ᄒᆞᆫ 불치의 병신이오 샌님이라 별명 듯는 일로 생각ᄒᆞ면 이 길로 졔즁원[45]이나 대한의원에 드러가 몃칠만 치료힛스면 이 병신을 면ᄒᆞ고 나으리 령감 대감의 칭호를 타슈가득[46]ᄒᆞ겟소마는 내 굿이 안이 고치고 잇기는 운동비니 비밀금이니 ᄒᆞ고 남 몰으게 은근이 쳐먹고 인물 앗갑게 시침이 뚝 쎄는 놈들을 평생 가통ᄒᆞ야 죽이 되나 밥이 되나 나 먹는 것을 남이 다 보도록 찌어진 입살을 곳칠 생각을 안이ᄒᆞᆯ 쌘의라 몃 군대더라도 씻여놋코 십습니다(만장이 갈채) 또 ᄒᆞᆫ 사람이 회장을 급히 불으고 한 편 활게만 부즈러니 치며 언단으로 올나가더니 남 ᄒᆞ던 젼례로 경례 한 번을 회즁에 대ᄒᆞ야 슷덕 ᄒᆞ고셔 나는 곰배팔이오 곰배라 ᄒᆞ는 별호가 언의 째부터 잇던 것인지 알 슈는 업스나 보통 나와 갓치 한 팔을 못 쓰는 사람을 지목ᄒᆞ는 별호올시다 사람이 셰상에 생겨나매 륙톄 즁 손 둘을

41. 애민여자(愛民與者).
42. 시위소찬(尸位素餐): 재덕(才德)도 없으면서 함부로 관위(官位)에 오르는 것.
43. 간뇌도지(肝腦塗地): 참살을 당하여 간과 뇌가 땅바닥에 으깨어진다는 뜻으로, 나라 일을 위하여 참혹한 죽음도 꺼리지 아니함을 이르는 말.
44. 내지(內地).
45. 제중원(濟衆院): 광혜원. 한국 최초의 서양식 국립의료기관.
46. 타수가득(唾手可得): 어렵지 않게 일이 잘되기를 기약할 수 있음.

마련ᄒᆞᆷ은 생활상에 긴요ᄒᆞᆷ을 위ᄒᆞᆫ 것이라 그런고로 옛적 한고죠(漢高祖)가 소하(蕭何)[47]의 업습을 보고 좌우슈를 일은 듯(如失左右手)이 넉엿다 ᄒᆞ니 이 말로 밀어보면 일신은 손을 나라의 정승과 일반으로 알앗거날 나ᄂᆞᆫ 무삼 죄얼로 인연ᄒᆞᆷ인지 그갓치 즁요ᄒᆞᆫ 손 하나를 팔이 곰배가 되야 쓰지를 못ᄒᆞ오니 그 안이 원통ᄒᆞ오 더구나 지금 이십셰긔 경쟁시대(二十世紀競爭時代)를 당ᄒᆞ야 국권을 확장ᄒᆞ던지 민족을 보호ᄒᆞ던지(9. 4)

모다 완력(腕力)으로 ᄒᆞᄂᆞᆫ대 남보다 팔이 두셔너 개 더 잇셔야 이 빈약ᄒᆞᆫ 나라를 붓들고 이 멸망ᄒᆞᄂᆞᆫ 인민을 구ᄒᆞᆯ 터인대 본래 잇ᄂᆞᆫ 두 팔도 남과 갓치 다 쓰지 못ᄒᆞ니 엇지 원통치 안이ᄒᆞ오릿가 나ᄂᆞᆫ 셰상 사람들이 곰배라지 말고 개나 돗이라고 ᄒᆞᆫ대도 죠곰도 로여올 것 업소마는 자나ᄭᆡ나 생각ᄒᆞ고 ᄯᅩ 생각ᄒᆞᆯ사록 ᄯᅡᆨᄒᆞ고 불상ᄒᆞ기ᄂᆞᆫ 두 팔 두 발이 멀쩡ᄒᆞ야 웬갓 사용을 모다 ᄒᆞ며셔 졔 긔디를 남이 침탈ᄒᆞ거나 졔 가옥을 남이 웅거ᄒᆞ거나 졔 아비를 누가 능욕ᄒᆞ거나 졔 자식을 누가 학대ᄒᆞ거나 쇠게 물닌 놈 모양으로 열 손가락 ᄒᆞᆫ 번 ᄭᅡᆺ댁 못ᄒᆞ고 쳐분만 바람니다 ᄒᆞᄂᆞᆫ 그 위인들이오니 아모죠록 우리 회원 여러분은 사람마다 붓들고 권고ᄒᆞ야 하날이 마련해 쥬신 두 팔을 속졀 업시 썩여 내버리지 말고 물너 덤뷔ᄂᆞᆫ 범과 죽이려 오ᄂᆞᆫ 사자를 힘써 막아 생병신 노릇을 말게 하시기를 엇의ᄭᅡ지던지 바라고 ᄯᅩ 바람니다 구변이 넉넉지 못ᄒᆞ야 이쯤 ᄒᆞ고 나아감니다(일톄로 박장) ᄯᅩ 엇던 회원이 회장을 소리를 질너 불으고 한편 구석에 ᄭᅳᆯ로 파고 박은 듯이 안져셔 회장 본인은 안진방이오 언단에를 거러 올나가ᄂᆞᆫ 재죠가 업스니 이 자리에 그대로 안져셔 말삼을 ᄒᆞ겟스니 특별히 허락ᄒᆞ야 쥬실ᄂᆞᆫ지오(9. 5)

회장이 손을 들어 가라치며 관계치 안이ᄒᆞ오 어셔 말삼ᄒᆞ시오 안짐방이가 가래침을 셰네 번 곤도 올니더니 임의 언권을 쥬시니 되지 안인 말삼이나 여러분 드르시게 ᄒᆞ오리다 나ᄂᆞᆫ 아ᄂᆞᆫ 것은 별로 업사오나 발바당에 흑 아니 뭇치게 팔자를 타고나셔 무사 분쥬히[48] 거 누구 모양으로 돌아단이지 안이ᄒᆞ고 존즁시럽게 한 곳에 잇ᄂᆞᆫ 터이오 그러케 안졋ᄂᆞᆫ 나도 경륜 배포가 다 잇ᄂᆞᆫ 줄은 몰으고 좌슈 좌슈 별명을 짓더니 이 근래에ᄂᆞᆫ 일졀이 심어 일졀로 향장 향장 합듸다마ᄂᆞᆫ 나ᄂᆞᆫ 그런 것들

47. 중국 한고조 때의 명재상.
48. 무사분주(無事奔走)히: 하는 일 없이 공연히 바쁘게.

을 죠곰도 탄ᄒᆞ지 안이ᄒᆞ오 옛날 급암(汲黯)[49]이ᄂᆞᆫ 회양을 두러누어도 다사렷다ᄂᆞᆫ ᄃᆡ 안져 잇ᄂᆞᆫ 내야 더 말ᄒᆞᆯ 것 업슬 것이오 관녕(管寧)이ᄂᆞᆫ 엇지 오래 안졋던지 무릅 다앗던 탑이 ᄯᅮ러졋다고 사긔에 칭찬을 ᄒᆞ얏스니 나쳐럼 일상 안졋ᄂᆞᆫ 것시 무슨 흉될 것이 잇소 보시오 안져 잇지 안이ᄒᆞ고 거름 잘 것던 사람들 무엇이 됴흔가 옛날 과보(夸父)ᄂᆞᆫ 엇지 거름을 잘 거럿던지 능히 넘어가ᄂᆞᆫ 해를 ᄶᅩ차갓고 ᄃᆡ죵(戴宗)이ᄂᆞᆫ 신행태보라ᄂᆞᆫ 아람다온 별호ᄭᅡ지 엇엇스나 그 두 사람이 다 엇더케 되엿소 하나ᄂᆞᆫ 졔 거름을 장기만 넉여 힘을 헤아리지 안이ᄒᆞ고 다라나다가 목이 말나 죽엇고 하나ᄂᆞᆫ 그 거름을 자뢰ᄒᆞ야[50] 양산박이라 ᄒᆞᄂᆞᆫ 도적에 당이 되엿다가 장숙야 손에 멸망을 당ᄒᆞ지 안이ᄒᆞ얏소 그만 보아도 내 안짐방이 됴흠 것을 알으시오리다(9. 7)

ᄯᅩ 현금 목도ᄒᆞᄂᆞᆫ 바로 말삼ᄒᆞ오면 엇던 쟈ᄂᆞᆫ 함경도셔 반일 동안에 셔울을 왓다 하로 동안에 려주[51] 이천[52]을 사오차 래왕을 힛다 ᄒᆞᄂᆞᆫ 리치에 갓갑지 안인 말을 쉼여ᄃᆡ여 분슈 밧 부긔를 흔천동디[53]ᄒᆞ게 ᄒᆞ다가 필경은 언의 디경이 되엿소. 죽은 뒤에 몃쳔 년이라도 용납지 못ᄒᆞᆯ 죄얼을 지어 사람마다 침 안이 배앗흐 리 업시 되엿스니 참으로 거름을 잘 것지도 못ᄒᆞ고 잘 것ᄂᆞᆫ다 거짓말을 쉼여대고도 그런 앙화를 밧지 안이ᄒᆞ얏소 ᄯᅩ 요사이 향곡[54] 소문을 드러닛가 소위 의병이라ᄂᆞᆫ 도당이 동리마다 돌아단이ᄂᆞᆫ대 일본 군사가 그 죵적을 탐지ᄒᆞ랴고 들어가면 거름 잘 것ᄂᆞᆫ 장뎡배ᄂᆞᆫ 졔 거름만 밋고 달아나니 인정습속을 자세 알지 못ᄒᆞᄂᆞᆫ 일본군사가 다라나ᄂᆞᆫ 것을 보고 뎌것이 무슨 혐의가 잇기로 겁냄이어니 ᄒᆞ야 총으로 노코 환도로도 질으지 안이ᄒᆞ겟소 차라리 모양으로 다라나지를 못ᄒᆞ엿스면 그러케 참혹ᄒᆞᆫ 일을 안이 당ᄒᆞᆯ뿐더러 얼마씀 통졍을 ᄒᆞ야 죄 업ᄂᆞᆫ 동포의 발명도 ᄒᆞ야 줄 것이니 여복 죳켓소 요사이 죡드른 문자로 진보(進步) 진보 ᄒᆞ며 두썹이 쎔만 ᄒᆞᆫ 식견을 가지고 안하무인(眼下無人)으로 나 외에 ᄯᅩ 누가 잇스리 ᄒᆞ고 함부루 싸단이다가ᄂᆞᆫ 가랑이만 찌어지리다 다른 회원의 됴흔 말삼을 듯기 위ᄒᆞ야 고만 긋침니다

ᄯᅩ 한편 구셕에셔 회장을 부르고 언단으로 올나가ᄂᆞᆫ대 안져 가ᄂᆞᆫ지 셔셔 가ᄂᆞᆫ지

49. 전한시대의 명신.
50. 자뢰(資賴)하여: 밑천을 삼아.
51. 여주(驪州).
52. 이천(利川).
53. 천동지(天動地): 큰 소리로 온 세상을 뒤흔듦.
54. 향곡(鄕曲): 시골 구석.

싹 바라진 몸덩이에 목은 자라 모양으로 옴치라지고 머리는 쓸방망이 방불ᄒᆞ게 생긴 사람이 사션상에다 턱걸이를 ᄒᆞ며 본인은 남들이 난장이라고 칭호ᄒᆞᄂᆞᆫ 사람이오 고초도 작아야 맵다고(9. 8)

내 키가 비록 쥐고 고초장 씩을 대 업고 쥴나밧은 방어 토막만밧게 못ᄒᆞ오나 키 크고 소견 업ᄂᆞᆫ 놈들은 붙지 안이ᄒᆞ오 여러분게셔ᄂᆞᆫ 변변치 안인 말이나 아모죠록 자셰 드러쥬시압소셔 자고 이래로 키 젹은 사람의 력사브터 진술ᄒᆞ오리다 졔나라 정승 안영(晏嬰)이ᄂᆞᆫ 키가 엇지 젹은지 초나라에 사신을 갓더니 개구멍을 ᄒᆞ야 노코 마잣스되 능히 졔국으로 ᄒᆞ야곰 패업을 셰우게 ᄒᆞ얏고 슌우곤(淳于髡)이ᄂᆞᆫ 졔국 사신으로 초국에를 갓더니 초왕이 키 젹음을 업슈히 넉여 졔국에ᄂᆞᆫ 사람이 업도다, 그대의 장쳐가 무엇이뇨 ᄒᆞᆫ대 슌우곤이 대답ᄒᆞ되 신은 아모 장쳐가 업고 다만 허리에 칠척 장검이 잇셔 무상ᄒᆞᆫ 왕을 참ᄒᆞ랴 ᄒᆞ나이다 ᄒᆞ야 초왕으로 ᄒᆞ야곰 사죄케 ᄒᆞ고 졔왕의 명령을 욕되지 안케 ᄒᆞ얏스며 곽해(郭解)ᄂᆞᆫ 키가 젹어도 위인이 정한(爲人精悍)ᄒᆞ고 안연년(顔延年)은 키가 젹어도 위인이 민쳡(爲人敏捷)ᄒᆞ고 루호(婁護) 리신(李紳) 등은 모다 키가 젹어도 위인이 정긴[55]ᄒᆞ고 용맹ᄒᆞ얏스니 키 큰 사람 부러홀 것이 무엇 잇소 남의 나라 일은 그만두고 우리나라로 말삼ᄒᆞᆫ대도 오리 리졍승이 키 젹기로 유명ᄒᆞᆫ 터이로대 그 량반 사업이 쳣 손가락을 곱을 만ᄒᆞ니 이런 일로 밀어보면(9. 10)

키가 젹을사록 자특ᄒᆞᆫ 사람이 될 줄로 아오 근일에 아모 아모 ᄒᆞ시ᄂᆞᆫ 분네들 감아니 보면 키ᄂᆞᆫ 우리게 왕존장[56]벌이나 되게 커셔 그 코를 쳐다보랴면 뒤통슈가 등에 가 붓도록 고개를 졋치겟습듸다마는 그네들이 나보다 나은 사업 ᄒᆞᆫ 것이 무엇이오 나ᄂᆞᆫ 아모리 키ᄂᆞᆫ 젹어도 마암은 커셔 평생에 아모 대를 가던지 허리를 굽혀 비루ᄒᆞᆫ 태도를 ᄒᆞᆫ 적이 업거니와 그네들은 키ᄂᆞᆫ 칠척장신이라도 사상은 아죠 고상치 못ᄒᆞ야 아모 문하에를 가던지 졔 몸 용납ᄒᆞ기만 요구ᄒᆞ야 머리를 숙이고 허리를 굽혀 구구ᄒᆞᆫ 상태를 지으니 자괴로 ᄒᆞ야곰 자긔의 신셰를 생각ᄒᆞ기로 엇지 붓그럽지 안이ᄒᆞ오릿가 또 지금 시대ᄂᆞᆫ 어왕 어슈룩ᄒᆞ던 때와 달나 경졔를 도뎌히 잘ᄒᆞ기 젼에는 생활ᄒᆞ기 어려운대 우리ᄂᆞᆫ 키 큰 사람보다 의식쥬(衣食住) 셰 가지 즁 쳣재 가

55. 정긴(精緊).

56. 왕존장(王尊丈): 남을 높이어 그의 할아버지를 이르는 호칭.

는 의복 차가 반절밧게 안이 드니 텬연뎍(天然的)으로 그 경계가 엇더ᄒᆞ오 이갓치 되지 못ᄒᆞᆫ 말을 장시간 번거럽게 ᄒᆞ옴은 여러분이 몸은 큰 체 말으시고 마암만 크게 가지시기를 간졀 간졀히 바라압니다(만장이 갈채)(9. 11)

그 사람이 언단에서 내려오는 양을 보더니 예셔 뎨셔 닷호아 회장을 불으고 언권을 쳥ᄒᆞ는대 한 사람이 회장을 그즁 나즁 불으며 잡담 졔ᄒᆞ고 언단으로 올나가니 먼져 회장을 불으던 사람들이 회장을 다시 불으며 회장 언권이 뉘게 잇소 뎌 회원은 그즁 나종 회장을 불으고 언단에는 먼져 올나가니 그런 회규가 잇슬리가 잇소 뎌 회원은 퇴단(退壇)을 명ᄒᆞ시고 슌셔대로 언권을 지뎍ᄒᆞ야 쥬시오 그 사람이 그 말은 드른 톄도 안이ᄒᆞ고 자긔 말만 련해 ᄒᆞᆫ다 나는 눈도 남과 갓고 입도 남과 일반이로대 다만 남의 말을 알아듯지를 못ᄒᆞ는 귀먹어리오 그 모양으로 남의 말은 못들은 톄ᄒᆞ고 자긔의 말만 ᄒᆞ는 것을 보고 닷호아 공박을 ᄒᆞ던 회원들이 귀먹어리라 ᄒᆞ는 말을 다 드른 뒤에 회장이 고슈방망이로 사션상을 딱딱 치며 여러분이 특별히 용셔ᄒᆞ실 바는 지금 말삼ᄒᆞ는 회원이 이통징[57]이 잇셔 여러분의 박론[58]을 듯지 못ᄒᆞ는 모양이오니 슌셔에 비록 도착이 되오나 특이 언권을 허락ᄒᆞ야 시비 말으시기를 바람니다 귀먹어리가 눈치는 남보다 ᄲᅡ른 법이라 회장이 연단 압에 셔셔 입이 벙싯벙싯ᄒᆞ는 양을 보고 무슨 말ᄒᆞ는 줄로 짐작ᄒᆞ야 우드커니 기대리고 말업시 셧다가 회장이 교의에 돌오 안진 후에야 다시 말을 ᄒᆞ는대(9. 12)

자긔 귀에 안이 들니닛가 궁금ᄒᆞ야 그리ᄒᆞ는지 소리를 목통이 찌어지도록 질으더라 오날 우리 일톄 병신들이 간친회를 ᄒᆞᆫ다고 공함[59]ᄒᆞ신 것을 귀는 먹엇셔도 눈은 밝으닛가 능히 알아보고 회셕에를 참예ᄒᆞ얏사오나 여러분이 이ᄯᅢ까지 무슨 공론을 ᄒᆞ는지 한 마듸 못 알아드럿사오니 소경 단쳥 구경ᄒᆞ나 일반이오 엇던 회원이 소리를 버럭 질으며 규칙이오 우리가 오날 모이기는 간친회 ᄒᆞ자는 일인대 소경 단쳥이라는 불경ᄒᆞᆫ 말 즉 압 못 보는 병신을 죠롱ᄒᆞ는 말을 이 회셕에셔 ᄒᆞ니 이는 우리 회 본지와 위반이오 더구나 지금 승셕(陞席)ᄒᆞ야 계신 림시회장이 쳥맹이신대 그런 무례ᄒᆞᆫ 말이 엇의 잇소 그 회원 언권을 쥬지 말으시오 회장이 손짓을 홰홰 ᄒᆞ

57. 이통증(耳痛症).
58. 박론(駁論): 글이나 말의 잘못된 점을 따져 비평하는 이론.
59. 공함(公函): 공무에 관하여 주고받는 문서.

며 그 회원이 못 듯는 탓으로 아모리 규칙으로 말삼흔대도 몰을 것이니 역시 용셔ᄒᆞ고 그 말을 더 드릅시다 회즁이 다시 정슉흔대 귀먹어리가 여젼히 연단에 놉히 셔셔 긋칠 줄 몰으고 말을 흔다 셰상 사람들이 귀먹은 사람을 웃고 죠롱ᄒᆞ나 봅듸 다마는 자긔들 귀 밝아셔 ᄒᆞ는 사업이 무엇이오 비밀운동이나 협잡사건이나 쥬쥬 야야로 슈군거리는 말을 뎨일 잘 드러 졔 집 패ᄒᆞ고 졔 나라ᄶᅡ지 결단내는 그 귀 찰아리 졀벽갓치 어두엇드면 져 하나만 병신으로 지낼 ᄯᅡ름이지 집에나 나라에는 아모 해가 밋치지 안이홀 것이오 그런고로 옛날 할관자(갈冠子)는 귀 어둔 것을 다행히 녁여 항상 말ᄒᆞ기를 나는 허유(許由)의 귀 씃는 슈고를 면ᄒᆞ엿노라 ᄒᆞ얏고 두미(杜微)는 이통징으로 폐문불출ᄒᆞ고(9. 14)

잇더니 졔갈 션생이 션쥬에게 특별히 쳔거ᄒᆞ야 간의대부[60]를 식엿고 셔젹(徐積)은 귀가 어둡던지 ᄶᅡ흘 그어 글자를 써셔 비로소 뜻을 통ᄒᆞ야 소동파 션생이 칭도ᄒᆞ기를 옛적 왕슉(王肅)과 일반이라 ᄒᆞ얏스니 이 몃 사람만 보아도 귀 어둔 것이 엇쟙지안케 밝은 쟈보다 낫지 안이ᄒᆞ오 길다케 말삼홀 것 업시 자고 이래로 현인군자즁 귀는 밝으면셔도 거짓 귀먹은 쳬흔 사람이 얼마나 되오 만일 귀 어둔 것이 괴악홀 것 갓고 보면 그네들이 근쳐나 갈 듯ᄒᆞ오 근일 각 샤회를 대강 구경흔즉 정직흔 일에는 귀가 어둡고 허탄[61]흔 일에는 귀가 밝으며 쳥년 자뎨들을 살펴본즉 학문에는 귀가 어둡고 계집노름에는 귀가 밝으나 그 귀들 다 두엇다 무엇에 쓰잔 말이오 이와 갓치 여러 말삼 ᄒᆞ기는 결코 나의 귀 어둔 것을 스사로 놉혀 말삼이 안이오라 일반 우리 동포들의 밝은 귀를 어둡게 쓰는 일을 개탄홈이올시다 넘오 지리ᄒᆞ야 고만 그침니다(일시에 박장갈채) 또 한 사람이 이러셔며 회장 나는 배가 남보다 유명히 불음으로 별명지어 부르기를 배부장이라 ᄒᆞ오 ᄒᆞ며 연단 우에 가 배를 뫼시고 잡바듬이 셔셔(9. 23)

여러분 보시오. 나는 사지 백톄[62]에 흔 가지 부족흔 곳이 업것마는 이 배가 범상흔 사람보다 ᄯᅱ여나게 큼으로 생병신 행셰를 ᄒᆞ니 그 안이 원통ᄒᆞ오 그러나 내 배의 큰 것이 해롭지 안이흔 리유를 잠깐 말삼홀 것이니 녯날 리태백이라는 문장이

---

60. 간의대부(諫議大夫): 중국의 옛 관명. 천자를 간하고 정치의 득실을 논하던 관원.
61. 허탄(虛誕).
62. 사지백체(四肢百體): 온몸.

글을 지엇스되 푸룬 하날 ᄒᆞᆫ 장지(靑天一張紙)에 내 배 속에 글을 쓴다(寫我腹中詩) ᄒᆞ얏스니 이로 밀어 보건대 리태백의 배ᄂᆞᆫ 내 배보다 몃 갑절 더 큰 모양이오 엇지 ᄒᆞ야 그러냐 ᄒᆞ면 내 배ᄂᆞᆫ 이만치 커도 그 속에ᄂᆞᆫ 소지 한 장 지을 글이 간신히 드럿ᄂᆞᆫ대 리태백 갓흔 문장의 글이 그 넓은 하날에 쓸 만치 드럿슬 졔ᄂᆞᆫ 그 배가 얼마나 크겟소 또 왕도(王道)라ᄂᆞᆫ 사람은 쥬백인(周伯仁)의 무릅을 비고 누어 자긔의 배를 가라치며 ᄒᆞᄂᆞᆫ 말이 이 가온대 족히 자네 갓흔 무리 슈백 명이 용납ᄒᆞᆫ다 ᄒᆞ얏스니 아무리 젹더래도 사람 슈백 명이 용납ᄒᆞᆯ 만ᄒᆞ니 그 배가 여간 넓어셔 될 일이오 그럿컨만 왕도 다려 병신이랴 지목ᄒᆞᆫ 말이 업고 내 배가 아모리 커도 돌 지ᄂᆞᆫ 어린 아해 하나도 드러안졋지 못ᄒᆞ겟거날 웨 배부장이니 무엇이니 별명을 지으시오 혹 오해ᄒᆞ시ᄂᆞᆫ 이ᄂᆞᆫ 내 배 큰 것을 보고 먹기도 남보다 몃 갑졀 더 먹ᄂᆞᆫ 줄 짐작ᄒᆞ시오리다마ᄂᆞᆫ 내가 ᄒᆞ로 밥 삼시 남과 일반으로 먹ᄂᆞᆫ 외에 피쳔대푼 더 먹ᄂᆞᆫ 것이라고ᄂᆞᆫ 과연 업소 근일에 가마니 보닛가 배 홀쪽ᄒᆞᆫ 엇던 량반은 외양인즉 쏠득이 죤장치게 말낫습듸다만은 남 못 먹을 재물을 함부루 만히 먹어 자룡이 창 쓰듯 쓰기도 잘ᄒᆞ고 은근히 가대[63]도 잘 작만ᄒᆞ나 봅듸다(9. 24)

그러나 그ᄲᅮᆫ이오 날마다 만찬회니 다과회니 ᄒᆞ며 분쥬불가[64]히 돌아단이면셔 먹어내ᄂᆞᆫ 것을 보면 아마 그 배가 무소대로 졔죠ᄒᆞᆫ 자루 모양으로 늘 대ᄂᆞᆫ 함부루 커지고 줄 대ᄂᆞᆫ 우리 배 시생 항렬쯤 되여지나 봅듸다 비단 먹기만 썩 잘ᄒᆞᆯ ᄲᅮᆫ 안이라 먹ᄂᆞᆫ 물건이 소하도 매오 잘ᄒᆞᄂᆞᆫ 것이 그 량반 ᄒᆞᄂᆞᆫ 생애가 밤낫 생사람 먹어 넘기기로 종사를 ᄒᆞ것만은 체징[65] ᄒᆞᆫ 번 안이 나고 온젼히 삭아내려가ᄂᆞᆫ 것을 보시오 여보 별호도 셰력 보고 낫 가려 보아가며 짓소 비장[66] 비장 ᄒᆞ니 비장이라ᄂᆞᆫ 것이 무엇이오 내가 비록 걸고 쓰러지게 되엿셔도 디쳬ᄂᆞᆫ 남의 밋헤 과히 들지 안이ᄒᆞ야 비장이라고ᄂᆞᆫ 득셩 이후로 단여본 젹이 업소 내 배가 지금은 남의 별명을 듯나 보오만은 이 다음에 생광시럽게 쓸 날이 잇스니 드러보시랴오 우리나라의 국셰가 오날날 이와 가치 빈잔ᄒᆞ기ᄂᆞᆫ 국민의 량이 좁고 담이 크지 못ᄒᆞᆫ 연고가 안이오 내 배를 보시오 심상ᄒᆞᆫ 배보다 몃 갑절 더 큼으로 도량은 팔구운몽(八九雲夢)갓치 넓고 담은 동의덩이갓치 커서 록록ᄒᆞᆫ 시속 무리로ᄂᆞᆫ 언감생심 비교도 못해 볼 것이니 그

63. 가대(家垈): 집의 터전.
64. 분주불가(奔走不暇): 매우 바빠 한가한 틈이 없음.
65. 체증(滯症).
66. 비장(裨將).

만ᄒᆞ면 국권(國權) 회복을 나 혼자기로 쥬션 못해 보겟소 나는 이 배를 삼시로 드려다보고 은근히 혼자말로 부탁ᄒᆞᄂᆞᆫ 일이 잇소 나는 배 너를 져버릴지언뎡 배 너는 나를 져버리지 말고 널직ᄒᆞᆫ 구셕에 아모죠록 됴흔 경륜을 배포ᄒᆞ얏다가 나라 일을 위하야 한번 힘쓰게 하여라 하오 이 다음에 또 말삼하실 이가 만히 계시니 그만 긋침니다(박슈셩이 사면셔 짝짝)(9. 25)

회장 불으ᄂᆞᆫ 소리가 또 나더니 엇던 회원이 목덜미에 뒤웅박 갓ᄒᆞᆫ 것을 달고 연단에 가셔며 나는 혹부리오 여러분 말삼ᄒᆞ시ᄂᆞᆫ 것을 드르니 과연 유식들ᄒᆞ셔셔 고금 사람의 징거를 모다 들어 말삼ᄒᆞ시오마는 나는 본래 글을 배오지 못ᄒᆞ야 아는 것이 별로 업스나 남의 말삼만 듯고 무식ᄒᆞ다고 변변치 못ᄒᆞᆫ 말삼이남아 업스면 도로혀 가ᄒᆞ다 ᄒᆞᆯ 길 업셔 두어 마듸 륙담을 ᄒᆞ올 것이니 용셔ᄒᆞ여 쥬시기를 바람니다 남들이 내 혹을 보고 웃기도 ᄒᆞ고 흉도 보며 혹 ᄯᅦ여 보라 권고도 합듸다마는 시속말에 혹을 ᄯᅦ러 갓다 붓쳣다 ᄒᆞ오니 혹 한 개 잇ᄂᆞᆫ 것을 남의 말에 못 익의여 ᄯᅦ랴 ᄒᆞ다가 한 개 더 붓치면 엇지ᄒᆞ리 겁도 나고 일변 생각ᄒᆞ면 내가 벌셔 굴머 죽엇슬 걸 이 혹이 복이 되여 죠반셕죽 먹고 지내ᄂᆞᆫ지 알 슈가 잇소 내가 이왕 드론 리약이 ᄒᆞᆫ 마듸가 잇스니 여러분 드르시게 ᄒᆞ오리다 옛날 엇더ᄒᆞᆫ 사람이 과거를 보러 셔울을 올나왓ᄂᆞᆫ대 남문 밧게 졈 잘 치ᄂᆞᆫ 사람이 잇다ᄂᆞᆫ 소문을 듯고(9. 26)

이번 과거에 참방[67]을 ᄒᆞ겟나 못ᄒᆞ겟나 무르러 안이 갓겟소 급기 복차를 후히 쥬고 문복을 ᄒᆞᆫ즉 졈장이 말이 금번 과거ᄂᆞᆫ ᄒᆞ기ᄂᆞᆫ ᄒᆞ겟소마는 과일날 아참에 장긔를 두어야 되겟다 ᄒᆞᆷ으로 과일을 기ᄃᆞ려 막 밝으며 나셔셔 사면 장긔 둘 곳을 차자 단여도 장긔 두자ᄂᆞᆫ 사람이 도모지 업스닛가 ᄒᆞᆯ 일 업시 유건을 쓰고 거적 한 립을 말아 지고셔 집춘문[68]을 차자 가노라닛가 황참의다리 넘어 병문에셔 막버리군 륙칠명이 돌아안져 장긔를 두ᄂᆞᆫ지라 과거ᄒᆞ고 십흔 욕심에 염치를 불계ᄒᆞ고 썩 드러안지며 이 량반 장긔 한 판 둡시다 장긔 여러 판 진 쟈가 갓득이나 분이 나는 차에 압다 이 량반아 과거를 보러 가면 장즁으로 드러갈 것이지 유건 쓴 뎌 화상이 엇의 안져셔 장긔를 두겟다 ᄒᆞ오 그 말은 드른 쳬도 안이ᄒᆞ고 지근지근 한 판 두자고 졸으니 분난 쟈가 분이 더 나셔 장긔판을 번쩍 드러 이마를 딱 ᄯᅢ리니 장긔도 못 두고

67. 참방(參榜): 과거의 방목(榜目)에 자기 성명이 오름.
68. 집춘문(集春門).

혼이 나셔 그ᄃᆡ로 장즁에를 드러가 명지[69]에 글을 써들고 현뎨판[70] 근쳐에 가 빙빙 돌며 글장[71]을 밧치랴 ᄒᆞᄂᆞᆫ데(9. 28)

엇더ᄒᆞᆫ 벙거지 쓴 구종[72] ᄒᆞᆫ 놈이 분쥬히 셜포장[73]을 들치고 휘휘 둘너보더니 셔방님 벌셔 오셧슴닛가 글장을 어셔 이리 쥽시오 그 션비가 엇진 곡졀인지도 몰으고 얼덜결에 글장을 쥬어 보냇더니 과연 그 과거에 놉닷케 참방을 ᄒᆞ얏드라오 여러분 그 사람 과거ᄒᆞᆫ 것이 무슨 덕인지 알으시오 그것도 나 모양으로 혹 생긴 덕이오 당초에 글장 밧으러 나아온 구죵놈이 져의 상뎐 그날 시관 대감의 현뎨판 아모 편 셜포장을 들치고 살펴보면 이마에 혹이 내여민 량반이 잇슬 것이니 그 글장을 급히 밧아 오라 ᄒᆞᄂᆞᆫ 분부를 듯고 한거름에 뛰여나아와 볼 때에 마참 그 션비가 장긔판에 맛져 이마가 툭 불거진 모양으로 글장을 들고 셧스닛가 구죵은 급ᄒᆞᆫ 바람에 이마만 보고 글장을 밧아갓고 시관 그ᄂᆞᆫ 어련ᄒᆞ리 ᄒᆞ고 놉닷케 장원급뎨를 식엿다ᄂᆞᆫ 시속 리약이가 잇지 안이ᄒᆞ오 그까지 빙거[74] 업ᄂᆞᆫ 야담을 쪽히 들어 말삼ᄒᆞᆯ 것은 업스나 좌우간 남의 잇ᄂᆞᆫ 것이 업ᄂᆞᆫ니보다 남의 업ᄂᆞᆫ 것이 잇셔션 큰 흉 될 바가 무엇이오 나ᄂᆞᆫ 시골 태생이라 나무 묘리[75]도 대강 아오 다른 나무ᄂᆞᆫ 다 고만두고 물푸레나무 ᄒᆞᆫ 가지로만 말합시다 아모 병 업시 맷맷ᄒᆞ게 잘안 것은 볼기채 독긔자루 소용밧게 못되되 나 모양으로 혹이 생긴 것은 즁갑[76]을 쥬고 닷호아 사다가 됴흔 집물을 뎨죠합듸다(9. 30)

그것으로 보면 사람도 즁갑 나아가기ᄂᆞᆫ 혹 생긴 우리네가 뎨일 될 줄로 확실히 아오 우리 동리 학도 ᄒᆞ나가 이동안 대학을 공부ᄒᆞᆫ다ᄂᆞᆫ대 한번 지나다가 그날 배온 대문 뜻을 무러본즉 몸을 닥가 부국평텬하하ᄂᆞᆫ 일까지 밋친다 합듸다 셩현의 말삼이 여복 정당하시겟소 지금 개명ᄒᆞᆫ 시대에 부국강병 하자면 나라 령디를 만히 엇엇

69. 명지(名紙): 시험지.
70. 현제판(懸題板): 과거 때 문제를 내거는 널판지.
71. 글장(帳): 과거에 글을 지어 올린 종이. 권자(券子). 시권(試券).
72. 구종(驅從): 벼슬아치나 양반들이 가까이 데리고 다니던 하인.
73. 설포장(設布帳): 집 밖에 치기 위하여 베나 무명 따위로 만든 휘장.
74. 빙거(憑據): 사실을 증명할 근거.
75. 묘리(妙理).
76. 중(重)값.

야 도뎌히 될 것이니 나는 쥬야축슈하고 옹망[77]하기를 우리 대한도 남의 나라갓치 오대쥬 각쳐에 령디를 내 혹 일반으로 사면 엇어 붓쳣시면 뎨일 강국 되기가 어려올 것 무엇 잇소 그럼으로 나는 내 몸의 잇는 혹을 밀어 나라에 혹 생기기를 쥬야축슈ᄒᆞ고 옹망ᄒᆞ는 것이오 이ᄶᅳᆷ 말삼ᄒᆞ고 나아감니다 (일시에 갈채) 말셕에 안졋던 회원 ᄒᆞ나이 붓채로 반차면[78]을 하고 니러셔며 분난 사람 모양갓치 볼민 소리로 회장을 불으고 금사오죽[79] 집행이를 버듬하게 집고 이리 ᄯᅮ덕ᄯᅮ덕 뎌리 ᄯᅮ덕ᄯᅮ덕하며 연단을 차져가 셔셔 고개를 번썩 들어 두리번 두리번하더니(10. 1)

픽 ᄒᆞᆫ 번을 웃고 ᄒᆞᆫ자말로 흥 내가 경은 잘 읽지만은 연설을 해보앗셔야지- 하며 다시 무슨 궁리를 하는지 ᄒᆞᆫ동안 말이 업시 눈만 휘번젹거리고 셧스니 ᄒᆞᆫ 사람이 벌덕 니러셔며 회장 뎌 회원이 연단에셔 책눈을 짓고 셧나 보오. 단촉[80]ᄒᆞᆫ 시간이 다 진하야 가니 어셔 말삼하라고 하야 주시오 (회장) 어셔 말삼ᄒᆞ시오 연단에 셧던 회원이 그동안 배포를 다 하얏던지 픽 ᄒᆞᆫ 번을 ᄯᅩ 웃더니 회장 내가 벌셔보터 변변치 못ᄒᆞᆫ 말이남아 두어 마듸 하고 십사오나 나는 압 못 보는 장님이다 우리 회장이 쳥맹관이신대 말 말 ᄭᅳᆺ헤 혐의시러온 구졀이 업지 못ᄒᆞᆯ ᄯᅳᆺᄒᆞ야 지금ᄭᅡ지 말을 못하얏드랫소 오날 여러 유지하신 일반 회원쳠각ᄒᆞ의 유리하온 말삼을 듯자오니 이 눈으로 보는 듯 력력히 알겟습니다마는 한갓 셥셥하온 바는 우리 압 못 보는 동포의 사졍은 ᄒᆞᆫ 마듸 셜명을 안이하야 쥬신 일이올시다 그럼으로 회장 각하 드르시기에 얼마ᄶᅳᆷ 져촉되올 혐의를 무릅쓰고 두어 마듸 말삼을 하오니 용셔하야 쥬시기를 바라오 셰상에 병신 되고셔 엇던 병신이 됴흐릿가만는 이 사람 생각에는 눈 먼 것이 뎨일 원통ᄒᆞᆫ 줄로 녁임니다 무엇이 그리 원통ᄒᆞ냐 하면(10. 2)

우리가 눈은 어둡고 벌어먹고 살 도리가 업셔셔 륙효[81] 사과 단시[82] 등 졈방셔를 웬금으로 대강 배와가지고 문복하라고 소리를 질으며 남북촌 골목마다 샛샛이 돌아단이다가 슈가 됴와 문복ᄒᆞ는 사람 ᄒᆞᆫ둘을 맛나면 나 아는 대로는 말해쥬고 돈량

77. 옹망(擁望): 크게 우러러 바람.
78. 반차면(半遮面).
79. 금사오죽(金絲烏竹).
80. 단촉(短促).
81. 육효(六爻): 점괘의 여섯 가지 획수.
82. 단시(短蓍): 솔잎 따위를 뽑아서 간단하게 치는 점.

을 엇어다가 입에 풀을 ᄒᆞ고 지내더니 요사이ᄂᆞᆫ 그 장ᄒᆞᆫ 생애도 ᄒᆞᆯ 슈 업ᄂᆞᆫ 것이 장안 각쳐에 예슈교인이 날마다 늘어셔 우환질고가 잇스면 자긔네끼리 긔도를 ᄒᆞ고 우리ᄂᆞᆫ 목통 터지도록 문슈[83] 소리를 질너도 쓴 외 보듯 지날결에도 찻지를 안이하니 이 노릇을 장찻 엇지ᄒᆞ며 ᄯᅩᄂᆞᆫ 셜혹 ᄒᆞᆫ 집 걸너큼 찻ᄂᆞᆫ 사람이 잇다 ᄒᆞᆫ대도 젹이 오장[84]이 잇고ᄂᆞᆫ 안이ᄭᅡ아 그 노릇은 못ᄒᆞ겟습듸다 근래 아해놈들은 지식은 늘지 못ᄒᆞ고 어른 욕ᄒᆞᄂᆞᆫ 쥬동이만 ᄶᅡ노아서 문슈 소리만 드르면 노란 강아지 바자 구멍에셔 나오듯 골목마다 ᄶᅩ루루 ᄯᅱ여나아와셔 장님 장님 불으기에 쳐엄에ᄂᆞᆫ 뎌의 어룬의 심부름으로 불으ᄂᆞᆫ 줄 알고 대답을 ᄒᆞ얏더니 령락업시 불알이 몃 쪽이냐 물으니 고런 호레아들놈들이 ᄯᅩ 엇의 잇소(10. 3)

이일 뎌일 심사가 사오나와 그 애를 고만두자 ᄒᆞᄂᆞᆫ대 아모리 생각ᄒᆞ야도 쏙 굴머죽을 모양이오 셔양 각국에셔ᄂᆞᆫ 우리 갓치 압 못 보ᄂᆞᆫ 맹인을 위ᄒᆞ야 특별히 학교를 셜립ᄒᆞ고 지셩것 교육을 ᄒᆞ야 넉넉히 생활ᄒᆞᆯ 방침이 잇도록 ᄒᆞ여 쥬거니와 우리나라에셔야 눈 쓴 놈도 상당ᄒᆞᆫ 학교가 아즉 갓초 잇지 못ᄒᆞ야 가라치지 못ᄒᆞᄂᆞᆫ대 언의 겨를에 눈 먼 놈 가라쳐 보겟소 동양으로 말ᄒᆞᆫ대도 지나에셔ᄂᆞᆫ 음악을 배오게 ᄒᆞ얏고 일본셔ᄂᆞᆫ 압마법으로 생애케 ᄒᆞ거날 우리나라에셔ᄂᆞᆫ ᄒᆞᆫ갓 경문이나 일거 버러먹ᄂᆞᆫ대 그남아 못해 먹고 살나고 엇던 사람은 비방ᄒᆞ기를 눈 먼 놈이 눈 쓴 놈 속이러 단닌다고 ᄒᆞ니 그 안이 원통ᄒᆞᆫ 일이오 여보 이 셰상에 눈 쓴 놈들 다 보앗소 눈만 쓰면 무엇ᄒᆞ오 매사를 나라이 망ᄒᆞᆯ지 인민이 멸ᄒᆞᆯ지 단 두 쌤을 못 내다보고 눈 압에 리익만 취ᄒᆞ랴다가(10. 5)

국셰를 요 모양씀 만드러 놋ᄂᆞᆫ 그 눈 무엇에 쓰잔 말이오. 내 발삿[85]에 잇ᄂᆞᆫ 씌눈만도 못ᄒᆞ지 여보 속앗다ᄂᆞᆫ 말을 입이 두리광질이 갓기로 엇지 ᄒᆞᄂᆞᆫ지 몰오갯습듸다 눈 쓴 졔가 얼마나 변변ᄒᆞ면 눈 먼 우리게 속드란 말이오 속은 졔가 못생겻지 속인 우리ᄂᆞᆫ 죠곰도 탓ᄒᆞᆯ 것 업소 이 말을 여러분이 엇지 드르실ᄂᆞᆫ지 알 슈 업소마ᄂᆞᆫ 나ᄂᆞᆫ 일상 ᄒᆞᄂᆞᆫ 말이 근래 셰상 형편 되ᄂᆞᆫ 꼴 내 눈이 셩힛드래도 화저로 쑤시어 멀녀노올 번힛다고 하오 오장은 멀쩡ᄒᆞᆫ 놈이라셔 눈으로 남의 경치 보고 내 경치 보

83. 문수(問數): =문복(問卜).
84. 오장(五臟).
85. 발살: 발가락 사이. 발새.

면 속이 상해셔 잠신들 견대겟소. 옛날 장져(張藷)이는 눈이 멀엇셔도 한창려(韓昌藜) 션생이 말하기를 장적은 눈은 멀엇셔도 마암은 멀지 안이하얏다 하엿고 황노직(黃魯直)은 실명을 하얏셔도 소동파(蘇東坡)션생을 지어준 글에 하얏스되 실명은 하얏셔도 능히 글은 짓는다(失明能著書) 하얏고 기젼에도 자하(子夏) 좌구명(左丘明)이 갓흔 사람이 모다 내 눈과 일반이 되엿스되 그네들 명예가 쳔고에 솟다오니 눈 쓰고 명예 업는 무리와 엇지 흔날 말이나 하오릿가 다시 흔 마듸 부탁흐올 것은 우리나라 이쳔만 동포들이 아모죠록 학문을 힘쓰고 지식을 넓히어 번개 갓흔 눈으로 텬흐 대셰를 삷히어 리해를 투철히 내아다보아 만젼불패흘 길로 행흐고(10. 6)

맹인이 눈 먼 말을 타고 밤에 깁흔 못가에 지나듯 우태흠을 행하지 말기를 바람으로 여러분의 지리흐심을 불고하고 되지못흔 말을 횡셜슈셜하오니 폐회하고 여러분이 각각 나아가시거던 물론 누구던지 만나시는 대로 이 사람의 붉은 마암에셔 좃차 나아온 말삼을 젼하야 쥬셔 다시는 눈 뜬 소경이 업게 흐압기를 간졀 간졀이 밋습니다(올소 올소)

그 다암에는 대머리, 무턱이, 륙손이, 륙발이 형형색색 긔긔괴괴흔 병신이 차례로 회장을 불으고 연단에 올나가셔 연셜을 장황이 하는대 손바닥 치는 소리가 회관이 써나갈 뜻흐더라 맨 나죵에 엇던 회원 흐나이 연단에를 올나셧는대 머리가 놀난 자라 다갱이 모양으로 옴치라졋고 등은 쒸랴는 새우갓치 쏩으라지고 가삼은 죠는 백로갓치 툭 내여밀엇는대 쫑구멍에셔 쓸어 잡아당긔는 목소리로 연셜을 장황히 흐는대 텬흐에 장관이라 여러 회원들이 우슴이 졀로 나아와 문란히 우슴소리가 나니 엇던 회원이 소리를 버럭 질너 규칙이오 헌화죵금 해 주시오 회장이 고슈방망이로 사션상을 딱딱 두다리며 경슉흐시오(10. 7)

연단에 올은 회원이 회즁을 향흐야 압으로 업드러질 듯이 읍 흔 번을 흐고 나는 안팟 쏩사등이 올시다. 일신을 굽도 졋도 못흐고 일상 요만흐고 잇는 병신이온대 막버리를 해먹자니 지게가 등에 붓지 안이흐고 행셰를 해보재도 발등 흔번 굽어볼 슈 업스니 이런 기막힐 일이 쏘 엇의 잇겟소 의복을 해 입어도 압뒤가 내미러셔 필목이 갑졀이나 더 들고 잠을 잔대도 평생에 모로나 누엇지 이리 뒤쳑 더리 뒤쳑 마암대로 편흐게는 생젼 못해보고 두러누은 모양이 텬연히 마암 심자 갓소 사라셔 고생도 지극흐랴니와 사후에도 흔 가지 큰 걱경이 남의 눈 보임을 흔대도 거젹 송장으로 감악갓치[86] 밥 만들 슈ᄂᆞᆫ 업고 그래도 여보 나ᄂᆞᆫ 젼생에 무슨 죄얼이 잇던지 배내병신으로 요모양쯤 되엿소마는 지금 셰상에 사람들을 모다 삷혀보면 사지 륙톄가 헌헌장부[87]로대 그 행동인즉 나보다 덜 미치ᄂᆞᆫ 안팟쉽사등이가 만습듸다 말삼 드르시오 현금 졍부대관으로 말을 ᄒᆞ면 ○○○○○○○○○ᄒᆞ자니 ○○○호령이 무셥고 ○○○ ○○○○ ᄒᆞ자니 ○○○ 반대가 셩가시러워 굽도 졉도 못ᄒᆞ고 등상이 ᄉᆞᆺᄉᆞᆺᄒᆞᆫ 모양 봄부채에 그렷시면 동젼 오 푼 안이면 칠 푼은 착실히 밧겟습듸다 ᄯᅩ 근일 각 사회 유지 ᄒᆞᆫ다ᄂᆞᆫ 여러 사람으로 말ᄒᆞᆫ대도 ○○○○ᄒᆞᄂᆞᆫ 일 ᄒᆞᆫ 가지 말 ᄒᆞᆫ 마듸만 ᄒᆞ다ᄂᆞᆫ ○○○맛을 경각에 볼 것이오. (10. 8)

그러치 안코 ○○○○○○ 될 터이면 그 사회ᄂᆞᆫ 잇셔 무엇에 소용이오. 그 역시 안도 셔도 못ᄒᆞ고 엉거쥬춤ᄒᆞᆫ 모양 사진이나 박아 이 다음 시대에 경계ᄒᆞᆯ 긔념품이나 만들엇스면 쪽 알맛갯습듸다 이것은 대두뢰로 말삼이지 기외에 어룬 어린애 량반 상놈 검동이 셴동이 귀ᄒᆞᆫ 쟈 쳔ᄒᆞᆫ 쟈 안진 놈 션 놈 자ᄂᆞᆫ 것 깬 것 ᄒᆞ나 ᄲᅢ놋치 말고 모죠리 손가락을 곱아 가며 삷혀보면 능히 졔 자유로 사지를 활동ᄒᆞᄂᆞᆫ 인물은 쳔에 ᄒᆞ나 만에 ᄒᆞ나 백미에 뉘 셧기니만치도 업스며 그 자격들이 내 병신을 보고 우셔요 이 다음에 ᄯᅩ 웃ᄂᆞᆫ ᄭᅩᆯ을 보기 곳ᄒᆞ면 웃ᄂᆞᆫ 그 입에 ᄯᅩᆼ이나 퍼넛켓소. 지금 누구누구 몃몃 분은 아즉 아모 ᄒᆞ자 업시 긔개가 뢰낙[88]ᄒᆞ고 지죠가 견확[89]ᄒᆞ야 관명색을 ᄒᆞ여야 ᄒᆞᆯ 터인대 다른 사람들은 의례히 주 두 치 자 가웃 판이면 넉넉ᄒᆞ거니와 나ᄂᆞᆫ ᄌᆞᆯ 잡고도 두 쟈 두셔너 치 되ᄂᆞᆫ 나무를 큰 대흠지 가음 모양으로 둥그럼ᄒᆞ게 작만ᄒᆞ여야 ᄒᆞᆯ 것이니 그 안이 극난ᄒᆞᆫ 일이오

쓰러져 가ᄂᆞᆫ 집을 붓들 열심과 물에 드러가ᄂᆞᆫ 젹자를 건질 자션심이 아즉 보기에ᄂᆞᆫ 감사ᄒᆞ고 ᄯᅩ 감사ᄒᆞ니 왕망(王莽)의 겸공(謙恭)ᄒᆞᆫ 것이나 안인지 일후를 더 두고 보아 시죵이 변치를 안이ᄒᆞ고 보면 그ᄯᅢ 가셔 그 량반애게ᄂᆞᆫ 비로소 우슘을 밧을 더이닛가 나의 번개 갓ᄒᆞᆫ 눈을 밝게 쓰고 삷히ᄂᆞᆫ ᄭᅮᆷ이오 시간이 부족ᄒᆞ야 고만두게 습니다. (회즁이 일시에 갈채) (10. 9)

엇던 회원이 회장을 불으더니 우리 회를 임의 셜립ᄒᆞᆫ 바에 요사이 무슨 회 회 회

86. 까막까치.
87. 헌헌장부(軒軒丈夫): 외모가 준수하고 풍채가 당당한 남자.
88. 뇌락(磊落).
89. 견확(堅確).

회 모양으로 일홈 됴흔 흔 울타리나 빗 됴흔 개살구 되지 말고 일변 학교를 창긔ᄒ야 교육을 힘쓰고 일변 공장을 셜시ᄒ야 실업을 발달ᄒ여야 회 된 본지를 관쳘ᄒ겟스니 사귀신속[90]으로 오날 아죠 의론 결뎡ᄒ기를 바라오 또 흔 회원이 니러셔며 안이오 안이오 회장 그 회원의 뎨의가 올치 안은 바는 안이나 아모리 일각이 밧분 시대기로 슌셔 업시 일을 엇지 ᄒ오 이 다음 회에 본회 규칙이나 통과ᄒ고 회장 이ᄒ 일반 임원을 션뎡흔 연후에 사업을 진행ᄒ자면 급션무는 그 회원 말삼ᄒ신 두 가지 문뎨가 자연 될 것으로 알음니다 그러닛가 오날은 여러분 고명ᄒ신 토론을 그만치 들어 로슈 속에 부패흔 물건이 거진 업셔지고 새 정신이 드럿사오니 즉 우리 일반 회원이 이 세상에 잠을 비로소 깬 모양이올시다 이만치 경사시러온 일이 다시 업사오니 쳣재는 나라를 위ᄒ야 업스나 일반되던 국민이 새로 생김을 축하ᄒ고(10. 10)

둘재는 우리 병신 동포도 나라 일을 다른 국민에 못지 안이ᄒ게 ᄒ게 ᄒ야볼 것을 축하ᄒ기 위ᄒ야 만셰를 불으고 폐회합시다 또 한 회원이 니러셔며 회장 그 회원의 말삼이 장이 죳소. 그러나 그 젼에 먼져 의결흘 사건이 잇소 이 다음 회일과 집회흘 쳐소를 아죠 뎡ᄒ는 것이 가흘 줄 아는 고로 지금 동의를 ᄒ겟습니다 이 다음 총회 일자는 래 토요일로 쳐소는 오날 개회흔 훈련원으로 뎡ᄒ기로 동의ᄒ오 또 한 회원이 회장 재청ᄒ오 회장이 동의에 의견을 무른 후 가부로 무러 가결이 된 후에 (회장) 인졔는 별 사건이 업나보오 만셰를 불읍시다 만셰 만셰 딕한데국 만셰 만셰 만셰 대한국민 만셰 만셰 만셰 병인간친회 만셰 (完) (10. 12)

『대한민보』(1909. 8. 19-10. 12)

90. 사귀신속(事貴神速): 일을 함에 있어서는 무엇보다 빠른 것이 가장 좋음.

절영신화(絶纓新話)[1]

백치생(白痴生)

샌님 엇의 갑시오

오 너 덤벙이냐 장에 좀 간다

량반이 되셔셔 댁 사랑에셔 공자왈 맹자왈 글이나 읽지 장에를 가시다뇨

이애 별소리를 다 ᄒᆞᆫ다 량반은 장에 못 가니

장에닌 무엇ᄒᆞ러 가심닛가 썩 사 잡스러 가심닛가

량반이 말지 못ᄒᆞ야 장에는 가기로 썩이야 볼셩사오납게 사 먹으랴

예 그리면 슐츄념[2] 가심니다 그려

응 술잔은 너의 갓흔 아해들이 사 쥬면 부득이 ᄒᆞ야 먹을 터이지

상덕[3]이 잇지 ᄒᆞ덕이 잇슴닛가 샌님이 져의 갓흔 상놈을 더러 사 쥬십시오

어허 이놈 맹낭ᄒᆞ다 량반다려 슐 사 달나고. 너 슐 사 줄 돈이 잇스면 흥셩[4] 한 가지라도 더 해가지고 가겟다

흥셩은 무슨 흥셩을 ᄒᆞ시람닛가 돈을 이리 쥬시면 제가 해다가 드리오리다

오냐 흥셩은 내가 ᄒᆞᆯ 것이니 댁엣가지 져다나 다고

제가 밧부지만 안이ᄒᆞ며 갓다드리다뿐이오릿가마는 지금 셔욼가지 가는 길이닛가 황송ᄒᆞ와도 할 슈 업슴니다

---

1. 웃다가 갓끈이 떨어지는 새로운 이야기.
2. 술+출렴(出斂): 차례로 돌아가며 내는 술자리(추렴: 모임이나 놀이의 비용을 각자 얼마씩 내거둠).
3. 상덕(上德), 하덕(下德).
4. 흥셩은 현대어 흥정과 동의어, 어떤 물건의 매매를 논의하는 것. (예: 장작 ᄒᆞᆫ 수레 흥셩ᄒᆞ여…) 때때로 흥성으로 쓰이기도 함. (예: 물품매매의 居間興成을…).

셔울 가ᄂᆞᆫ 놈이 흥셩은 엇더케 해다 준다고 힛더냐

흥셩 삿헤 로자 량이나 쎗더러질ᄭᅡ 해셔 엿준 말이올시다

이런 어림 업ᄂᆞᆫ 놈 내가 흥셩ᄒᆞ고 내 로자 보태쓰지 안코 너 맛겨 흥셩ᄒᆞ고 네 로자 보태 줄 ᄯᅳᆺᄒᆞ랴

대관절 흥셩은 무슨 흥셩이오닛가 말삼이나 ᄒᆞ시오

너 부졍[5]ᄒᆞ지나 안이ᄒᆞ냐

부졍은 제가 부졍해요 엇져녁에 어린 놈이 품 속에서 ᄯᅩᆼ을 싸셔 우래통을 훨신 벗고 목욕을 멀졍히 ᄒᆞ고 새옷ᄭᅡ지 입엇ᄂᆞᆫᄃᆡ요 이것 봅시오 ᄣᅢ 한졈 잇나

안이다 목욕은 고만두고 셰슈를 보름이나 안이ᄒᆞ야 ᄣᅢ가 소상[6]반죽 눈 박이듯 어룽더룽ᄒᆞ야도 관계업다

그러면 무슨 부졍 말삼이오닛가

부졍이 썩 여러 가지다 너 드러보랴나냐 눈으로 본 부졍 입으로 먹은 부졍 귀로 드른 부졍 손으로 만진 부졍 발로 간 부졍 너 다 몰오나냐

예 알겟슴니다 그러면 샌님 겻해 셧기도 황송홉니다 눈으로ᄂᆞᆫ 오날 아참에 이웃집 어린 아해 ᄯᅩᆼ싸ᄂᆞᆫ 것을 보고 입으로ᄂᆞᆫ 앗가 술집에셔 ᄯᅩᆼ싸고 잇던 쇠 쳔엽회[7]를 먹엇고 귀로난 엇져녁에 머슴놈 먹은 것이 체ᄒᆞ야 셜사ᄒᆞᄂᆞᆫ 소리를 드릿고 손으로ᄂᆞᆫ 그져께 쇠두엄을 쳣고 발로ᄂᆞᆫ 지금 갯동을 밟앗슴니다

너ᄂᆞᆫ ᄯᅩᆼ으로 두루말이를 ᄒᆞ얏나냐 웬 ᄯᅩᆼ이 그리 만흐냐 그것은 다 부졍될 것 업다 눈으로 송장을 보앗거나 귀로 부음을 드릿거나 입으로 비린 것을 먹엇거나 손으로 살생을 ᄒᆞ얏거나 발로 상문에를 갓거나 이런 것이 부졍이란 말이다.

예 그러면 아모 일 업슴니다 제가 샌님 말삼ᄒᆞ신 그런 부졍은 보고 듯고 먹고 만지고 밟은 지가 스무아흐래올시다

오냐 그러커던 하로만 지나면 한 달이 될 것이니 래일 댁으로 오노라 리약이를 ᄒᆞᆯ 것이니

샌님 리약이 듯자고 밧비 가ᄂᆞᆫ 셔울길 즁지ᄒᆞ고 하로를 묵어요 샌님이 동행 삼아

---

5. 부정(不淨).
6. 소상(塑像).
7. 천엽회(千葉膾).

슬슬 가시다가 첫닭만 울거던 그 리약이를 ᄒᆞ시고 한댁[8]ᄒᆞ십시오

내 리약이 너 들니자고 장도 못 보고 하로길을 공연히 갈가 네가 ᄒᆞ로만 장에셔 나고 갓치 묵엇스면 그 안이 됴켓나냐

샌님 부졍에는 크고 젹은 달도 안이 봄닛가

웨 그리늬

만일 젹으나 크나 달만 차면 관계치 안이ᄒᆞᆯ 것 갓흘진ᄃᆡ 이 달이 젹어 오날이 그 몸날이올시다

오냐 참 그러코나 진작 그 말을 ᄒᆞ지 거긔 안져라 내 리약이를 ᄒᆞᆯ 것이니

샌님 리약이 문 열기를 대단히 거레[9]도 ᄒᆞ심니다 난산 징에 아기문 잡기[10]보다 어렵심니다 그려

이놈 난산이라니 방슈[11]에 그리게 방졍마진 말도 ᄒᆞᆫ다

무슨 방슈에 그려오

잔소리 말고 드러 보아라 내가 탁지[12]대신이나 내부대신이나 ᄒᆞᆫ번 ᄒᆞ야 볼 경륜으로 지금 졍셩을 드리는 판이다

에구 샌님 욕심 보시게 대동배[13]도 싸라가겟네[14] 졍셩 말고 더ᄒᆞᆫ 것을 ᄒᆞ기로 민머리[15]로 대신도 ᄒᆞᆷ닛가

참 상놈의 말이로다 요사이 개화가 되야 백두로 무엇은 막혀 못ᄒᆞ는 쥴 아나냐

그러면 져도 경륜 좀 해보게 방법을 가라쳐 쥽시오

어허 이놈 엉큼ᄒᆞ다 그리면 량반ᄒᆞ고 벗ᄒᆞ러 덤뷔게

쳔만의외 말삼도 ᄒᆞ심니다 우리나라 량반 상놈은 판에 박아 노앗는대 아모리 대신을 ᄒᆞ기로 생심히 벗을 ᄒᆞ올 가망이 잇슴닛가

긔특ᄒᆞᆫ 말이로다 셰상 놈이 다 심장이 변ᄒᆞ기로 너야 그럴 리 만무ᄒᆞ지 리약이

8. 환택(還宅).
9. 까닭없이 몹시 어정거려 몹시 느리게 움직이는 것.
10. 난산 중에 아기문 잡기.
11. 방수(方手): 방법과 수단.
12. 탁지(度支): 호조를 가르킴. 그러나 구한말의 탁지부, 탁지아문은 재무를 총괄하던 관아로 탁지대신은 이 부서의 우두머리임.
13. 대동배, 대동선: 대동미를 운반하던 관아의 배.
14. 대동미를 운반하는 배보다 욕심이 더욱 크다, 또는 세금인 대동미를 운반하는 배를 좇아갈 정도로 욕심이 터무니없다.
15. 민머리 또는 백두: 쪽찌지 않은 머리 즉 벼슬 못한 사람을 제유적으로 표현한 것임.

드러라 내가 대신을 엇더케 운동ᄒᆞᄂᆞᆫ구 ᄒᆞ니 내 슈씨[16] 되시ᄂᆞᆫ 아씨게셔 지금 태즁인대 래월이 산삭이다

그래오닛가

내가 장에 오기ᄂᆞᆫ 달은 일이 안이라 산곽[17]과 산미를 흥셩ᄒᆞ러 오ᄂᆞᆫ 길이다

산곽산미[18] 흥셩ᄒᆞ러 오시기ᄂᆞᆫ 당연ᄒᆞ신 일이올시다만은 대신 운동이라ᄂᆞᆫ 말삼은 알 슈 업심니다

네가 그런 리치를 다 알겟나냐 네 쪽쪽이 드러보아라 슈씨 아씨게셔 이번 해산에 텬우신죠ᄒᆞ야 불알 달닌 놈을 낫치 안이ᄒᆞ시고 닭덩이 갓흔 ᄯᆞᆯ ᄒᆞ나만 나셧스면 쏘다 노코 발오 말이지 나의 대신이야 엇의를 가고 날이 새겟나냐

여보 샌님 망령 나셧소 집안이 되랴면 아드님이 번셩ᄒᆞ게 나야지 ᄯᆞᆯ만 나면 무엇ᄒᆞ자고 손가락을 곱아가며 기대리십시오 아마 샌님 아씨게셔 당삭[19]을 ᄒᆞ셧스면 ᄯᆞᆯ 날갑아 겁을 내시지오

이애 너ᄂᆞᆫ 남의 속 몰으ᄂᆞᆫ 말 작작해라 아달을 나면 그놈이 썩 재죠가 잇더래도 졔나 벼살낫 엇어 ᄒᆞᆯ 쌘이지 졔 삼촌 대신 식여 쥬겟나냐

ᄯᆞᆯ님을 나시면 샌님에게 대신 차례가 엇더케 옴닛가

그 ᄯᆞᆯ을 길으되 잘 먹이고 잘 닙히여 범백사[20]ᄂᆞᆫ 별로 가라칠 것 업시 다만 태도나 나무에셔 쑛단듯ᄒᆞ게 몸을 가지고 아양이나 남의 간을 보통이쌔 녹이게 가라쳐 요새로 말ᄒᆞ면 엇던 량반 갓흔 유세력ᄒᆞᆫ 대신의 집 며나리로 싀집을 보냇스면 고 태도 고 아양으로 무슨 별별 무궁무진ᄒᆞᆫ 죠화를 못 부리겟늬

샌님도 독장사 혯구구[21]ᄒᆞ듯 싹도 ᄒᆞ시오 그런 경륜을 ᄒᆞ시랴면 세력가 며나리로 쥬어셔야 무슨 죠화가 생겨요 졔가 각댁 풍속을 더러 보앗소마ᄂᆞᆫ 며나리 되시ᄂᆞᆫ 니가 싀아바지에게 죠셕 문안이나 ᄒᆞᆯ 쌘이지 고개를 들고 말삼 한 마듸 바로 고ᄒᆞ야 봅더닛가 샌님이 그 생각이 잇거든 며나리로 보내지를 말고 그런 량반의 마누라로 보내십시오

---

16. 수씨(嫂氏): 형제의 아내.
17. 산곽(産藿): 해산 미역.
18. 산미(産米): 해산 쌀. 산부가 먹을 밥을 짓는 쌀.
19. 아이 밴 여자가 해산할 달을 맞는 것.
20. 범백사(凡百事): 온갖 일, 갖가지의 일.
21. 독장수 셈과 같은 의미: 실속 없는 셈이나 헛수고로 애만 씀의 비유.

네가 무엇을 알니 며나리도 며나리 나름이지 마누라만 못지안아혼 까닭슈가 다 잇나니라

예 그런 량반의 댁내에 까닭슈야 저의 갓튼 상놈의 집안에셔야 알 슈 잇슴닛가 그렇치마는 샌님 운동이 목뎍대로 된대도 간신헌 암량반밧게 못되시겟슴니다 그려

암량반이라니 량반도 암컷 슈컷이 잇더란 말이냐

잇고 말고요 져는 아즉 상놈 노릇은 흡니다마는 걸고 쓰러져도 슈량반 운동을 흐는 즁이올시다

이놈아 량반 욕흐면 귀향가는 것도 몰오나냐 암슈라는 것은 즘생다려 흐는 말이지 암량반 슈량반이라니

며나리 샤돈은 암샤돈이라 사위 샤돈은 슈샤돈이라 흐는 것도 몰오심닛가

샤돈은 암슈가 잇스려니와 량반이 암슈가 잇슬 리유가 엇의 잇단 말이냐

그 리유를 드러보십시오 쏠의 덕에 잘된 량반은 암량반이라 흐고 아달의 덕에 잘된 량반은 슈량반이라고 흔담니다

오냐 잘만 되면 상책이지 암량반이 관계잇나냐 그러나 너는 무슨 섄족흔 슈로 슈량반 운동을 흔단 말이냐

제 운동흐는 속을 듯고만 보면 깜짝 놀나시지오

이놈아 놀나기는 내가 어려셔 경긔 흔번 안이흐고 자라난는듸 여간 네 운동 바람에 놀날 듯 십흐냐 걱정 말고 리약이나 어셔 흐여라 갑갑흐다

샌님 거긔 좀 편히 안지십시오 제가 리약이를 흘 것이니

압다 그 자식 리약이 좀 흐기에 거레도 대단히 흔다 안져야 듯고 셔셔는 못 듯는단 말이냐

제 리약이가 흐도 길죽스름흐닛가 오래 셔 계신 게 황송해셔 그리흡니다

황송이고 누렁소고 잔소리는 고만두고

샌님 져는 이번에 셔울 가기는 함 하나 사러 감니다

함은 인제는 농사 안이흐고 엿장사로 나셔랴는야

샌님도 싹도흐심니다 엿장사가 새 함 사지고 단입더닛가

싹흐면 부러지지 너 언제 새 함 사라간다고 힛더냐

그러면 누가 헌 함 사라 간다고 힛슴니가

오냐 고만두어라 누가 드르면 시비ᄒᆞᄂᆞᆫ 줄 알겟다 그래 함은 사다 무엇에 쓰랴나냐

우리 동리 상ᄒᆞ가 달 알으시다십히 제가 이ᄯᅢᄭᅡ지 홀아비로 지내지 안이ᄒᆞᆸᄂᆡᆺ가

그래셔 네가 홀아비로 지냇지

그렁뎌렁 장사를 ᄒᆞ야 젼쳔이나 모앗습지오

아모렴 네가 그동안 착실히 모앗지 그리기에 나는 이번에 슌산ᄒᆞᆯ 족ᄒᆞᆺ달 혼일ᄒᆞᆯ ᄯᅢ에 네가 ᄒᆞᆫ 모퉁이 당ᄒᆞ게 부죠를 ᄒᆞᆯ 줄로 단단히 밋고 잇다

샌님댁 부죠를 ᄒᆞ다ᄲᅮᆫ이오닛가 그러나 부죠라 ᄒᆞᄂᆞᆫ 것은 오고 가는 것이올시다 샌님댁 송아지가 셔너 바리 되니 위션 한 바리만 졔게 먼져 부죠를 합시오

부죠도 ᄶᅡ닭업시 ᄒᆞ더냐 글지라도 나 모양으로 집안에 혼인 경륜을 ᄒᆞ거나 허다 못ᄒᆞ야 초상이 아차차 ᄒᆞᆷ아ᄒᆞ더면 부졍ᄒᆞᆫ 말을 ᄒᆞᆯ 번힛고

여봅시오 샌님만 부졍 타는 줄 알으십시오 져도 부졍을 샌님만치나 보는 일이 잇습니다

네가 무슨 일로 부졍을 본단 말이냐

고만두시오 리약이도 ᄒᆞᆯ 슈 업소 당장 부졍ᄒᆞᆫ 말을 입 밧게만 안이 내보냇지 목구멍 이쪽ᄭᅡ지는 다 나왓썻는 걸 샌님다려 리약이를 해요

압다 그놈 부졍 대단히 본다 말 ᄒᆞᆫ번 ᄒᆞᆫ 것이 부졍이 되면 부졍에 걸녀 아모 노륵 못ᄒᆞ갯다

부졍 보기를 누가 먼져 힛슴닛가 상탁ᄒᆞ부졍[22]이라니 샌님이 ᄒᆞ도 부졍을 보시닛가 져도 시험겸ᄒᆞ야 부졍을 보러듬니다

이애 그만만 해도 부졍은 다 가시엇다 함 사라가는 곡졀이나 드러보자

샌님이 ᄒᆞ도 죠르시니 마암에 ᄶᅥ림ᄒᆞ지만 리약이 ᄒᆞ오리다 졔가 지나간 달에 상쳐를 안이햇슴닛가

그랫지

이동안 즁매아비가 혼쳐 ᄒᆞᆫ 곳을 이르기에 재취를 장가을 들자고 ᄒᆞᆷ을 사러감니다

22. 상탁하부정(上濁下不淨): 윗물이 흐리면 아랫물도 정하지 못함.

홀아비 되야셔 장가들기가 의젼례[23]에 ᄒᆞᆯ 일인대 그것이 무슨 슈량반 운동이란 말이냐 시럽에자식이로다

남의 말을 채 듯지도 안이ᄒᆞ시고 욕부터 ᄒᆞ시네 샌님도 싹ᄒᆞ시지

ᄒᆞᆷ 사가지고 장가갓스면 네 목뎍이 다 되엿지 또 무슨 남져지[24] 말이 잇단 말이냐

장가만 들고 고만일 것 갓흐면 삼대 홀아비로 늙기로 장가를 애셰[25] 들 밋친놈이 잇더란 말삼이오

그러면 장가 든 뒤에 또 무슨 일이 잇단 말이냐

잇고말고요 이밥을 먹자면 논 작만ᄒᆞ고 물 먹으랴거던 우물을 파고 집을 지랴면 식목을 ᄒᆞ고 쥬의를 입으랴면 누에를 치고 계란을 먹으랴면 암닭을 놋코 달마즁 ᄒᆞ랴면 초져녁에 나셔라ᄂᆞᆫ 격담[26]이 안이 잇슴닛가

압다 그 자식 구변도 죳타 작작 느러노코 리약이나 어셔 해라

구변이오 졔가 구변이 셱 죳치ᄂᆞᆫ 못해도 즁쑬쑬[27]은 넉넉ᄒᆞ지오

네 구변이 엇더캐 즁쓸쓸[28]ᄒᆞ단 말이랴

져거번 독립관 연셜 구경을 갓더니 아모씨 아모씨가 차례로 나아와 연셜ᄒᆞᄂᆞᆫ 것 드르니 그네들이 손곱아 가ᄂᆞᆫ 변사라고 합듸다마는 나도 그만치ᄂᆞᆫ ᄒᆞ랴면 ᄒᆞ갯습듸다

연셜은 ᄒᆞᆷ부루 ᄒᆞᄂᆞᆫ 줄 아나랴 나ᄂᆞᆫ 대동날 공포ᄒᆞᆯ 말을 두어 마듸 일으랴도 발뒤굼치가 졀로 쓰고 가삼이 울넝울넝ᄒᆞ야 목소리가 졀로 덜덜 쩔니더라

그ᄂᆞᆫ 해보지 못ᄒᆞ얏스닛가 알 슈 업습니다마는 남 ᄒᆞᄂᆞᆫ 것을 드러보닛가 별 슈엇의 잇셔오 목뎍이니 준뎍이니 자연뎍이니 텬연뎍이니 구톄뎍이니 츄상뎍이니 애국뎍이니 자션뎍이니 말 몃 마듸를 ᄒᆞ자면 뎍자 두루말이를 합듸다

너ᄂᆞᆫ 정신도 죳타 나ᄂᆞᆫ 뎍자인지 셔자인지 긔억 못ᄒᆞᆯ너라 이 애 연셜 리약이ᄂᆞᆫ 고만두어라 누가 그것 듯자나냐 네 운동ᄒᆞ랸ᄂᆞᆫ 사건이나 마자 리약이ᄒᆞ여라

---

23. 의전례(依前禮).
24. 남어지, 남저지, 남져지 혼용된 동의어들.
25. 애써.
26. 격담(格談).
27. 중(中)쑬쑬하다: 크도 작도 않고 쑬쑬하다. 쑬쑬하다, 쏠쏠하다 모두 품질이 웬만하고 쓸 만함의 뜻임.
28. 중쑬쑬 또는 중쏠쏠의 오기.

신부가 나이 차면 흔이 말머리[29]에 태긔가 안이 잇슴닛가

그러치 그리기에 아해 나 가지고 신부례에 오는 신부가 더러 잇는 걸

지금 져 장가드는 신부가 올에 스물네 살이라닛가 넉넉히 아해를 뱃겟지오

넉넉ᄒᆞ지 댁마님은 열입곱에 쳣아달을 낫셧는대

져는 은근히 손가락을 곱아가며 기대리기는 신부가 말머리에 슈태를 ᄒᆞ야 옥동갓흔 쳣아달 낫키를 고대고대ᄒᆞᆷ니다

누구는 자식 낫코십지 안타더냐 아달만 나면 무엇ᄒᆞ니 활장사 아달은 활을 돌오 만들고 키장사 아달은 키를 돌오 만든다는 말과 갓치 네 아달이 너 돌오 되지 개쳔에셔 룡 날 줄 녁이나냐

샌님은 ᄯᅡᆨ도 ᄒᆞ심니다 시골셔 살으시며 농사ᄒᆞ는 리치도 몰으심닛가

ᄯᅡᆨᄒᆞ면 불어지지 이 자식아 농사 리치를 내가 몰나 이 사람의 밧 뎌 사람의 논을 생찌그렁이로 엇어셔 해마다 병작[30]이 남아 슈십 셕식은 무려히 션러 드리는대 농사 리치를 몰오고 될 ᄯᅳᆺᄒᆞ냐

샌님이 논농사를 지어 보셧다며 모내는 리치도 믈오셔오

모내는 리치를 몰오다니 모자리에셔 그대로 츄슈할 줄 알앗더냐 비방울만 ᄯᅮᆨ ᄯᅥ러지면 동리 놈의 소를 내 소갓치 ᄭᅳᆯ어다가라도 션등 모를 냇지 즁등도 안이힛다

그러면 모를 졔자리에 그대로 두는 것과 달은 논으로 옴겨 심으는 것과 엇던 것이 잘됩더닛가

너 나다려 농리를 몰은다더니 네가 참말 몰오는구나 모 안이 내고야 베가 잘되는 것 보앗는야 비단 못분이라 각색 과실나무도 모를 내거나 졉을 붓치거나 ᄒᆞ여야 무셩ᄒᆞ게 잘되지 안이ᄒᆞ는냐

에그 뎌것 보아 샌님이 몰을 것 업시 다 알으시기는 ᄒᆞ시면셔 말삼은 졀벽갓치 ᄒᆞ시네 곡식이나 과목의 모내고 졉붓치는 것만 그러코 사람은 모죵 못 내고 졉좀 못붓치는 줄 알으심닛가

이애 별소리 다 드럿다 사람을 엇더케 모를 내고 졉을 붓친단 말이냐

사람 모내고 졉붓쳐셔 무셩ᄒᆞ게 잘된 것을 말삼ᄒᆞᆯ 것이니 졔 말이 거짓말인가 드

---

29. 말머리 아이: 혼인하면서 바로 배어 낳은 아이를 말함.

30. 병작(竝作): 소작인이 농사를 지어 그 소출을 지주와 똑같이 나누어 차지하는 제도. 반타작.

러보십시오
엇의 드러보자
가량 시골 자식을 셔울로 대려가면 모내는 것 안임닛가
그와 방사[31]하지
이 사람의 자식으로 뎌 사람의 자식을 삼으면 졉붓치는 것과 일반이 안임닛가
그래셔 어지간흔 말이거니
졔가 이번에 장가를 들어 아달 ᄒᆞ나를 쑥 낫커던 날마다 분세슈 식이기로 ᄒᆞᆫ 일을 삼아 둑거운 가죽이라도 외졈백이 대모[32] 틔듯 색갈이 말슉ᄒᆞ게 길너내여 남의 눈에 아모죠록 공명골[33]로 보이도록 ᄒᆞᆯ 터이올시다
올치 웬만치만 생긴 자식이라도 잘 비다듬어주면 항결 낫게 보이나니라
그리고 셔울을 슬쩍 올나가셔 지금 일으면 ○○○대감 ○○○대감갓치 아달이 업셔 양자 구ᄒᆞᄂᆞᆫ 니를 듯보아 송아치 발이나 업샐 셰음 잡고 은근히 사면 련줄을 노아 양자를 ᄒᆞ랴 ᄒᆞ거든 긔어히 내 자식이 솔양[34]ᄒᆞ야 가도록 쥬션을 ᄒᆞᆯ 터이올시다

양자만 주면 무엇ᄒᆞ늬 네게 무슨 곡긔 잇슬야 네 말 드러라 북촌 언의 대갑[35]은 안셩골 생원님 아달로 십여 셰가 되도록 가갸 뒷다리 한자 못 배오고 날마다 뒤동산에 올나가 등걸[36] 파오기로 생애를 삼ᄂᆞᆫ대 얼골의 눈물 코몰 흘은 자리가 줄줄이 잇고 목아지가 솟 건[37] 이마돌[38] 죤장[39]치게 되고 북두갈고리[40] 갓흔 두 손은 감아귀가 사촌 계[41] 모자고 ᄒᆞᆯ 만치 츄ᄒᆞ더니
그래셔요

31. 방사(倣似): 매우 비슷함.
32. 바다거북의 일종.
33. 뼈대가 잘생겨 나중에 공명할 상.
34. 솔양(率養): 양자를 삼음. 양자로 데려옴.
35. 대감의 오기.
36. 줄기를 잘라낸 나무의 밑둥, 숯을 만드는 데 소용되기도 함.
37. 솥을 건.
38. 아궁이 위 앞에 가로 걸쳐놓는 돌.
39. 존장(尊長): 존대해야 할 나이 많은 어른. 결국 솥을 걸어놓은 아궁이의 이맛돌보다도 더욱 시커멓고 흉한 몰골로 변함을 일컫는 관용구.
40. 북두칠성 끝의 갈고리, 험한 일을 많이 하여 모양이 상한 손가락을 이름.
41. 계(契).

별안간에 생슈[42]가 쌔 쫏아지듯 ᄒᆞ노라고 ○○대감이 아달이 업셔 항렬만 취ᄒᆞ야 양자를 해다가 광통다리에셔 연계[43] 튀ᄒᆞ듯 쟈두지족[44]을 멀것케 씻기고 비단의복을 쳘 갓초아 입혀가며 독션생을 안치고 글을 가라쳐 셔사통졍[45]은 반반이 ᄒᆞᆯ 만치 되엿ᄂᆞᆫ대 지금 판에 좋이 잇늬 문동[46]이라도 셰력만 됴흐면 못ᄒᆞᆯ 쳥환[47] 업시 다 ᄒᆞᄂᆞᆫ 터이라고 자식을 과거를 식인다 당상[48]을 식인다 불만[49] 삼십여 셰에 직품이 아경[50]까지 되고 형셰가 갑부가 되엿구나

그것 보십시오 좀 좃슴닛가 양자 보내ᄂᆞᆫ 것이 달은 일 바라ᄂᆞᆫ 것이오닛가 그러케 잘되ᄂᆞᆫ 자미 보자고 보내지오

글셰 잔소리 말고 말을 드러 그러케 잘되엿스면 졔 생가 아비나 형을 잘 살도록은 못ᄒᆞᆫ남아 온졍이나 보죤ᄒᆞ여야 ᄒᆞᆯ 터인데 그 자식은 오날 개고리만 알고 어졔 올창이ᄂᆞᆫ 몰오는지 졔 생아비가 보러 오면 의관범절이 초라ᄒᆞᆫ 것이 창피ᄒᆞ야 시골 먼촌 일가가 왓다 ᄒᆞ고 졔 생형이 오면 져ᄂᆞᆫ 비단 발막[51]을 죽죽 두고 신으며 졔 형은 셕새 집신[52]을 신고 단이게 내버려두며 내려간다 ᄒᆞ면 밥 한 상거리 간신히 될만치 백젼 셔 푼씀 쥬고 부량ᄒᆞᆫ 말로 셔울은 무엇ᄒᆞ러 펄젹 올나와 핀잔을 쥬어 내리쫏더라 그것이 매오 재미도 잇겟다

그런 자식이 그러치 다 그러ᄒᆞᆯ납더닛가

너 ᄯᅩ 드러보아라 강원도 엇던 사람은 자식을 경재 상가에 양자곳 보내면 생슈나 덜컥 날 줄 알고셔 좌쳥우촉[53]ᄒᆞ야 보냇더니 그 자식이 ᄒᆞᆫ쌔 될 팔자로 셰도재상에게 썩 긴히 뵈야 벼살을 사다리 올으듯 ᄒᆞ엿고나

---

42. 좋은 수, 방법.
43. 연계(軟鷄): 영계.
44. 자두지족(自頭至足): 머리에서 발 끝까지.
45. 서사통정(書史通情).
46. 문동(文童).
47. 청환(淸宦): 학식이나 문벌이 높은 사람이 하던 규장각, 홍문관, 선전 관청 등의 벼슬. 지위나 봉록은 낮으나 후일을 기약하는 위치임.
48. 문관은 정삼품 명선대부, 봉순대부, 통정대부, 무관은 절충장군 이상의 벼슬 계제.
49. 불만(不滿): 겨우.
50. 아경(亞卿): 경에 버금가는 벼슬로 육조의 참판, 좌우윤 등을 공, 정경 등에 상대하여 칭하는 말.
51. 상류 계급의 늙은이가 신었던 마른 신의 하나. 뒤축과 코에 꿰맨 솔기가 없고, 코끝이 뾰족하지 않고 넓적하며, 가죽 조각을 대고 경분을 칠함. 발막신이라고도 함.
52. 총이 굵은 짚신.
53. 좌청우촉(左請右促).

그것 봅시오 그런 슈가 업지 안아 잇담니다 ᄯᆞᆯ 싀집보내고 됴화 생기기 바라ᄂᆞᆫ 것보다 여북됴 좁닛가

이애 철업ᄂᆞᆫ 말 말고 내 말을 더 드러보아라 그 자식 잘되엿스면 졔 생가도 잘되게 ᄒᆞ여야 도리상에 당연ᄒᆞᆯ 터인대 셰력을 빙자ᄒᆞ야 졔 생가 불알 슈효대로 벼락감투를 씌워서 여간 박토 마직이 송아지 바리[54]를 모죠리 할타먹으면셔도 생색은 비마진 룡대긔 내여[55] 셰듯 ᄒᆞ기를 인졔ᄂᆞᆫ 토반[56]이 사부되엿나니[57] 더 드릴 것을 덜 드렷나니 ᄒᆞ고 시골셔 근농ᄒᆞ고 포실히 지내던 졔 생가 대소가 기동ᄲᅮ리를 쑥 솟쳐 노아 다 빌어먹게 만드러 노앗스니 그것이 그리 소원이냐 너도 그런 일 거울삼아 쳘업ᄂᆞᆫ 경륜 말고 ᄯᆞᆯ이나 낫키를 기대려 호색ᄒᆞ기를 ○○대신 갓흐 니 쳡이나 쥬어 오장을 쎗재[58] 쎕아내야다가 ᄒᆞᆫ밋쳔 잡아 보아라

샌님은 ᄒᆞ나만 알고 둘도 몰오심니다 그려 아달 양자 쥬고 잘된 사람은 다 몰오시고 결단난 것들만 알으셔오

이애 양자 쥬고 덕본 사람이 누가 잇더란 말이냐

잇닷 분이오닛가 샌님이 북촌 재상의 리약이를 ᄒᆞ셧스니 나도 북촌 재상의 일을 말삼ᄒᆞ오리다

지금 뻥뻥우는 ○○량반 몰오심닛가 그가 어려서 형뎨가 동문 밧 엇의셔 살 ᄶᆡ에 엄동셜ᄒᆞᆫᄭᆞ지 베 즁의적삼을 쎠입고 동리집 나무바리 말곱비를 썰어쥬어 밥술을 엇어먹으니 그 ᄉᆞᆯ이 오작ᄒᆞ엿겟습닛가

아궁이에셔 글너다니던 불밤송이[59] 모양이더니 ○○대감 ᄒᆞᆫ참 셰도 당년에 족ᄒᆞ로 양자를 ᄒᆞ야 왓ᄂᆞᆫ대 오날날 엇더케 되엿습닛가

잘되엿지 벼살도 분슈에 업ᄂᆞᆫ 청환을 ᄒᆞ얏고 근래ᄂᆞᆫ 누어먹을 팔자로 젹지 안인 월공[60]을 둑겁이 팔이 잡아먹듯 넙신넙신 잘 먹고 지내ᄂᆞᆫ 모양이더라

그 덕에 생가ᄂᆞᆫ 엇더케 되엿습닛가 개 본 괴양이 화상 갓그아오도 대신 ᄒᆞᆫ 방셕 맛을 졔법 보앗스니 양자 쥬어 슈나지 안이힛습닛가

---

54. 바리: 말이나 소에 잔뜩 실은 짐을 나타내는 단위.
55. 비맞은 용 대가리 내여 세우듯: 당당하게.
56. 여러 대를 그 지방에서 붙박이로 사는 양반, 향족.
57. 잘난 체하며 세도를 부리는 것이 토반과 같음.
58. 뿌리째.
59. 채 익기도 전에 말라 떨어진 밤송이.
60. 월급.

그런 사람이 쳔에 ᄒᆞ나 만에 ᄒᆞ나지 사람마다 그럴 줄 아나냐

쏘 말삼 드르십시오 사동 근쳐 ○○대관[61]은 셩을 잘 타고 나셔 셰도 량반의 집으로 양자를 오더니 자긔도 쳡을 둘식 셋식 두고 셰상 호강을 다 하얏스려니와 그 생가 썰거지를 초사[62] ᄒᆞᆫ아식이라도 다 식이고 밥덩이를 어더먹을 만치 다 작만ᄒᆞ게 ᄒᆞ엿스니 그ᄂᆞᆫ 엇더ᄒᆞᆸ닛가

이애 네 말을 드르니 엇구슈ᄒᆞ다[63]마는 아달을 ᄒᆞ나 나셔 양자를 쥬랴 ᄒᆞᆫ대도 댁마님이 단산ᄒᆞᆫ 지가 십 년이나 되엿스니 될 슈가 잇셔야지

샌님 지쳬ᄂᆞᆫ 썩 됴흐신 량반이시지오

내 지쳬가 남불지ᄂᆞᆫ 안이ᄒᆞ니라 근래에 벼살은 못ᄒᆞ고 시골 구셕에서 폭폭 썩엇지마는 ○○공 사손[64]으로 그 사당을 내가 뫼시고 잇난 터이다

그러면 샌님 생슈가 나시랴면 어렵지 안이하시겟습니다

이애 엇더케 하면 생슈가 나갯난야 족핫달 싀집보내고 됴화 생기기를 기대리난 것보다 나을 도리가 잇겟나냐

낫고말고오 족하사우 덕에 잘되랴 하난 일은 대경대법[65]이 못되난 일이니 만에 하나 되기도 극난할ᄲᅮᆫ더러 텬유신죠ᄒᆞ야 거 누구 모양으로 소원셩취된다 해도 입 가진 사람은 지어부지간에 모다 욕을 ᄒᆞᆯ 터이지마는

그야 욕ᄒᆞᄂᆞᆫ 져의 입 드럽지 육[66]먹ᄂᆞᆫ 구멍 엇의 잇더냐 그러나 나 역시 사셰 부득이ᄒᆞᆫ 경륜이다 그보다 나은 일이 무엇이란 말이냐 드러보아셔 될 쓧만 ᄒᆞ면 래일은 갑산[67]을 가더래도 시험ᄒᆞ야 보고 말겟다

샌님 이 일은 셩사곳 ᄒᆞ면 업던 자손도 생기고 간구ᄒᆞ던 가셰도 부요ᄒᆞ고 못해본 공명도 ᄒᆞ실 것이올실다

이에 뎡녕 그럴 일이 잇단 말이냐 어셔 리약이해라 드러보자

그런 리약이를 흠부루 해요 술 한턱을 톡톡이 먼져 ᄒᆞ십시오 가라쳐 드릴 것이니

61. 대신, 큰 벼슬을 한 사람.
62. 첫 벼슬길.
63. 음식 맛이 조금 구수하다. 하는 말이 구미에 당거나 이치에 그럴듯하다.
64. 사손(使孫): 자녀가 없이 죽은 이의 유산을 이어받은 조카, 삼촌, 사촌 따위.
65. 대경대법(大經大法): 공명정대한 원리와 법칙.
66. 욕.
67. 갑은 일반적으로 첫번째의 의미로 쓰임.

술 한턱을 ᄒᆞ다ᄲᅮᆫ이냐 댁으로만 가자 내 친긔[68]에 쓰자고 버리[69] ᄒᆞᆫ 되 버무려 너은 것이 거진 괴엿겟다 웃국으로 몃 사발 걸너셔 모자 째고 양썻 먹어 보렴으나

제가 몸은 이러해도 입은 다 방골이 되야 찹살 쳬바지 안이면 입에 대 본 적이 엄ᄂᆞᆫ데 버리 탁박이 엇어먹으러 가던 셔울 안이 가고 댁에를 내려가요

압다 그 놈 입은 데오되다 잔소리 고만두고 리약이나 진작해라 드러보자

샌님 턱은 고만두고 이 다음 잘되여 가시더래도 져를 잇져바리지나 말으시랴오

잇즐 리가 잇나냐 우리 사촌 뉵촌은 잇즐지언뎡 너ᄂᆞᆫ 명심불망ᄒᆞ지

그럴 터이면 가라쳐 드리지오 샌님 ○○○ ○○○가 엇더케 되엇슴닛가

혼줄나게 되엿지 그 사람들이 본래 미쳔ᄒᆞᆫ 사람으로 셰력도 됴코 벼살도 긔맥히게 잘ᄒᆞ엿ᄂᆞᆫ걸

그 사람들이 그ᄲᅮᆫ 안이라 량반 도독 셔실갓치 됴화질 줄 알으심닛가

이애 그것은 안이될 말이다 제가 몃둑이 ᄒᆞᆫ쳘로[70] 부루[71]되기ᄂᆞᆫ ᄒᆞ얏지마는 량반이야 근본 업시 생심되여 볼 슈가 잇겟늬

○○ᄂᆞᆫ 아모 자손이 되고 ○○○ᄂᆞᆫ 아모 자손이 되야 제법 ᄒᆞᆫ다ᄒᆞᄂᆞᆫ 사태후[72] 량반님네와 네나드리를 홈부루 ᄒᆞᆫ담니다

이애 ○○○ᄂᆞᆫ 아모 자손으로 양자를 드러가고 ○○○ᄂᆞᆫ 아모 자손으로 양자를 갓던가 그러치만은 내야 나이 만아 양자 갈 슈도 업고 ᄯᅩᄂᆞᆫ 양자 안이 가기로 내 량반이야 너도 알다십히 엇던 놈 밋헤 들겟나냐

누가 샌님다려 양자를 가시람닛가 양자보다 ᄒᆞᆫ칭 칫드려[73] 양부를 가보십시오

에이 시럽ᄉᆞᆫ 자식 양부 가ᄂᆞᆫ 일이 례법에 엇의 잇더냐

압다 례법은 데[74] 차즈심니다 ○생원은 아모 명현[75] 사손으로 불쳘지위 그 사당을 행담[76] 쪽에다 집어너어 시렁 우에다 언져 두고 일 년 일도 긔신[77]이 돌아와도 거

68. 긔: 게.
69. 보리.
70. 메뚜기도 한 철로.
71. 일부러.
72. 사대우, 사대부.
73. 한층 올려.
74. 매우.
75. 명현(名賢): 이름이 난 어진 사람.
76. 행담(行擔): 길 가는 데 가지고 다니는 작은 상자로 버들가지나 싸리로 만듦.
77. 기신(忌辰): 기일을 높여 부르는 말.

풍[78] 한번 못 식이고 쇠옹도리 울녀 먹듯[79]만 ᄒᆞ던니 ○○○가 량반에 허욕이 쏭구멍에셔 목구멍ᄭᅡ지 칫밧쳐셔 양부로 뫼셔다가 큰 사랑에다 올케 뫼셔 두고 일변 조사[80]를 식인다 일변 가자[81]를 식인다 지금은 대감ᄭᅡ지 되엇슴니다

그것 참 생슈낫구나 아달 엇고 벼슬ᄒᆞ고 이애 그러면 재물도 자긔 것갓치 쓰랴면 쓰겟구나

여부가 잇나요 생슈가 단벌로만 날 줄 알으십닛가 몃해를 두고 밥내 국내 한번 못쏘야 보고 쏠독이 모양으로 말으기만 ᄒᆞ던 몃대 신쥬가 사명일[82]과 긔신에 느러지게 졔를 밧아 먹ᄂᆞᆫ대오

한 가지 일 잘되ᄂᆞᆫ 셔실에 셰 가지로 셰음 평이[83] 피엿군 천재 난 죠상이 풍년을 맛나고 둘재ᄂᆞᆫ 졔 몸이 룡이 되고 셋재ᄂᆞᆫ 자식을 슈고 안이ᄒᆞ고 엇엇구나 이애 나도 그럴 자리만 하나 잇고 보면 발밧토 드러셔 보겟다 그ᄯᅢ 가셔야 형슈마님은 아달을 낫커니 ᄯᆞᆯ을 낫커니 낙태를 ᄒᆞ거니 누가 알 뱃댁이 잇너냐

샌님 심사도 말삼 안이올시다 돌아만 가시면 되실 것 ᄒᆞᆫ 가지가 쏙 잇슴니다

내가 죽으면 무엇이 된단 말이냐 학 탁고 단이ᄂᆞᆫ 신션이 되겟늬 비 쥬러 단이ᄂᆞᆫ 룡이 되겟늬 나는 신션도 실코 룡도 실코 그져 살아 생젼에 잘 먹고 잘 입고 호강이나 실컷 해보앗스면 됴켓다

아모렴 잘 잡숫고 잘 입으시고 팔자 됴케 호강ᄒᆞ실 것 되시지오

너 볼기 만이 맛겟다 그게 무엇이란 말이냐 그러면 나는 오날이라도 죽겟다

졔가 본래ᄂᆞᆫ 아모리 상놈이라도 것목[84]량반은 되여가ᄂᆞᆫ 터인대 초록은 일색이라고 동시 량반에 볼기를 ᄯᅢ려오

네가 량반될 운동은 ᄒᆞ나보다마는 아즉 망[85]에도 올으지 못힛슬 ᄲᅮᆫ외라 량반은 량반이 볼기 ᄯᅢ리지 못ᄒᆞᄂᆞᆫ 줄 아나냐

지금은 개화판이 되야 동지 팟죽 쉬듯 아죠 ᄶᅧ셔 드러안졋다마는 남촌 ○○○씨

---

78. 쌓아두었던 물건을 바람에 쬠.
79. 소의 정강이에 울퉁하게 나온 뼈 국물을 우려 먹듯.
80. 정삼품의 문신으로 임명한 오위장 두 사람을 일컬음.
81. 가자(加資): 정삼품 통정대부 이상의 품계.
82. 사명일(四名日): 사대 명일, 설 단오 추석 동지.
83. 세운(世運): 세상 운수, 평(平): 평안히. 세상운수가 편하게 되었군.
84. 겉모양.
85. 망(望): 원래 망에 들다, 망에 오르다는 삼망에 오르는 것을 뜻한다. 삼망이란 벼슬 추천에 오른 삼인을 가리킨다.

는 션비 때부터 북촌 당시 권문에를 단이면서 쥬인의 보비위를 ᄒᆞ노라고 별별 쳔루ᄒᆞᆫ 짓을 다ᄒᆞ다 못ᄒᆞ야 밧삭 말은 엉덩이를 싸고 업드려 젼반 볼기를 시시로 맛더니 그 덕에 벼살을 엇어 ᄒᆞ야 이품 재상까지 듸엿단다

량반은 볼기를 맛져도 운동 속으로 맛슴니다 그려 져의 갓흔 상놈이야 볼기를 맛지 말고 쪠여 내기로 소용 잇슴닛가 더구나 샌님에게 볼기를 맛즈면 한갓 내 살 압흘쌘더러 왼만치 ᄒᆞ던 행셰가 흔칭 더 써러질 터인데오

이애 내가 시럽슨 말이다 졈자는 너를 볼기 때릴 리가 잇나냐 그러나 네가 긔왕 이번에 셔울을 간다니 나와 셩 갓흔 사람 즁 근본은 개백뎡일지라도 지금판에 잘된 쟈를 듯보아 양부로 나를 뫼셔가게 쥬션 좀 ᄒᆞ여 주렴으나

걱졍 말읍시고 어셔 장에 나가시오 오래지 안이ᄒᆞ야 장 파ᄒᆞ겟슴니다

장 파ᄒᆞ면 계관 잇ᄂᆞᆫ야 내 일은 너만 밋고 장도 안이 보고 집으로 돌오 가겟다

그러면 산곽은 안이 사 가시렴닛가

산곽 못 사면 시랙이국은 엇덜 것 잇늬 미역국 안이라고 나아오던 아해가 돌오드러갈까

그러나 샌님게 엿쥬어 볼 말삼 한 가지가 잇슴니다

무슨 말이냐 나 아ᄂᆞᆫ 듸로ᄂᆞᆫ 일너쥬지

졔가 이번 장가에 아달을 졍말 낫케 되면 그 자식은 쏙 양자를 쥬어 량반을 만들고 말 터인데 글을 불가불 가라쳐야 되지 안이ᄒᆞ겟슴닛가

그래셔

그 자식 글을 가라치자면 샌님갓치 늙슈구레ᄒᆞᆫ 션생을 집에 안치고 가라칠가오 읍내에 잇ᄂᆞᆫ 학교로 보내여 가라칠가오

이 사람 학교에서 아해들 공부되ᄂᆞᆫ 줄 알앗나냐 공부ᄂᆞᆫ커녕 막건니[86]도 못되고 맛치 자식 버리기ᄂᆞᆫ 쪽 알만즈니라

왜요 셔울 갓다가 여러 사람에게 드르닛가 자식을 학교에 안이 보내면 졔 나라도 몰으고 졔 집도 몰으ᄂᆞᆫ 야만이 된다고들 ᄒᆞ던 거리오

이애 너 그 말을 쏙 곳이드럿더냐 졍신 좀 차려라 지금 개화판이 되야 인심이 어슈룩ᄒᆞᆫ 구셔이 업스닛가 엇어먹을 도리가 업셔 학교를 셜립ᄒᆞᄂᆞ니 교육을 확장ᄒᆞ

86. 막걸리.

나니 ᄒᆞ고 그 사품[87]에 월급푼니나 맛을 보랴고 그리ᄒᆞ는 것이지 아해들 공부가 더 되야셔 그리ᄒᆞ는 줄 안나냐

학교에셔는 공부가 무슨 곡절로 안이되나요

아해들이라는 것이 의례히 글읽기를 실여홈으로 션생이 마쥬 안져 자자이 알아듯도록 일너쥬고 시시로 강을 밧아 슌통ᄒᆞ는 아해는 장원례[88]를 ᄶᅩᆼᄶᅩᆼ 식여 긔운이 나게 ᄒᆞ고 불통ᄒᆞ는 아해는 ᄶᅩᆼ아리를 휙휙 갈겨 정신이 벉젹벉젹 나게 ᄒᆞ여도 작난 심ᄒᆞᆫ 놈은 틈틈이 ᄲᅡ져나아가는대 소위 학교라는 대는 칠팔십 명 슈백 명을 ᄒᆞᆫ 곳에다 몰아 넛코 교사 명색이 무엇이라고 ᄒᆞᆫ 마듸 ᄲᆡᆨ 질으면 장마 ᄯᆡ 맹ᄭᅩᆼ이 ᄯᅦ 모양으로 그 여러 놈이 ᄯᅥ드러 노으니 제가 무슨 정신으로 긔억을 ᄒᆞ겟나냐

그래도 그러치 안이ᄒᆞᆫ가 봅듸다 학당에셔는 글 ᄒᆞᆫ 가시맛게 너 못 배와노 학교에셔는 십여 가지나 배온다는 걸리오

그것이 안이될 리치지 어린 것의 정신이 ᄒᆞᆫ이 잇는대 ᄒᆞᆫ 가지식 ᄒᆞᆫ 가지식 차차 차차 가라쳐도 될지 말지 ᄒᆞᆫ데 십여 가지를 ᄒᆞᆫ거번에 가라쳐 노으니 말총으로 콩 역는 모양이지 ᄒᆞᆫ 가지나 부지ᄒᆞ겟늬 그즁에 시간을 뎡ᄒᆞ야 글은 굇볌[89]만치 가라치고 톄죠니 운동이니 공차기니 ᄒᆞ는 각색 작난거리를 일부러 식여노아 날마다 가루 ᄯᅱ고 셰루 ᄯᅱ기로 종사를 삼으니 그 자식 발농질이[90] 되기는 ᄯᅩᆨ 알맛고 여간 배은 것죠차 ᄯᅩᆼ구멍으로 다 샐 모양이지

그러면 샌님 생각에는 엇더케 ᄒᆞ여야 좃켓슴닛가

나다려 무를 것 무엇잇나 생각해 볼 일이지 내가 비유로 말 ᄒᆞᆫ 마듸를 ᄒᆞᆯ 것이니 드러보아라

무슨 비유란 말삼이오

너 용정[91] ᄒᆞ야 보앗지 가량 베를 ᄒᆞᆫ 개만 손톱으로 ᄭᅡᆺ스면 당장에 ᄡᅡᆯ이 될 것인대 ᄒᆞᆫ 절구에다 슈만 개를 몰아늣코 ᄶᅵᆺ는 ᄭᆞ닭에 ᄒᆞᆫ동안 팔이 늘어나도록 공이질을 해야 비로소 ᄡᅡᆯ이 되지 안이ᄒᆞ나냐 그와 갓치 자식 ᄒᆞᆫ 놈만 압헤다 안치고 손톱으

87. 어떤 계제의 겨를이나 기회.
88. 글방에서 글이나 글씨에 으뜸이 된 사람이 한턱을 내는 일.
89. 고양이 뼘만큼.
90. 발록구니. 하는 일 없이 공연히 게으르게 놀며 돌아다니는 녀석.
91. 용정(舂精): 곡식을 찧음.

로 베 ᄶᅡ듯 단독ᄒᆞ게 가라쳣스면 얼마 안이되야 공부가 잘될걸 학교에다 몰아너어 노코 그 모양으로 가라치니 졸연이 공부되겟ᄂᆞᆫ냐

글세요 어지간ᄒᆞᆫ 마삼이거뇨

어지간만 해 쏙 올은 말이지 두말 말고 너의 문ᄭᅡᆫ방에 흙질이나 새로 ᄒᆞ고 상업지 안이ᄒᆞ고[92] 글 잘ᄒᆞᄂᆞᆫ 량반 ᄒᆞᆫ 분을 뫼셔다가 독션생으로 네 아달을 가라쳐라

엇던 량반이 잘 가라칠만 ᄒᆞᆷ닛가 쳔거 ᄒᆞᆫ 분 ᄒᆞ십시오 그랴

ᄶᅩᆺ키ᄂᆞᆫ 더 구ᄒᆞᆯ 것 업시 내가 ᄶᅩᆺ타마는 네 마암에ᄂᆞᆫ 엇더ᄒᆞᆯᄂᆞᆫ지

샌님도 싹도 ᄒᆞ셔라 샌님은 공명ᄒᆞ러 상놈 아달에게 양부를 가시랴면셔 졔 집에와 학구질[93] ᄒᆞ시람닛가

압다 이 사람아 양부 되야 갈 졔 가더래도 아쥬 가기 전에야 못할 것 잇늬

샌님이 가라치면 일동일졍을 샌님을 달물 터이지오

아모렴 범연ᄒᆞ겟나냐 나 아ᄂᆞᆫ 대로ᄂᆞᆫ 다 가라쳐 쥬지

그러면 제 집에도 샌님 ᄒᆞᆫ 분이 생기겟습니다

어이 이애 그게 무슨 소리란 말이냐 잣칫ᄒᆞ면 량반 욕ᄒᆞ겟다

욕이 안이라 샌님게셔 학문이 고명ᄒᆞ시고 범졀이 츌즁ᄒᆞ셔셔 경향[94]간 명례가 자자ᄒᆞ면 이ᄣᅢᄭᅡ지 뎌 모양으로 샌님으로 계셔셔 상놈의 양부 갈 경륜을 ᄒᆞ시겟습닛가 져의 갓흔 상놈의 집에셔 량반이 되랴면 샌님 몃 갑졀 되게 가라쳐도 샌님 분슈가 될지 말지 ᄒᆞᆫ듸 샌님이 가라쳐 내시면 무슨 ᄭᅩᆯ이 되겟습닛가

어이 량반이 욕 보앗군 네가 자식을 당장 가려쳐 달나기로 괄시ᄒᆞᆯ 슈 업셔 네 말좀 드러보자고 스럽신 소리지 볼 일 밧분 터에 네 집에 학구질 가겟나냐

글세요 샌님이 션생질을 ᄒᆞ러 오신대도 아즉은 뫼셔 갈 슈도 업습니다 한 십 년후에 다시 공론ᄒᆞ십시다

엇지해 십 년 후란 말이냐 글을 안이 가라치면 몰오거니와 이왕 가라칠 터이면 이 밥분 ᄶᅢ에 쳔연[95] 세월을 ᄒᆞᆫ단 말이냐

샌님 구구하실 줄 알으심닛가 만일 알으시거던 회계 좀 해보십시오 올에 졔가 장

92. 상리(常理)에 어긋나지 않는.
93. 글방 선생질.
94. 경향(京鄕): 서울과 시골.
95. 천연(遷延): 시일을 미루어 감. 지체함.

가를 들면 래년쯤 태긔가 잇서 후년이면 슌산을 ᄒᆞ고 후후년이면 쳣돌이 되고 셔나 살 잡아들면 말ᄒᆞ기를 시작ᄒᆞ야 대여셧 살이면 졔법 짓거릴 것이오 그 후 이삼년은 더 지내야 입학을 안이 식이겟슴닛가 그동안이 도합 몃 해가 되겟슴닛가

그만 구구를 못해셔 한동안 신고를 ᄒᆞ나냐 셰네 살이면 합ᄒᆞ야 일곱 살이 될 것이오 ᄃᆡ여셧 살이면 합ᄒᆞ야 열한 살이 분명ᄒᆞ고 두셰 살이면 합ᄒᆞ야 다섯 살이 될 것이니 도합이 스물세 살이니 그ᄯᅢ는 내 나히 한갑 된 사람을 시생[96]으로 ᄃᆡ우홀 만 ᄒᆞ겟스니 귀 어둡고 눈 어둔데 무슨 근력에 학구질 단이겟나냐

샌님 셰음 치시는 것 뵈오닛가 산슐을 만이 베오셧슴니다 달은 학문도 그만치나 배오셧슴닛가

달은 학문은 산슐만은 못홀 뜻ᄒᆞ지마는 통감 초권ᄭᅡ지는 책 덥허노코도 가라칠 만 ᄒᆞ지

졔 길이 밧바 더 말삼 못ᄒᆞ겟슴니다 샌님도 어셔 장보러 가십시오 져는 감니다

네가 총총치 아니ᄒᆞ얏드면 나는 장은 못 보드래도 자미잇는 이약이나 얼마쯤 더 해볼걸 이애 셥셥ᄒᆞ고나 말고 잇다가 줌어니에 돈 흔푼 업지 너 로자돈이 넉넉ᄒᆞ거던 슐이나 한잔 갓치 먹자

로자돈을 가지고 길을 단이랴다는 생젼 나셔 보지 못ᄒᆞ게 져는 일 년에 몃 번식 셔울 단이노라고 과객질 졸업을 힛슴니다 샌님게셔는 장으로 흥셩ᄒᆞ러 가시는 길이닛가 돈을 좀 가지셧겟슴니다 그 돈으로 쥬채[97]나 ᄒᆞ시고 흥셩은 외상으로 엇어 가십시오 그랴

언졔는 내가 돈 가지고 흥셩 단이는 쥴 알앗던냐 평생 외상 흥셩으로 이만치 지내는 터인대

져는 써남니다

나도 간다

안녕히 행차합시오

오냐 잘 가거라 아차 이애

네 무엇을 잇즈셧슴닛가 아달 부대[98] 나라는 당부ᄒᆞ시람닛가

96. 시생(侍生): 웃어른에게 대한 자기의 겸칭.
97. 주채(酒債): 술빚.
98. 부디.

너 아달 낫는 게 내게 무엇이 그리 긴해셔 그리겟나냐 일 당부ᄒᆞ랴고 그리힛다 이애 부대 응 ᄒᆞᆫ 곳 듯보아라

듯보다ᄲᅮᆫ이오닛가 아해놈들이나 ᄒᆞᆫᄒᆞᆫ 이십 명 모아 노코 식은 밥 잘 먹는 몽학션생[99] 구ᄒᆞ는 대가 잇거던 밤도아[100] 긔별ᄒᆞ야 드리지오

안니다 문동답셔를 ᄒᆞ는구나 세력 됴코 응

네 세력 됴쿠요

ᄯᅩ 재산 만은데 응

네 재산 만은데요

량반만 못되야셔 량반아비 구ᄒᆞ야 가랴는 자가 잇거던 응

샌님은 말삼 몃 마듸에 응 소리 ᄲᅢ노으면 업겟슴니다

이애 응 소리 속에 별별 ᄯᅳᆺ이 다 잇나니라

그러면 응이라는 응자가 무슨 비결이오닛가 만일 비결이거던 홈부로 쓰지 말고 쏙쏙 봉해 가지고 셔울을 가십시다 생슈가 더럭 날 것이니

생슈만 날 것 갓흐면 내 속에 정감록 ᄒᆞᆫ 권이 다 드러잇스니 방법만 일어다고 셔울을 가다ᄲᅮᆫ이냐

샌님은 동시 량반에 량반의 사젹을 그다지 몰오심닛가 재동 ○○○대관은 당초에 동대문 안에셔 과목장이[101] 노릇을 해먹고 지내다가 비결 ᄒᆞᆫ 구절 잘 풀고셔 공명도 ᄒᆞ고 부쟈도 되고 오날날 대신ᄭᅡ지 안이ᄒᆞ얏슴닛가 샌님도 비결만 묘ᄒᆞ게 풀으실 터이면 족ᄒᆞ 쌀의 덕도 발아지 말고 양부 갈 생각도 말고 져 모양으로 잣기 나셔 양자 줄 경륜도 말고 셔울만 가십시다

오냐 그럴 터이면 가기는 가보자만은 이왕 쳔재일시로 ᄒᆞᆫ 번이나 되엿지 번번이 되기를 밋을 슈 잇겟늬

비결만 영절시럽고 신통시럽게 ᄉᆞᆷ이기만 ᄒᆞ실 슈 잇거던 ○○○대감 모양으로 이리고 뎌리고 해보십시다 그려

이애 이 동안 셔울 소문을 드르닛가 젼후 잡슐객이 장마물에 소 비 몰녀 나아가

99. 몽학선생(蒙學先生): 어린아이나 가르칠 만한 선생.

100. 밤을 새워서.

101. 과목(科目)장이: 과거장이.

듯 소리를 삿헤다 씨고 쥐구멍을 모다 찻는 모양인대 공연히 셧부루게 어루대다가[102] 상말로 썩도 썩갓치 못해 먹고 가마만 깨트리기로 엇의가 죽는지도 모을고 죽게

겁이 더리 만코 무슨 경륜을 ᄒᆞ시랍시오 곤닭의 알 지고 셩 밋헤는 못가시겟숨니다 그 만일을 더리 겁을 내여셔는 안동 ○○○대감 모양으로 사쥬젼[103]은 좀 못ᄒᆞ겟네

이애 그게 무슨 소리냐 그 대감이 요사이 방장 사쥬젼을 ᄒᆞᆫ단 말이냐 그럴 말이면 나도 가셔 ᄒᆞᆫ 다리 쌧어 보겟다

그런 귀는 샌님도 어지간ᄒᆞ게 밝슴니다 그 대감이 당오젼[104] 새로 낫슬 째에 동문안 ○○○를 식여 푸지게 ᄒᆞᆫ 번 잘ᄒᆞ고 닷을 쓱 감고 시침이를 쑥 씌엿담니다 그 일을 누가 별로 알기나 힛스며 비스듬이 알앗기로 지금이야 흔젹 업는 일을 무엇이라 ᄒᆞᆯ 사람 잇슴닛가

그 일을 ᄒᆞ자면 밋쳣이 얼마나 들겟늬 나도 그 경륜을 해볼가 보다 네 벳속에는 생슈날 계교가 그들먹ᄒᆞ고나

밋쳔 얼마 안이 들지오 긔계나 두어 채 ᄒᆞᆫ 이만여 금식 쥬고 사고 동 잇기로 등물이나 젼만엇치 작만ᄒᆞ야 댁 울 뒤 갓흔 동산 밋헤 움이나 깁숙히 뭇고 슉슈장이 다식 박듯[105] 숙숙 쉬지 말고 ᄒᆞᆫ 달포 박아 냇스면 ○○○대감 불지 안이ᄒᆞ게 썽썽거리고 지내보시리다

이애 그럿치마는 나는 겁나셔 그 일 못ᄒᆞ겟다 루동 ○○○량반은 쌍을 팔아 가지고 그 일을 ᄒᆞ다가 시작ᄒᆞᆫ 지 몃쳘이 못되야 별슌검[106]에게 들키여셔 드러판을 ᄒᆞ얏스니 그는 세력이 어지간ᄒᆞᆫ닛가 패가만 ᄒᆞ고 자긔는 아모 일 업셧지마는 나 갓흔 무셰축이야 그 디경만 되면 논 마직이 밧 날갈이가 다 날아갈 것이오 쳥바지 져고리를 면해 볼 장비의 아달[107]이 잇겟나냐

샌님 된 슈 ᄒᆞᆫ 가지가 잇습니다

102. 꾀다. 속이다.
103. 사주전(私鑄錢): 사사로이 쇠붙이 돈을 위조함.
104. 1883년 고종 20년에 만들어진 것으로 당오(當五)라고도 하며, 다섯 푼이 엽전 백 푼과 맞섰음.
105. 손에 익은 사람이 다식판에 다식을 박아내듯.
106. 구한말 경무청이나 경위원의 제복을 입지 않고 비밀 정탐에 종사하던 순검.
107. 죄수복을 면해볼 세력.

거이 무슨 슈가 쏙 된 것이 잇겟나냐

두말 말으시고 이번에 셔울로 가셔셔 동셔남북촌 사면 슈소문ᄒᆞ야 그중 령ᄒᆞ고 쇠소리 나는 무녀를 차져가 보시고 슈양아달을 뎡ᄒᆞ십시오

슈양아달이라니 내 나이 오시 당년인데 슈양어머니벌이 되랴면 륙십이나 칠십이나 된 무녀라야 될 터이니 무녀라는 것은 졀머야 명[108]ᄶᅡ가 높지 늙은 것이 소용잇다더냐 슈양 모자를 뎡힛다가 공연히 량반이 욕만 보지 소용이 잇겟늬

년긔가 틀니거던 슈양 남매는 못 뎡ᄒᆞ심닛가

이애 모자고 남매고 죠손이고 다 관계ᄒᆞᆯ 건 업시 슈양을 뎡ᄒᆞ면 무슨 슈가 나겟늬 누가 시험ᄒᆞᆫ 사람이 더러 잇더냐

잇다쁜이오닛가 샌님은 움 속에서 계셧슴닛가 셰상 소문을 그다지 못 드르셧게 자줄구러ᄒᆞ게 슈난 것들은 고만두고 그즁 굴직굴직ᄒᆞᆨ게 슈난 것들만 대강 말삼ᄒᆞᆯ 것이니 드러보십시오

오냐 드러보자 리약이만 해라

북촌 ○판셔 ○참판 ○승지 ○관찰이 무엇으로 그러케 되엿슴닛가 북묘에서 ᄒᆞᆫ텬동디[109]ᄒᆞ던 진령군의 아달 오래비 손자 노릇을 ᄒᆞ고 그 모양으로 슈가 낫고 ○대신 ○협판 ○국장 ○군슈는 무엇으로 그러케 되엿슴닛가 삼쳔동 유소문ᄒᆞᆫ 슈련의 아달 오라비 손자 노릇을 ᄒᆞ고 그 모양으로 슈가 낫스니 샌님게셔도 그 ᄯᅡ위 하나를 차자보시고 아달이 되던지 오라비가 되던지 손자가 되던지 창피ᄒᆞᆫ 것 생각 말고 눈 ᄒᆞᆫ번 슴쩍ᄒᆞ십시오그려

이애 큰일 날 훈슐도 ᄒᆞᆫ다 너 대ᄒᆞᆫ민보라 ᄒᆞ는 신문 못보앗늬

웨요 대ᄒᆞᆫ민보에 무슨 말이 잇기에 그리ᄒᆞ심닛가

신문이라 ᄒᆞ는 것은 사면 뎡탐을 느러노아 션악간 남의 말을 일슈 잘 내는 것이라더라마는 압다 대한민보 무셥더라 ᄶᅡ댁 ᄒᆞᆫ번만 잘못ᄒᆞ면 일호 사졍업시 사뭇 두들기는 통에 근일에 소위 대관 즁에 아쳠ᄒᆞ고 탐오ᄒᆞᆫ 갓들이 모죠리 박살 안이 당ᄒᆞᆫ 쟈가 업다는대 잣칫 잘못ᄒᆞ다가 나도 그 공명ᄒᆞ게

『대한민보』(1909. 10. 14-1909. 11. 23)

---

108. 명(名).

109. 흔천동지(掀天動地): 천지를 뒤흔들 만하게 큰 소리가 난다는 뜻으로, 세력이 떨침을 일컫는 말.

인력거군 수작

교동 병문[1] 좌편짝에 인력거군 삼삼오오 작대ᄒᆞ여 짓걸이ᄂᆞᆫ 수작[2] 가관일세 한 삭직 ᄒᆞᄂᆞᆫ 말이 오날 아참ᄋᆡᄂᆞᆫ 먹을 것 업서서 녀편네 속솟곳[3] 전당 잡히고 팟죽 두 그릇 사다가 조반으로 에워먹고 나왓던나 돈두 요ᄉᆡ에ᄂᆞᆫ 엇지도 밧삭 말ᄂᆞ는지 량반인지 두돈 오 푼 여슷무진지한 사람들도 인력거야 ᄒᆞᄂᆞᆫ 소ᄅᆡ 젼혀 업데 ᄒᆞ 오날 져역은 무엇 먹고 살잔 말인가 위선 녀편네 보긔 붓그러워 들어갈 수도 업고 들러간들 무엇이라고 말ᄒᆞᄂᆞ ᄯᅩ한 인력거군 ᄒᆞᄂᆞᆫ 말이 나는 어제 교동 병문에서 ᄉᆡ문밧ᄭᅡ지 가시는 량반을 태이고 오십 젼을 작뎡ᄒᆞ여 밧고 오난 길에 종로향랑 뒷골노 지나노ᄅᆞ니 약주ᄂᆡ 님ᄉᆡᄂᆞᆫ 코를 씨으고 속에서 회ᄂᆞᆫ 동ᄒᆞ여 목젓이 질알질ᄒᆞ데 다못 주먼이 속에 잇ᄂᆞᆫ 시ᄌᆡ[4]ᄂᆞᆫ 오십 젼ᄲᅮᆫ이라 게오 젼역 ᄡᆞᆯ 가암이나 되거나 말거나 ᄒᆞᆯ 것을 술 한잔 사먹으면 젼역밥은 랑ᄑᆡ될 터이나 참시 방앗간으로 거져 지날 수 잇ᄂᆞ ᄇᆡᆨ통 두 푼을 ᄲᆡᆯᄯᅳᆫ ᄂᆡ여쥐고 술집에 들어가서 한잔 ᄂᆡ구 ᄂᆡ라ᄒᆞ야 두어 번 훌덕ᄒᆞ더니 ᄇᆡᆨ동 두 푼이 간곳업고 석략은 둑겁이 팔이 한 마리 잡아먹은 것 한가지데 ᄯᅩ 주먼이를 다시 풀고 한 잔 더 먹고 그만두랴고 ᄒᆞ얏더니 ᄯᅩ 한 잔 더 먹고 입이 간즐어워셔 ᄯᅩ 한 잔 먹고 ᄯᅩ 한 잔 먹고 나니 춥든 몸은 좀 녹앗스나 주먼이ᄂᆞᆫ 어언간[5] 겁분ᄒᆞ엿데 시ᄌᆡᄂᆞᆫ 엇더케 되든지 돈 앗가온 ᄉᆡᆼ각 업서지기 짝 알맛게 되

1. 병문(屛門): 골목 어귀의 길가.
2. 수작(酬酌): 서로 말을 주고받음. 또는 그 말.
3. 속속곳: 예전에 여자들이 입던 아랫도리 속옷 가운데 맨 속에 입는 것. 다리통이 넓은 바지 모양이다.
4. 시재(時在): 당장에 가지고 있는 돈이나 곡식.
5. 어언간(於焉間): 알지 못하는 동안에 어느덧. ≒어언(於焉) 어언지간.

야 여보 술집 ᄯᅳᆯ으로 ᄯᅳᆯ으오 먹고 먹고 나서셔 회게[6]를 보니깐 오십 젼 다 털고도 오히려 ᄇᆡᆨ통 서 푼이 외상이데 글려 그시ᄂᆞᆫ 얼근ᄒᆞᆫ 김에 쾌락히 집에 도라가 ᄃᆡ문에 들어서면서 여보 마누라 젼역밥 엇지 되얏나 그 마누라 얼굴빗치 추풍 마즌 ᄇᆡᆨ입사귀 곳ᄒᆞ야 ᄃᆡ답ᄒᆞ는 말이 여보 ᄯᅩ 한잔 잡숫시구려 전역인지 밤참인지 시량에 비ᄒᆞ여 두엇습ᄯᅳᆫ이ᄭᅡ 들어오시면 돈푼 ᄉᆡᆼ길 줄 알고 가마 가신 후 어둡도록 고ᄃᆡᄒᆞ엿든이 등살이 부러지도록 ᄋᆡ쓰고 돈푼 벌면 집에서야 먹든지 굼던지 ᄉᆡᆼ각ᄒᆞ나 술집만 갓다 ᄉᆡ알 밧치듯 ᄒᆞ지 참 남편이라고 밋고 살만 ᄒᆞ오 허허 그 말 드르니 귓구멍이 ᄊᆞᆨ 막혀서 할 말 업데 아참 젼역 불 못 엿는 놈에 방 차기는 바루 사명당이 낫참ᄒᆞᆯ 만ᄒᆞ데[7] 그러나 한잔 얼근ᄒᆞᆫ 김이니 나ᄂᆞᆫ 과히 추은 줄 모르고 윗목 구석에 들어누으니 잠이 별악곳치 오데 ᄒᆞᆫ잠 터지게 자고 ᄭᆡ니 마누라란 ᄉᆞᄅᆞᆷ은 그ᄯᆡᄭᅡ지 아릿목에 안자 손에 턱을 밧치고 등불 안고 한심짓ᄂᆞᆫ ᄭᅩᆯ이 참 ᄉᆞᄅᆞᆷ은 못 볼 일이데 ᄯᅩᄒᆞᆫ 인력거군 ᄒᆞᄂᆞᆫ 말이 자네ᄂᆞᆫ 마누라나 잇스니 먹으나 주굴나 서로 세나 곳치 ᄉᆞᆯ아도 자미잇ᄂᆞᆫ 일 더러 잇겟네 나ᄂᆞᆫ 시골서 처음 서울 구경ᄎᆞ 올나왓더니 도라갈 노쟈ᄂᆞ 엇으랴고 인력거 한아 삭으로 엇더가지고 운수 잘 맛ᄂᆞᄂᆞᆫ 날이면 한 량반 맛나 ᄐᆡ이고 엇던 날이면 병문에서 낫잠이나 자던이만 어제 엇더ᄒᆞᆫ 손이 발우 ᄉᆡᆫ님 곳치 찰이고 건가ᄅᆡ침을 곤두세우면서 인력거야 ᄒᆞ기에 자든 눈을 번적 ᄯᅳ고 마자 ᄐᆡ이고 동부 련동 등지에ᄭᅡ지 갓던이 그 손이 집으로 들어가서ᄂᆞᆫ 일 시간이 남도록 소식도 업더니 그 마누라로 ᄒᆞ야곰 주제넘게 장옷 씨워서 밥발이 젼당 잡히려가는 모양이데 ᄒᆞᆫᄎᆞᆷ 잇다가 그 마누라가 드러오드니 인력거 삭이라고 ᄇᆡᆨ통 두 푼을 게오 주데 헐처 밧아도 이십 젼가량은 밧을 터인ᄃᆡ ᄇᆡᆨ통 두 푼 가지고 그 ᄂᆡ외간에 제발 젹선ᄒᆞ라고 사정ᄒᆞ니 나도 ᄯᅩᄒᆞᆫ 사람이라 그 마누라 인정이 불상ᄒᆞ여 그냥 밧아가지고 돌아왓네 허리 부러진 놈들은 서울에만 뫼여 잇데 밥발이 잡힐 형세에 허기지고 ᄯᅩᆼᄊᆞᆯ 놈의 인력거ᄂᆞᆫ 무슨 인력거야 별에별 놈들 다 보ᄀᆡᆺ데 사람이 운수가 사나오니 잡바저도 코 이상할 일이야

『서북학회월보』(18호, 1909. 12)

6. 회계(會計): 나가고 들어오는 돈을 따져서 셈을 함.

7. 사명당이 월참하겠다: 추위에 잘 견디던 사명당조차 쉬어가지 않고 지나쳐버릴 것이라는 뜻으로, 방이 몹시 추움을 비유적으로 이르는 말.

갑을문답(甲乙問答)

耳長子

(甲) 요ᄉᆡ 교육 교육 ᄒᆞ니 교육을 그러키 식혀서는 나라이 노리혀 망하깃네.

(乙) 그러면 웃더키 교육 식혀야 나라이 흥ᄒᆞ깃나?

(甲) 나는 이러키 말ᄒᆞ면 세상 사ᄅᆞᆷ들이 완고니 무엇이니 ᄒᆞ데마는 기화ᄒᆞᆫ ᄉᆞᄅᆞᆷ덜 별 수 업데 공연히 청연[1]을 교육 식히느니 엇지느니 ᄒᆞ더니만 어린 아ᄒᆡ 놈덜 죄[2] 발엣데.[3]

(乙) 엇지 발엣던 말인가 학문을 ᄇᆡ인즉 발엣다구 ᄒᆞ나?

(甲) 머 사ᄅᆞᆷ 학문이라는 것을 ᄇᆡ이면 힝실도 겸손ᄒᆞ고 심술도 방정ᄒᆞᆫ 것 아닌가? 요ᄉᆡ 학교 졸업ᄒᆡᆺ다는 아ᄒᆡ 놈들은 자유니 무업 말나죽은 것이니 ᄒᆞ면서 얼운[4] 보면 경ᄃᆡ[5]ᄒᆞᆯ 줄 아나 동포 ᄃᆡᄒᆞ야 사랑ᄒᆞᆯ 줄 아나 얼운 보면 고ᄀᆡ나 ᄊᆞᆷ덕걸이는 것이 상례인 줄 알고 同胞 보면 완고[6]니 야만이니 일언 소ᄅᆡ나 짓걸엿지 무ᄉᆞᆷ 國家에 對ᄒᆞᆫ 利益은 업고 이전에 선량ᄒᆞᆫ 례속ᄭᆞ지 죄 업ᄉᆡ부릴 ᄲᅮᆫ이데.

(乙) 어ᄃᆡ서 그러한 學生만 보앗든 기로세. 반ᄃᆡᄒᆞ랴는 사ᄅᆞᆷ의 눈에는 그러ᄒᆞᆫ 것만 보이너니 수다ᄒᆞᆫ 學生 中에 혹 그런 사ᄅᆞᆷ도 잇고 저런 사ᄅᆞᆷ도 잇는 것이지 一二 學生의 缺点으로 전국 교육게ᄅᆞᆯ 비평ᄒᆞ니 자네 말도 싹ᄒᆞᆫ 말이로세.

(甲) 그ᄅᆡ 그럿치 아니ᄒᆞᆫ 학문은 구학문 ᄇᆡ인 사ᄅᆞᆷ보다 별일 잇나. ᄂᆡ 보기는 교육

---

1. 청년.
2. 죄다. 모조리.
3. 버리다. 쓰지 못하게 만들다.
4. 어른.
5. 경대(敬待): 공경하여 대접함.
6. 완고(頑固): 융통성이 없이 올곧고 고집이 셈.

흔다는 지 근 십 년이라도 나라이 漸漸 망흔다는 말만 잇지 점점 흥흔다는 말 듯지 못ᄒᆞ엿네. 그 신학문이라 ᄒᆞ는 것이 소위 무엇 말나죽은 것인가?

(乙) 이 사름 참 완固로세. 신학문 안 빅이고 오놀랄 나라은 나라질ᄒᆞ며 인민은 싱활흘 수 잇나? 그런 소릐 ᄒᆞ지 말게.

(甲) 新학문에 무슴 뜻이 잇는지는 모르지마는 별 듯지 안든 소릐는 만이 외우데. 무슴 츄상젹이니 구체젹이니 文明젹이니 필요니 난장이니 新學問속에는 전혀 그 ᄶᅡ웨 말만 잇나?

(乙) 이 사름 그것은 릴본[7] 사름들이 서양 서젹을 번역흔 ᄶᅡ둙에 우리나라 문자과는 좀 달지마는 뜻은 한가지니, 자닉 보는 것과 갓치 요식 汽船 汽車를 제조ᄒᆞ는 학문이 구학문에 잇나? 그ᄲᅮᆫ인가, 各種機械로 오놀랄 편리ᄒᆞ게 인민 싱활을 보조ᄒᆞ는 법이 다 신학문에 잇는 것이 아닌가? 그러흔 고로 신학문을 빅와야 흔다고 ᄒᆞ는 것이로세.

(甲) 아- 이 ᄉᆞ룸, 그런 말 말게. 우리 이웃에 김동지의 아들과 리僉知의 손자는 소학교 삼년싱이라나 ᄒᆞ는딕 汽船 汽車는 차치 물론ᄒᆞ고 당석양[8] 한앗토[9] 못 망글데. 말 갓하여서야 세상에 못흘 일 어딕 잇나?

(乙) 자닉 말은 과연 天痴로 나오는 말이로세. 教육이라는 것이 차제[10] 등급이 잇는 것이지 어디 한 거롬에 천리 만리를 ᄯᅱ는 법 잇나? 소학校 삼연싱이 웃지 製造品을 착수ᄒᆞ여?

(甲) 그러면 소학校라는 것은 무엇ᄒᆞ랴고 셰우고 아희들을 모라 듸이나.[11]

(乙) 소학校라는 것은 단히[12] 국민 의무를 갈으키는 곳ᄲᅮᆫ이오. 중학校라는 것은 각종 학술의 딕기를 갈으키는 곳이오. 기차[13]에 전문학교에 드러가서 各種 긔게 사용 제造 등을 빅히는 것인딕, 칙ᄒᆞ는 것은 진소위[14] 알을 가지고 울나고 ᄒᆞ는 모양흔 가지로세.

---

7. 일본.
8. 당성냥: 성냥.
9. 하나도.
10. 차제(次第): 차례(次例).
11. 뭐하려고 들이나?
12. 단지.
13. 기차(其次): 그 다음.
14. 진 소위(眞所謂): 정말 그야말로.

(甲) 그러면 즉금은 敎육ᄒᆞᄂᆞᆫ 숭니[15] 니ᄂᆞᆫ 모양이로셰. 전국에 완전한 중학校도 상게[16] 업다니 언제 전문학校가 일어나서 남의 나라와 갓치 부강ᄒᆞ여 보깃나?

(乙) 國民 일동이 지식을 보통으로 ᄡᅵ면 잠깐이라네. 공연히 반ᄃᆡ들만 ᄒᆞ고 敎육에 힘 안 쓰ᄂᆞᆫ ᄶᅡ돍에 상금 소학校나 어ᄃᆡ 완전히 유지ᄒᆞᆯ 小學校가 잇나? 원ᄅᆡ 소學校나 중學校나 전문學校나 설립 유지ᄒᆞᆯ 수 잇나뇨 어서 밥비 정신 좀 ᄡᅵ여주게.

(甲) 나도 엿ᄯᅥ 모르고 교육을 반ᄃᆡᄒᆞ엿드니마ᄂᆞᆫ 자ᄂᆡ 말 드르니 글얼듯ᄒᆞᆫ 일이로셰. 나ᄂᆞᆫ 지금 이후로 교육에 종사ᄒᆞ려니와 자ᄂᆡ 여러 동포ᄒᆞᆫ데 그 ᄯᅳᆺ으로 잘 권고ᄒᆞ여 일쳬로 힘써보세.

『서북학회월보』(19호, 1910. 1)

---

15. 흉내의 방언.
16. 아직의 방언.

금수재판(禽獸裁判)

틔고쩍 슌박하던 풍속이 졈졈 인류의 복잡ᄒᆞᆷ을 ᄯᅡ라 시비와 경쟁이 날로 이러나니 만일 상당한 법률로 졔재[1]치 안이ᄒᆞ면 젹은 쟈의 피를 큰 쟈가 마시고 약ᄒᆞᆫ 쟈의 고기를 강ᄒᆞᆫ 쟈가 먹기를 말지 안이하야 필경은 ᄉᆡᆼ물로 ᄒᆞ야곰 ᄒᆞᆫ낫도 남아 부지하지 못하고 말지라 이에 동셔양 셩인들이 이를 근심ᄒᆞ사 풍속 습관에 젹당하도록 법률을 창죠하야 안으로 도덕의 근기(道德根基)를 찬셩ᄒᆞ고 밧그로 음사ᄒᆞᆫ 죄악(淫邪罪惡)을 징치[2]ᄒᆞ나 슬푸다 텬리(天理)[3]ᄂᆞᆫ 맑은 거울 갓하야 틔ᄭᅳᆯ 안ᄭᅵ가 용이ᄒᆞ고 사욕(私慾)은 창일ᄒᆞᆫ 물 갓ᄒᆞ야 모래로 막기 극난하니 이럼으로 사긔(邪欺) 절도(窃盜) 창탈(搶奪)[4] 등 백쳔 가지 죄범이 날과 시로 더욱 만아지니 텬ᄒᆞ 만국 형사재판소에 원고 피고가 닷토아 모여들더라 이ᄂᆞᆫ 인류의 사젹이라 셰계 만국 력사가 자재하니 졀은 지면에 장황히 말ᄒᆞᆯ 필요가 업거니와 무론 엇더ᄒᆞᆫ 동물이던지 ᄉᆡᆼ명을 위ᄒᆞᄂᆞᆫ 욕심은 일반이라 욕심이라 ᄒᆞᄂᆞᆫ 것은 남의 것을 취ᄒᆞ야 내게 리롭도록 ᄒᆞᄂᆞᆫ 마암이니 그 마암은 ᄲᅢ아스랴ᄂᆞᆫ 쟈나 안이 ᄲᅢ앗기랴ᄂᆞᆫ 쟈나 피차에 달음이 업슴으로 부리가 리로온 쟈ᄂᆞᆫ ᄶᅩᄇᆞ고 발톱이 날카로온 쟈ᄂᆞᆫ ᄒᆞᆯ퀴고 ᄲᅳᆯ 잇ᄂᆞᆫ 쟈ᄂᆞᆫ 밧고 니 잇ᄂᆞᆫ 쟈ᄂᆞᆫ 물고 굽 잇ᄂᆞᆫ 쟈ᄂᆞᆫ 챠셔 각색으로 졔 ᄉᆡᆼ명 보호ᄒᆞᄂᆞᆫ 긔계가 잇스나 대소와 강약의 텬질[5]이야 엇지 사력[6]으로 변동ᄒᆞᆯ 슈 잇스리오(1910. 6. 5)

---

1. 제재(制裁): 일정한 규칙이나 관습의 위반에 대하여 제한하거나 금지함.
2. 징치(懲治): 징계하여 다스림.
3. 천리(天理): 천지 자연의 이치. 또는 하늘의 바른 도리.
4. 창탈(搶奪): =약탈(掠奪).
5. 천질(天質): 타고난 성질.
6. 사력(私力): 개인의 사사로운 힘.

이ᄯᅢᄂᆞᆫ 만화방창[7]ᄒᆞᆫ 삼춘가졀[8]이라 날버러지 길즘싱이 일년일도[9] ᄯᅢ를 만ᄂᆞ 졔 분슈것 이ᄯᅢ 안이 놀면 언졔 다시 놀아보리 ᄒᆞ고 각기 여디업시 즐기ᄂᆞᆫ대 즐거운 ᄭᅳᆺ에ᄂᆞᆫ 근심이 의례 ᄯᅡ라단이ᄂᆞᆫ 법이라 예셔 졔셔 풍파가 ᄒᆞᆫ량업시[10] 나ᄂᆞᆫ대 새는 죄업시 슈리[11]에게 채ᄉᆞᄂᆞ니 토기ᄂᆞᆫ 불상히 ᄀᆡ에게 물녓나니 여호ᄂᆞᆫ 호랑이 위엄을 가장ᄒᆞ엿나니 사심은 말이다가 욕을 먹엇나니 그르니 올으니 상쾌하니 억울하니 분경[12]이 졈졈 심ᄒᆞ야 셔로 시긔ᄒᆞ고 셔로 잡아먹어 장차 금슈계(禽獸界)에 혈유(孑遺)[13]가 업셔질 디경이라 이에 길즘생 즁 산 버러지도 밥지 안이ᄒᆞᄂᆞᆫ 긔린(麒麟)과 날즘싱 즁 치란[14]을 ᄇᆞᆰ히히 아ᄂᆞᆫ(明治亂) 봉(鳳)이 발긔ᄒᆞ야 금슈총회를 열새 변사 앵무(鸚鵡)를 사면 각쳐로 보내여 시셰의 말지 못함과 리해의 필요ᄒᆞᆫ 리유를 셰셰히 진술케 ᄒᆞ야 모다 긔어히 츌셕ᄒᆞ도록 하얏더라.

림시회장으로 추쳔된 긔린이 총회 열ᄂᆞᆫ 취지를 대강 셜명ᄒᆞᆫ 후 의견을 일장 부연ᄒᆞ되 "죽기를 슬여하고 살기를 됴화ᄒᆞᆷ은 동물의 상졍이라 아모죠록 죽지 안이하고 살기를 도모하자면 우리 동물 즁에 가장 신령ᄒᆞᆫ 사ᄅᆞᆷ의 모범을 취ᄒᆞ여야 가타 ᄒᆞᆯ지니 여러분 내 말삼을 명심ᄒᆞ야 드러보시오 옛날 뎨요도당씨(帝堯陶唐氏)라 ᄒᆞᄂᆞᆫ 인군은 인류 즁 뎨일 셩군이 안이시오 그런ᄃᆡ 인죵의 졈졈 번셩함을 보시고 분경이 잇슴을 미리 근심하사(6. 8)

법률을 마련하시고 고요[15]로 법관을 삼으사 상벌을 밝히 ᄒᆞ심으로 텬하가 크게 다사려 림림총총(林林葱葱)[16]ᄒᆞᆫ 인민이 지금ᄭᅡ지 그 덕을 힘입으니 그 아니 자륵하오 우리 금슈계에도 그 법을 모방ᄒᆞ야 좌우 재판소를 셜치ᄒᆞ고 공졍ᄒᆞᆫ 관리를 츄쳔ᄒᆞ야 일톄 소송을 위임 판결케 ᄒᆞ야 셔로 업슈히 녁이고 셔로 잡아먹ᄂᆞᆫ 폐단이 업

7. 만화방창(萬化方暢): 따뜻한 봄날에 온갖 생물이 나서 자라 흐드러짐.
8. 삼춘가절(三春佳節): 봄철 석 달의 좋은 시절.
9. 일년(一年) 일도(一度): 일 년에 한 번.
10. 한량(限量)없다: 끝이나 한이 없다. '그지없다'.
11. 수리: 수릿과의 독수리, 참수리, 흰죽지참수리, 검독수리 따위를 통틀어 이르는 말. 몸이 크고 힘이 세며, 크고 끝이 굽은 부리와 굵고 날카로운 발톱이 있다. 들쥐, 토끼 따위를 잡아 먹는다.
12. 분경(奔競): 지지 않으려고 몹시 다툼. 또는 그런 일.
13. 혈유(孑遺): 나머지 남아 있는 것.
14. 치란(治亂): 잘 다스려진 세상과 어지러운 세상. 혼란에 빠진 세상을 다스림.
15. 고요(皐陶): 중국 고대의 전설상의 인물. 순(舜)임금의 신하로, 구관(九官)의 한 사람이다. 법을 세우고 형벌을 제정하였으며, 옥(獄)을 만들었다고 한다.
16. 임임총총(林林叢叢): 들어선 모양이 빽빽하고 그 수효가 많음.

도록 흠이 엇더ᄒᆞ뇨”

그 말이 겨오 긋이 나자 좌우에 라렬ᄒᆞ얏던 금슈총즁[17]에서 불울[18]한 긔색으로 닷호아 반ᄃᆡᄒᆞ야 회셕이 심히 요란ᄒᆞ니 이ᄂᆞᆫ 호랑이, 이리, 고양이, 슈리, 솔ᄀᆡ미이, 매 등속이라 여출일구[19]로 회장을 불으며 “우리ᄂᆞᆫ 차라히 이 자리에셔 퇴회를 홀지언졍 싸다른 새 법에ᄂᆞᆫ 결단코 복죵치 못ᄒᆞ겟소 엇재 그러냐 하면 지금 회장의 부연ᄒᆞᆫ 죠건이 엇의까지 젹당치 안이하다 흠은 안이나 특별히 우리들에게 ᄃᆡᄒᆞ야ᄂᆞᆫ 졀대뎍 불가ᄒᆞ야 (6. 9)

그 법 시행하ᄂᆞᆫ 날이면 우리들의 죵류가 멸졀ᄒᆞ고 말지니 이ᄂᆞᆫ 달음 안이라 우리의 래력은 다 아시ᄂᆞᆫ 바어니와 션셰에 큰 훈업을 셰우신 일이 잇셔 혈식쳔츄(血食千秋)[20]의 상뎐(賞典)[21]을 무른 후로 대대로 싱육을 먹고 지내ᄂᆞᆫ 터에 만일 남…… 무엇을 먹고 굼지 안이ᄒᆞ리오 속졀업시 굴머 죽을 ᄯᆞ름이니 법도 됴흐려니와 죽기를 자취[22]하ᄂᆞᆫ 쟈— 엇의 잇스리오 우리의 셩명을 회원 명부에 도러내시기를 바라오”

그 말에 대ᄒᆞ야 반대하ᄂᆞᆫ 쟈도 잇고 찬셩하ᄂᆞᆫ 쟈도 잇스니 반대ᄒᆞᄂᆞᆫ 쟈ᄂᆞᆫ 남의 고기로 츙복[23]하고 사ᄂᆞᆫ 강포ᄒᆞᆫ[24] 무리들이오 찬셩ᄒᆞᄂᆞᆫ 쟈ᄂᆞᆫ 남의게 잡혀 먹히ᄂᆞᆫ 유약ᄒᆞᆫ 무리들이러라 회석이 ᄒᆞᆫ참 분요홀 디경에 두 귀 뵤죡ᄒᆞ고 두 눈이 도리도리한 토ᄭᅴ가 ᄶᅡᆼ창ᄶᅡᆼ창 ᄯᅱ여나오며 “회장 나ᄂᆞᆫ 지금 회장이 셜명하신 말삼에 엇의까지 찬셩ᄒᆞ야 동의를 하랴 ᄒᆞᄂᆞ이다 그런대 동의하기 젼 잠깐 나의 본분을 말삼홀 터이오니 드러 쥬시기를 바룹니다 우리 션죠 모영(毛穎)공이 즁산에셔 나셔셔 텬하만국의 글시를 맛터 가르치셧스니 유식ᄒᆞᆫ 집안인 줄은 여러분도 임의 알으셧스려니와 셰셰로 달 경긔로 잉태ᄒᆞᄂᆞᆫ 고로 시속야매[25]ᄒᆞᆫ 무리보다 지식이 특이ᄒᆞ야 션견지명이 잇셔 미리 삼굴(三窟)을 경영ᄒᆞ야 강포ᄒᆞᆫ 무리의 침로흠을 능히 면ᄒᆞ니 남들이 탄복지 안이ᄒᆞᄂᆞᆫ 자 업셔 죤칭하야 부르기를 토션싱(兎先生)이라고 합

17. 총중(叢中): 한 떼의 가운데.
18. 불울(怫鬱): 불평이나 불만으로 화가 치밀고 속이 답답함.
19. 여출일구(如出一口): =이구동성.
20. 혈식천추(血食千秋): 나라에서 지내는 제사가 오래도록 끊이지 아니함.
21. 상전(賞典): 공로의 크고 작음에 따라서 상을 주는 규정.
22. 자취(自取): 잘하든 못하든 자기 스스로 만들어 그렇게 됨.
23. 충복(充腹): 음식의 좋고 나쁨을 가리지 아니하고 고픈 배를 채움.
24. 강포(强暴): 몹시 우악스럽고 사나움.
25. 시속야매(時俗野昧): 풍속이 촌스럽고 어리석음.

니다 그런즉 오날 문데에 대ᄒᆞ야 가타부타 참셥ᄒᆞᆯ 필요가 업다고도 넉넉히 ᄒᆞ겟스나 그러나 범위를 넓게 보면 일반 우리 금슈가 동포지의가 잇다 해도 가ᄒᆞᆫ 고로 동포를 위ᄒᆞᄂᆞᆫ 뜻으로 지금 징ᄒᆞ옵기ᄂᆞᆫ 졔의 강ᄒᆞᆷ을 밋고 교만방자ᄒᆞ야 약ᄒᆞᆫ 동포를 업슈히 녁이ᄂᆞᆫ 악ᄒᆞᆫ 죵류라 만일 공졍ᄒᆞᆫ 재판법을 셜치ᄒᆞ야(6. 14)

강ᄒᆞᆫ 쟈를 억졔하고 약한 쟈를 붓드러 무죄히 불상ᄒᆞᆫ 죽임이 업도록 ᄒᆞ오면 참담하던 셰계가 변ᄒᆞ야 화긔류류[26]ᄒᆞᆫ 텬디가 될 터이오니 아모죠록 ᄒᆞ로밧비 좌우 직판소를 셜치ᄒᆞ고 공졍ᄒᆞᆫ 관리를 두어 밝히 재판ᄒᆞ야 다시 원악ᄒᆞᆫ 죽엄이 업도륵 ᄒᆞ기를 동의ᄒᆞ오”

남의 흉내 잘 내기ᄂᆞᆫ 원슝이라 토션싱의 동의ᄒᆞᄂᆞᆫ 양을 보더니 뒤밋쳐 니러나 회장을 부르나

“회장 내 죠상은 군자의 덕이 잇더니 옛날 쥬목왕(周穆王)을 뫼시고 남졍(南征)[27]을 ᄒᆞᆫ 후 인ᄒᆞ야 원슝이가 되셧스니 션셰쳥덕은 더 말ᄒᆞᆯ 것 업거니와 군자의 심법을 셰셰로 직히어 악ᄒᆞᆫ 일을 결코 됴화ᄒᆞ지 안이ᄒᆞᄂᆞᆫ 바이오니 지금 토션싱의 동의에 대ᄒᆞ야 재쳥을 ᄒᆞᆷ니다”

긔린 회장이 그 동의를 들어 회즁에 가부를 무르니 예ᄂᆞ 지금이나 사람이나 즘싱이ᄂᆞ 강ᄒᆞᆫ 쟈를 미워ᄒᆞ고 약ᄒᆞᆫ 쟈를 붓잡으랴 ᄒᆞᆷ은 죠금 달을 것이 업ᄂᆞᆫ지라 부편으로 맹슈(猛獸)와 독죠(毒鳥) 몃 명이 거슈ᄒᆞᆫ 외에ᄂᆞᆫ 모다 가편을 찬셩ᄒᆞ니 그 동의가 자연 가결이 되야 재편소를 셜립하고 관원을 쳔뎡ᄒᆞᆯ새 좌재판소ᄂᆞᆫ 모츙[28]계(毛忠係)니 린츙(鱗忠)[29]을 부속ᄒᆞ고 우재판소ᄂᆞᆫ 우츙[30]계(羽忠界)니 곤츙(昆蟲)을 부속케 ᄒᆞ얏ᄂᆞᆫ대 좌재판장은 슈염쥬부(鬚髥主夫) 양이 다졈 피션ᄒᆞ니 이ᄂᆞᆫ ᄒᆞᆫ문에 양이라ᄂᆞᆫ 양ㅅ자가 착ᄒᆞᆯ 션 머리가 되야 그 셩질이 착ᄒᆞᆷ을 취ᄒᆞᆷ이오(6. 16)

우재판장은 상당ᄒᆞᆫ 자격이 졸디에 업셔셔 림시로 사신각디부(司晨閣大夫) 닭(鷄)으로 츄천ᄒᆞ얏스니 이ᄂᆞᆫ 그 몸에 오덕(五德)이 겸비하야 쳐쳐[31]ᄒᆞᆫ 풍우에도 그 한도

26. 화기유유(和氣愉愉): 화목한 분위기로 마음이 흐뭇하고 즐거움.
27. 남정(南征): =남벌(南伐).
28. 모충(毛蟲): 몸에 털이 있는 벌레를 통틀어 이르는 말.
29. 인충(鱗蟲): 비늘이 있는 동물을 통틀어 이르는 말. 뱀, 물고기 따위가 있다.
30. 우충(羽蟲): 날개가 있는 곤충.
31. 처처(凄凄): 찬 기운이 있고 쓸쓸하다.

를 변치 안이홈을 취홈이러니 닭이 재질이 용열[32]ᄒᆞ야 즁ᄃᆡ 책임을 감당치 못홀 뜻으로 재삼 청원홈을 인ᄒᆞ야 심계가 만 리갓치 넓고 긔ᄀᆡ가 현앙ᄒᆞ야 죠곰도 사곡홈이 업ᄂᆞᆫ 학(鶴)으로 다시 츄천ᄒᆞ얏더라

재판소라 하ᄂᆞᆫ 곳은 시비를 분셕하야 경쟁이 업셔지도록 마련ᄒᆞᆫ 것이나 엇지 보면 시비경쟁을 돌이혀 이르키ᄂᆞᆫ 쳐소라 ᄒᆞ야도 과도ᄒᆞᆫ 말이 안이니 가량 인류계(人類界)로 말홀지라도 오날날 재판소가 업셧더면 사람마다 법률 사상이 가득ᄒᆞ야 각박한 풍속이 생기지 안이ᄒᆞ고 혼연한 도덕심으로 길고 졀은 것을 심ᄒᆞ게 의론치 안이ᄒᆞ얏슬 것을 일자 재판법 셜시 이후로 도덕심은 졈졈 업셔지고 법률사상만 츙만ᄒᆞ야 ᄒᆞᆫ 말 ᄒᆞᆫ 행실이며 젹은 교셥 큰 교셥에 피차의 자긔 권리를 남의게 사양홀 마암이 업셔 심지어 불초 무식ᄒᆞᆫ 무리들은 자식이 아비를 정ᄒᆞᆫ다 족ᄒᆞ가 아자비[33]와 대딜[34]한다 여러 가지 상풍패속[35]의 기죠가 이러나니 엇지 ᄒᆞᆫ심치 안이ᄒᆞ리오 이와 가치 금슈계에도 재판소가 생긴 이후로(6. 17)

싱김을 면치 못하거니와 당쵸 그 법 마련홀 ᄯᅢ에ᄂᆞᆫ 공정코 밝지 안이ᄒᆞᆫ 것이 업ᄂᆞᆫ 터이라 이ᄯᅢ 몃쳔 년 억굴홈을 당ᄒᆞ야도 호소홀 곳이 업셔 ᄒᆞᆫ갓 하날을 불으고 ᄯᅡ를 두다릴 ᄲᅮᆫ이던 각색 즘싱이 닷호아 소회를 호소ᄒᆞᆫ다

뎨일 작소구거(鵲巢鳩居)

작미화 아참 날에 복색은 금부나장[36]이 갓고 태도ᄂᆞᆫ 산드라진 계집 갓흔 ᄶᅡᆨ치라셔 ᄶᅡᆨᄶᅡᆨ 지즈며 드러오더니 소지 ᄒᆞᆫ 장을 드리니 근일 신식으로 말ᄒᆞ면 원고피고(原告被告)니 사실(事實)이니 징거(証據)니 ᄒᆞᄂᆞᆫ 격식을 갓츄련만ᄂᆞᆫ 사람도 안이오 즘싱샤회에셔 구식으로 하ᄂᆞᆫ 것도 대단 진보된 일일ᄲᅮᆫ더러 속에 품은 회포 발표하기ᄂᆞᆫ 신구식이 관계업ᄂᆞᆫ 것이라 그 소지에 ᄒᆞ얏스되

"의신 ᄶᅡᆨ치ᄂᆞᆫ 셰셰로 셩품이 신령ᄒᆞ야 셰상 사람 즁 누구던지 길죠가 잇음을 미

32. 용렬(庸劣): 사람이 변변하지 못하고 졸렬하다.
33. 아자비: 아저씨.
34. 대질(對質): 소송법에서, 법원이 소송 사건의 관계자 양쪽을 대면시켜 심문하는 일. 증인의 증언 또는 당사자의 진술 사이에 모순이 있을 때 행하여 정확한 심증을 이루려 하는 데 목적이 있다.
35. 상풍(傷風) 패속(敗俗): 부패하고 문란한 풍속.
36. 금부나장(禁府羅將): 조선시대에, 의금부에 속하여 죄인을 문초할 때에 매질하는 일과 귀양 가는 죄인을 압송하는 일을 맡아보던 하급 관리.

리 알고 차자가셔 쥬인에게 선통[37]ᄒᆞ야 쥬기로 죵사를 ᄒᆞ오며 텬문을 능통ᄒᆞ야 동셔남북의 풍셰를 먼져 짐작ᄒᆞ고 집의 창호를 예방하야 내여셔 셰상 농부들로 ᄒᆞ야곰 해마다 경험ᄒᆞ고 츄칙ᄒᆞ야 농사의 불우재앙을 도면하도록 ᄒᆞ엿사오며 평성에 부즈런하야 남의게 의뢰를 안이ᄒᆞ압고 해마다 제힘으로 집을 건죽도 ᄒᆞ고 쥽슈도 ᄒᆞ야 자녀를 기르압더더니 쳔만 뜻밧게 소위 비둘이(鳩)라 ᄒᆞᄂᆞᆫ 부랑패류가 불칙ᄒᆞᆫ 마암을 감생ᄒᆞ야(6. 19)

쳐엄에ᄂᆞᆫ 감언리셜[38]로 친근히 지내자 하더니 졈졈 의신의 약홈을 업슈히 넉이어 무려히 집을 쌔아셔 제가 거쳐ᄒᆞ오니 이런 억울한 일이 다시 엇의 잇사오릿가 뎌 비둘이 놈의 악행으로 말삼ᄒᆞ오면 졔 계집이 알을 품고 삿기를 까셔 발톱이 잡바지도록 밧을 버르져 코ㅇ을 물어다가 그 삿기를 넉여 길너 쥬엇스니 안이ᄒᆞᆯ 말로 칠거지악이 잇더래도 참아 버리지 못ᄒᆞᆯ 졍리어날 륜리가 무상ᄒᆞ고 졍이 멸졀ᄒᆞᆫ 뎌 놈이라셔 여름이 되야 장마가 질 뜻ᄒᆞ면 물어드려 져축ᄒᆞ얏던 코ㅇ을 져 혼자 먹을 욕심으로 그 계집을 본졍 업시 구박ᄒᆞ야 내여쫏찻다가 구름이 것고 비가 긋쳐 일긔가 청명ᄒᆞ면 그 계집을 염치 좃케 다시 불으로 찻는 무리올시다 그러ᄒᆞ온즉 그놈의 심슐은 더 의론ᄒᆞᆯ 여디가 업사오나 졔 계집은 그 심슐을 밧아도 용혹무괴[39]어니와 의신으로 말ᄒᆞ오면 신분으로 의론ᄒᆞ압던지 쳐디로 의론하옵던지 져의 무리 비ᄒᆞᆯ 터이 안이올시다 은ᄒᆞ슈(銀河水)에 교량이 끈어져셔 견우직녀(牽牛織女) 두 셩군(星君)이 일 년 일도 칠월 칠셕이면 만나보시기 어려오심을 위ᄒᆞ야 의신 등이 셰셰로 다리를 노아 두 셩군이 만나시도록 ᄒᆞ압ᄂᆞᆫ 고로 그 다리 숫다온 일흠을 은ᄒᆞ작교(銀河鵲橋)라 일커럿사오니 이 일 ᄒᆞᆫ 가지로만 보아도 비둘이 졔만 놈이 이삿치 업슈히 넉이지 못ᄒᆞᆯ 터이올시다(6. 21)

이와 갓치 명졍지ᄒᆞ에 우러어 ᄒᆞ소ᄒᆞ오니 셰셰히 굽엇삷히사 의신의 집을 찻자 쥬시고 져놈을 통징ᄒᆞ야 쥬압시기를 쳔만 바라압나이다"

37. 선통(先通): 미리 알림.
38. 감언이설(甘言利說): 귀가 솔깃하도록 남의 비위를 맞추거나 이로운 조건을 내세워 꾀는 말.
39. 용혹무괴(容或無怪): 혹시 그런 일이 있더라도 괴이할 것이 없음.

뎨이 토사구패ㅇ(兎死狗烹)

이ᄯᅢ 토기가 두 귀를 죵곳ᄒᆞ고 오도커니 듯다가 ᄶᅡᆼ총 ᄯᅱ여 송민[40]의 자리로 내려오더니 구두로 호소를 유리ᄒᆞ게 ᄒᆞᆫ다

"의신 토긔 등은 셰셰로 쳥념하야 남의 것을 침해치 안이ᄒᆞ고 ᄊᆞ리슌 칙덤불로 근근 츙복ᄒᆞ오며 상뎨의 명을 밧드러 월궁에 상아[41]를 뫼시고 잇셔 약방아 ᄶᅵ키를 힘쓰압ᄂᆞᆫ대 뎌 무지ᄒᆞᆫ 산양개가 큰 공이나 셰울 듯이 죽을힘을 다하야 사면으로 ᄶᅩᆺ차와 사오나온 이로 의신 등을 함부루 ᄭᆡ물어 산양군의 ᄯᅳᆺ을 맛춤은 특별ᄒᆞᆫ 대우나 밧아 졔 몸의 영화가 돌아올 줄로 바람이로되 의신 등 곳 죽으면 져의도 살믐을 면치 못ᄒᆞ오니 텬ᄒᆞ의 보복지의가 엇지 범연[42]하오릿가 우리 금슈계ᄂᆞᆫ 고사ᄒᆞ고 인류로 밀어보아도 션악의 보복이 죠곰 달옴이 업사오니 가량 권리 잇ᄂᆞᆫ 쟈에게 아당ᄒᆞ야 현량을 살해ᄒᆞᆫ 자던지 타인을 로ᄒᆞ야 동류를 모함하고 졔 몸의 영화를 누리고져 하ᄂᆞᆫ 무리가 자고 이래로 부지기슈로대 낫낫치 의신을 물던 개와 일반으로 졔 몸의 편안히 복낙을 누리지 못ᄒᆞ고 참혹ᄒᆞᆫ 형벌을 먼져 당ᄒᆞ엿사오니 징거를 들어 말삼ᄒᆞ오면 진나라 망ᄒᆞ기 젼에 리사죠고(李斯趙高)가 먼져 삼족을 멸함을 당ᄒᆞ얏고 ᄒᆞᆫ나라 망ᄒᆞ기 젼에 왕망동탁(王莽董卓)이 먼져 머리와 몸이 각각 되엿슬ᄲᅮᆫ더러(6. 23)

목젼에 젹은 리에 팔닌 바-되야 죄 업고 졍당ᄒᆞᆫ 동포를 허무ᄒᆞᆫ 말로 구무[43]ᄒᆞ야 참혹ᄒᆞᆫ 형벌을 당ᄒᆞ게 하다가 필경 졔 몸부터 죄벌을 면치 못ᄒᆞᄃᆡ 엇지 뎌 무지ᄒᆞᆫ 개보다 죠곰 달을 것이 잇사오릿가 이에 업듸여 고하고니 통촉ᄒᆞ압신 후 뎌 개를 엄징효유[44]ᄒᆞ사 젼 허물을 곳치고 새 사상을 가져 무죄ᄒᆞᆫ 의신 등의 횡사하ᄂᆞᆫ 일이 업고 져의들도 참혹 형벌을 면토록 하야 쥬시압기를 바라압ᄂᆞ이다"

뎨삼 부셔하봉(腐鼠嚇鳳)

토기의 구두발괄[45]이 긋치닛가 두 눈이 툭 머루알 갓고 털은 망뉘역 둘은[46] 듯하

40. 송민(訟民): 송사를 제기하는 백성.
41. 항아(姮娥): 달 속에 살고 있다는 선녀.
42. 범연하다: 차근차근한 맛이 없이 데면데면하다.
43. 구무(構誣): 터무니없는 일을 꾸미어 모함함.
44. 엄징효유(嚴懲曉諭/曉喩): 엄중하게 징벌하고 깨달아 알아듣도록 타이름.
45. 발괄: 자기 편을 들어달라고 남에게 부탁하거나 하소연함. 또는 그런 말.
46. 망누역 두른. 망은 '망태기', 누역은 '도롱이'의 옛말.

고 부리는 쇠부장 발톱은 날카라온 새 흔 마리가 고목 가지로셔 후루루 날아 내려오며 비호오 흔 마듸를 질으더니 품에 품엇던 소지 한 장을 드린다

“의신 솔갬이는 공명하신 명졍지하에 분원흔 사유를 고흐느니다 의신은 본래 자격이 미쳔흐와 사령(四靈)애 참예흔 봉황과 감히 비견을 못흐압는바 도덕으로 말삼흐오면 셩인게셔도 일즉이 허락흐사 연비여텬(鳶飛戾天)[47]이라 말삼흐셧사오니 가히 참된 련원(淵源)을 알으실 터이오나 한갓 식셩을 잘못 품부흐와 오곡을 먹지 못흐압고 생육으로 츙복흐압는데 썩은 강아지와 오륙월 병아리 낫으로 근근히 지내는 즁 그남아 여러 날 어더먹지를 못하압고 긔갈이 자심흐온즉 자연 염치가 도상흐야(6. 24)

싀부모 공괴하다고 사서 긱 집 아해 죵이 되들고 가는 쑴이매[48]까지 씨웃디고 이리 빙빙 더리 빙빙 돌아단이압더니 쳔만요행으로 인의 개쳔에셔 썩은 쥐삿기 흐나를 만나 남의 눈에 쓰인 새 업시 얼풋 툭 차 가지고 허공 즁텬에 놉히 써셔 으슥흔 나무를 차자가압더니 난대업는 봉황죠가 더 고강(高岡)으로 죠차 날아오기에 봉의 셩품은 오동이 안이면 깃드리지 안이흐고 죽실(竹實)이 안이면 먹지를 안이한다는 것만 탄평 밋고 얼풋 피흐지 안이하얏더니 그 위의를 베풀어 졈졈 갓가히 오는 양을 보고 곰곰 다시 싱각하온즉 몸덩이도 의신보다 몃 갑졀이오 날음도 의신보다 항결 신속흐오니 만일 욕심곳 내면 의신의 먹을 것을 여반장[49]으로 쌔앗셔갈지라 우리 금슈계는 고사흐압고 만물 즁 가장 신령흐다는 인류사회를 삷혀볼지라도 명예가 현자흐야 사람마다 우럿고 외화가 졍슉흐야 도쳐마다 위대흐는 쟈들이 급기 리욕잇는 일을 당흐야는 낫낫치 불고염치흐고 각죵 협잡[50]을 모죠리 흐는 즁 데일 긔막힌 것은 자긔들의 디경과 슈단을 쟈뢰흐야 무고잔민의 재산을 화ㄱ취흔다 자긔보다 일칭 더 셰력잇는 쟈를 련비흐야 동등 도ㅇ포를 압졔하는 일이 비일비재오니 사람도 이러하거던 허물며 지능이 만분지일을 싸르지 못흐는 우리 금슈야 말흘 것 업사오닛가(6. 25)

47. 소리개가 날며 하늘을 어지럽힘.
48. 꾸미: 찌개나 국에 넣는 쇠고기 조각.
49. 여반장(如反掌): 손바닥을 뒤집는 것 같다는 뜻으로, 일이 매우 쉬움을 이르는 말.
50. 협잡(挾雜): 옳지 아니한 방법으로 남을 속임.

그러홈으로 의신이 요행 엇은바 쥐를 쌔앗길가 겁이 나셔 두 날개로 가리고 비오비오 소리를 질넛삽더니 세상에서 의신의 본의는 알지 못ᄒᆞ고 공연히 비평ᄒᆞ기를 부셔하봉(腐鼠嚇鳳)이라 ᄒᆞ오니 이는 달은 뜻이 안이오라 봉황이 녕사언정 썩은 쥐 먹을 자격이 안이어날 의신이 의심 안이ᄒᆞᆫ 일을 의심ᄒᆞᆫ다고 홈이니 이런 말 ᄒᆞᄂᆞᆫ 쟈는 아즉 목젼에 배에셔 쪼루록 소리가 터진 입으로 짓거림이라 속담에 졈자는 개가 붓드막에 똥을 더 잘 눈다고 ᄒᆞᄂᆞᆫ 일톄로 봉황은 배곱흐면 썩은 쥐 먹을 생각이 안이 나릿가 의신도 비록 루츄ᄒᆞᆫ 자격이오나 비위에 신션ᄒᆞᆫ 생육을 일상 먹고 십지마는 쥬변이 부족하던지 시셰 의무가 내 홈이던지 여러날 굴머 견대지 못ᄒᆞᆯ ᄃᆡ경이 되엿슴으로 비록 썩은 쥐남아 여득쳔금ᄒᆞ오니 명경지ᄒᆞ에 자셰 살히신 후 봉에게 효유ᄒᆞ사 본분을 직히어 죽실[51]이나 짜먹고 의신에게 침탈치 말나 ᄒᆞ압심을 바라압나이다.”

데사 호위호가(虎威狐假)

솔ᄀᆡ미이가 물너간 뒤에 별안간에 산악이 문어지ᄂᆞᆫ 듯이 큰 소리가 나며 황금 갓흔 눈을 부릅쓰고 쥬홍 갓흔 입을 썩 버리고 효용하게 쒸어드러오는 쟈는 곳 남산대호(南山大虎)라 송민셕에를 이르러 만좌가 경풍ᄒᆞᆯ 듯ᄒᆞᆫ 음셩으로 진술ᄒᆞᄂᆞᆫ 셜유[52]가 극히 장황ᄒᆞ다(6. 26)

“의신은 호랑인대 남들이 츄대ᄒᆞ야 산군(山君)이라 하는 신분이니 엇지하야 산군이라 하엿나냐 ᄒᆞ면 의신의 용맹과 긔개가 능히 산즁 여러 즘생을 통솔ᄒᆞᆯ 만홈으로 시속에 말ᄒᆞ기를 맹호가 심산에 잇슴애 빅수가 다 두려워ᄒᆞᆫ다 하야 산에 인군이라고 츄존[53]함이올시다 자고 이래로 일흠과 실상이 셔로 마자야 가히 붓그럼이 업는고로 매양 명예가 놉흔 쟈일샤록 쳐신을 극히 졍대히 ᄒᆞ여야 그 일흠을 드레오지 안이ᄒᆞ나니 의신도 산군이라는 놉고 빗나는 칭호를 드른 이후로 쥬야 동동촉촉[54] ᄒᆞ야 아모죠록 동물계에 모범이 되쟈 ᄒᆞ압는대 시속 무식ᄒᆞᆫ 무리들이 대통 구멍으로 겨오 의신의 얼눅졈 ᄒᆞ나를 간신히 엿보고 크니 젹으니 검이니 희니 사오ᄂᆞ오

51. 죽실(竹實): 대나무 열매의 씨.
52. 설유(說諭): 말로 타이름.
53. 추존(推尊): 높이 받들어 존경함.
54. 동동촉촉(洞洞屬屬): 공경하고 삼가며 매우 조심스러움.

니 맹독ᄒᆞ니 심지어 혹리(酷吏)[55]에다 비유ᄒᆞᄂᆞᆫ 쟈도 잇고 젹국(敵國)[56]에다 비유하ᄂᆞᆫ 쟈도 잇슬 ᄲᅮᆫ 안이라 개만도 돗도 못ᄒᆞᆫ 참언을 드르니 군만자를 참소ᄒᆞᄂᆞᆫ 소인 놈을 취ᄒᆞ야 더져 쥬는 쟈도 잇사오니 아모리 쥬린 범의 입의 늘고기[57]라는 속담이 잇스나 차라히 산속 개울을 뒤져 죠츌ᄒᆞᆫ 가재를 잡아먹을지언졍 엇지 ᄯᅩᆼ보다 더 드러은 소인 놈의 고기를 입에 달게 넉일 리가 잇사오릿가 먹지ᄂᆞᆫ 안이ᄒᆞ오나 그놈의 무리를 살녀두어 생령의 큰 화근을 씨칠 바 업셔 보ᄂᆞᆫ 대로 외 베물 듯ᄒᆞ야[58] 일루 잔명[59]을 셰상에 남겨 두지 안이ᄒᆞ쟈ᄂᆞᆫ 결심이올시다(6. 28)

의신의 본심이 이와 갓거ᄂᆞᆯ 텬ᄒᆞ에 간사ᄒᆞ고 요악ᄒᆞ고 교활ᄒᆞᆫ 여호라셔 의신을 ᄯᅡ라단이며 ᄇᆡᆨ 가지 쳔 가지로 아당[60]ᄒᆞ기에 쳐엄에도 괘심히 ᄒᆞᆫ 번 보고 두 번 보매 웃ᄂᆞᆫ 낫에 츰 봇밧기 갓ᄒᆞ야 그렁져렁 용셔하얏더니 삼시 셧을 안이 써나고 각색 아양을 모다 부리ᄂᆞᆫ 통에 부지즁 친밀하야지ᄂᆞᆫ 것을 ᄭᆡ닷지 못ᄒᆞ고 져의 간쳥을 하ᄂᆞᆫ 일을 불가ᄒᆞ다 배각[61]지 못하고 엇의를 가거나 오거나 매양 대리고 단엿슴니다 그 모양으로 ᄃᆞᆯ고 단이면셔 매양 곰곰 생각ᄒᆞ야도 졔아모리 사특[62]ᄒᆞ기로 ᄃᆞᆯ니 침흑ᄒᆞᆫ 일 곳 업스면 다만 갓치 단이ᄂᆞᆫ대야 무슨 관계가 잇스랴 ᄒᆞ얏더니 뎌 살지무셕[63]ᄒᆞᆫ 것이 망자죤대(妄自尊大)[64]ᄒᆞᆫ 교심[65]이 졈졈 싱기여 여러 즘생이 의신을 보고 두려워 피ᄒᆞᄂᆞᆫ 것을 졔 위엄으로 그런 듯이 도쳐에 자랑ᄒᆞ며 심지어 의신과 친밀함을 과장ᄒᆞ야 동류의 먹을 것을 고긔업시[66] ᄲᅢ앗셔 먹사오니 그런 무엄ᄒᆞᆫ 것이 엇의 ᄯᅩ 잇사오릿가 졔 소위를 비로소 ᄭᆡ닷고 밀어 생각ᄒᆞ온즉 인류 즁 간신의 심장을 배ㅅ곱에 류리를 붓친 듯이 가히 알지니 간신이라 ᄒᆞᄂᆞᆫ 무리ᄂᆞᆫ 예나 지금이나 달을 것 업시 일반심장이라 위 사람이 침혹[67]ᄒᆞ도록 감언리셜과 쳔틱만상으로 그

55. 혹리(酷吏): 혹독하고 무자비한 관리.
56. 적국(敵國): =국적(國賊): 나라를 어지럽히는 역적. 또는 나라에 해를 끼치는 자.
57. 욕심 사나운 자에게 간 물건은 도로 찾지 못함을 비유적으로 이르는 말.
58. 외 베어 물 듯하여: 오이를 베어 물 듯하여.
59. 일루잔명(一縷殘命): 얼마 남지 아니한 쇠잔한 목숨.
60. 아당(阿黨): 남의 비위를 맞추거나 환심을 사려고 더럽게 아첨함.
61. 배각(排却): 밀어내거나 거절하여 물리침.
62. 사특(邪慝): 요사스럽고 간특함.
63. 살지무석(殺之無惜): 죽여도 아깝지 않을 만큼 그 죄가 매우 무거움.
64. 망자존대(妄自尊大): 앞뒤 아무런 생각도 없이 함부로 잘난 체함.
65. 교심(驕心): 잘난 체하며 뽐내는 마음.
66. 거리낌이 없이.
67. 침혹(沈惑): 무엇을 몹시 좋아하여 정신을 잃고 거기에 빠짐.

뜻을 맛초아 졔총을 굿친 후에(6. 29)

현량을 모해ᄒᆞ고 공ᄅᆡ을 져희ᄒᆞ며 타인의 위엄을 자뢰ᄒᆞ고 동포를 멸시ᄒᆞ며 ᄒᆞ민을 학대하야 그 집이던지 그 나라의 멸망함을 쯤에도 돌아보지 안이ᄒᆞ다가 제 죄악이 관령(貫盈)ᄒᆞ면 필경 텬벌을 면치 못ᄒᆞ야 참혹ᄒᆞᆫ 디경에 써러지ᄂᆞᆫ 것은 소소ᄒᆞᆫ 리치라 가량 죄를 짓고 벌을 밧기ᄂᆞᆫ ᄉᆞ람과 즘생이 죠곰 달음이 업슬지니 사람 즁 소인놈은 곳 즘생 즁 여호오 즘생 즁 여호ᄂᆞᆫ 곳 ᄉᆞ람 즁 소인이라 업대려 바라건대 소인에게 베푸ᄂᆞᆫ 죄벌을 여호에게도 베푸르사 공으로 말삼ᄒᆞ면 간열ᄒᆞᆫ 여러 즘생 동포로 ᄒᆞ야곰 매사에 속음이 업게 ᄒᆞ고 사사로 말삼ᄒᆞ면 의신의 명예에 소상ᄒᆞᆷ이 업도록 하야 쥬심을 쳔만 번 머리를 죠아 고ᄒᆞ나이다."

뎨오 지록위마(指鹿爲馬)

호랑이가 고소를 맛친 후 번ᄀᆡ 갓흔 두 눈을 번젹 쓰고 벽력 갓흔 소리를 더럭 질으며 좌셕을 힐끔힐끔 돌아보고 안졋ᄂᆞᆫ 여호를 당장 잡아먹을 듯이 위셰를 푸이며 물너나가니 만좌가 대소 물론ᄒᆞ고 각기 두려워셔 감히 쳐다보지를 못ᄒᆞ더라 거무하게 송민 ᄒᆞ나이 드러오ᄂᆞᆫ대 얼골은 길쯤ᄒᆞ고 등은 얼누누하고 다리ᄂᆞᆫ 셩큰ᄒᆞ고 소리ᄂᆞᆫ 몽창ᄒᆞᆫ대 얼픗 보며 노루 장션생(獐先生)의 사촌 항렬쯤 되어 뵈ᄂᆞᆫ 록쳐사(鹿處士) 경둥경둥 쉬여드러와 사다리 갓흔 두 쌜을 등에다 싹 질머지고 고개를 쑥 쌔여 휘휘 사면을 둘러보더니 소지 한 장을 공손히 드린다(7. 1)

"우근진 소지의 싼은 달음 안이오라 의신이 본래 ᄃᆡᄃᆡ로 션유이 즁ᄒᆞ와 씌끌에 싸여잇ᄂᆞᆫ 시속 무리와ᄂᆞᆫ 츄축[68]이 업삽고 왕왕 렬위[69] 신션의 벗이 되야 상계[70]에 놀며 루츄한 곳에ᄂᆞᆫ 투족지 안이ᄒᆞ고 ᄇᆡᆨ운을 멍에 ᄒᆞ야 심산에 머물너 고결(高潔)ᄒᆞᆫ 지죠가 동물계에 독보됨을 스사로 자랑ᄒᆞᆯ 만하온대 진나라를 멸망케 하던 만고 소인 죠고(趙高)[71]라ᄂᆞᆫ 쟈가 제 임군 이셰(二世)를 옹폐[72]ᄒᆞ노라고 의신을 가라쳐 말

68. 추축(追逐): 친구끼리 서로 오가며 사귐.
69. 열위(列位): 여러.
70. 상계(上界): =천상계.
71. 조고(趙高): 중국 진나라의 내시(?~BC 207). 시황제가 죽은 뒤에 시황제의 장자 부소(扶蘇)를 죽이고, 둘째 아들 호해(胡亥)를 제2세 황제로 삼았다. 그 뒤 2세 황제를 죽이고 자영(子嬰)을 즉위시킨 후에 정승이 되어 권력을 휘두르다 자영에게 일족이 살해되었다.
72. 옹폐(壅蔽): 윗사람의 총명을 막아서 가림.

이라 ᄒᆞ얏슴으로, 그후로 지록위마(指鹿爲馬)라 ᄒᆞᄂᆞᆫ 말이 몃빅 년을 젼하야 오오니 소인의 류독[73]이 진실로 심ᄒᆞ도소이다 기실은 의신을 욕ᄒᆞ랴고 그 말을 오래 젼ᄒᆞ야옴이 안이오 죠고의 죄악을 셩토하노라 실디를 들어 ᄭᅮ지짐이오나 말이라 ᄒᆞᄂᆞᆫ 것은 륙축의 ᄒᆞ나이라 그 본질이 속되고 용렬ᄒᆞ야 션연[74]잇ᄂᆞᆫ 고상ᄒᆞᆫ 자격과 감히 비교ᄒᆞ야 말을 못ᄒᆞᆯ 바일ᄲᅮᆫ더러 말의 쳔ᄒᆞᆫ 자격은 더 말ᄒᆞᆯ 것 업시 셩현의 한 가지 일에 족히 ᄭᅢ달을지니 옛적 공부쟈ᄂᆞᆫ 동양에 대셩인이시라 일동일졍[75]이 후생에 모범 안이될 것이 업슴은 의신의 진슐을 기대려 알 바이 안이온대 일즉이 그 마구에 화재가 잇슴애 사람은 상ᄒᆞ얏나냐 무러계시나 말은 뭇지 안이하셧스니 말의 쳔ᄒᆞᆷ을 더 말ᄒᆞᆯ 것이 업사올ᄲᅮᆫ더러(7. 2)

말이 소인의 기능를 갓초아 잇셔 능히 사람으로 ᄒᆞ야곰 고옥케 ᄒᆞ나니 예셕에 쥬목왕(周穆王)은 팔준마(八駿馬)에게 혹ᄒᆞ야 날로 텬하에 쥬류[76]ᄒᆞ노라고 정사를 다사리지 안이ᄒᆞ야 쥬나라의 쇠약ᄒᆞᆷ을 양셩(釀成)[77]하얏고 춘츄시대에 제경공(齊景公)은 말게 고혹[78]ᄒᆞ야 그 말이 병드러 죽으매 마부를 대살ᄒᆞ랴 ᄒᆞ얏스며 초창왕(楚莊王)은 총애ᄒᆞᄂᆞᆫ 말이 잇셔 금슈[79]로 의복을 ᄒᆞ야 입히고 고루거각[80]을 건축ᄒᆞ야 거쳐케 ᄒᆞ고 대초와 포육을 먹이다가 그 말이 죽으매 대부의례로 장사지내고져 ᄒᆞ얏스니 이상 몃 가지 일로 밀어볼진대 말이라 ᄒᆞᄂᆞᆫ 것이 셰상에 용납지 못ᄒᆞᆯ 괴악한 물건이 이날 죠고의 악ᄒᆞᆫ 입으로 의신을 가라쳐 말이라 ᄒᆞᆷ이 인ᄒᆞ야 구실(口實)[81]이 되야 이ᄶᅢ것 그 욕을 씨슬 곳이 바이 업사오니 그 안이 절통ᄒᆞ오닛가 예날 증셔(曾西)라 ᄒᆞᄂᆞᆫ 니은 엇던 사람이 관즁(管仲)[82]에게 비유ᄒᆞ얏더니 증셔가 발연히 낫빗을 면ᄒᆞ야 네 엇지ᄒᆞ야 관즁에게 비ᄒᆞ엿나뇨 ᄒᆞ얏스니 꽌즁은 졔환공(齊桓公)을 도아

73. 유독(遺毒): 남아 있는 해독.
74. 선연(仙緣): 신선과의 인연.
75. 일동일정(一動一靜): 하나하나의 동정. 또는 모든 동작.
76. 주류(周流): 두루 돌아다님.
77. 양성(釀成): 어떤 분위기나 감정 따위를 자아냄.
78. 고혹(蠱惑): 아름다움이나 매력 같은 것에 홀려서 정신을 못 차림.
79. 금수(錦繡): 수를 놓은 비단. 또는 아름답고 화려한 옷이나 직물.
80. 고루거각(高樓巨閣): 높고 크게 지은 집.
81. 구실(口實): 핑계를 삼을 만한 재료.
82. 관중(管仲): 중국 춘추시대 제나라의 재상(?~BC 645). 이름은 이오(夷吾). 환공(桓公)을 도와 군사력의 강화, 상공업의 육성을 통하여 부국강병을 꾀하였으며, 환공을 중원(中原)의 패자로 만들었다. 포숙아와의 우정으로 유명하며, 이들의 우정을 관포지교라고 이른다. 저서에 『관자(管子)』가 있다.

패업을 일워ㅅ스니 비록 셩인의 무리는 못될지나 큰 공과 넉넉한 업이 후셰에 츄앙하는 바이로대 증셔가 실여ᄒᆞ엿거던 흠을며 말 갓흔 루츄ᄒᆞᆫ 축싱을 션경에 왕래ᄒᆞ는 의신에게 비ᄒᆞ니 엇지 욕되지 안이ᄒᆞ오릿가 이에 우러어 알외오니 통촉ᄒᆞ신 후 우리 금슈계에 이 뜻으로 공포ᄒᆞ옵셔 무식ᄒᆞᆫ 인류(人類)의 씨기리는 바를 고지듯지 안이ᄒᆞ도록 마련ᄒᆞ야 쥬압시기를 바라나이다"(7. 5)

데륙 쳑알소봉

사슴이 긴 다리로 셩큼셩큼 거러나아가니 두 날ᄀᆡ가 ᄒᆞ날에 드린 구름 갓흔 큰 새 ᄒᆞᆫ 마리가 구만 리 장렬을 지쳑갓치 날아와셔 웅장ᄒᆞᆫ 목소리로 원졍 발괄을 ᄒᆞᆫ바탕 장황ᄒᆞᆫ다

"의신은 북명(北冥)에 잇는 곤(鯤)이라 ᄒᆞ는 고기로 화생ᄒᆞ얏삽ᄂᆞᆫᄃᆡ 일즉이 남명(南冥)을 도모ᄒᆞᆯ새 공긔를 어거ᄒᆞ고 구만 리를 올나가 풀은 ᄒᆞ날을 등에 지고 ᄒᆞᆫ번 ᄂᆞᆯ개를 치매 삼쳔 리식 건너가니 이 긔상을 말ᄒᆞ쟈면 동양에 진시황이 맹장경졸(猛將勁卒)을 거나리고 ᄒᆞᆫ북 소리에 산동륙국을 한닙에 삼기던 것도 갓고 셔양에 라파륜이 륙군 오십오만과 해군 사만오쳔을 지휘ᄒᆞ야 구라파 십칠만 리를 통일코져 하던 것과 달음이 업셔 텬디를 번복ᄒᆞ고 셰계를 진동ᄒᆞᆯ듯 ᄒᆞ던 한 동물이던지 크고 젹음을 물론ᄒᆞ고 감히 우러러보지 못ᄒᆞᆯ 의신의 긔셰어ᄂᆞᆯ 뎌 요마방자ᄒᆞᆫ 쳑알이란 놈이 매양 죠롱ᄒᆞ야 웃는 말이 나는 긔씬 올나간대도 두이길에 지나지 못하고 이편 쑥대에셔 데편 쑥대에를 궁일지력[83]으로 간대도 나 볼일은 랑패가 업시 다 보고 지내거날 너는 무삼 대사로 그 힘을 허비ᄒᆞ야 북명에셔 남명으로 옴겨 가나요 ᄒᆞ니 (7. 6)

얼픗 생각하오면 져의 갓흔 소소ᄒᆞᆫ 무리가 의신의 큰 것을 몰오고 ᄇᆡᆨ 번 쳔 번 죠롱ᄒᆞᆫ대도 죠곰도 관계ᄒᆞᆯ 바-업거니와 그도 그럿치 안이ᄒᆞ온 것이 자고 이래로 영웅준걸의 큰 뜻을 매양 셩취치 못하고 맛참내 랑패ᄒᆞᆫ 력사를 참고하건대 뉘 안이 소소배의 무함과 참소가 졈졈 싸여 필경에는 여러 닙이 금을 녹이는 영향에 밋치지 안ᄒᆞ갓스리오 지금 쳑알의 우는 것은 에다 비유ᄒᆞᆯ 바는 안이오나 작은 쟈도 큰 쟈를 셩심 넘봄은 일반이라 엇지 가통치 안이하오릿가 홍곡(鴻鵠)[84]이 항상 말ᄒᆞ기를

83. 궁일지력(窮日之力): 아침부터 저녁까지 온종일 일함.
84. 홍곡(鴻鵠): 큰 기러기와 고니라는 뜻으로, 포부가 원대하고 큰 인물을 이르는 말.

연작(燕雀)[85]이 엇지 홍곡의 뜻을 알니오 하고 연작의 죠롱을 날로 밧되 치지도외ᄒᆞ엿스니 그ᄂᆞᆫ 홍곡의 활달대도가 가히 자량ᄒᆞᆯ 만ᄒᆞᆫ 곳이라 ᄒᆞᆯ 것이로대 그ᄂᆞᆫ 그러치 안이ᄒᆞᆯ 것이 태산도 개암이 구멍으로 인ᄒᆞ야 문여지고 큰 나무가 좀의 쫄음을 인ᄒᆞ야 죽나니 엇지 목젼에 현져ᄒᆞᆫ 해가 업슴을 밋어 타일에 면키 어려온 해를 당ᄒᆞ리오 그럼으로 의신은 결코 쳑알이 젹다 ᄒᆞ야 그 우슴을 용서치 못ᄒᆞ겟삽기 매앙 의신의 큰 날ᄭᅡ로 ᄒᆞᆫ번 후리쳐 분쇄를 시기고 십으나 자장격지(自裝擊之)[86]ᄂᆞᆫ 톄모를 손실ᄒᆞᆯ일ᄭᅡ ᄒᆞ야 오ᄂᆞᆯᄭᅡ지 이르럿삽더니 텬행으로 지금 우리 금슈계에 재판졍을 열어 대소와 슈륙을 물론ᄒᆞ고 일반 동류에 션악을 공평히 샹벌ᄒᆞ압ᄂᆞᆫ 됴흔 긔회를 당ᄒᆞ얏삽기(7. 7)

(二十) (원문소실)

(二十一) (원문소실)

(二十二) (원문소실)

집간이나 어더 거쳐ᄒᆞᆯ 비루한 사상을 가진지라 지금이 텬디 부판한 지 얼마 안이 된 회호셰게와 달나 이십셰긔(二十世紀) 신풍죠에 코를 드르렁드르렁 골든 야만부락들도 모다 정신을 ᄭᅢ여 졔각기 자유권력을 화ㄱ실히 보존하랴ᄂᆞᆫ 이 시대에 썩고 썩은 구사상을 곳치지 못ᄒᆞ고 남의게 의뢰ᄒᆞ야 집간을 의지하던 것을 죵래 곳치지 못ᄒᆞ야 자유독립 즉 하나님이 쥬신 무ᄒᆞᆫᄒᆞᆫ 권능을 스사로 영영 포기하며 ᄯᅩ 위생에 암매ᄒᆞ야 집안을 시시로 졍결히 소쇄ᄒᆞ야 병균(病菌)을 박멸할 쥴은 젼연히 알지 못하고 져의 거쳐하ᄂᆞᆫ 쳐소에 검의쥴이 사면 얼키고 똥이 새여 와샤에셔 상기ᄂᆞᆫ 균독으로 멸문지환을 죵죵 당ᄒᆞᄂᆞᆫ 가소로온 놈으로셔 의신과 생심 엇지 공을 닷호랴 ᄒᆞᄂᆞᆫ닛가 졔가 공을 닷호지 못ᄒᆞᆯ ᄲᅮᆫ 안이라 감히 의신과 엇개도 견쥬지 뭇ᄒᆞᆯ지니 의신은 이상에 진슐ᄒᆞᆫ과 갓치 샤회에 복이ᄂᆞᆫ 못 작만ᄒᆞ야 줄지언졍 큰 해ᄂᆞᆫ 씨치지 안이ᄒᆞ얏거ᄂᆞᆯ 져놈은 마암 가지기를 간흘흉특히 ᄒᆞ야 남의 후모의 치마 속에 드러가 그 아달로 ᄒᆞ야곰 어미에게 겁박하얏다ᄂᆞᆫ 악명을 무죄히 듯게 ᄒᆞ기와 악역 왕망은 당연히 토멸ᄒᆞᆯ 바어ᄂᆞᆯ 져놈은 심장이 셔로 갓ᄒᆞ야 아모죠록 탄호ᄒᆞᆯ이런지 하ᄂᆞᆯ

85. 연작(燕雀): 제비와 참새를 아울러 이르는 말. 도량이 좁은 사람을 비유적으로 이르는 말.

86. 자장격지(自將擊之): 자기 스스로 군사를 거느리고 나아가 싸움. 남에게 시키지 아니하고 손수 함.

명을 밧드러 죄를 토문ᄒᆞ러ᄂᆞᆫ 태슈 가맹의 슈레 우로 날나 모여와셔(7. 12)

필경 그 싸홈을 패하고 가명으로 몹시 죽게 ᄒᆞ얏스니 그 소위[87]를 궁구ᄒᆞ면 엇지 가통치 안이ᄒᆞ오릿가 이처럼 우러러 고ᄒᆞ오니 뎌놈을 상당ᄒᆞᆫ 벌을 쥬압셔 다시ᄂᆞᆫ 청백ᄒᆞᆫ 의신 등에게 모욕ᄒᆞ지 못하도록 ᄒᆞ야 쥬압시면 비단 의신 등의 설문홈이라 인류샤회에도 적지 안인 요일을 소멸ᄒᆞ얏다 ᄒᆞ겟나이다”

뎨팔 승문상송(蠅蚊相訟)

개암이가 쌀쌀 긔여 물너나아오니 엇의셔 바람에 날녀단이ᄂᆞᆫ 버들개아지만 ᄒᆞᆫ 톄격에 몸은 강호ᄒᆞ고 다리ᄂᆞᆫ 길쯤ᄒᆞ고 쏭문이ᄂᆞᆫ 축 쳐진 물건 ᄒᆞ나이 소리를 거짓말 죠곰만 보태면 죵로인경[88]만 못지 안이ᄒᆞ게 크게 질으며 송민셕으로 드러오더니

“의신은 모긔올시다 오날날 고명ᄒᆞ신 금슈쳠각ᄒᆞ게압셔 공정ᄒᆞᆫ 재판을 열으시고 ᄎᆞ례로 호소홈을 허ᄒᆞ야 쥬압시니 의신이 비록 미묘ᄒᆞᆫ 신분이오나 일즉이 피리 춘츄ᄂᆞᆫ 잇사와 외남홈을 무릅쓰고 품은 바 소회[89]를 고하압나니 밝히 살히심을 바라압나이다 의신의 본명은 ᄇᆡᆨ죠(白鳥)라 ᄒᆞ옵ᄂᆞᆫ대 몸은 비록 젹어도 두 억기에 산을 능히 질머지오며 눈셥에 초슈(焦須)라 ᄒᆞᄂᆞᆫ 새에 깃드림을 용납ᄒᆞ압ᄂᆞᆫ대 예날 졔환공(齊桓公)은 장막을 열어 마져드려 자긔의 살을 앗기지 안이ᄒᆞ고 졉대ᄒᆞ얏스며(7. 15)

오맹이ᄂᆞᆫ 효행이 탁이ᄒᆞᆫ 사람으로 자긔 부친을 위하야 의신을 구축지 안이하얏사오니 이 두 일로 밀어볼지라도 의신의 특별ᄒᆞᆫ 대우 밧음은 가히 알지오 또 능히 텬디죠화를 쌔앗셔 구름 ᄒᆞᆫ 점 업ᄂᆞᆫ ᄒᆞᆫ날에도 우뢰를 쳐쳐 이르키면 유죄무죄간에 사람들이 모다 두려워 두 손바닥을 마조 대이며 복복 샤죄ᄒᆞᄂᆞᆫ 쟈가 만사오니 그만ᄒᆞ야도 족히 간셰배를 압도홀 만ᄒᆞᆫ지라 그럼으로 뎌 만고 소인 파리란 놈이 졔 죄를 졔가 짐작ᄒᆞ얏던지 의신 곳 오면 져ᄂᆞᆫ 몰녀가고 의신 곳 물너가면 져ᄂᆞᆫ 와셔 씌씌로 의신과 한 째에 머물지 안이ᄒᆞ랴 ᄒᆞ오니 이ᄂᆞᆫ 달음이 안이라 군자가 나아가면

87. 소위(所爲): 하는 일.
88. 인경(人定): 조선시대에, 통행금지를 알리기 위하여 밤마다 치던 종. 서울의 보신각종, 경주의 성덕대왕신종 따위가 있다.
89. 소회(所懷): 마음에 품고 있는 회포.

소인이 물너가고 소인이 나아가면 군자가 물너가ᄂᆞᆫ 리치와 죠곰 달을 바- 업사오니 그 청탁과 현볼ᄎᆞ[90]의 분별은 의신의 변론을 장황히 ᄒᆞᆯ 여디가 업사오나 뎌놈이 새벽마다 곤히 자ᄂᆞᆫ 사람을 견대지 못ᄒᆞ도록 셩가시럽게 구러 긔어히 그 잠을 ᄭᆡ오게 ᄒᆞ고 인ᄒᆞ야 엇더케 참소를 하얏던지 곳곳이 장막을 깁게 드려 의신을 거졀하오니 의신이 무단히 갈 바를 일어 도로에서 황ᄒᆞ옵ᄂᆞᆫ 즁 감아니 생각ᄒᆞ오면 기실은 의신만 깁히 미워 그 장막을 내림이 안이라 기실은 져놈부터 미움을 밧음이나 그리하오나 파리란 놈은 그 죄상이 차례로 드러 말ᄒᆞ진대 견축[91]을 만 번 당ᄒᆞ야 싸온 일이로대(7. 16)

의신은 그놈의 죄에 로갑이을(怒甲移乙)[92]을 당하온 듯ᄒᆞ오니 그 안이 원통ᄒᆞ오닛가 이졔 그놈의 죄상을 말삼ᄒᆞ오면 간인(奸人)의 혼과 영인(佞人)의 넉이 허여지지 안이ᄒᆞ고 파리가 되야셔 힌 것을 검게 변ᄒᆞ고 검은 것을 히게 변ᄒᆞ기를 간영배가 임군을 옹폐ᄒᆞ야 션ᄒᆞᆫ 것을 악ᄒᆞ게 ᄒᆞ고 악ᄒᆞᆫ 것을 션ᄒᆞ게 속여 죠출ᄒᆞᆫ 자로 스사로 빗을 일케 ᄒᆞ며 곳은 쟈로 애매히 굽게 ᄒᆞ야 의사로 ᄒᆞ야곰 하날을 우러어 탄식케 ᄒᆞ나니 그럼으로 시젼에 유왕(幽王)을 풍자(諷刺)ᄒᆞ얏스되 영영한 창승(營營蒼蠅)이여 번(樊)에 긋지엿도다 개뎨ᄒᆞᆫ 군자여 참소에 말을 밋지 말지어다 ᄒᆞ얏스니 이 ᄒᆞᆫ 가지로 보아도 파리의 비루ᄒᆞᆷ은 가히 알지오 ᄯᅩ 옛날 구양슈(歐陽修)[93]라 ᄒᆞᄂᆞᆫ 문장이 파리를 미워하ᄂᆞᆫ 글을 지엇ᄂᆞᆫ대 그 글ᄯᅳᆺ을 대강 말ᄒᆞ자면 창승아 창승아 네가 일즉 모긔 갓ᄒᆞᆫ 리로온 부리로 업셔 사람으로 하야곰 두려웁게 못ᄒᆞ며 엇지ᄒᆞ야 사람이 너를 깃기히 넉이게 못ᄒᆞ고셔 네 형제가 젹어 네 양이 차기 어렵지 안이ᄒᆞ거ᄂᆞᆯ 무엇이 항상 부족ᄒᆞ야 날이 맛도록 영영ᄒᆞ야 내암새를 ᄶᅩ차단이나뇨 네 죄가 셰 가지 큰 것이 잇스니 여름날 신긔가 흔흔ᄒᆞᆯ ᄯᅢ에 배개에 의지ᄒᆞ야 쥬공(周公)을 ᄭᅮᆷ에 뵈오랴 ᄒᆞᄂᆞᆫ 사람을 네가 무슨 심사로(7. 17)

---

90. 현불초(賢不肖): 어짊과 못남. 또는 어진 사람과 못난 사람을 아울러 이르는 말.
91. 견축(見逐): 다른 곳으로 쫓겨남.
92. 노갑이을(怒甲移乙): 갑에게서 당한 노여움을 을에게 옮긴다는 뜻으로, 어떠한 사람에게서 당한 노여움을 애꿎은 다른 사람에게 화풀이함을 이르는 말.
93. 구양수(歐陽脩): 중국 송나라의 정치가 문인(1007-1072). 자는 영숙(永叔). 호는 취옹(醉翁) 육일거사(六一居士). 당나라 때의 화려한 시풍을 반대하여 새로운 시풍을 열고, 시 · 문 양 방면에 걸쳐 송대 문학의 기초를 확립하였으며, 당송 팔대가 가운데 한 사람으로 꼽힌다. 저서에 『신오대사』, 『신당서』, 『모시본의(毛詩本義)』 따위가 있다.

얼골에 안지며 소매에 드러오며 눈섭에 모뒤고 눈가은 몰어 긔어히 단잠을 자지 못ᄒᆞ게 ᄒᆞ니 그 죄가 ᄒᆞᆫ 가지오 ᄯᅩ 고당에셔 귀객을 맛져 배반을 차려 대졉ᄒᆞᆯ새 즁다ᄒᆞᆫ 무리가 혹 긔명에도 모이며 혹 안셕에도 모여 술과 국에 더러온 발을 씨스며 몸을 ᄲᅢ져 죽기에 이르러도 개과치 안일 ᄲᅮᆫ외라 동유를 청ᄒᆞ고 벗을 불너 다갱이를 흔들고 날개를 치며 동셤셔홀[94]에 왕래가 락역ᄒᆞ야[95] 사람으로 ᄒᆞ야곰 손을 휘젓고 발을 굴너 견대지 못ᄒᆞ게 ᄒᆞ니 네 죄가 둘이오 ᄯᅩ 졋갈부치나 장국 등속을 아모리 단단히 봉ᄒᆞ야 두어도 네가 여러 힘을 합ᄒᆞ야 백방으로 구멍을 ᄯᅮ르고 그 맛을 변ᄒᆞ게 만들며 생션이나 황육의 맛됴흔 것을 죠곰만 헐후히 간슈ᄒᆞ거나 그릇셰 틈만 죠곰 잇스면 언의 겨를에 가 삿기를 무슈의 나아노아 다시 먹지를 못하게 ᄒᆞ니 네 죄가 셰ㅅ이라 ᄒᆞ얏스니 이 글로 볼지라도 파리 놈의 악하고 츄흠이 간영배(奸佞輩)에 못지 안이ᄒᆞᆫ 것을 가히 알지니 죄상이 이 갓흔 쟈로 감히 의신과 청탁을 닷호자 흠이 엇지 가소롭지 안이하오릿가 아모죠록 파리 놈을 씨를 남기지 말고 모죠리 업새와 인류의 큰 해를 제ᄒᆞ옵고 의신 등으로 ᄒᆞ야곰 그놈의 죄를 인연ᄒᆞ야 구축을 안이 당ᄒᆞ도록 ᄒᆞ야쥬압시기를 복축복축ᄒᆞ나이다"(7. 18)

이ᄣᅢ 각색 금슈 곤츙들이 모다 소회가 잇셔 닷호아 나아와 호소를 ᄒᆞ랴 ᄒᆞᄂᆞᆫ대 좌우재판장이 의론을 ᄒᆞ고 공포ᄒᆞ기를 오날은 시간이 단축ᄒᆞ야 송사를 더 밧을 겨를이 업스니 아모리 밧부더래도 아즉 물너가 이 다음날을 기대리라 ᄒᆞ고 이왕 밧은 송사를 차례로 판결ᄒᆞᄂᆞᆫ대 보통사졍으로 말ᄒᆞ여 아모리 졔가 곳지 못한 일이라도 락송곳ᄒᆞ면 의례히 청원을 ᄒᆞ갯지마는 금슈계에ᄂᆞᆫ 재판이라ᄂᆞᆫ 것이 쳐임 잇ᄂᆞᆫ 일이라 협사도 아즉 생기지 안이ᄒᆞ얏고 ᄯᅩᄂᆞᆫ 공졍ᄒᆞᆫ 마당에 무엇이라 항거ᄒᆞᆯ 여디가 업더라 이ᄣᅢ에 좌우재판장이 도셔긔를 식여 젹셩권축ᄒᆞᆫ 소장과 셜유를 차례로 죠샤ᄒᆞ야 지공무사하도록 귀졍하야 아모죠록 금슈계에 큰 행복을 삼으랴 ᄒᆞᆯ새 먼져 갓치와 비둘기를 불너 일장변론을 피차에 다 하도록 ᄒᆞᆫ 후에 재판장 비둘기 너 듯거라 ᄒᆞ니 텬디 음양 리치로 셰상만물이 환생ᄒᆞᆯ새 네가 사람이 못되고 즘생이 되엿스며 즘생 즁에도 영특하고 도량잇ᄂᆞᆫ 큰 증생이 못되고 날즘생 즁 변변치 못ᄒᆞᆫ 비둘기네가 되엿스니 너가 네 쳐디를 생각ᄒᆞᆫ대도 아모죠록 분슈를 감가 직히어 범위

94. 동섬서홀(東閃西忽): 동에서 번쩍, 서에서 번쩍한다는 뜻으로, 바삐 이리 갔다 저리 갔다 함의 비유.
95. 왕래낙역(往來絡繹): 끊임없이 오가다.

(範圍) 밧 행동을 안이ᄒᆞ여만 네 평싱이 안온홀 자어늘 무엇을 넉히 밋고 외남ᄒᆞᆫ 뜻을 두어 남의 풍우를 무릅쓰고 작만ᄒᆞᆫ 집을 씌옴씌옴ᄒᆞ야 쌔앗셔 인연히 네 집을 삼으랴 ᄒᆞᄂᆞᆫ다(7. 20)

남의 집을 쌔앗는 네 마암은 됴커니와 힘드려 작만ᄒᆞ야 쌔앗긴 갓치는 얼마나 원통ᄒᆞ겟는가 잠간 소소ᄒᆞ신 ᄒᆞ날 리치로 일을지니 쥬의ᄒᆞ야 드러보라 텬디만물을 이 셰상에 창죠ᄒᆞ신 상뎨게압셔는 애징후박(愛憎厚薄)[96]이 각각 잇지 안이ᄒᆞ시고 다만 공변된 리치로 악ᄒᆞᆫ 쟈를 징게ᄒᆞ고 션ᄒᆞᆫ 쟈를 포양하며 인약ᄒᆞᆫ 쟈를 붓들고 강포ᄒᆞᆫ 쟈를 억졔ᄒᆞ야 오날 놉던 산이 래일 깁흔 골이 되기도 ᄒᆞ고 봄에 비 쥬던 나무에 가울에 셔리도 내려 차고 이지러지며 살아지고 길어짐이 잠시 쉬지 안이하고 문래박휘갓치 돌아단이나니 너는 그러홈은 몰으고 엿흔 씌와 변변치 안인 힘을 스사로 밋고 남의 집을 무단히 쌔앗셔 네 집을 삼으랴 ᄒᆞ야 그런 어리셕은 소견이 엇의 쏘 잇스리오 이쳐럼 효유하는 것이니 헐후히 듯지 말고 이 길로 나아가 그 집을 가치에게 돌오쥬고 사과를 ᄒᆞ여야지 만일 명령을 거역ᄒᆞ고 일향 고집ᄒᆞ다는 너의 무리를 모다 몰아다가 틱평양 넓은 물에다 더져 혈유(孑遺)를 남기지 안이ᄒᆞ리라

갓치 너 듯거라 ᄒᆞ니 너는 긔질은 비록 약ᄒᆞ게 품부ᄒᆞ얏스나 이목구비 ᄒᆞᆫ 곳도 비둘기만 못ᄒᆞᆫ 곳이 업거늘 자강심(自强心)과 자유력(自由力)을 무단히 포리ᄒᆞ고 동포의 단톄가 못되야 남의 업슈히 넉임을 자취ᄒᆞ고셔 무엇을 원통ᄒᆞ노라 호소를 ᄒᆞᄂᆞᆫ다(7. 21)

(30) 원문 소실

남의 시긔를 밧음은 졍ᄒᆞᆫ 리치라 긔왕 네가 궁통ᄒᆞᆫ 실긔로 굴 셋을 경영ᄒᆞ얏스니 그 굴속에 깁히 쳐ᄒᆞ야 째를 기대리고 변을 막을 것이로늘 네 명예만 태산갓치 스사로 밋고 두려움이 업셔 굴 밧게를 망동하얏다가 무식ᄒᆞᆫ 개의 째물임을 당ᄒᆞ얏스니 개가 올타 홈이 안이라 기실은 네가 자취라 홀 만도 ᄒᆞ니라 긔왕은 말홀 것 업시 이 다음으로는 아모죠록 망령되이 동작ᄒᆞ지 말고 근거디를 굿게 직혀 실력(實力)을 확실히 길은 후에 밧갓 물졍을 혜아려 발을 내여 드듸면 산양개가 아모리 강포하나

96. 애증후박(愛憎厚薄): 사랑과 미움과 후함과 박함.

졔 엇지 침로[97]ᄒᆞ겟ᄂᆞᆫ다

산양개 너는 백 번 살마 죽엄을 당ᄒᆞ야도 죄가 남나니 내 말을 드러보라 부즈런ᄒᆞ고 힘드리면 엇더케 채오지 못ᄒᆞᆯ나구 산양군 ᄋᆞᇁ에 가 ᄉᆞ리를 젓고 발을 허위어 각색으로 아당ᄒᆞ며 아모죠록 긴히 뵈여 특별 대우나 밧아보랴고 평싱 기능(技能)을 다ᄒᆞ야 산양군의 지휘대로 이리 쒸며 뎌리 쒸어 무죄ᄒᆞᆫ 쟈를 ᄒᆞᆷ부로 ᄶᅢ므으니 쓴 것 단 것 네게 무슨 리익이 굉장이 잇슬나고 그갓치 비루ᄒᆞ고 악한 행실을 됴ᄒᆞᆫ 상책으로 아는다 더구나 토션생으로 말ᄒᆞ면 그 집 셰덕이 쳥백ᄒᆞ기로 유명하야 너의 배에게 아모 은원이 업거늘 일시 산양군에게 너 좀 긴히 뵈이자고 공연히 ᄶᅩᆺ차 ᄶᅢ물더니 그 다음에 너의 신세는 무엇이 그리 됴흐냐 필경 너의 미련ᄒᆞᆫ 소견에는(7. 24)

토션생만 물어쥬면 됴ᄒᆞᆫ 재목으로 고대광실을 짓고 능라금슈[98]로 요방석을 ᄭᆞᆯ아 안치고 고량진미를 먹기 실토록 대졉ᄒᆞᆯ 줄로 녁엿슬 터이로다마는 다시 생각ᄒᆞ야 보라 산양군이 당장 너를 후대ᄒᆞ기는 당옴이 안이라 졔 욕심에 잇는 바를 네 힘을 빌어 잡고져 하야 여간 식은 밥덩이 자검이 그릇을 앗기지 안이ᄒᆞ고 준 것이어니와 임의 토션생을 잡아 졔 목뎍을 관쳘ᄒᆞᆫ 이후에야 네게 무엇을 또 요구ᄒᆞᆯ 것이 잇겟는가 요구ᄒᆞᆯ 것만 업슬 ᄲᅮᆫ외라 감아니 생각ᄒᆞ기를 개 뎌놈의 힘을 빌어 토끼는 잡기는 하얏지마는 개의 행실로 말ᄒᆞ면 비루ᄒᆞ고 악독ᄒᆞᆫ 것이 잠시 내게 긴히 보야 밥덩이라도 낫게 엇어먹을 작졍으로 져의 통류를 ᄒᆞᆷ부로 ᄶᅢᆷ으럿스니 만일 그놈을 잘 먹여 두엇다는 속담에 져 길은 개가 발뒤굼치를 문다고 내게도 무슨 화가 잇슬는지 몰오고 또 져 먹여두기는 토끼 잡자는 것인대 이졔 토끼를 잡앗슨즉 인졔는 살마 국이나 ᄊᆞᆯ여먹어 후환을 업새리라 ᄒᆞ거날 이 오장륙부 즁 ᄒᆞᆫ 보가 업는 놈아 네 죄를 네가 진시 회기ᄒᆞ야 토션성 압에 셕고대죄[99]를 ᄒᆞ고 아모죠록 너의 자유로 생활ᄒᆞ야 산양군의 노례 되지 말지어다'

토셔긔는 돌오 사션상 ᄋᆞᇁ으로 올나안져 셔긔 사무를 보고 개는 져 잘못ᄒᆞᆫ 것을 ᄭᅢ다랏던지 눈물을 쑥쑥 ᄯᅥ러드리며 물너 나아간 뒤에(7. 26)

97. 침노(侵擄): 남의 나라를 불법으로 쳐들어가거나 쳐들어옴.
98. 능라금수(綾羅錦繡): 명주실로 짠 피륙을 통틀어 이르는 말.
99. 석고대죄(席藁待罪): 거적을 깔고 엎드려서 임금의 처분이나 명령을 기다리던 일.

또 봉황과 ᄉᆞᆯ갬이를 불너드려 장시간 효유를 ᄒᆞ더라

'ᄉᆞᆯ갬이 너 ᄃᆞᆺ거라 너의 장황히 진슐ᄒᆞᆫ 셜유가 일변 가긍[100]도 ᄒᆞ거니와 일변 통탄도 ᄒᆞ다 가긍ᄒᆞᆫ 것은 이목구비 날개 발톱을 남만 못ᄒᆞ게 품부[101]ᄒᆞᆫ 바- 안이로대 다만 쳐디를 낫게 타고나셔 문견이 고샹치 못ᄒᆞ고 식셩이 루츄ᄒᆞ야 죽은 개 병아리 등물을 상등 료리로 알고 먹어 쥬린 량을 채오고 지내ᄂᆞᆫ 즁 심지어 남의 싀부모 봉양ᄒᆞ랴고 사가ᄂᆞᆫ ᄭᅮ미ᄭᅡ지 로략ᄒᆞ야 먹으니 긔갈이 자심ᄒᆞ야 념치가 도상한 것을 가히 알지라 네 말과 갓치 셩인이 허낙ᄒᆞ여 말삼하신 연비여텬(鳶飛戾天)의 도학 긔상이 속졀업ᄂᆞᆫ ᄶᅡ에 도라가게 되엿스니 이ᄂᆞᆫ 근일 인류쥬 ᄒᆞᆫ두 가지 발은 일을 행ᄒᆞ야 죠고마ᄒᆞᆫ 명예를 엇어다가 급기 생활을 인ᄒᆞ야 비패ᄒᆞᆫ 거죠로 먹을 것 못먹을 것 한부루 혀를 대다가 제 신셰를 맛침과 일반이니 그 안이 가긍하며 통탄ᄒᆞᆫ 것은 네 자격이 그쯤 되엿스면 네 분슈를 스사로 직혀 아모죠록 범남ᄒᆞᆫ 사상을 두지 말아야 가ᄒᆞ겟거날 감히 썩은 쥐를 가져 봉황을 의심하ᄂᆞᆫ다 봉황의 력사를 드러보라 봉황은 우츙삼백륙십(羽忠三百六十) 가온대 어룬이 되야 텬ᄒᆞ가 어지러오랴면 나아오지 안이ᄒᆞ고 텬ᄒᆞ가 다사리랴면 나아와 군자의 출쳐와 죠곰 달을 바가 업고 (7. 27)

그 셩품이 인덕으로 청렴ᄒᆞ야 산 버레를 ᄶᅩᆸ지 안이ᄒᆞ고 산 풀을 ᄇᆞᆲ지 안이ᄒᆞ며 오동이 안이면 깃드리지 안이ᄒᆞ고 죽실이 안이면 먹지를 안이함은 아모리 너갓치 우준ᄒᆞᆫ[102] 무리도 응당 알앗슬 터이라 옛날 황뎨 헌원씨가 황의황대(黃衣黃帶)로 즁궁에셔 재계를 ᄒᆞ심애 봉죠가 비로소 뎨의 동산에 내리엿고 뎨요도당씨가 졍사를 다사린 지 칠십에 봉죠가 그 ᄯᅳᆯ에 내리엇고 뎨슌뉴우씨가 소소라ᄂᆞᆫ 풍류를 아홉번 이룸애 봉죠가 와셔 춤츄엇스며 쥬ᄂᆞ라 셩왕 ᄯᅢ에 텬ᄒᆞ가 크게 다사림애 봉죠가 ᄯᅳᆯ에 와 춤츄엇슴으로 셩왕게셔 검은고를 타사 소래ᄒᆞ셧고 ᄒᆞᆫ나라 소뎨 ᄯᅢ에 텬ᄒᆞ가 태평ᄒᆞᆷ으로 봉죠가 다삿 차례를 이르럿슴으로 그 년호를 오봉(五鳳)이라 칭ᄒᆞ얏스니 봉죠의 출쳐가 셩군명쥬와 친근ᄒᆞᆷ을 가히 알지오 기외의 봉죠의 아람다온 상셔를 이로다 다 말ᄒᆞᆯ 슈 업스니 네 생각ᄒᆞ야 보라 봉죠가 범상 새가 아이어던 엇지 너 먹ᄂᆞᆫ 썩은 쥐를 욕심내여 ᄲᅢ앗슬 ᄯᅳᆺ 십을쏘냐 그런즉 너 되야셔ᄂᆞᆫ ᄡᅳᆯ대업ᄂᆞᆫ 시

---

100. 가긍(可矜): 불쌍하고 가엾다.
101. 품부(稟賦): 선천적으로 타고남.
102. 우준(愚蠢)하다: 생각이나 행동 따위가 어리석고 굼뜨다.

긔로 너보다 나온 쟈를 올매즁에 의심치 말고 아모쬬록 젼일 행실을 스사로 회개하야 봉죠갓치 놉흔 지취를 모쓰는[103] 것이 가ᄒᆞ지 안이ᄒᆞᆫ가 근일 인류즁 너의 오날 거죠와 방불ᄒᆞᆫ 쟈는 무슈하야 제 신분과 행실은 ᄒᆞ등 야만의 짓을 모죠리 ᄒᆞ며 져보다 나아 명예 놉흔 쟈를 보면 투긔ᄒᆞ고 밈게 넉여 천만부당ᄒᆞᆫ 일로 무함ᄒᆞ야 긔어히 참혹ᄒᆞᆫ 디경으로 몰아너으랴 ᄒᆞ고(7. 28)

져 잘못ᄒᆞᆫ 것을 쌔다라 그 사람의 발은 도리를 효칙ᄒᆞᆯ 줄은 알지 못ᄒᆞ니 엇지 통탄치 안이하랴 차후로는 네 행실을 죠촐히 가져 봉죠의 본을 밧고 부졍당한 의심으로 고상ᄒᆞᆫ 쟈를 혐의치 말아 뎌 ᄒᆞ등 인류의 거울이 될지어다

봉죠 그대는 고상ᄒᆞᆫ 식견으로 불의의 것을 탐내지 안이ᄒᆞᆷ을 임의 졍당ᄒᆞᆫ 공론으로 허낙ᄒᆞᆫ 바인바 결코 솔개 놈의 먹을 것을 엿보지 안이ᄒᆞ얏슬 터이나 ᄒᆞᆫ갓 고강오동(高岡梧桐) 됴흔 쳐소를 무엇ᄒᆞ노라 경션히 써나 싀끌 셰상에 이르럿다가 썩은 쥐를 탐낸다는 욕을 당하엿는다 아모쬬록 구포(九包)의 덕을 더 길넛다가 우리 셩텬자 계신 뜰 압에 내려 텬ᄒᆞ안녕ᄒᆞᆯ 상셔를 드릴지어다'

솔갬이가 봉죠의게 복복샤죄를 ᄒᆞ며 물너나간 뒤에 호랑이와 여호를 불너드럿더라

'호랑이 그대는 ᄒᆞᆫ곤에 단졍히 안져 셜혹 츅로되는 곳이 잇더래도 향여 망동[104]치 말고 내말을 드를지어다 그대가 산군의 디위로 놉흔 위엄이 족히 우리 동물계에 우러러보는 바이 될지니 그러나 자고 이래로 인류계를 두고볼진대 그 임군 되는 쟈의 디위가 놉지 안인 바가 안이오 위엄이 장대치 안인 바가 안이로대 매양 간신의 쳔백 가지로 아당ᄒᆞ는대 미혹ᄒᆞ야 필경은 그 나라를 망ᄒᆞ고 그 디위를 써러싀려 (7. 29)

만고의 혼군암쥬[105]의 일홈을 면치 못하나니 이는 내 뜻을 영합(迎合)[106]ᄒᆞ고 내 허물을 덥허쥬는 것을 쑬갓치 달게 넉이다가 즁대ᄒᆞᆫ 긔업을 일죠에 망ᄒᆞ고 쳐량ᄒᆞᆫ 신셰가 필부에 지나지 못하나니 그대는 산군의 신셩ᄒᆞ고 놉흔 디위에 쳐하야 아모쬬록 간특한 쟈를 물니치고 현량ᄒᆞᆫ 쟈를 갓가히 ᄒᆞ야 산즁백슈로 ᄒᆞ야곰 그대의 위

103. 모뜨다: 남이 하는 짓을 그대로 흉내내어 본뜨다.
104. 망동(妄動): 아무 분별 없이 망령되이 행동함. 또는 그 행동.
105. 혼군암주(昏君暗主): 사리에 어둡고 어리석은 임금.
106. 영합(迎合): 사사로운 이익을 위하여 아첨하며 좇음.

엄에 강복치 말고 덕화[107]에 물졋도록 홀 것이어늘 침혹 잘하는 소인 여호 놈의게 침혹ᄒᆞ야 잠시 ᄯᅥ나지 안이하고 좌우에 항상 친근히 대리고 단엿스니 그대가 엇지 매사를 속지 안이홀쏘냐 여호 놈의 품셩을 대강 말홀 것이니 드러보라 뎌놈이 평생에 간특시럽고 요괴시러워 남을 호리기를 잘함으로 백 년을 묵으면 미녀가 되고 쳔 년을 묵으면 음부가 되야 우매ᄒᆞᆫ 셰상 사람을 마암대로 호려 오장을 ᄲᅢ아먹나니 이 일로만 볼지라도 엇지 잠시인들 갓가히 홀 쟈이리오 누가 허물이 업스리오만는 곳치는 것이 귀홈이 되나니 이왕에 속아 그대 위엄을 일은 것을 ᄒᆞᆫ탄 말고 이 다음으로는 그갓치 간특 요괴ᄒᆞᆫ 무리를 맹셰코 갓가히 말아 타락ᄒᆞ얏던 명예를 다시 찻고 손상ᄒᆞ엿던 위엄을 다시 엇어 산군의 놉흔 디위를 욕되게 말지어다(7. 30)

여호 너는 죄상을 다 말ᄒᆞ쟈면 네 털을 ᄲᅡᆸ아 슈를 놋드래도 일오 헤지 못홀지라 대강 말드러 말홀지라도 남과 갓치 사지육톄를 품부하고 나셔 엇더케 요악ᄒᆞᆫ 행실로 남을 미혹ᄒᆞ야 망신패가를 식이기로 능사를 삼는 즁 뎨일 가통[108]ᄒᆞᆫ 것은 고총[109]을 파고 해쏠을 머리에 써 사람으로 변화ᄒᆞ기는 졔 몸이 즘생이라 최귀ᄒᆞᆫ 사람을 흠셔하야 변화홈이 안이오 무죄ᄒᆞᆫ 사람을 유인ᄒᆞ야 잡아먹자는 간계며 죵죵 불을 가져 가람의 집을 무단히 소신하야 인간의 큰 해를 당케 ᄒᆞ니 네 심장을 궁구홀진대 근일 인류샤회에 개두환면(改頭換面)[110]ᄒᆞ야 본색을 감초고 여러 사람을 속여 국가 인민에 비상ᄒᆞᆫ 손해를 ᄭᅵ치는 무리와 일반[111]이라 맛당히 너의 도당을 모죠리 텰사로 역거 ᄒᆞᆫ곳에 몰아노코 뢰공장군의 벼락불로 일시에 태와 업새ㄹ 일이나 상뎨의 호생ᄒᆞ시는 덕택을 몸밧아 오늘날ᄭᅡ지 특별히 용셔홈은 혹 회개자신하야 이왕 허물을 곳치고 새로 온 행실을 볼가홈이러니 지금 산군의 호소도 드를 ᄲᅮᆫ 외라 사면뎡탐ᄒᆞᆫ 바를 거ᄒᆞ건대 네 버릇이 거거익심ᄒᆞ야 오군(吾羣)에셔 슈백 명 녀자를 간음ᄒᆞᆫ 일이며 관뢰(管賂)의 집에 화재 이르키던 일이며 자칭 현구교위(玄丘校尉)라 ᄒᆞ고 장탄을 고혹ᄒᆞ랴던 일이(7. 31)

107. 덕화(德化): 옳지 못한 사람들을 덕행으로 감화함. 또는 그런 감화.
108. 가통(可痛)하다: 통탄할 만하다.
109. 고총(古塚): 오래된 무덤.
110. 개두환면(改頭換面): 머리와 얼굴을 바꾼다는 뜻으로, 어떤 일의 근본은 고치지 아니하고 사람만 바꾸어 그 일을 그대로 시킴을 이르는 말.
111. 일반(一般): 한모양이나 마찬가지의 상태.

모다 용셔키 어려온 즁 뎨일 무엄훈 것은 옥황상뎨 명령을 위죠후야 산군을 속이되 지금 상뎨께셔 산즁 백슈(百獸)의 자녀를 나로 하야곰 양육후라 후셧스니 만일 산군이 나를 잡아먹으면 이는 텬명을 게역홈이라 산군이 내 말을 밋지 안일진대 내가 맛당이 산군의 압을 셔 엇의던지 단일 것이니 산군은 나의 뒤를 싸르며 여러 즘성의 거동을 볼지어다 산군이 네 꾀에 싸진 바 되야 네 말갓치 뒤를 싸라단인즉 큰 즘생 젹은 즘생이 모죠리 두려워 피하는 것을 보고 네가 과연 상뎨의 명을 밧들어 위엄이 자륵훈 줄노만 넉이고 자긔를 보고 모다 두려워후는 것은 깨닷지 못후엿스니 일변 말후면 산군이 밝지 못후야 간계를 알지 못후얏다 홀지나 자고 이래 뎨왕의 력사를 상고할진대 총명예지가 특별히 셩인자격에 갓가온 쟈 외에는 아모리 됴흔 자품으로 젼신을 다듬고 다사리기를 도모후랴는 인군이라도 불행히 너 갓흔 간교배가 비상훈 꾀로 뜻을 영합후면 부지즁 침혹훈 배 되야 자긔 지위를 써러쓰리고 자긔 나라를 멸망후도록 깨닷지 못후엿나니 간셰배의 독해가 이갓치 깁도다 그러나 산군의 강명용단(剛明勇斷)함이 심상에 뛰여나지 안이하얏더면 오날놀 빈연히 깨닷지 못하고(8. 2)

네놈의 슐즁(術中)에 영영 써러져 산즁백슈에게 엇더훈 영향이 밋칠는지 몰을 번후얏도다 너는 인류 즁 왕망 동탁 진회 가사도 등과 일반의 무리라 맛당이 일망타진[112]하야 혈육을 남기지 안이홀 일이나 죽이자 후니 생명이 참혹후고 졍배를 보내자 후니 그곳 동포가 해를 당홀 터이니 특별히 네 몸에 악훈 내암새로 벌후 쥬어 도쳐마다 모다 먼져 깨닷고 코를 둘너 피하게 후노니 네 아모리 핼슷핼슷 돌아보며 남을 호리랴 훈대도 다시는 속을 쟈가 업슬 것이로다 지금부터라도 네 능히 회개자신후야 마암을 단졍히 가져 소인의 행슬을 안이홀 디경이면 죵당[113] 그 벌을 풀어 쥬려니와 그러치 안이면 억만 년 너의 자자손손에 밋도록 그 악취를 면치 못후리니 죠심홀지어다'

여호를 물니친 후 호랑이를 됴흔 말로 대졉후야 젼송후고 사심과 말을 불너드려 량쳑이 평화토록 일장 효유후는대 먼져 말다려

'여보아라 말아 내 말 듯거라 네 일홈이 축에 후나이 되야 쳔홈을 면치 못후나 그

112. 일망타진(一網打盡): 한 번 그물을 쳐서 고기를 다 잡는다는 뜻으로, 어떤 무리를 한꺼번에 모조리 다 잡음을 이르는 말.

113. 종당(從當): 일의 마지막.

러나 너의 성질이 사람과 병사ᄒᆞ기로 인마역동(人馬亦同)[114]이라는 됴흔 칭찬이 세상에 파젼되지 안이ᄒᆞ엿나냐 그런 칭예를 드른 이상에 아모죠록 뎨한공(齊桓公) 길 가라쳐 쥬던 늙은 말과 인군에게 직간 잘하던 장담(張湛)의 백마와 ᄒᆞᆫ소렬(漢昭烈)을 단계(檀溪)에 구ᄒᆞ야 쥬던 작로(的로)의 상등지식과 됴흔 사젹을 효칙[115]ᄒᆞ고 뎌 사슴의 말ᄒᆞᆯ 바 목왕의 팔준과 뎨경공의 총마(寵馬)와(8. 3)

초장왕의 애마(愛馬) 등 아람답지 못ᄒᆞᆫ 것은 일톄 본밧지 말지어다 진상죠고(秦相趙高)가 사슴을 가라쳐 너라 ᄒᆞᆫ 것은 사슴을 욕홈도 안이오 너를 위홈도 안이라 ᄒᆞᆫ 갓 소인놈의 졔 인군 속이ᄂᆞᆫ 슈단 즁 검은 것을 희다 하고 흰 것을 검다 하ᄂᆞᆫ 일톄로 사슴을 너라고 하야 좌우의 입을 막ᄂᆞᆫ 쳔착ᄒᆞᆫ 계교에 지나지 못ᄒᆞᆫ 일이오 사슴을 밉게 보고 너를 어엽비 넉인 것이 안이며 또 사슴은 죠고에게 감졍이 업고 너ᄂᆞᆫ 죠고에게 요구ᄒᆞᆫ 바이 안인즉 기실은 피차간 애징후박(愛憎厚薄)이 잇슬 이유가 만무ᄒᆞ니 오날늘 길고 절음을 론난ᄒᆞ야 셔로 시비치 말고 옹용히 물너가 바람을 불고 구름을 멍에ᄒᆞ야 텬ᄒᆞ에 횡행할 보법(步法)을 익히어 셰계에 ᄶᅡ를 재 업기를 도모ᄒᆞᆯ지어다 이졔 나의 효유ᄒᆞᄂᆞᆫ 말은 속언에 이른바 닷ᄂᆞᆫ 너에게 채직을 더홈이로다 사슴 너ᄂᆞᆫ 평생에 위생을 잘하야 능히 장싱불사ᄒᆞ야 옥경 털위 션관의 멋이 되엿나니 너의 고상ᄒᆞᆫ 지취ᄂᆞᆫ 더 말ᄒᆞᆯ 것 업시 가히 알지라 비록 소인 죠고 놈이 졔 인군 속이노라고 너를 가라쳐 말이라 ᄒᆞ얏기로 셰상 사람이 누가 그 말을 준신하리오 후셰에 그 말로 구실(口實)을 숨음은 너를 말의 동류라 우슴이 안이오 조고의 죄를 성토홈이니(8. 5)

너ᄂᆞᆫ 모름즉이 아모 관계업ᄂᆞᆫ 말을 원망치 말고 옛날 슌임군이 심산에 계실 ᄯᅢ에 갓치 놀던 일과 문왕의 령유(靈囿)에 업듸어 잇던 션셰 청덕을 ᄯᅡ에 ᄯᅥ러ᄯᅳ리지 말기로 힘쓰고 뎌 말을 죠곰도 시비ᄒᆞᆯ 사상을 두지 말나'

사슴과 말을 물녀 내보낸 뒤에 붕죠와 쳑알을 불너드렷더라

'대붕아 너ᄂᆞᆫ ᄒᆞᄂᆞᆯ의 드린 날개를 ᄒᆞᆫ 번 쳐 구만 리에 당도하야 눈압에 먼 곳이 업시 북명남명(北溟南溟)을 지쳑으로 넉이ᄂᆞᆫ 쾌활긔상이 안인가 그갓치 쾌활한 됴

---

114. 인마역동(人馬亦同): 사람과 말이 같다는 뜻으로, 같은 경우에 닥쳤을 때 미물(微物)이라도 소홀히 대하지 말아야 함을 이르는 말.

115. 효칙(效則): 본받아 법으로 삼음.

ᄒᆞᆫ 긔상을 가지고 젹극적(積極的)으로 힘써 나아가기 곳 ᄒᆞ면 여간 장애물(障碍物)은 눈압에 뵈일 것이 업겟거는 죠고마ᄒᆞᆫ 쳑알의 우슴을 고긔[116]ᄒᆞ야 로로히 재ㅇ변ᄒᆞᆯ 일이 무엇인다 평심셔긔[117]하야 죠곰도 분격지 말고 나의 비유 ᄒᆞᆫ 마듸를 드를지어다 대장부가 가삼에 팔구운몽택(八九雲夢澤)을 삼키고 힘은 산을 ᄲᅢ고 긔운은 셰상을 덥허 텬ᄒᆞ 대셰가 안젼에 요연ᄒᆞ야 경각에 풍우를 이르키는 동시에 여간 셔졀구투(鼠竊狗偸)[118]를 엿지 고긔ᄒᆞ야 나가던 거름을 즁지ᄒᆞ리오 그러나 진시황이 긔걸ᄒᆞᆫ 슈단으로 텬ᄒᆞ에 병긔를 모다 것어 녹여 업새ㄴ 이후에 스사로 일셰 이셰로 만셰에 이르도록 텬ᄒᆞ에 무슨 변이 잇슬 줄은 ᄭᅮᆷ도 안이 ᄉᆞ고(8. 6)

베개를 놉히 베여 잠을 자더니 옹유승츄(甕牖繩樞)[119]의 자식 진셥이가 밧두렁에셔 이러나 ᄒᆞᆫ 번 불으매 백이 응낙하야 강진(强秦)의 형셰를 ᄒᆞᆫ번 흔들더니 미구에 아방궁에 불이 셕 둘을 탓도다 이졔 붕죠 너로 말하면 새 즁에 뎨일 크다 ᄒᆞᆯ 만ᄒᆞᆫ 디위에 쳐ᄒᆞ야 무엇 겁날 것이 잇스리오만은 텬디풍우의 됴화를 가진 룡도 물만 일으면 기암이의 곤난을 당ᄒᆞ는 모양으로 너도 바람 형셰를 일으면 멀고 먼 바다에를 가히 일으지 못ᄒᆞᆯ지니 그ᄢᅢ를 당ᄒᆞ야는 쳑알의 우슴은 고샤ᄒᆞ고 비평도 넉넉히 밧을지라 그러면 너의 오날 호소ᄒᆞᆫ 뜻은 이소능장(以少凌長)[120]을 분히 넉일 ᄲᅮᆫ외라 이다음 일을 미리 심녀하야 예방코져 ᄒᆞᆷ이 안인가 이는 오해(誤解)함이로다 텬디 만물이 각각 품부ᄒᆞᆫ 톄격을 ᄯᅡ라 분량이 갓지 못하니 가량 소는 ᄲᅳᆯ이 잇스되 이가 업고 말은 이는 잇스되 ᄲᅳᆯ이 업스며 매는 낫에 눈이 밝고 밤에는 어두우며 올배ㅁ이는 밤에 눈이 밝고 낫에는 어두며 오리는 목이 졀으되 황새는 길며 기럭이는 가울에 모되 졔비는 봄에 오며 엇던 쟈는 려력[121]이 강하고 엇던 쟈는 려력이 잔약ᄒᆞ며 엇던 쟈는 톄격이 크고 엇던 쟈는 톄격이 약ᄒᆞ야 그 문견과 지식이 ᄯᅩᄒᆞᆫ ᄯᅡ라 다름으로 오늘날 대봉 너는 ᄒᆞᆫ 번 날개를 쳐 남명을 도모ᄒᆞ랴 ᄒᆞ고(8. 7)

116. 고기(顧忌): 뒷일을 염려하고 꺼림.
117. 평심서기(平心舒氣): 마음을 평온하고 순화롭게 함.
118. 서절구투(鼠竊狗偸): 쥐나 개처럼 몰래 물건을 훔친다는 뜻으로, '좀도둑'을 이르는 말.
119. 옹유승추. 깨어진 항아리의 구멍 있는 곳을 벽에 대어 쓰고, 새끼줄로 문지두리를 동여맨다는 뜻. 몹시 가난한 집을 형용하는 말.
120. 이소능장(以少凌長): 젊은 사람이 나이 많은 사람을 업신여김.
121. 여력(膂力): 완력. 근육의 힘.

쳑알은 아참에 이런 쑥대에셔 써나 궁일지력[122]으로 졈을게야 뎌편 쑥대에를 이르나니 무릇 뎌와 갓지 안이ᄒᆞᆷ을 괴상히 넉임은 물셩(物性)의 면치 못ᄒᆞᆯ 바이라 도쳑이 개ᄂᆞᆫ 요를 보고 짓고 문견이 젹으면 국의[小外]를 믈음은 물리(物理)의 자연ᄒᆞᆷ이라 움물 속에 안진 ᄀᆡ고리가 ᄒᆞ날을 젹다 ᄒᆞ나니 만약 리치와 셩품을 불계ᄒᆞ고 뎌의 잘못ᄒᆞᆷ만 ᄭᅮ지질 터이면 만고셩인 요를 집던 개와 독일무이(獨一無二)[123]ᄒᆞ게 큰 ᄒᆞᄂᆞᆯ을 젹다 ᄒᆞᆫ ᄀᆡ고리가 모다 죄를 도망치 못ᄒᆞᆯ지나 그러나 깁히 책망치 안이ᄒᆞᆷ은 물셩과 물리로 용셔ᄒᆞᆷ이라 봉죠 너의 남명을 도모ᄒᆞᄂᆞᆫ 큰 ᄯᅳᆺ과 쳑알 네의 쑤ㄱ대에 깃드리ᄂᆞᆫ 젹은 지취가 역시 물셩과 물리로 죳자 셔로 달음이나 쳑알이 너를 우슴을 엇지 깁히 책망ᄒᆞ리오 ᄯᅩ 너의게 효유ᄒᆞᆯ 바ᄂᆞᆫ 나의 큼을 스사로 밋고 교만ᄒᆞᆫ ᄯᅳᆺ을 두어 남의 젹음을 업슈히 넉이지 말ᄀᆞ 더욱 목덕에 두ᄃᆞᆺ키를 힘쓸지어다 셩인의 말삼에 가득ᄒᆞ면 감ᄒᆞᄂᆞᆫ 것을 불으고 겸손ᄒᆞ면 더ᄒᆞᆷ을 밧ᄂᆞᆫ다 ᄒᆞ셧나니라 쳑알아 이리 갓가히 올지어다 너ᄂᆞᆫ 젹은 문견과 기능으로 남의 큰 행동과 놉흔 지죠를 웃기ᄂᆞᆫ 무삼 일인다 이졔 비유로 이를 것이니 자셰 듯고 젼 허물을 곳칠지어다 이곳에 백액대호[124]가 잇ᄂᆞᆫ데 대통을 눈에 대이고 엿보아 대호의 젼톄ᄂᆞᆫ 보지 못ᄒᆞ고 졈 ᄒᆞ나만 기를 간신히 보며 말ᄒᆞ기를(8. 8)

범이 히더라 검더라 ᄒᆞ면 발오 알앗다 허락ᄒᆞ겟ᄂᆞᆫ가 그와 갓치 이졔 네가 쑥대 사이에셔 깃드리ᄂᆞᆫ 젹은 문견으로 봉죠의 큰 도량을 알도 못ᄒᆞ고 감히 우스니 너의 우슴이 가하다 ᄒᆞᆯ소냐 근래 인류 즁에도 너갓치 소견이 협애ᄒᆞᆫ 쟈이 만히 잇ᄂᆞ니 져의 문견과 지식이 쳔박ᄒᆞ야 판밧 일을 망매히 몰으고 대영웅대호걸의 국제상교졔(國際上交際)라던지 정치상문뎨(政治上問題)에 대하야 민활ᄒᆞᆫ 슈단으로 경각에 풍운 됴화를 이르키ᄂᆞᆫ 양을 보면 돌오여 비평ᄒᆞ기를 「뎌사람은 일도 업지 웨 뎌 모양으로 슈고를 하고 돌아단이노 뎌리ᄒᆞ면 한 입에 밥이 두 그릇식 드러가나 나ᄂᆞᆫ 셰상사를 도모지 몰으고 밤이면 일즉 아니 잠이 나자고 낫이면 이웃집에 가 바둑장긔나 두어도 이ᄯᅢ가지 밥먹고 옷입고 몸편히 살앗가ᄂᆞᆫ 걸 몃백 년이나 살다 죽을 인싱이라고 뎌리 애을 써 이왕에 무엇이니 무엇이니 다 몰으고 살 졔ᄂᆞᆫ 승평셩대로 아모 일 업더니 뎌런 사람이 공연히 앗가온 밥을 먹고 곱게 삭이지를 안이하고셔

---

122. 궁일지력(窮日之力): 아침부터 저녁까지 온종일 일함.
123. 독일무이(獨一無二): =유일무이.
124. 백액대호(白額大虎): 이마와 눈썹의 털이 허옇게 센 늙은 호랑이.

엇져니 엇져니 하더니 셰상이 더 요란하고 셩가시러온 일만 셩기는걸」 ᄒᆞ야 가장 졔가 매오 잘난 톄ᄒᆞ니 이 무리의 언론이 봉죠 웃는 너와 죠곰 달을 것이 무엇 잇스리오 너는 부대 물너가 몸을 기르고 지식을 넓혀 봉죠갓치 큰 경륜을 아모죠록 ᄒᆞ야 봄을 힘쓸지어다'(8. 11)

봉죠와 쳑알이 물너간 후에 ᄀᆡ암이와 벌을 불너드려 간칙ᄒᆞᆫ 말로 피차간 평화ᄒᆞ도록 이르더라

'ᄀᆡᆷ의야 너는 사람이 너의 쌈ᄒᆞ는 것을 보고 웃는 것을 ᄒᆞ날 위 사람이 보고 쏘 웃는다는 리약이를 듯지 못하얏는ᄃᆡ 이졔 네가 젹은 혐의로 동류되는 벌과 시비코져 ᄒᆞ니 이는 사람의 우슴을 쏘ᄒᆞᆫ 취ᄒᆞᆯ 것이니 하날 위 사람의 우슴을 죵래 엇지 면ᄒᆞᆯ쏘냐 너와 벌 사이에 특별ᄒᆞᆫ 계분이 피차 잇슬 만ᄒᆞ다 하노니 너도 젹은 버레로 단톄의 필요ᄒᆞᆷ과 츙졀의 힘쓸 바를 일즉이 ᄭᆡ달앗고 벌도 너와 갓치 단톄와 츙졀을 슝상ᄒᆞ야 동물 즁 상등 디위에 쳐ᄒᆞ야 인는 고로 사람들도 단톄와 츙졀을 말ᄒᆞ자면 반닷이 너와 벌을 함게 헤나니 그 안이 자륵ᄒᆞ냐 그와 갓치 동등 명예에 잇셔 아모죠록 셔로 사랑ᄒᆞ고 셔로 구호ᄒᆞ여야 의리에 당연ᄒᆞ다 ᄒᆞᆯ지어날 ᄌᆞᆫ 만한 공을 닷토아 화긔를 손상ᄒᆞ면 네나 벌에게 무삼 리익이 돌아가겟는고 너의 샤회상에 밋친 공도 젹이 안이ᄒᆞ거니와 벌도 그 공을 의론ᄒᆞ면 너의만 못지 안이ᄒᆞ니 졔 젼톄가 파리보다 별로 크지 못ᄒᆞᆫ 물건으로 지각이 매오 잇셔 공즁에 비행(飛行)하는 경쳡한 두 ᄂᆞ래와 위태ᄒᆞᆷ을 방어ᄒᆞ는 리로온 살이 잇고 재죠로 말ᄒᆞ면 각색식물(植物)의 진과 향긔를 소용을 ᄯᅡ라 취ᄒᆞ야 백 가지 진으로는 거쳐ᄒᆞ는 방과 량식 져추ᄒᆞ는 고간을 작만ᄒᆞ고 백 가지 향긔로는 먹을 량식 술을 비져(8. 12)

우으로 임군을 츙셩되이 셤기고 아래로 동포를 단톄되게 사랑하야 그 직분을 죽기에 이르도록 변ᄀᆡ치 안이하나니 그 안이 자륵ᄒᆞ냐 너의 말ᄒᆞᆫ 바 계모의 초마에 들어 아달을 무ᄒᆞᆷ힛다 태슈의 슈레에 모여 역젹에게 패케 하얏다 ᄒᆞᆷ은 모도 다 과히 책망ᄒᆞ는 말이니 초마에 드러감이 져의 즐긴 바가 안이오 억지로 잡아 너은 것이니 졔 죄라 ᄒᆞᆯ 슈 업고 슈레에 붓흔 것은 재상을 미리 통치ᄒᆞᆷ이니 공이 잇다 ᄒᆞ야도 가한 일이라 가량 벌이 너를 대하야 단쳐를 드러 말ᄒᆞ자면 허탄ᄒᆞᆫ 괴안국(槐安國)을 열어 갓득이나 사환열(仕宦熱)[125]에 ᄯᅦ어잇는 션배를 유인ᄒᆞ야다가 남가군(南

125. 사환열(仕宦熱): 벼슬을 하고자 하는 열망.

柯郡) 허영을 누리게 하얏스니 그 심법과 쳐사를 깁히 츄칙ᄒᆞᆯ진대 첫재ᄂᆞᆫ 죠고모ᄒᆞᆫ 미물로 동물 즁 상등되ᄂᆞᆫ 사람을 속엿스니 이소능장죄라 ᄒᆞᆯ 만ᄒᆞ고 둘재ᄂᆞᆫ 미색과 부귀를 거즘여 사람의 마암을 고혹케 하얏스니 유인죄라 ᄒᆞᆯ 만ᄒᆞ며 장산도사(蔣山道士)가 너의 굴혈에 물 부은 혐의로 환겸(桓겸)의 일문을 멸망케 하얏스니 잔인 박행죄를 엇지 면ᄒᆞᆯ쏘냐 기외에 너의를 구졔ᄒᆞᆫ 쟈에게 력력히 보은 ᄒᆞᆷ은 슌젼 그르다 ᄒᆞᆯ 슈ᄂᆞᆫ 업스나 대톄로 말ᄒᆞ면 은원을 여보아란 듯이 보복하ᄂᆞᆫ 것은 결단코 큰 범위의 일이라 ᄒᆞᆯ 슈 업나니(8. 13)

동소지(董昭之) 송긔(宋杞) 그네들은 너의 등의 함몰ᄒᆞᆷ을 칙은히 넉여 구원ᄒᆞᆯ 마암이 우연히 남이오 그 갑흠을 밧자ᄂᆞᆫ 뜻이 뎡녕 안인 것인대 네가 그 은혜를 갑기로 말ᄒᆞ면 엇의ᄭᅡ지 소홀히 ᄒᆞ지 안이코 정셩것 힘씀이 당연ᄒᆞᆫ 분슈이어ᄂᆞᆯ 무엇이 그다지 대단ᄒᆞ다고 네 입으로 과장을 장황히 ᄒᆞᄂᆞᆫ다 예 셩현에 말삼에 죄ᄂᆞᆫ 갑초지 안이ᄒᆞ고 공은 자랑치 말나 하시지 안이ᄒᆞ엿더냐 그러나 벌과 개암이 네가 공츙(昆虫) 즁에 동등 디위에 쳐ᄒᆞ얏다 ᄒᆞᆷ직ᄒᆞᆫ 터에 길고 졀음을 셔로 닷ᄒᆞᆯ 디경이면 그 형셰가 둘이 갓치 셔지 못ᄒᆞᆯ지니 그 안이 불행ᄒᆞᆫ 일이냐 자금 이후로ᄂᆞᆫ 너의 둘이 짐짓 흔단을 차자 시비치 말고 잘하ᄂᆞᆫ 일을 셔로 본바드며 셔로 찬셩하여 셔로 호위ᄒᆞ야 인류 즁 교사 험악ᄒᆞᆫ 심장으로 어진 니를 미워ᄒᆞ고 능ᄒᆞᆫ 니를 투긔ᄒᆞ야 사익을 도모코져 공익을 방해하ᄂᆞᆫ 무리로 ᄒᆞ야곰 스ᄉᆞ로 붓그럽고 ᄭᅢ닷게 할지어다 벌 너다려ᄂᆞᆫ 별로 일을 말이 업시 지금 ᄀᆡ암이의 호소ᄒᆞᆫ 바를 개의치 말고 지금 나의 효유한 여러 가지를 명심하야 듯고 아모죠록 억의ㅁ이 업시 행ᄒᆞᆯ지어다'

ᄀᆡ암이와 벌이 머리를 죠아 사례하고 차례로 물너간 뒤에 또 모긔와 파리를 불너드려 텬동갓치 을느더라(8. 14)

'모긔야 이놈 말 듯거라 오ᄂᆞᆯ 우리 금슈계에셔 공정ᄒᆞᆫ 재판을 열고 지어 곤츙 너의ᄭᅡ지라도 원통한 사정을 고소ᄒᆞ라 ᄒᆞᆷ은 비록 젹은 너의배라도 억굴함을 혹 품고 불으지질 곳이 업셔 가삼을 어루만지며 쥬야 울어 원통 긔운이 텬디간에 셔려 잇지 안이ᄒᆞ도록 ᄒᆞᆷ이러니 너ᄂᆞᆫ 죠고만 놈으로셔 남이 동의덩이 갓ᄒᆞ야 무셤이 죠곰 업시 사람에게 침로ᄒᆞ되 행색은 화젹모양으로 어둡기를 기대려 셩군작당[126]ᄒᆞ야 단

126. 성군작당(成群作黨): 무리를 이루어 패거리를 만듦. 또는 그 무리.

이며 욕심은 탐관오리의 준민고택(晙民膏澤)[127]하듯 남의 피를 ᄲᆞᆯ아먹기로 생애를 삼ᄂᆞᆫ 즁 허장셩세[128]로 호통을 텬동갓치 하야 듯ᄂᆞᆫ 쟈로 두렵게 하니 너의 죄상을 낫낫치 말ᄒᆞ자면 가장 쾌ㅅ심하거날 무엇이 ᄯᅥᆺᄯᅥᆺ하노라고 남을 걸어 호소를 ᄒᆞᄂᆞᆫ다 네 말과 갓치 졔환공(齊桓公)이 장막을 열어 맛졋거던 너 되야셔ᄂᆞᆫ 아모죠록 ᄒᆞᆫ 물건이라도 바를 일음이 업도록 하랴ᄂᆞᆫ 그 ᄯᅳᆺ을 밧아 환공의 살을 먹지 안이하고 물너감이 도리에 가ᄒᆞ거날 염치업ᄂᆞᆫ 이놈아 지족을 못ᄒᆞ고셔 긴 부리로 마암것 환공의 피를 ᄲᆞᆯ아먹다가 배와 창자가 터져 죽ᄂᆞᆫ ᄃᆡ경ᄭᅡ지 이르럿스니 이ᄂᆞᆫ 자고 이래로 셩군이 미신배의 심장을 미리 짐작ᄒᆞ나 그 회오[129]ᄒᆞᆷ을 기대려 짐짓 몰로ᄂᆞᆫ 쳬ᄒᆞ고 갓가히 두면 그놈들은 어셔어셔 회개ᄒᆞ야 이왕행실을 곳치고 놉흔 은혜를 보답ᄒᆞᆯ 생각은 두지 안이코 시재(時哉)라 하야(8. 15)

그 임군을 옹폐ᄒᆞ며 그 나라를 멸망ᄒᆞ도록 제 욕심을 채오랴다가 필경 텬도가 무심치 아니ᄒᆞ야 졔 몸이 먼져 형벌을 밧ᄂᆞᆫ 무리와 일반이오 ᄯᅩ 오맹(吳猛)이ᄂᆞᆫ 너를 환영ᄒᆞ야 구축지 아니ᄒᆞ얏다 ᄒᆞ니 이ᄂᆞᆫ 너의 소위가 더욱 통탄ᄒᆞ도다 무릇 효행이 극진ᄒᆞ면 ᄒᆞᆫ날이 감동ᄒᆞ심으로 왕상이가 어름을 두다림애 리어가 ᄯᅱ여나아오고 량향이가 매를 들매 호랑이가 죽엇나니 오맹은 왕량 두 사람에 못지 아니ᄒᆞᆫ 출텬지효라 여름 심히 더운 밤에 그 부친 침소에 혼뎡차로 나아간즉 즁다ᄒᆞᆫ 너의 무리가 독ᄒᆞᆫ 부리로 부친의 살에 침로ᄒᆞᄂᆞᆫ지라 아모리 ᄶᅩᆺ츠랴고 홀노 애를 쓰나 염치업ᄂᆞᆫ 무리가 즁다히 ᄯᅦ를 지어 물너가지 아니ᄒᆞᄂᆞᆫ지라 효자의 마암에 긔가 막혀 자긔 살을 ᄃᆡ신 드러내여노코 너의들노 ᄒᆞ야곰 마암것 ᄯᅳᆺ어먹여 그 부친의게ᄂᆞᆫ 가지 말나 ᄒᆞᆷ이어날 이쳔 번 죽어 남을 놈아 약간 사상이 잇고 보면 효자의 그 정셩을 감동하야 그 부친에게 침노치 아니ᄒᆞᆯ ᄲᅮᆫ만 아니라 오효자의 살을 항혀 닷칠셰라 보호함이 가ᄒᆞ고 그ᄲᅮᆫ만 아니라 그 집 근쳐에를 당초에 가지를 아니ᄒᆞᆷ이 당연하거날 돌오혀 먹고셔 살 됴흔 밥자리나 맛ᄂᆞᆫ 듯이 욕심것 파먹고 지금 와셔 너의를 환영ᄒᆞ더라 쟈랑을 ᄒᆞᄂᆞᆫ도다(8. 18)

『대한민보』(1910. 6. 5-8. 18)

---

127. 준민고택(浚民膏澤): 재물을 마구 착취하여 백성을 괴롭힘.
128. 허장성세(虛張聲勢): 실속은 없으면서 큰소리치거나 허세를 부림.
129. 회오(悔悟): 잘못을 뉘우치고 깨달음.

참고문헌

강영주, 『한국 역사소설의 재인식』, 창비, 1991

강재언, 『한국의 개화사상』, 비봉출판사, 1981

권영민, 『한국 근대문학과 시대정신』, 문예출판사, 1983

______, 「한국 근대소설론 연구」, 서울대학교 박사학위논문, 1984

______, 『한국현대문학사 1』, 민음사, 1992

______, 『서사 양식과 담론의 근대성』, 서울대학교출판부, 1999

______ 외, 『개화기 문학의 재인식』, 지학사, 1987

김교봉, 「신소설의 서사 양식과 주제 의식에 관한 연구」, 연세대학교 박사학위논문, 1986

김병철, 『한국 근대 서양 문학 이입사 연구』, 을유문화사, 1980

김영민, 『한국근대소설사』, 솔, 1998

김윤식, 『한국 문학사 논고』, 법문사, 1973

______, 『한국 근대 문학 양식론고』, 아세아문화사, 1980

김윤식 · 정호웅, 『한국 소설사』, 예하, 1993

김중하, 「개화기 토론체 소설 연구」, 『백사전광용박사회갑기념논총』, 서울대학교출판부, 1979

류양선, 『한국 근현대문학과 시대정신』, 박이정, 1996

송민호, 『한국 개화기 소설의 사적 연구』, 일지사, 1975

신동욱, 「신소설에 반영된 신문화수용의 태도」, 『동서문화』 4집, 계명대동서문화연구소, 1970

윤명구, 『개화기 소설의 이해』, 인하대학교출판부, 1986

이광린, 『한국 개화사상 연구』, 일조각, 1979
이기문, 『개화기의 국문 연구』, 일조각, 1979
이용남, 『한국 개화기 소설 연구』, 태학사, 2000
이재선, 『한국 개화기 소설 연구』, 일조각, 1972
______, 『한국 단편소설 연구』, 일조각, 1975
______ 외, 『개화기 문학론』, 형설출판사, 1993
임 화, 「개설 신문학사」, 『조선일보』, 1939. 9-1940. 3
전광용, 『신소설 연구』, 새문사, 1986
전광용 외, 『신문학과 시대의식』, 새문사, 1981
조남현, 『한국 현대소설 연구』, 민음사, 1987
조동일, 『신소설의 문학사적 성격』, 서울대학교출판부, 1973
______, 『한국 문학사상사』, 지식산업사, 1978
주종연, 『한국 소설의 형성』, 집문당, 1987
최원식, 『한국근대소설사론』, 창비, 1986
한기형, 『한국 근대소설사의 시각』, 소명출판, 1999
한원영, 『한국 개화기신문연재소설 연구』, 일지사, 1989

Bakhtin, M. M. *The Dialogic Imagination*, University of Texas Press, 1981
Booth, Wayne C. *The Rhetoric of Fiction*, University of Chicago, 1961
______. *A Rhetoric of Irony*, University of Chicago, 1974
Cobley, Paul, *Narrative*, Routledge, 2001
Colebrook, Claire, *Irony*, Routledge, 2004
Frye, Northrop, *Anatomy of Criticism*, 1957
Lang, C. *Irony/Humor: Critical Paradigms*, Johnes Hopkins Univ. Press, 1988
Scholes, R. & Kellogg, R. *The Nature of Narrative*, Oxford University Press, 1966

Abstract

Fable, Irony and Enlightenment

During the Enlightenment Period, fable and irony emerged as the important narrative forms in Korean literature. These works harnessed the power of language to coax Enlightenment Period readers to develop an interest in the gaps existing between what they had heard, what they believed, and what the text was saying. Fable and irony posed challenges to authority and critiqued the dominant power structures. Of course, the worlds appearing in the fable and irony were not recognized or represented by subjects from actual society. Rather, their subjects and worlds were newly reinvented through a variety of discourses. Because the spirit underlying these new expository forms sought to make readers aware of the tensions between what had been said before and what was now being newly said, these works exhibited a marked political ambivalence. Rather than reinforcing existing norms and customs, these literary narrations sought to construct new values and ideas. Because of these properties, fable and irony also produced and implied a significant degree of aesthetic distance.

Because fable and irony posited direct criticisms against the ruling classes and the power they wielded, it follows that political ideology was necessarily their main concern. The protagonists of these works are not normal, everyday human beings. They tend to be intellectuals alienated from society, or characters crippled with the burden of a physical deformity. The works also bring onto the literary stage members of the uneducated lower class who live oblivious to the workings of the world, or creatures from the nonhuman animal world. Nevertheless these characters attack the impotence, ignorance, vices and injustices of the dominant classes occupying the seats of national power. While their attacks discriminate against the barbarity and savagery of Joseon society, they also lash out at Japanese power which had secured its hegemony under the banner of "protecting Korea," as well as the centralized authoritarian rule, which heeded that power's beck and call. Accordingly, the words and actions of the protagonists adopt an intellectual and moral superiority, which sets their voices apart from those of normal humans. Here we locate the contradictions inherent in logics such as "survival of the fittest," which appeared in colonial discourses of the period. The discourses of fable and irony reveal properties that are hostile to the subjects of colonial discourses, subjects characterized as more barbaric than animals and more crippled in spirit than the bodies of the physically handicapped.

Enlightenment fable and irony employed methods like roundabout speech to distort the language of those ruling discourses. By using linguistic strategies to mock or render comic portrayals of the colonialist properties of those discourses, they sought to overturn the logic of the ruling power contained therein. Such events as the establishment of the Japanese Resident General resulting from the Eulsa Treaty (1905), or the Civic Betterment Policy initiated by the Resident General's offices, attested to the surety of the systemic basis underlying the colonial ruling logic; but by distorting all of the main concepts making up that logic, fable and irony utterly humiliated the prestige of the colonial authority. By treating such incidents as the Eulsa Treaty (which by that time was already regarded as a fait accompli) or the establishment of the Resident Generalship as passing rumors, or by blatantly ignoring them, they negated the meaning of the existence of these events.

Fable and irony opened up spaces for dialogues to embody genuine human values and the communal spirit of the people. The characters in fable and irony gather together in an imaginary space and freely voice their opinions. This space is configured as a dream world exist in contrast to the world of reality, a celestial or fairy world differentiated from that of earthly mortals. In some stories, the space is a scene from reality, but in all cases the space is free and open. In the imaginary space, the characters bemoan their lot and decry their reality darkened by absurdity and injustice, all the while making cynical remarks about the meaninglessness of the Enlightenment. In this space, protagonists sometimes ascend to Heaven where they encounter historical heroes who serve to drum up national spirit. Such narrative schemes may be viewed as offering an open discursive field that confronted Korea's devastated reality, a space in which new ideological objectives could be freely debated. The dialogues and debates of the characters taking place in the open discursive arena of fable and irony are interspersed with jeers and mocking, reproaches and criticisms of reality and the problems of the real world. A conclusion is always reached in the process of the many-sided discussions - a conclusion that embodies the truthfulness of the characters' speech. This process demonstrates how public criticisms of a senseless reality and an immoral humanity could shape public opinion and how this could then be reported. Of particular note are the public speech and 'courtroom' formats frequently employed in fable and irony. These rhetorical frameworks emphatically show the absolute necessity of developing a democratic public voice and the importance of a rational polling of opinions for Korean society. The new rhetorical form of 'public speech' was a method of stating opinions publicly that was indispensable to the enlightenment of the people and the mining of public opinion; while the systemic apparatus called the 'courtroom' was a method employing the judgment between right and wrong according to formal logic and legal order. We may adduce that this was precisely by confirming whether or not these methods were being implemented as a socio-cultural system that provided a measuring stick for modernity-modernity that sought to pursue Enlightenment discourses of 'civilized morality.' Of course, with the onset of Japanese colonialism in the 1910s, fable and irony could no longer hope to maintain a discursive stronghold in the field of narrative.

찾아보기

발간사

'한국학'에 대한 관심과 요구가 국내외에서 높아지고 있다. 한국학을 전공으로 하는 학과도 생겨나고 한국학 연구자들의 국제학술대회도 종종 접하게 된다. 한국 사회가 짧은 시기에 보여준 역동적인 변화에 대한 학문적 관심이 나라 안팎으로 증대된 결과일 것이다. 한국의 역사와 문화, 사회적 경험이 점점 더 많은 연구자들의 관심 대상이 되고 있다는 사실은 매우 반가운 일이다.

한국학이란 고정된 분과 학문 체계 내의 한 부분 영역이 아니라 다양한 분과 학문들이 함께 참여하는 학제적 연구의 성격을 지닌다. 한국학은 과거의 전통에 깊은 관심을 갖지만 현재의 문제들에도 주목하며 미래의 전망을 모색하는 작업도 포함한다. 인문학적 논의와 사회과학적 관심은 물론이고 자연과학적 문제의식과 예술적 시각이 함께 어우러지는 곳이다. 당연히 한국학은 국내의 연구자들이 자신의 특수성만을 부각시키는 폐쇄적인 장이 아니라 전 세계의 학자들이 자유롭게 참여하는 지적 토론의 공간이다. 한국을 대상으로 한 다양한 연구를 지원하며 진지한 논의와 지적 실험을 뒷받침하는 것이야말로 한국학의 가장 중요한 역할이라 할 것이다.

이런 의미에서 한국학은 한국의 문화와 역사적 경험을 전 인류의 문화유산과 역사적 경험의 한 부분으로 바라보는 전 지구적 시각을 요구받고 있다. 한국학은 한국사회의 경험을 연구하되, 그것을 21세기 세계사적 과제들과 더불어 사고함으로써 새로운 문명적 대안을 모색하는 전 지구적 논의에 적극적으로 동참하는 작업이 되어야 한다. 이런 종합적이고 개방적인 연구의 집적을 통해서만 한국의 특수성만을 절대화하는 오류에서 벗어나면서 동시에 서구의 눈으로 한국을 대상화, 타자화하는 오리엔탈리즘적 지역학의 한계도 극복할 수 있는 길이 열릴 것이다.

한국의 학문 발전에 큰 책임을 지고 있는 서울대학교는 한국학의 바람직한 발전을 위해 적극적인 역할을 하고자 한다. 이를 위해 별도의 연구기금을 마련하여 '한국학 장기기초연구 지원사업'을 추진하고 이 사업의 결과물들을 모아 연구총서, 자료총서, 모노그래프를 출간하기로 했다. 서울대학교 교수진의 연구 역량과 진지한 문제의식들이 결집됨으로써 한국학의 연구 수준이 더욱 높아지고 내용이 보다 풍부해질 것을 믿는다. 이 연구 사업이 해를 거듭할수록 한국 사회에 대한 이해가 깊어짐은 물론이고 한국의 경험을 통해 세계 학계의 시각과 논의도 더욱 풍성해질 것을 기대해 마지않는다.

2003년 8월

서울대학교 규장각한국학연구원 한국학연구사업위원회

저자 소개

권영민(權寧珉)

1948년 충남 보령 출생. 서울대학교 국어국문학과를 졸업하고 같은 대학교 대학원에서 석사, 박사학위를 받았다. 미국 버클리 대학 한국문학담당 초빙교수(1992-1994)로 있었고, 현재 서울대학교 국어국문학과 교수로 재직 중이다. 저서로는 『국문 글쓰기의 재탄생』(2006), 『서사양식과 담론의 근대성』(2005), 『한국현대문학대사전』(2004), 『한국신소설선집』(1)~(7)(2003), 『혈의 누-이인직』(2001), 『문화의 다학문적 접근』(1999), 『한국현대문학작품연표』(1)·(2)(1998), 『한국 계급문학 운동사』(1998), 『우리문장강의』(1997), 『해방직후의 민족문학운동연구』(1996), 『한국현대문학사』(1993), 『한국민족문학론연구』(1988), 『한국현대문학사연표』(1)·(2)(1987), 『한국근대문학과 시대정신』(1983) 외 다수가 있다.

서울대학교 규장각한국학연구원 한국학 자료총서 11
풍자 우화 그리고 계몽담론

저자 권영민

2008년 12월 25일 초판 제1쇄 인쇄
2008년 12월 30일 초판 제1쇄 발행

발행인 이장무
발행처 서울대학교출판부
151-742 서울 관악구 관악로 599
마케팅과 02-889-4424, 02-880-7995
Fax 02-888-4148
E-mail snubook@snu.ac.kr
Home-page http://www.snupress.com

출판등록 제15-3호

ISBN 978-89-521-0964-4 93810

값 25,000원

서울대학교 규장각한국학연구원 한국학 자료총서

古代國語 語彙 表記 漢字의 字別 用例 硏究
송기중

삼국과 통일신라의 불교사상
허남진 외 편역

고려시대의 불교사상
심재룡 외 편역

서울대학교 중앙도서관 고문헌자료실 소장 「경제문고」 해제집
권태억 외

원문 교주 구운몽
김병국 교주

현대역 구운몽
김병국 옮김

해방 이후 한국기업의 진화1: 1976~2005년간의 통계의 구축과 기초분석
이근 외

한글본 '이언'(易言) 연구
민현식

해방 이후 한국기업의 진화 Ⅱ—1956~1977년간의 통계의 구축과 기초분석
이근, 추기능, 김지연, 김형진, 정무섭, 강래윤, 김윤지, 정문영

서울대학교박물관소장 식민지시기 유리건판
이문웅, 강정일, 선일 편